新版
国際商取引法

高桑　昭

Law of Cross-border Business Transactions
[New Edition]

Takakuwa Akira

東信堂

まえがき

　本書は、わが国において、法を異にする国や地域に在る者との間の通商、経済活動に関する法的規律が問題となったときに、どのような法規範があり、当事者にどのような権利義務を生ずるか、そのようなことについての紛争が生じたときにその解決のためにどのような手続があるかを述べたものである。

　法を異にする地域に在る者の間の取引は法選択の規則と特定の地域の法の適用だけでなく、19世紀後半から通商の発達につれて、或いはそれに伴って、実務の慣習のほかに、それぞれの業界、専門家集団（実務家と研究者）、公私の団体さらには国家間で法規範形成の試みがなされてきた。現在の国際的な取引や経済活動はそれらをもとにしてなされている。本書は、日本の企業が国際的な活動をする場合や国際取引等による紛争が日本で起きた場合に、どのような法規範と手続があるかについて述べている。英国、米国、西欧諸国における同学の士の筆になる類書も同様に自国をめぐる国際取引の規範について述べている。

　本書の前身の『国際商取引法』（有斐閣、2003年）は立教大学と京都大学での講義をもとにして、叙述をできるだけ客観的で簡潔なものとし、二百数十頁の読みやすい概説書とする予定であった。ところが、そのころから内外の立法作業が繁くなり、我が国では仲裁法の制定（2003年）、破産法の改正と外国倒産処理手続援助法の制定（2005年）、日本についてウィーン統一売買法条約の発効（2009年）、民事訴訟法・民事保全法の改正（国際裁判管轄権、2011年）、民法の改正（債権法、2017年）、商法の改正（商行為、海商）及び国際海上物品運送法の改正（2018年）があった。また、国外では、信用状統一規則の改訂（2007年）、国際海上運送を含む国際運送条約の採択（2008年）、インコタームズの改訂（2010年）、環太平洋経済連携協定（TPP、2018年）などがあった。新版作成の動機は日本の商法中の商行為、海商の大改正によって、従前の書物ではわが国の実定法の解説として用をなさなくなったことにある。また、ハーグ国際私法会議、私法統一国際協会、国際連合国際商取引法委員会などの成果に

ついても、差当り日本に影響はないとしても、記しておく必要もあると考えた。

　このようなことによって、本書は当初目指した、広く目配りした平易な概説書ではなく、この分野についてやや詳しく研究する人にとって参考書のようなものとなった。この分野のことを知ろうとされる方々には平易な概説書や実務の解説書をお読みのうえで、本書を検索されれば得るところがあろうと思われる。

　なお、従来巻末に主要参考文献を掲げていたが、今やその数が著しく増えたので、頁数の節約のために本書では省くこととした。判例集の略号は通常の法律書、法律雑誌の例に従った。

　前掲『国際商取引法』の執筆は著者が京都大学在職中に有斐閣京都支店の奥村邦男氏のおすすめではじまり、その後の法令や統一規則などの変化によって版を重ねた。この間有斐閣書籍第一部の神田裕司氏、藤木雄氏と、第一版から第三版まで原稿の整理に当たられた古川郁子さん（森・濱田松本法律事務所）とにお世話になった。厚く御礼申し上げる。

　このたびの『新版 国際商取引法』については、『国際民事訴訟法・国際私法論集』（2011年）につづいて、株式会社東信堂下田勝司社長と編集部に御配慮いただいた。ここに謝意を表する。

2018年12月19日

高桑　昭

目次／新版 国際商取引法

まえがき ……………………………………………………………………… i

第1章　序　説 —— 国際商取引法　3

第1節　国際商取引法の意義と特色 …………………………………… 3

1　国際商取引と法 …………………………………………………………… 3
2　国際商取引法の意義と特色 ……………………………………………… 4
　(1)意　義……4　　(2)特　色……4
3　国際商取引に関する他の法分野と国際商取引法の関係 ……………… 5
　(1)国際私法と国際商取引法……5　　(2)国際経済法と国際商取引法……5
　(3)国際法と国際商取引法……5
補　説 ………………………………………………………………………… 5

第2節　国際商取引と適用法規 ………………………………………… 7

1　概　説 ……………………………………………………………………… 7
2　公法による規律 …………………………………………………………… 8
　(1)公法による規律の概観……8　　(2)公法の規定の適用……8
3　私法上の法律関係の規律 ………………………………………………… 9
　(1)準拠法の決定……9　　(2)国際商取引を対象とする実体法規範……9
補　説 ………………………………………………………………………… 14

第2章　国際商取引に共通する法律問題　20

第1節　当事者 ………………………………………………………… 20

1　概　説 …………………………………………………………………… 20
2　わが国における外国人・外国法人に関する法制 …………………… 21
　(1)権利能力と行為能力……21　　(2)外国人・外国法人に関する国内法上の規律……22
3　国家・国家機関、国際機構 …………………………………………… 24

補　説 …………………………………………………………………………… 25

第2節　私法の牴触の解決 ……………………………………………… **30**

1　概　　説 ………………………………………………………………… 30
　　(1)準拠法の必要性……30　　(2)契約準拠法の決定……31
　　(3)合意の成否の判断……32　　(4)契約準拠法に関するその他の問題……32
2　わが国の国際私法における契約の準拠法 ……………………………… 34
　　(1)概　説……34　　(2)契約の準拠法の決定……35
3　代理の準拠法 …………………………………………………………… 42
　　(1)概　説……42　　(2)本人と代理人の関係……42
　　(3)本人と相手方の関係・相手方と代理人の関係……42
4　契約外債務(法定債権)の準拠法 ……………………………………… 43
補　説 …………………………………………………………………………… 44

第3節　実体法の適用 …………………………………………………… **58**

1　統一法と国際私法 ……………………………………………………… 58
2　法規範の適用順序 ……………………………………………………… 60
　　(1)訴　訟……60　　(2)仲　裁……61
補　説 …………………………………………………………………………… 62

第3章　国際売買　　　　　　　　　　　　　　　　　　　　　　65

第1節　国際売買と法規範 ……………………………………………… **65**

1　国際売買の意義と特色 ………………………………………………… 65
　　(1)意　義……65　　(2)国際売買の特色……65
2　国際売買に関する法規範 ……………………………………………… 66
　　(1)国際売買法の統一の必要と方法……66　　(2)牴触法……67
　　(3)統一法……68　　(4)標準(一般)契約条件と統一規則……69
　　(5)法規範の適用 ……………………………………………………… 71
補　説 …………………………………………………………………………… 72

第2節　国際物品売買条約 ……………………………………………… **74**

1　統一売買法条約の作成 ………………………………………………… 74

2 統一売買法の概要 ··· 75
　(1)統一売買法の適用範囲……75　　(2)総則規定……77
　(3)売買契約の成立……78　　(4)売主の義務……79　　(5)買主の義務……83
　(6)危険の移転……85　　(7)売主と買主の義務に共通の規定……86
　(8)条約に関する規定……88
補　説 ·· 89

第3節　定型的取引条件と主要な契約条項 ································· **97**

1 概　説 ··· 97
2 貿易条件の解釈に関する国際規則 ··· 97
　(1)作成の経緯……97　　(2)インコタームズの法的性格……98
　(3)インコタームズ2010の貿易条件……98
3 契約条項 ·· 104
　(1)契約条項の構成……104　　(2)主要な貿易条件……104
補　説 ·· 107

第4章　国際運送　　111

第1節　概　説 ··· **111**

1 国際運送 ·· 111
2 運送の態様と法の統一 ·· 111
　(1)概　説……111　　(2)海上運送……112　　(3)航空運送……113
　(4)鉄道運送……114　　(5)道路運送……115
補　説 ·· 115

第2節　海上運送 ·· **115**

1 国際海上物品運送 ·· 115
　(1)意　義……115　　(2)傭船契約と箇品運送契約……116
　(3)国際海上物品運送についての法規範……116
2 航海傭船 ·· 119
　(1)概　説……119　　(2)運送人の義務……120　　(3)傭船者の義務……120
　(4)その他の契約条項……121
3 箇品運送 ·· 122

(1)概　説……122　　(2)法令の適用……122　　(3)運送人の義務……123
　　　(4)荷主の義務……130
　4　船荷証券 ……………………………………………………………………………131
　　　(1)意義と性質……131　　(2)船荷証券に適用すべき法……132
　　　(3)船荷証券の交付……133　　(4)船荷証券の効力……136
　5　海上運送状 …………………………………………………………………………136
　6　運送品の引渡し ……………………………………………………………………138
　補　説 ……………………………………………………………………………………139

第3節　航空運送 …………………………………………………………………**154**

　1　国際航空運送 ………………………………………………………………………154
　2　国際航空運送に関する私法規範 …………………………………………………154
　　　(1)概　説……154　　(2)国際航空運送に関する統一法条約……155
　　　(3)航空貨物運送約款……156
　3　国際航空貨物運送における当事者の権利義務 …………………………………156
　　　(1)荷送人……157　　(2)荷受人……157　　(3)航空運送人……158
　4　航空運送状・貨物受取証 …………………………………………………………161
　　　(1)意　義……161　　(2)作　成……162　　(3)記載事項……162
　　　(4)効　力……162　　(5)貨物の処分権と引渡し……163
　5　紛争解決手続 ………………………………………………………………………164
　補　説 ……………………………………………………………………………………164

第4節　複合運送 …………………………………………………………………**166**

　1　国際複合運送 ………………………………………………………………………166
　　　(1)複合運送の意義……166　　(2)複合運送の特色……167
　2　国際複合運送に関する法規範 ……………………………………………………167
　　　(1)概　説……167　　(2)条　約……167
　　　(3)統一規則および標準契約条件……168
　3　複合運送人の責任 …………………………………………………………………168
　　　(1)概　説……168　　(2)国際複合運送条約……169　　(3)約款による規律……170
　4　複合運送書類 ………………………………………………………………………171

第5節　貨物運送に関する保険 …………………………………………………**172**

　1　概　説 ………………………………………………………………………………172

2　貨物海上保険 ……173
(1)貨物海上保険の意義と特色……173　　(2)貨物海上保険契約……174
(3)担保危険と塡補範囲(保険条件)……174　　(4)保険代位……176
(5)保険証券……177
3　航空運送と複合運送における貨物運送保険 ……177
補　説 ……178

第5章　国際的支払　　182

第1節　概　説 …… **182**
1　国際的支払の方法 ……182
2　金銭債務の履行 ……182
(1)弁済の通貨……183　　(2)弁済の金額……184　　(3)貨幣の準拠法……1834
補　説 ……184

第2節　送金（外国為替） …… **190**
1　概　説 ……190
(1)外国為替……190　　(2)送金為替……190　　(3)取立為替……191
2　資金移動の法律関係 ……192
(1)資金移動の法律関係の規律……192　　(2)当事者間の関係……193
補　説 ……194

第3節　手　形 …… **195**
1　国際商取引と手形・小切手 ……195
2　手形法・小切手法の統一 ……195
(1)手形法・小切手法の統一……195　　(2)新たな国際手形法条約……197
3　手形・小切手に関する牴触法 ……197
(1)手形法・小切手法と法の牴触……197
(2)手形・小切手に関する牴触法条約の規定……198
(3)新たな国際手形法条約の適用……198
4　手形に関する実質法 ……199
(1)実質法の適用……199　　(2)ジュネーヴ条約と英米法……200
(3)新たな国際手形条約……200

補　説 201

第4節　信用状 **202**

1　信用状についての法規範 202
　(1)実質的法律関係についての法規範……202
　(2)法の牴触に関する法規範……205
2　信用状の意義、当事者および種類 205
　(1)意　義……205　　(2)信用状取引の当事者……206
　(3)信用状の種類……206
3　信用状取引の当事者間の法律関係 209
　(1)信用状の開設……209　　(2)信用状取引の当事者間の法律関係……210
補　説 217

第5節　貿易保険 **219**

1　序　説 219
2　わが国の貿易保険 220
　(1)貿易保険の仕組み……220　　(2)貿易保険法の定める保険の種類……221
補　説 223

第6章　国際的企業活動　　224

第1節　序　説 **224**
補　説 225

第2節　販売店・代理店 **227**

1　概　説 227
2　主要な契約条項 229
　(1)概　説……229　　(2)代理権……229　　(3)販売権……230
　(4)商標権の使用……230　　(5)継続的売買に関する取極……231
　(6)契約関係の終了……231　　(7)契約終了後の措置……231
補　説 232

第3節　技術移転 **235**

1　概　　説 …………………………………………………………………………… 235
2　知的財産権の保護 ………………………………………………………………… 236
　　(1)国際的法制……236　　(2)公法上の規律……237　　(3)私法上の規律……238
3　技術移転契約における主要な事項 ……………………………………………… 238
　　(1)許諾の対象となる技術……238　　(2)実　施　権……239
　　(3)実施許諾者の義務……240　　(4)実施権者の義務……241
　　(5)改良技術……241　　(6)その他の主要な約定……242
　　(7)契約関係の終了……242
4　技術移転契約の準拠法 …………………………………………………………… 243
補　説 ………………………………………………………………………………… 243

第4節　投資および共同事業 …………………………………………………… **247**

1　概　　説 …………………………………………………………………………… 247
2　共同事業契約 ……………………………………………………………………… 248
　　(1)概　説……248　　(2)独立した企業形態をとらない場合……249
　　(3)独立した企業形態をとる場合……250
3　独立した企業形態をとる場合の主要な法律問題 ……………………………… 251
4　国際投資に関する法 ……………………………………………………………… 252
　　(1)概　説……252　　(2)わが国の法制……253　　(3)国際的取極……253
　　(4)投資保護協定……254　　(5)国際投資と紛争解決方法……254
補　説 ………………………………………………………………………………… 255

第5節　大規模建設工事・プラント輸出 ……………………………………… **259**

1　概　　説 …………………………………………………………………………… 259
　　(1)大規模工事契約……259　　(2)大規模工事契約の特色……260
　　(3)大規模工事契約の構成……261
2　主要な法律問題 …………………………………………………………………… 262
　　(1)契約の成立……262　　(2)主な契約条項……264
補　説 ………………………………………………………………………………… 266

第6節　金融取引 ………………………………………………………………… **267**

1　概　　説 …………………………………………………………………………… 267
2　貸付契約 …………………………………………………………………………… 268
　　(1)概　説……268　　(2)主な契約条項……268

3 プロジェクト・ファイナンス······271
　(1) 概　説……271　　(2) プロジェクト・ファイナンスの仕組み……271
4 ファイナンス・リース契約······272
5 債権譲渡······272
補　説······273

第7章　外国為替管理と貿易管理　　279

第1節　国際商取引の国家法による管理······**279**

第2節　外国為替管理······**280**

1 国際通貨基金協定······280
2 わが国の外国為替管理法······281
　(1) 沿　革……281　　(2) 外国為替管理の概要……282
補　説······288

第3節　貿易管理······**289**

1 貿易管理に関する国際法制······289
　(1) 1947年GATTとWTO協定……289　　(2) 地域的条約……293
　(3) 二国間条約……293
2 WTO協定とわが国の貿易管理法······294
　(1) 概　説……294　　(2) 物品の貿易に関する1994年GATTの構成と主要原則……294
　(3) 物品の貿易に関する個別の協定……297
　(4) サービス貿易に関する一般協定……300
　(5) 知的所有権の貿易関連の側面に関する協定……300
　(6) 紛争処理に係る規則及び手続に関する了解……303
　(7) 複数国間貿易協定……303
補　説······304

第4節　通商法······**307**

補　説······307

第8章　紛争解決手続法　　310

第1節　国際商取引と紛争の解決·················310

1　国際商取引と紛争解決方法·················310
　(1)序　説……310　　(2)私人間の渉外的紛争の解決方法……310
2　国際民事手続法·················311

第2節　民事訴訟·················312

1　国際民事訴訟法·················312
2　民事裁判権免除·················313
　(1)概　説……313　　(2)外国等に対する我が国の民事裁判権に関する法律……315
3　国際裁判管轄権·················320
　(1)意　義……320　　(2)管轄原因……320
　(3)わが国における国際裁判管轄権に関する法則……321
　(4)国際民事裁判管轄権に関する規定……324
4　当　事　者·················338
　(1)当事者能力……338　　(2)訴訟能力……338　　(3)当事者適格……339
5　国際的訴訟競合·················340
6　国際司法共助·················341
　(1)概　説……341　　(2)送　達……342　　(3)証拠調べ……342
7　外国判決の承認および執行·················343
　(1)概　説……343　　(2)わが国における外国判決承認の要件……343
8　保全手続·················345
　(1)概　説……345　　(2)わが国における保全手続……345
補　説·················346

第3節　仲　裁·················354

1　仲裁手続·················354
　(1)概　説……354　　(2)渉外的紛争と仲裁……355
2　国際仲裁における法律問題·················357
　(1)仲裁契約……357　　(2)紛争の仲裁適格性……358　　(3)仲裁手続……358
　(4)仲裁判断の規準……359　　(5)外国仲裁判断の承認および執行……359
　(6)仲裁判断の取消し……360

3　外国仲裁判断の承認および執行に関する条約 ……………………………………… 361
　　補　説 ……………………………………………………………………………………… 361

第4節　調停・和解 …………………………………………………………………… **365**

　1　調　停 ……………………………………………………………………………………… 365
　2　和　解 ……………………………………………………………………………………… 366

第5節　倒産処理手続 ………………………………………………………………… **366**

　1　概　説 ……………………………………………………………………………………… 366
　　(1) 倒産処理手続における渉外的問題……366
　　(2) 倒産処理手続における属地主義と普及主義……367
　　(3) 倒産処理手続の競合の調整……368
　2　わが国における国際倒産処理手続 …………………………………………………… 369
　　(1) 概　説……369　　(2) 国際管轄権……369　　(3) 外国人の取扱い……370
　　(4) 内国倒産処理手続の対外的効力……370
　　(5) 外国倒産処理手続の内国における効力……370
　補　説 ……………………………………………………………………………………… 371

事項索引 ……………………………………………………………………………………… 373

判例索引 ……………………………………………………………………………………… 391

新版 国際商取引法

第1章　序　説——国際商取引法

第1節　国際商取引法の意義と特色

1　国際商取引と法

　第二次世界大戦後、各国の経済の回復にともなって、貿易、国際的投資など企業の経済活動は国境を越えて広く行われるようになった。企業活動の内容はそれ以前に比べて多様であり、その金額も大きい。それらは従来から行われてきた物品売買（貿易）およびそれにともなう運送、外国為替にとどまらず、技術移転、企業提携、建設工事、役務の提供、国際金融などに及んでいる。

　これらの国際的経済活動の特色を法的にみると、法を異にする国または地域に活動の拠点（住所、事務所、営業所）を有する者の間の取引であり、営利を目的とする者（商人、企業）の間の取引である。このような取引が、国際商取引（international commerce, international business transactions, international trade）といわれるものである。

　このような商取引は中世後半に地中海沿岸地域、西ヨーロッパに起こり（「商業の復活」）、産業革命を経てその範囲が拡大し、今日に至っているが、これまでのところ、これらの商取引を規律するための法規範の形成は十分とはいえない。また、国際商取引から生ずる紛争の解決は、差当りいずれかの国の裁判手続によるほかなく、紛争の解決はそれぞれの裁判所が準拠すべしとした法規範によることとなる。しかし、各国の国内法の規定は国内の社会事情を前提とし、国際商取引の規律には必ずしも適当ではないため、隔地者間の商取引では取引によって形成された商慣習が用いられ、また、国際商取引に携る者の間では、一定の取引について

の規範あるいは規準が必要であるとして、標準（一般）契約条件（一定の取引で広く用いられる普通取引約款）、統一規則、統一法が作成されてきた。このような国際商取引に関する法規範の作成作業は19世紀後半から20世紀前半にかけて西ヨーロッパを中心に、学者、実務家による公私の国際的団体や国際機構によってすすめられた。20世紀後半からは、企業の国際的経済活動が著しく拡大したことによって、国際商取引に関する法規範の作成作業が以前よりも組織的に世界的な規模でなされるようになった。

2　国際商取引法の意義と特色

(1) 意　義

　国際商取引法あるいは国際取引法とは、一般に、法を異にする国または地域に活動の拠点を有する商人や企業間の商取引を規律するための実体法規範をいう。これらは商取引から生ずる私人間の権利義務を規律する規範であるから、私法に属する。その法形式としては商慣習（custom, usage）、標準（一般）契約条件（general (standard) terms and conditions）、統一規則（uniform rules）、条約による統一法（uniform law）であったが、最近は実定法ではないモデル法（模範法、モデル・ロー、model law）の形をとることもある。国際商取引法といわれているものはこれらの総称である。もっとも、その内容、取り扱う範囲は論者によって一定しない。それらの適用は、それぞれの法形式によって異なる。

(2) 特　色

　国際商取引法はこのようなさまざまな法規範の総称にすぎず、しかも、それらは組織的、体系的に作成されたとはいい難く、全体に共通する特色に乏しい。あえていえば、(イ)渉外的法律関係に適用される実体法規範であること、(ロ)国家法以外の形式をとっているものが少なくないこと、(ハ)規律する事項について網羅的、体系的な規定を有していないものが多いこと、(ニ)画一的あるいは定型的な規律を必要とする事項に関するものが多いことなどであろう。

3 国際商取引に関する他の法分野と国際商取引法の関係

(1) 国際私法と国際商取引法

　国際私法は法の場所的牴触を解決するための法（牴触規則あるいは牴触法ともいう）であって、当事者の権利義務を定める法ではないのに対して、国際商取引法は実質法であり、実体法であって、当事者の具体的な権利義務を定める法である。国際商取引を直接規律する法規範が存在しない場合には、国際私法によって指定される準拠法（一定の国家または一定の地域の法体系）によるほかはない。

(2) 国際経済法と国際商取引法

　国際経済法は企業の国際的な経済活動について、国家が経済政策的観点から規律するための法である。国際商取引法が各企業の個別の取引から生ずる権利義務を定めるものであるのに対して、国際経済法は個別の私人間の利害の調整ではなく、国家の政策として一定の類型の経済活動を規律するものであるから、公法に属する。このように、両者は規律の対象も規律の原理も異なっている。実際には、国際的および国内的経済政策の枠組みが認める場合でなければ、国際商取引は現実に可能とはならない。したがって、国際商取引に当たっては、これらの公法的規律を知る必要がある。

(3) 国際法と国際商取引法

　国際法は基本的に国家間の関係を規律し、国際商取引法は私人間の商取引を規律する。このように、この両者は規律の対象も、目的も異なり、法規範としての次元も異なる。しかし、国家間において国際商取引に関する法の統一をはかるためには、国家間の合意としての条約の形式を利用することが多い。

補　説

（国際取引についての法の情況）
　国際商取引から生ずる紛争の解決方法と法規範の情況
　　①紛争解決機関　現在まで、複数の国に関係のある私人（企業）間の紛争を解決するための、国家の組織とは別の紛争解決機関は存在せず（これまでのところ、そのような機構は国

際復興開発銀行に附置された投資紛争解決国際センターにおける仲裁のほかにはない)、私人間の紛争の公権力による強制的解決方法は、いずれかの国家の裁判手続によるほかはない。そこでの大きな問題は、いかなる国で裁判手続をなしうるかということ、すなわち国際裁判管轄権の問題である。当事者にとっていずれの国、いずれの地で裁判手続が行われるかは、その利便、費用などにおいて重大な関心事であるが、各国に共通な国際裁判管轄権の規則はない。したがって、それぞれの国の規則によることとなる。事前に管轄裁判所の予測がつくとはかぎらない。このような不都合を避けるために、当事者による紛争の自治的解決方法として国際商事仲裁が用いられるようになった。

②適用法規　国際商取引に直接適用すべき法規範がなく、各国の法も統一されていないとすれば、各国では当該法律関係に密接なかかわりのある国の法を準拠法として適用することとなる。これが19世紀以来の方法である。しかし、各国の国際私法の規定は必ずしも同じではないので、法廷地となる国が異なることによって、適用される実体法(一定の国家または地域(州など)の法体系)も異なり、国際商取引から生ずる紛争の解決方法としては必ずしも適切ではないこともある。また、国内法の規定はそれぞれの国の社会事情を前提としていること、各国で準拠法決定の規則が必ずしも同じではないこと、当事者にとっても裁判官にとっても外国法の内容を知ることは必ずしも容易ではないことなどから、国際商取引を対象として形成されあるいは作成された法規範が直接適用される仕組にすべしとの主張がなされるようになった(lex mereatoria.「商人法」)。

(国際的作業の情況)

　　国際商取引法の作成に関する国際的作業　　19世紀後半から20世紀前半にかけては国際法協会(International Law Association, ILA)、万国海法会(Comité Maritime International, CMI)、私法統一国際協会(Istituto Internazionale per l'Unificazione del Diritto Privato, Institut International pour l'Unification du Droit Privé, International Institute for the Unification of Private Law; UNIDROIT)、国際商業会議所(Chambre de Commerce International, CCI; International Chamber of Commerce, ICC)などの国際的団体が法の統一、国際商取引に関する法規範の作成作業をしていたが、20世紀後半になると国際連合国際商取引法委員会(United Nations Commission on International Trade Law, UNCITRAL)や国際連合の専門機関(例えば国際海事機構(International Maritime Organization, IMO))の役割が大きくなっている。これらの成果のうち、広く用いられているものを若干挙げると、共同海損に関するヨーク＝アントワープ規則(1877年およびその後数次の改訂)、船荷証券に関するある規則の統一のための国際条約(1924年。ヘイグ・ルールズ)、国際航空運送についてのある規則の統一に関する条約(1929年のワルソー条約。1999年のモントリオール条約)、為替手形及び約束手形に関し統一法を制定する条約(1930年ジュネーヴ条約)、荷為替信用状に関する統一規則及び慣例(1933年およびその後数次の改訂)、貿易条件の解釈に関する国際規則(1936年およびその後数次の改訂。インコターム

ズ)、国際連合国際物品売買契約条約（1980年ウィーン条約）などがある。標準（一般）契約条件と標準契約書式は多くの業界団体で作成されている。このような世界的（universal）な統一の動きのほかに、地域的（regional）な統一の動きは中南米、西ヨーロッパでなされてきた。なかでも、中南米諸国間では1877年のリマ条約、1889年および1940年のモンテビデオ条約、1975年以来の米州機構による多くの統一法条約のように、西ヨーロッパや世界的規模での立案作業に先んじて法の統一の試みがなされている。このような試みの目的は商取引の実際に適合した明確な規則を作り、それによって関係者は取引の結果についての予測が可能となること、また取引で生ずる危険を回避し、損失を保険によって填補することが相当程度まで可能となることにある。法や規則の統一が必要とされるのはそのためである。

国際商取引法の意義と範囲　国際商取引法の意義と範囲についての定説は未だ存在しない。国際商取引に関する私法をいうこともあれば、通商または国際商取引を規律する公法（貿易、為替の管理等に関する法令）を国際取引法ということもある（international trade law という表現はその趣旨で用いられることが多い）。また、国際商取引に関する私法の法規範であって、国家法を介することなく、直接適用されるべき法規範（lex mercatoria「商人法」）をいうとの立場もある。

第2節　国際商取引と適用法規

1　概　説

　国際商取引の特色は、それを構成する要素（取引の当事者を含む）が法体系を異にする複数の国または地域にかかわる商取引であることである。したがって、多くの国では、その私法上の法律関係については国内商取引と異なる取扱いをしている。その方法は国際私法によって準拠法を決定してその法律関係に関連のある国内法を適用するが、国際商取引を規律するための国際商取引の関係者によって形成された統一規則、一般契約条件、商慣習などを適用することも少なくない。

　また、国際商取引は、国内取引と同様に、それぞれの国において公法上の規律をうけるが、貿易管理、為替管理、投資規制等に関する経済政策、通商政策にもとづくさまざまな公法的規律をうける。しかも、それは一国のみにとどまらない（例えば、貿易では輸出国と輸入国のそれぞれに存在する）。実際の国際商取引は各国の公法の許容する場合に実行が可能となるのであって、当事者が関係国の公法の規定を考慮することなく商取引を行っても、それに違反し、あるいは牴触するときは、その目的を達することはできないことが多い。

2 公法による規律

(1) 公法による規律の概観

多くの国における国際商取引に関する公法を概観すると、為替管理、貿易管理、投資や事業活動の規制、通関手続、関税など、国際商取引に直接関係のある法令のほか、国内取引と同様に、通常の行政目的のための法令も適用される。さらに、企業間の経済的競争に関する法令（競争法。例えば、独占禁止法）などの経済法も国際商取引に適用される。二国間取極、多数国間条約においても、為替管理、貿易管理、通商、事業活動、投資、租税の賦課等について定めていることがあり（例えば、二国間の友好通商条約、投資保護協定、租税条約など）、これらの国際的取極（合意）は各国の法令の中にとり込まれて適用されることになる。

わが国では、企業の国際的活動については「外国為替及び外国貿易法」およびそれにともなう政令と省令が国際商取引に関する基本的な法令であり、さらにそれぞれの経済活動に応じて個別の法令で規律をするという構造になっている。

(2) 公法の規定の適用

公法の規定は、その施行されている国の領域内で行われる商取引、事業活動に適用される（公法の属地的適用）。そして、当該公法の規定の性質が私法上の効力を否認するもの（効力規定）か、取締りを目的とするもの（取締規定）か、当事者の行為が資格についての制限・禁止に反するか、行為の内容についての制限・禁止に反するか、あるいは手続上の違反かなどによって、私法上の行為の有効性に影響しないこともあれば、全部または一部について有効性が否定されることもある。

国によっては、自国の公法の規定の適用をその領域外での行為や法律関係にも及ぼすことがある（例えば、外国で談合されたカルテル協定について自国の競争法を適用すること、自国の製品・技術にもとづく機器の特定国への輸出禁止措置を第三国にある自国系企業および自国の特許権の実施権者にも適用することなど）。これがいわゆる公法の域外適用（extraterritorial application）である。公法の域外適用は競争法、とくに独占禁止法の分野について米国、欧州共同体等において行われており、内国での行為についても外国でその国の法律の適用の対象とされることがある。

内国において外国の公法の規定を適用、執行することはない。しかし、内国で行われた行為や内国法によって規律される法律関係に内国の公法が適用されて、その法律関係の私法上の有効性と効力が判断されると同様に、外国で行われた行為にもとづく法律関係や、外国法が準拠法となる法律関係については、その私法上の有効性と効力は、行為地国の公法または準拠法所属国の公法の規定によって判断されることになろう。

3 私法上の法律関係の規律
(1) 準拠法の決定

国際商取引から生ずる一定の法律関係にいかなる法規範が適用されるかは明らかではないことも少なくない。それは、国際商取引から生ずる紛争の解決についてはいずれかの国の国内裁判所によらざるをえないが、国際裁判管轄権に関する各国の原則は必ずしも明確ではないこと、各国の国際私法（牴触法ともいう。国際という形容がついているが、国内法である）の内容も同一ではないことによる。そのため、いずれの国の裁判所で判断するかによって、適用される実体法規範（準拠法）が異なってくる可能性がある。

契約の準拠法について多くの国では当事者による準拠法の指定を認めているので（国際私法上の当事者自治）、当事者が一定の国の法を準拠法として指定しているときは、当事者はあらかじめ適用される法令を知ることはできる。統一規則、標準契約条件、商慣習などの自治的法規範がどのように適用されるかは、準拠法でそれらをどのように扱うかによる（当事者間の合意として扱われることが多い。実質法上の当事者自治）。これに対して、国際商取引に直接適用される実体法規範が存在し、それらが各国の国際私法の規定を介することなく、直接適用されるべきであるとの立場もある。これが近時における「商人法」(lex mercatoria) の主張である。

(2) 国際商取引を対象とする実体法規範

国際商取引を対象とする法規範には、国際商取引に適用される各国の国内実体法、統一法、統一規則、標準（一般）契約条件、商慣習がある。統一規則と標準契約条件は一定の分野または一定の類型の商取引に用いられることを目的

として作成されたものであって、契約の当事者がそれによるべきことを合意したときに適用される。

　国際商取引一般を対象とした準則として、私法統一国際協会による1994年以来の「国際商取引契約に関するユニドロワ原則」(UNIDROIT Principles of International Commercial Contracts, 1994, 2004, 2010, 2013, 2016) がある。これは各国で行われている契約法および債権法に共通する原則を要約したともいうべきものであり、当事者の援用により、また、当事者が法の一般原則または商人法として合意したとき、あるいは当事者が準拠法を指定しなかったときに、統一法の解釈もしくは補充としてまたはモデル法として用いることができることを目的としたものである（前文）。また、同様の性質のものとして1990年から2002年にかけて欧州各国の学者有志によって作成された「ヨーロッパ契約法原則」(Principles of European Contract Law) がある。

① 国内法

　国際商取引あるいは渉外的法律関係のみに適用される国内法は多くはない。わが国の例としては、国際海上物品運送法がある。同法は船積港または陸揚港がわが国の領域以外にある海上運送に適用され、それ以外の運送には商法の規定が適用される。これは1924年の「船荷証券に関するある規則の統一のための国際条約」を批准した際に、渉外的法律関係に同条約の規定を国内法として適用するためにとりあえず制定された法律である。2018年の商法等の改正により商行為編及び海商編中の運送関係の規定は国際法上物品運送法の規定と実質的に類似するようになったが、国内運送と国際運送とで適用される内国法は異なる。

　これに対して、わが国の手形法と小切手法は、国内的法律関係と渉外的法律関係を区別していないが、それぞれ1930年の「為替手形及約束手形ニ関シ統一法ヲ制定スル条約」と1931年の「小切手ニ関シ統一法ヲ制定スル条約」の規定を国内法とするための法律であって、国際私法を介して準拠法とされる場合に適用されるので（手形、小切手の法律関係についての国際私法条約がある）、通常の国内法と変わるところはない。

　そのほかには、とくに国際商取引を適用の対象とする国内法はなく、準拠法とされたときに適用されるのは、通常の国内法の規定である。もっとも、その場合で

も、個別の規定について、それが渉外的法律関係に適用されるかを検討する必要がないわけではない。これは準拠法における個別の規定の適用範囲の問題である（例えば、親会社の監査役の外国子会社調査権の有無、内国会社の外国における社債の発行と社債管理者の設置の要否、内国会社と外国会社の親子会社関係の成否、内国会社と外国会社との合併の可否など）。

なお、法令の形式上は私法の中にある規定であっても、公法的性格を有するものについては属地的に適用されることになる（例えば、日本で発行された外国会社の社債についての社債権者集会に関する規定）。

② 統一法（統一私法）

統一法とは一定の法律関係に関する各国の私法の規定を統一するための法規範である。各国の法令の同一性を確保するために、条約の形式によるのが通例である。モデル法（model law 模範法）によるときは各国で同一の規定となるとは限らない。

統一法には、その規律の対象によって、渉外的法律関係に限らず、各国の国内法の規定を統一することを目的とするものと、各国の国内法のうちの渉外的法律関係に関する規定のみを統一することを目的とするものとがある（前者を世界法型の統一、後者を万民法型の統一という）。前者の例としては、1930年の「為替手形及約束手形ニ関シ統一法ヲ制定スル条約」、1931年の「小切手ニ関シ統一法ヲ制定スル条約」があり、後者の例としては、1924年の「船荷証券に関するある規則の統一のための国際条約」、1929年および1999年の「国際航空運送についてのある規則の統一に関する条約」、1964年の「有体動産の国際的売買についての統一法に関する条約」、1980年の「国際物品売買契約に関する国際連合条約」がある。いずれの型の統一が適当かは、対象となる法律関係、統一の目的とその必要性などによる。一般的にいえば、渉外的法律関係のみについての統一法のほうが、国内法的法律関係をも含めた統一法よりも必要の度合いが高く、実現も容易であるということはできよう。もっとも、手形、小切手のように渉外的法律関係に限定することがその性質上、難しい場合もある。

統一法の規定の性質は、その対象となる法律関係の性質、その立法の目的によって異なる。統一の必要性の大きい事項については強行規定とするもの（例えば、手形、小切手に関する統一法）、一定の政策目的によって当事者の義務または責任

の最低限度を定めるもの（いわゆる片面的強行規定。例えば、運送人の責任に関する統一法）が多いが、任意規定に関する統一法もある（例えば、売買に関する統一法）。任意法規に関する統一法であっても、渉外的法律関係を対象とする規定ということにおいてその存在意義はあるといえよう（また、任意規定の標準条件化ということもある）。

　統一法は、これまでのところ限られた事項について作成されているにすぎず、国際商取引の多くの分野を規律するには至っていない。それは統一の必要性、技術的可能性、統一法の作成がその時の国際情勢等の事情に左右され、それに費した労力、時間、費用からみると期待されたような成果に至らず、また、各国での統一法の採用についても国際的または国内的なさまざまな事情の影響をうけて、容易に実現していないことによる。しかし、一定の分野では実際に重要な役割を果たしている統一法もある（例えば、国際物品売買法条約、国際航空運送に関する条約）。また、中南米諸国、欧州連合の構成国など、一定の地域の国の間で機能している統一法もある。

　統一法と国際私法との関係については、伝統的な考え方によれば、それぞれの国の国際私法の規則によって統一法を採用した国の法が準拠法とされる場合に統一法が適用されるというのであろう。しかし、当然にそのようにいうことができるかは疑問であり、統一法が国際私法を介して適用されるかあるいは直接適用されるかは、統一法を定める条約で統一法の適用についてどのように定めているかによるのであって、明文の定めがなくとも、その統一法の趣旨、目的、立法の経緯によって解釈すべきであるとする立場も有力に主張されている。

　なお、一国内における各地域の法の統一を目的とするものを統一法（uniform law）ということもある（例えば、米国における州法統一のためのいくつかのモデル法）。

③　統一規則

　統一規則とは、一般に、一定の類型の取引を統一的に処理するために作られた規則をいう。多くはその取引の関係者、業者の団体、公私の国際団体、国際機構などによって作成されている。代表的な例として、「荷為替信用状に関する統一規則及び慣例」（信用状統一規則）、「貿易条件の解釈に関する国際規則」（インコタームズ）、「共同海損に関するヨーク＝アントワープ規則」などがある。これらの規則は当事者がそれを援用すること（契約中でその規則に従う旨を表示すること）に

よって適用されるが（例えば、1993 年、2007 年の各信用状統一規則 1 条は当事者の援用によって適用されるとする）、その内容、文言、規定の仕方等からみて、関係者の予めの合意の有無にかかわらず、当該取引にかかわるすべての当事者に適用されることを前提としており、当事者によるその規定の修正の余地は事実上なく、それを援用するか否かの選択しかない。また、当事者の選択にかかわらず、当該取引で当然に適用されるものもある（例、信用状統一規則）。したがって、これを単純に当事者間の合意と同視することは必ずしも適当ではない。これを商慣習あるいは商慣習法と説明する説もないではないが、商慣習あるいは商慣習法は一定の取引に従事する者の間での実務を通じて形成されたものであるのに対して、統一規則は単なる慣習の明文化ではなく、慣習に修正を加え、あるいはあらたに作成された規定も少なくないのであるから、これを商慣習あるいは商慣習法ということは適当ではない。統一規則の内容は準拠法の強行規定に反することはできない。

④ 標準（一般）契約条件と標準契約書式

標準（一般）契約条件とは一定の類型の商取引における標準的契約条項を定めたものであり、これは当事者の援用によって個別の契約の内容になるとされている（例えば、国際連合欧州経済委員会（ECE）の作成した「プラント及び機械類の輸出に関する一般契約条件」、貨物海上保険に関する協会貨物約款、コンサルタント・エンジニア国際協会と欧州建設業者協会による電気機械工事や土木工事用の標準約款（FIDIC 約款））。このような標準契約条件を約款として記載した書式が標準契約書式である。標準契約書式は一定の商品の取引に関する業者の団体で作成されることが多い（例えば、穀物取引に関する GAFTA の標準契約書式、油脂類の取引に関する FOSFA の標準契約書式、定期傭船契約に関するボルティク国際海運同盟およびニューヨーク物産取引所標準契約書式など）。標準契約条件は、通常、契約書の中でそれを援用する方法で用いるが、個別の契約で一部または全部についてそれと異なる定めをすることができないわけではない。標準契約書式の場合にも約款の個別の条項について修正し、別の条項を付加することも行われている。

標準契約条件は当事者の援用によって用いられるので、個別の契約の内容（契約条件。terms and conditions）として契約の準拠法の許容する範囲において、効力を有することになる。これによって準拠法における強行法規を排除することはでき

ない。したがって、標準契約条件は法律上任意規定とされる部分について、実質的に統一的な規範を定めるという機能を果たすこととなる。

　標準契約書式による契約も標準契約条件を援用する契約もいわゆる附合契約（contrat d'adhesion）であって、個別の条項についての当事者の契約の自由は極めて制限されている。しかし、これらの標準契約条件は国際商取引を対象とし、広く用いられることを前提として作成されたものであり、当事者には予め契約条件が明らかとなり、権利、義務が明確となる。このことは国際私法によっていかなる法が準拠法となるかが明確でない場合、準拠法の内容が不明な場合、準拠法の内容が国際商取引に適当でない場合よりも好ましいといえよう。

　⑤　**商慣習および商慣習法**

　商事に関する慣習すなわち一定の商取引に携わる者によって形成された慣習が商慣習である。これには広く世界的に行われている慣習もあれば、地域的慣習もある。商慣習が法としての効果を有するに至ったときに、これを商慣習法とし、事実たる商慣習と区別する法制がある（商慣習に法的確信が加わることによって商慣習法となるとする）。これに対して、法的確信の有無は必ずしも明らかではなく、むしろそのような慣習の形成されていることに意味をみとめて、商慣習と商慣習法を区別しない立場もある。近時の国際立法ではこの両者をあえて区別せず商慣習といい、法規範としての効力を認めている。このような商慣習の法源としての取扱いとその適用順序は、準拠法または統一法の定めるところによる。

補　説

（公法による規律の諸問題）

　　わが国における国際商取引の規律　　「外国為替及び外国貿易法」が為替管理と貿易管理に関する基本法である。政令として、為替管理については外国為替令、わが国への投資については対内直接投資等に関する政令、貿易管理については輸出貿易管理令および輸入貿易管理令があり、さらにそれらについての省令、告示、通達がある。昭和24年（1949年）に制定された「外国為替及び外国貿易管理法」（外為法）と同25年の「外資に関する法律」（外資法）が戦後かなりの期間わが国の対外取引を規律した法律であって、厳しい為替管理規定を設け、貿易と国際的投資について種々の制限を加えていた。内外の経済情勢の変化に伴い、制限は次第に廃止され、昭和54年（1979年）の改正によって為替管理も相当に自

由化され、外資法が廃止され、複雑な法令の体系が整理された。その後、さらに規制緩和、市場拡大を求める内外の動きに応じて、平成9年（1997年）に大幅な改正がなされ、法律の名称からも「管理」の語が削除され、現在の名称となった。

輸出貿易管理令では輸出につき許可を必要とする貨物、承認を必要とする貨物および輸出先の地域について定めている（許可を要するものには、かつての対共産圏輸出規制品目、1996年のワッセナール協定にもとづく特定の地域への通常兵器、汎用品、技術も含まれている）。

輸入貿易管理令では、輸入の承認を必要とする貨物とその原産地、船積地域、事前確認を必要とする貨物について定めている。

関税法は関税の確定、納付、徴収および還付ならびに貨物の輸出および輸入についての通関手続について定め、関税定率法は関税の税率、課税標準、関税の減免等について定める。関税定率法では通常の関税に関する定めのほかに、報復関税、相殺関税、不当廉売関税、緊急関税、輸入禁制品についても定めている。ちなみに、関税定率法は、安政5年（1858年）に締結された日米修好通商条約（日本への輸入関税の税率は二国間での協定税率（5％）によるのであって、日本だけで税率を決定することはできなかった）に代わって、明治44年（1911年）に日米通商航海条約が締結されたことによって（この条約は昭和14年7月に米国からの6カ月後に廃棄の通告があったために、昭和15年（1940年）1月に失効）、わが国が関税自主権を回復した明治44年（1911年）7月17日から施行されている。

なお、わが国における、いわゆる治外法権すなわち領事裁判権は明治27年（1894年）の条約によって廃止されたが（それにともなって法の抵触を解決するための法例も制定されることになった）、関税自主権の回復は明治44年であった。不平等条約の改正は明治政府の外交課題の一つであり、これにより宿願を達した。

公法の規定と私法上の法律関係の有効性　私法上の法律関係の有効性はその準拠法による。その判断に当たっては準拠法国の公法規定でどのように規律されるかも当然考慮されなければならない。個別の法律がいかなる場合に、どのような行為あるいはどのような事実に適用されるかは、その法律の適用範囲に関する定めとその法律の目的、内容によることとなる。このことは内国の公法であると外国の公法であるとを問わない。したがって、準拠法国の公法の規定によって取引行為の有効性が否定されるならば（例えば、一定の物品の輸出禁止措置）、その私法上の法律関係を有効とはなしえない（わが国の官公庁の認許可が契約の効力の発生の条件とされたものとして、東京地判昭和32年7月31日下民集8巻7号1366頁、東京地判昭和34年3月26日下民集10巻3号594頁。なお、契約の効力の発生をめぐるこのような疑義をなくすためには、当事者が契約中でその効力の発生要件を明らかにしておくことである）。そのほかに、強行法規の特別連結を認めるときは、準拠法国以外の国（法廷地国または第三国）における行為あるいは事実については、その国の公序法（loi de police. 政治的、経済的、社会的理由で強行性を有するとされている法規であって、その多くは公法である。例えば、輸出入、為替の管理に関する法規、労働法規など）をも考慮することになる。内国で外国公法による制裁を科し、罰則を適用することはないが、私法上の法律関係の有効性の判

断に当たっては、準拠法国における判断と同様の結果となろう。

大判大正9年10月6日法律評論9巻諸法481頁は、シカゴから横浜まで英法を準拠法とする物品運送契約において、英法にもとづく売主の運送品差止権（stoppage in transitu）を認めたが、荷受人がドイツ法人であることにより英国の対敵取引禁止令における黒表（ブラック・リスト）上の事由に該当する場合には弁済期に法律上支払うことのできない状態にあるものと解した（売主の運送品差止権は英国の物品売買法（Sale of Goods Act）にもとづくものであり、同法では物品の引渡前に買主が支払ができない状態になったときは売主は運送人に対して物品引渡しの差止めを請求することができるとされている。しかし、本件の問題は英国民である運送人または英法を準拠法とする場合の運送人は英国の敵国民に貨物の引渡しをなしうるかにあり、準拠法国の公法の規定が運送人の義務の履行にどのような影響を及ぼすかの問題である（この運送が行われたのは第一次世界大戦中）。荷送人の運送人に対する運送品差止請求権（運送品処分権）の有無は運送契約の準拠法によるのであり、運送人の関知しない売主と買主間の売買契約の準拠法によるのではないというべきであろう）。東京地判平成10年5月13日判時1676号129頁は、米国におけるイラン製品の輸入制限の法令に反してわが国から輸出された貨物の損害保険契約（契約準拠法は日本法、保険者の塡補責任については英法が準拠法）の有効性について、その輸出が米国の法令に反するため、刑事訴追をうける可能性もあり、このような保険契約を有効とすると違法行為を助長することにもなり、被保険利益を欠くとして、公序良俗に反するとした。その控訴審では、米国法令上の制約は契約を無効とするまでのものとはいえず、運送契約も保険契約も履行不能ではなく、日本の公序に反しないとした（東京高判平成12年2月9日判時1749号157頁）。これらの事案で扱われているのは、外国の公法の規定の内国での適用ではなく、一定の法律関係について外国の公法上の制約があることによって、その取引が準拠実体法（本件では日本法）においてどのように扱われるかという問題である。イラン製品の事案では控訴審の判断が妥当であろう。

武器貿易条約（Arms Trade Treaty）　2013年4月に国際連合総会で採択され、2014年12月24日発効。日本は2014年4月に国会で承認、5月に受諾書を寄託。その内容は、通常兵器の貿易を規制し、その規制をさらに改善することにある。対象は戦車、軍艦から小型武器、軽兵器に及ぶ。

外為法違反の契約の効力　外為法違反の法律行為の有効性については必ずしも明らかとはいえない。外為法違反の傭船契約を無効とした裁判例がある（大阪地判昭和36年6月30日下民集12巻6号1552頁、大阪高判昭和40年5月13日判時416号78頁）。輸出割当制度のもとで通商産業大臣の定める最低輸出価額（チェックプライス）以下の価額による輸出契約を有効とした裁判例がある（東京地判昭和40年8月28日下民集16巻8号1342頁）。昭和36年頃外為法上の許可手続を経ないでなされた居住者と非居住者間の米ドルによる貸金債権およびポータブルラジオの売買代金債権を譲り受けた者が、貸金返還と売買代金の支払を求めた訴えにおいて、最高裁は外為法は本来自由であるべき対外取引を過渡的に制限する取締法規であるとし、その許可は事後に得ることも妨げないとの理由で、私法上当然に無効

となるものではないとした（最判昭和40年12月23日民集19巻9号2306頁。第一審および控訴審は無効とした）。これに対して浮動的無効説も主張され、事後に外為法上の申請がなされて大蔵大臣の許可の有無が明らかになるまでは法律関係は浮動的であるが、許可がない間は無効であるというのである。これは、要するに無効説と同じである。事後に申請がなされても、裁判所の判断の時点で許可がなければ無効とすべきである。その後に許可がなされたとしても、それを遡って有効とすべきかは疑問で、当事者間で新たな法律関係が生ずるとすべきであろう。したがって、浮動的無効というような立論に疑問を感ずる。

なお、わが国では外為法違反は寛大に扱われてきたようであるが、外国為替管理に反する行為について厳しく取り扱う国が少なくないことに留意すべきであろう。

政府の措置と商取引　各国の政府による臨時または緊急の措置によって、私企業の対外的取引が影響を受けることがある。そのような措置は国内における緊急事態の発生、国際間の紛争・経済制裁等によるものであり、措置の内容もさまざまである。これらの措置によって生じた私企業の損失について補償をした事例は少ない（国によっては、特定の国への一定の産物の輸出禁止の際に、国内生産者に補償を与えた例もないではない）。それは各国の国内法および政治上の問題である。当事者間においては債務不履行についての免責事由または契約の拘束力を免れる事由となることもある（契約上の明文の規定による場合のほか、契約の趣旨、目的、性質から判断される場合もあろう）。

公法の域外適用　公法は原則としてその法律の属する国の領域で適用されるが（公法の属地的適用）、法律によってはその国の領域外での行為、事実にも適用されることがある（公法の域外適用。extraterritorial application）。個別の立法で域外適用を定めたものもあれば、各法規についての裁判例、解釈によることもある。国際法上、国家の執行管轄権は他国の領域で行使することは許されないが、立法管轄権については自国の領域内の行為、事実のみを対象とするとの限定はない（もっとも、自国との関連性を必要とするとの制約はあろう）。外国に在る自国民、自国企業に対して自国法を適用すること、あるいは自国民、外国人の区別なく外国で行われた行為、外国で生じた事実が自国に影響を及ぼす場合には、それについて自国法を適用する措置をとることが往々にして行われている（国外犯についての刑罰規定、国外での行為についての独占禁止法等の競争法の適用など）。その例として米国の反トラスト法、証券取引法、輸出管理法等の域外適用がある。域外適用の理由はそれぞれの法規によって異なる。域外適用を定めているときであっても、自国においてその適用とそれにもとづく執行をなしうるにすぎない。なお、具体的な場合における公法の域外適用については、それが国際法上認められるか、それが妥当であるかという問題はある。

公法の域外適用と公法の牴触　ある国がその国の公法の域外適用をすると他国の公法との牴触を生ずることがある。その例として、いわゆるシベリア・パイプラインをめぐる米国と欧州諸国との間の紛争がある。1981年10月西欧諸国の企業がソ連邦の国営企業との間で、ソ連邦から西シベリアの天然ガスを西欧諸国に供給するため、ガス・パイプライン敷設に必要な機器をソ連邦の企業に輸出する契約を結んだところ、同年12月米国は、ポーランドの「連

帯」の動きを抑えるポーランド政府をソ連邦が動かしているとして、米国企業によるシベリア・パイプライン建設に必要な資材と技術の供給を禁止し、のちにこれを米国企業の外国子会社および米国特許権の実施権者（米国企業ではない）にも及ぼし、これに反したときは米国の商品、技術を取得する権利を奪うとの措置をとった（米国輸出管理規則の改正による）。これに対して、英国、カナダ、欧州共同体諸国および日本は米国の輸出管理規則の域外適用、その既存の契約への遡及適用は国際法に反すること、米国以外の国の企業は本国と米国の二国の法令の適用をうけることとなって、困難な立場におかれることを理由に、これに対抗する措置をとった。米国の措置は西側諸国の結束を維持するため、翌年11月に廃止された。公法の域外適用から生ずる問題の解決は、その都度の二国または多数国間の協議、各国の立法管轄権またはその行使を制限する二国間または多数国間条約によって調整をはかるほかはない（例えば、二国間条約としては租税条約がある）。

（私法統一の試み）

国際商取引契約に関するユニドロワ原則　この「原則」は1994年に作成され、総則、契約の成立、契約の有効性、契約の解釈、契約の効力、契約の履行および事情の変更、契約不履行における当事者の責任、履行の請求、契約の終了および損害賠償の109ヵ条から成る。2004年には代理、時効、債権譲渡、債務引受け、契約の譲渡、相殺、第三者のためにする契約、権利の放棄についての原則を設けるとともに、1994年の若干の規定に修正を加えた。その前文でこの「原則」の目的が示されている。さらに2011年に契約不成立と原状回復、違法性、条件、多数債権者・債務者関係についての規定を加えた。それによれば、この「原則」は、当事者がそれに依拠した場合に適用される、当事者が法の一般原則または商人法によるとした場合にも適用することができる、準拠法の規定で解決できない場合にも適用することができる、国際的な統一法の規定の解釈あるいはその規定の欠缺を補うために用いることができる、国内法および統一法の立案のモデルとしても使用しうるとしている。

ヨーロッパ契約法原則　ヨーロッパ地域の学者有志の間では1980年代からヨーロッパ地域に共通の私法の原則の作成作業が行われ、1990年に第1部、1996年に第2部、2002年に第3部が作成され、総則、契約の成立、有効性、解釈、契約の効力、履行、不履行および救済手段などについて、条文の形式で述べたものがヨーロッパ契約法原則（Principles of European Contract Law）である。これはいわゆるリステイトメントではなく、また、欧州諸国の契約法の調和と統一を直接目指したものではない。これらは、いずれも、いわば法文形式をとった「学説」というべきであろう（参加者、内容ともユニドロワ原則と重複するところもある）。

商慣習の効力　［商］習慣の効力の法的位置づけは、近代国家においては法規範定立機能を国家が独占しているので、それぞれの国で法がどのように定めているかによる。統一私法においても同様で、それぞれの統一私法で慣習の扱いをどのようにしているかによる。

　［商］慣習の機能（働き）については、その当事者間の合意・契約の内容を構成するかという問題と、当事者間の法律関係に適用される法令に定めのないとき及び慣習の内容が成文の

法令と異なるときに慣習をどのように扱うかという問題とがある。日本の法令では民法第92条で「法令中の公の秩序に関しない規定と異なる習慣がある場合において、法律行為の当事者がその慣習による意思を有しているものと認められるときはその慣習に従う」とあるのは、意思表示の内容として効力を有する例である。他方、法適用通則法第3条（もとの法例第2条）で「公の秩序又は善良の風俗に反しない慣習は、法令の規定により認められたもの又は法令に規定されていない事項に関するものに限り、法律と同一の効力を有する」とあるのは、法令で認めている慣習（法令中の任意規定（補充規定）についての慣習を含む）及び法令に規定のないことについての慣習に、制定法を補う効力を与えている例である。

　なお、商法第1条第2項（改正前商法第1条）は、その文言からみて、商慣習を商法の規定（商法制定当時は商法のみを規定していたが、その後の商事実体法をも含むと解すべきであろう）よりも劣位の法規範とする趣旨であろう。しかし、その内容それ自体に疑問があり、この規定のあることによって、法適用通則法第3条、民法第92条との不統一あるいは不整合が生ずるので、立法論としては削除すべきであり、解釈論としては無視すべきである（これらの規定の関係の合理的解釈の努力にどれほどの意味があろうか）。

(商習慣について)
商慣習および商慣習法の適用　　わが国の法令によれば、商慣習法の適用は商法および商事特別法の規定の適用に後れるが、民法の任意規定の適用には優先し（商法1条2項）、事実たる慣習は、当事者にそれによる意思があると認められるときは、任意法規に優先して適用されるとする（民法92条）。米国の統一商事法典では、当事者間の取引慣行および当事者が知りもしくは知るべきであった取引慣行は、契約条項に特別の意味を付与し、その条項を補いまたは限定する（1—205条(3)）、契約条項と取引の経過または取引慣行は整合的に解釈すべきであるが、それが不合理なときは、契約条項が取引の経過および取引慣行に優先し、取引の経過が取引慣行に優先する（同条(4)）、履行については履行地の取引慣行が用いられるとしている（同条(5)）。1980年の国際物品売買条約では、当事者は合意した慣行および当事者間で確立した慣例に拘束されるとし（9条(1)）、当事者間に別段の合意がないかぎり、当事者が知りもしくは知るべきであった慣行であって、国際取引において、当該取引分野で同種の契約に携わる当事者に広く知られ、かつ、一般に遵守されているものは、黙示的に契約またはその成立に適用されることにしたとみなすと定めている（同条(2)）。

　国際商取引における商慣習と商慣習法　　なお、国際商取引において商慣習と商慣習法を区別することが適当かどうかは問題である。法的確信（拘束力があるとの認識）の有無で商慣習と商慣習法を区別するのが国内法における考え方であるが、法的確信の有無の判断は困難であるし、両者を区別して適用の順序について違う扱いをしなければならないとする積極的理由はないであろう。商慣習は、当事者がその適用を明示的に排除していないかぎり、当事者のそれによる意思の有無にかかわらず、任意規定に優先して適用されるべきであろう。

第2章　国際商取引に共通する法律問題

第1節　当事者

1　概　説

　国際商取引の当事者の大多数は企業（法人）であるが、個人（自然人）もいないわけではない。国家、政府組織の一部局、公法人あるいは国際機構、国際法人が当事者となることもある。国際商取引は国籍、住所、本店、事務所・営業所、業務の管理統括地、活動の本拠地などを異にする者の間の取引である。そのため、まず、いずれの国においても、いかなる者を内国民・内国法人として扱うか、それ以外の者（外国人・外国法人）が権利義務の主体となりうるか、一定の権利を享有しうるか、裁判で救済をうけることができるかなどの問題が生ずる。

　このような法律問題について多くの国では自然人の権利能力と行為能力、社団、財団の法人格の取得、その組織、代表権などの問題はそれぞれについての属人法（自然人については本国法または住所地法、法人については設立準拠法または住所地（本店所在地）法）によって処理し、外国法によって権利能力を与えられた者が内国法上どのように扱われるか、すなわち内国民・内国法人と外国人・外国法人との区別、外国人・外国法人の法人格の承認、外国人・外国法人の個別の権利の享有、裁判における当事者能力などについては、その国の国内法（外国人法）、二国間または多数国間の条約で定めるという方法をとっている。

　外国人・外国法人に関する法制は各国で異なる。外国の国家または国家機関、国際機構、国際法人が当事者となる場合は通常の外国法人とは異なる扱いがなされることがある。

法令によっては外国人・外国法人の区別によらず、居住者・非居住者によって区別するものもある（例えば、税法、経済法など）。

2　わが国における外国人・外国法人に関する法制
(1) 権利能力と行為能力
①　外国人

外国人（日本国籍を有しない者）の一般的権利能力についての明文の規定はないが、わが国では外国人に一般的権利能力（法人格）が認められることには異論はない（民法3条1項）。個別の権利の享有（個別的権利能力）については、外国人はそれを制限されることがある（同条2項）。これらの規定は、その性質上、牴触法を介することなく、直接適用される（直接適用法）。しかし、行為能力については、法の適用に関する通則法（以下、法適用通則法という）の定める準拠法による（同法4条・5条）。

②　外国法人

法人の設立、組織、管理、消滅等の法人の存在と法人に固有の事項はいかなる法律に準拠すべきかについての明文の規定はない。わが国の通説は法人の設立において準拠した法律（設立準拠法）によるとしている（平成17年改正前の商法479条3項・482条、その後に制定された会社法933条2項・821条。平成18年改正民法37条1項では、外国法人の設立準拠法を登記事項とした）。それによれば、法人格の有無、法人の種類、法人の権利能力の範囲、法人を代表する権限を有する者に関する事項はそれぞれの法人の設立準拠法によることになる（これを法人の属人法あるいは従属法という）。

法人の設立準拠法を属人法とする場合には、設立手続地（登記上の本店所在地）と実際上の本拠地（業務管理統括地または主たる営業所所在地）とが異なることが少なくない（これは法人についての規制の緩やかな地で設立することが多いためである）。このような法人について、その実質的な本拠地のある国または州・地域でその国または州・地域で設立された法人とは異なる扱いをすることもある。平成17年改正前商法482条では、外国で設立された会社で日本に本店を設けまたは日本において営業を為すことを主たる目的とするもの（擬似外国会社）について、日

本において設立する会社と同一の規定に従うことを要するとしていたが（従前からそこでいう「同一ノ規定」とは会社の設立を含むか、会社の設立を含まないとしても、そのような会社には設立準拠法と日本の法律とが二重に適用されるかなどの問題があった）、平成17年制定の会社法では、日本に本店を置きまたは日本において事業を行うことを主たる目的とする外国会社は日本において取引を継続して行うことができないとし、そのような取引をした者は、取引の相手方に対して、外国会社と連帯して当該取引から生じた債務を弁済する責任を負うとしている（会社法821条1項・2項）。これは日本の会社法の適用を潜脱することになる擬似外国会社の法人格はあえて否定はせず、その弊害を防止するために、取引を継続して行うことを認めないこととしたとの趣旨であるが（法人格の承認との整合性がない）、実際には「日本において事業を行うことを主たる目的とする」との要件の解釈にかかることになる（例えば、軽課税国あるいは行政上の規制、監督の緩やかな国で設立した会社が日本において資産の譲渡、金銭の授受、手形・小切手の振出、金融取引、傭船契約などをする場合）。この要件を緩やかに解すると（例えば、かなりの頻度で取引を行わないかぎり「取引を継続して行うこと」にならないとの解釈）、外国で設立された便宜置籍会社やペーパー・カンパニーはもちろん、投資目的の特定目的会社（Special Purpose Company）も擬似外国会社とされず、外国会社として日本において活動できることになる。そうすると、日本で法人格を承認した場合と同様の結果になろう。

(2) 外国人・外国法人に関する国内法上の規律
① 外国人法（外人法）

外国人（外国法人を含む）の内国における私法上の地位を定める法規範を外国人法または外人法という。これは内国での外国人の権利能力、法律上の地位などを定める実質法（渉外実質法）であって、牴触法ではない。わが国では、民法3条2項（外国人の権利能力）、同法35条（外国法人の認許と権利の享有）、同法37条（外国法人の登記）、会社法817条から823条まで（外国会社）、同法933条から936条まで（外国会社の登記）、民事訴訟法28条・29条（当事者能力）、33条（訴訟能力）などがその例である。このほかに二国間の通商条約における相手国民（法人を含む）の私法上の地位についての条項も外国人法の一部であ

る。これらは外国人について直接に適用されるのであって（直接適用法）、国際私法（牴触法）を介して、準拠法の一部として適用されるのではない。

② 外国人・外国法人の意義

(a) 外国人　人（個人、自然人）が内国民か外国人かは、国籍による。日本の国籍を有する者が日本人であり（日本と外国の二重国籍者を含む）、それ以外の者が外国人である（無国籍者を含む）。

(b) 外国法人　法人には自然人のような国籍の概念はない。しかし、かつては法人の国籍によって内国法人と外国法人とを区別するとともに、法人の牴触法をも決定するという考え方が強かった（法人の国籍論）。法人の国籍の決定基準として設立準拠法国、本店所在地国、主たる営業所所在地国などが主張された。しかし、法人の属人法の決定基準と内国実質法の適用における内国法人と外国法人の区別の基準とが同じである必要はない。内国の実質法において一定の基準によって内国法人と外国法人の区別をしている場合には、それぞれの法律の規定によって両者を区別することになる（例えば、外国人、外国法人の土地に関する権利の享有について外国人土地法2条では社員、株主もしくは業務を執行する役員の半数以上または資本の半額以上もしくは議決権の過半数が外国人または外国法人に属する法人については外国法人とみなして、制限を付するとしている）。もっとも、便宜上、自国法を属人法とする法人を内国法人、それ以外を外国法人ということは差し支えない。

外国で設立された法人のうちの一定の類型の法人が日本で認許される（民法35条）。そのほかの法人（不認許外国法人）と外国に組織、活動の拠点をおく社団、財団（外国非法人）は、日本では法人として扱われない。しかし、いずれもその代表者名において権利義務の主体となり、裁判上当事者能力を有する（民事訴訟法29条）。

③ 外国人・外国法人の私法上の地位

外国人・外国法人の内国における私法上の地位、個別の権利の享有については、差別主義、相互主義、平等主義など、国によってその政策を異にする。現在では多くの国は平等主義を採るといわれているが、個別の権利の享有について外国人・外国法人と内国民・内国法人とを差別し、あるいは相互主義によらしめていることも少なくない。

わが国では、外国人は法令または条約に禁止ある場合を除いて私権を享有するとされ（民法3条2項）、認許される外国法人は日本に成立する同種の法人と同一の私権を享有するが、外国人が享有しえない権利および法律または条約中に特別の規定がある場合はこの限りではないとされている（同法35条）。これは原則として平等主義をとりながら、個別に制限を加える余地を残すという立場である。制限を加える理由は対象となる権利によって異なる。外国人・外国法人の権利の享有についての禁止を定めた法令に鉱業法（17条・87条）、船舶法（1条）など、制限を定めた法令に外国為替及び外国貿易法（26条・27条・30条）、外国人土地法、国家賠償法（6条）、銀行法（47条—52条）、電波法（5条）、貨物利用運送事業法（35条）、船舶法（1条）、航空法（4条・126条—131条の2）、特許法（25条）、実用新案法（2条の五第3項）、意匠法（68条3項）、商標法（77条3項）、著作権法（6条）などがある。

3　国家・国家機関、国際機構

外国国家および外国国家機関は、その外国を内国が承認している場合には、内国での法人格、当事者能力を認められる。国際機構については、その設立の根拠となる条約の締約国で法人格を認められることは当然であり、その条約の非締約国でもその法人格、当事者能力を認めることが多い。これらが各国においていかなる権利を享有しうるかは、設立の根拠となる条約、当該国際機構と各国との協定と、その国の国内法の定めるところによることとなる。いずれについても内国の裁判権からの免除（裁判権免除）の特権が問題となる。

わが国では、外国国家は国家間の意志表示によって裁判権免除の特権を放棄しないかぎり、わが国の民事裁判権に服しないとの立場（絶対免除主義）をとっていたが（大決昭和3年12月28日民集7巻1128頁）、在日外国公館が購入した物品代金の請求について、私法的ないし業務管理的な行為によって生じた外国国家の債務については、外国国家の主権を侵害するおそれがあるなど特段の事情のない限り、わが国で裁判上請求することができるとし（制限免除主義）、従前の立場を改めるとともに（最判平成18年7月21日民集60巻6号2543頁）、2005年の「国家の裁判権免除に関する国際連合条約」の締結について国会が承認し、

平成 21 年 4 月に「外国等に対する我が国の民事裁判権に関する法律」を制定し、同法は平成 22 年 4 月 1 日から施行された（同条約は 2018 年 3 月末日現在未発効）。

> 補 説
>
> **（法人の問題）**
>
> **法人の設立準拠法主義と住所地（本拠地）法主義**　法廷地において、一定の社団、財団の成立と法人格の取得、その組織、代表権、法人格の消滅など、法人それ自体の問題を規律する法をどのような基準で決定するかについては、設立準拠法主義と住所地（本拠地）法主義とがある。前者は法人の設立に当たって準拠した法によるとし、後者は法人の活動の本拠地の法によるとする。前者をとると判断の基準は明確であるが、設立準拠法の属する地以外を活動の本拠とする法人であっても、その地の法の規律を服さないことになる。後者をとると、活動の本拠地とはいかなる地をいうか（登記上の本店所在地、管理統括地、主たる営業所の所在地のいずれか）という問題があるとともに、活動の本拠地が移ったときには、その法人格が承認されないと新たな地の法によって設立を要することになる。
>
> これらの基準が機能するのは、法人の成立と消滅、法人の組織など法人それ自体の問題である。これらについての争いは、多くの場合、法人の設立準拠法国または法人活動の本拠地国の裁判管轄権に属すると考えられるが、それらの国以外においても問題となることがないわけではない。わが国で問題とされた事例は多くはない（最判昭和 50 年 7 月 15 日民集 29 巻 6 号 1061 頁は、設立中の会社の発起人が営業準備のためにした契約の会社への帰属が争われた事案で、ニューヨーク州法に準拠して設立され、かつ、本店を同州に有している会社について、従属法はニューヨーク州法であるとした。東京地判平成 4 年 1 月 28 日判時 1437 号 122 頁は、会社の代表者の銀行からの借入れの権限が争われた事案で、カリフォルニア州法で設立された会社の代表者の権限の有無およびその範囲について、設立準拠法たるカリフォルニア州法によるとした）。
>
> **法人の能力外の行為**　英米法系の法律に準拠して設立された法人の権利能力は、設立準拠法によって、定款所定の会社の目的に制限され、目的外の行為は無効とされることがある（ultra vires rule. これは「歴史的な根拠はなく、誤解によって法の世界へ入ってきて、100 年近くの間実務家と法律家を悩ませた不名誉な法律制度」といわれた）。しかし、このような制限は実際には適当でないので、米国の各州では既に立法でこの原則を廃止して解決済であり、英国も 1989 年の会社法の改正によって、会社は、取引の相手方の善意、悪意にかかわらず、会社の能力外であることを主張できないこととした。わが国で依然として定款に法人・会社の目的を定めることとされているが（民法 37 条、一般社団財団法人法 11 条、会社法 27 条）、多くの目的を定めあるいは目的の範囲をできるだけ広くすることによって、実際上この制限が及ばないようにしている。わが国でこの問題が生じたときには、会社属人法上の権利能力が行為地における会社の権利能力よりも狭い場合には、取引の保護の観点から行為地における内国

会社の権利能力と同じ範囲とすべきであるとするのが従来の通説であろう。法人による不法行為の成立については、不法行為の準拠法による（法人の不法行為能力の問題ではない）。

法人の代表権　　法人の行為能力（代表権）の問題は、何人が法人としての行為を有効になしうるかということであり、それは法人の属人法による。法人の行為を行う者が法人の属人法上の権限を越える行為をしたときに、法人の属人法の定める範囲が行為地法よりも狭い場合には行為地法に従うとするのが通説である。しかし、法人の機関の権限の問題も行為地法によるべきであるとする説もある。また、継続的取引についてはその会社の属人法により、偶発的取引については行為地法によるとの説、契約の準拠法によるとの説もある。

法人格なき外国の社団・財団　　一定の設立行為があって社団、財団を形成したが、法人格を与えられていない者の属人法の問題がある。この問題は、例えば、英米における有限責任組合（limited partnership）、ドイツにおける合資会社（Kommanditgesellschaft）の構成員がわが国で有限責任を主張できるか、また、その構成員の関係はどのように規律すべきかというような形であらわれる。社団、財団の設立のための行為や手続がなされ、あるいは社団、財団の存在が公示されている場合には、その設立の際に準拠し、または前提となった法を属人法とすべきである。それが外国法である場合には、これらの社団、財団は外国法人に準じた扱いをされることとなろう（法人格を有しないので外国法人の認許の問題は生じないが、団体性と代表者・管理人の定めがあれば、民事訴訟法29条により裁判上の当事者能力は認められる）。特段の設立行為や手続によらない任意の社団・財団については、各行為の行われた地の法によることとなろう。

法人格の濫用・形骸化と法人格の否認　　特定の国の法令にもとづいて法人として設立されたが、実体のないもの（いわゆるペーパー・カンパニー）もあるところ、それが法的手続を経て消滅するまでは法人として扱われる。その法人は形だけであって、実質的には事業者個人の営業であり、あるいは子会社が実質的に親会社の営業組織の一部でしかない場合がある。このような場合にその法人の法主体性を否定し、その法人を実質的に支配・経営している者の法主体性を認めることができるかという問題が法人格の否認の問題である。これは債権者の救済のために裁判例を通じて形成された法理であって、その会社を経営する個人株主（小規模会社の場合）、親会社（親子会社の場合）の責任を問うために使われるが、当該会社の法人格そのものを否定するものではない（当該会社の法人格そのものを否定するには、その準拠した法の要件と手続に従う必要がある）。米国では判例によって展開され（piercing (lifting) the corporate veil, alter ego doctrine）、わが国でも法人（会社）の形骸化と法人格の濫用の場合に裁判例で認められている（最判昭和44年2月27日民集23巻2号511頁）。

国際商取引において法人格の形骸化と法人格の濫用が主張された場合に、いかなる法によって判断すべきか。この問題は通常いわれている法人格の形骸化および濫用だけでなく、軽課税国あるいは行政上の監督の緩やかな国で設立された法人で、主としてあるいは専らそれ以外の国で活動するものの法人格の問題にも及んでくる。

わが国における伝統的な学説は法人の属人法によると解していたが、近時は個別の事案に

即して実質的に考えるべきであるとし、特定の契約について実質的な支配・経営者が直接債務を負うかどうかは当該契約の準拠法によるとするのが多数であろう。法人が形骸化されていて、法人として扱われるか否かについては、まずはその属人法によって判断し、それによって法人格が否定されるならば、法廷地でも法人格を否定すべきである（多くの場合は属人法では法人格を否定しないであろう）。属人法で法人格が否定されないのであれば、それぞれの契約の準拠法によって判断すべきであろう。契約上の債務について当事者である法人を支配・経営する者も責任を負うかという問題だからである。日本と密接に関係のある案件では日本法における法人格否認の法理を当然に適用すべきかという問題もあるが、この法理が準拠法の内容にかかわらず必ず適用されなければならない強行法規といいうるかは、なお検討の余地がある。裁判例としては、契約準拠法をフランス法とし、そのもとで日本法人について法人格否認の法理を適用したもの（東京地判平成10年3月30日判時1658号117頁。法人格否認の法理は信義則ないし権利濫用の禁止を定めた条項によって認められるものであり、同様に信義則、権利濫用の禁止条項を有するフランス私法でも当然認められるとする）、建設会社である日本法人の子会社でオランダ法によって設立された会社が、証券会社である日本法人の子会社でバハマ法によって設立された会社との債券現先取引契約上の債務不履行にもとづく損害賠償を、親会社と子会社に請求した事案で、子会社は実体がなく形骸化しているとし、契約準拠法である日本法によって親会社の責任を認めたもの（東京地判平成13年6月20日判時1797号36頁、東京高判平成14年1月30日判時1797号27頁。契約当事者でなくとも法人格の否認を主張しうるとした）がある。また、不法行為等による損害賠償請求においても法人格を否定した裁判例がある（東京地判平成13年9月28日判タ1140号227頁は、ホンデュラス船籍の船舶との衝突によって死亡した者の遺族からの損害賠償請求について、加害船舶の船舶所有者たる会社の法人格は形のみであるとし、その会社の株式の多数を有し、その運航を実質的に支配している日本の会社の責任を認めた）。

（外国法人）

内国法人と外国法人の区別の基準　内国法人と外国法人の区別の基準については、わが国の学説では本店所在地法主義と設立準拠法主義とに分かれており、後者が多数説である。その根拠は条理上そのように解すべきであるということにある。しかし、民法33条1項は国内法によって成立した法人のみを内国では法人として認めると定めているので、わが国では設立準拠法が内国法である法人を内国法人とし、それ以外を外国法人としているという説明をすべきである。

なお、会社法では外国会社とは、外国の法令に準拠して設立された法人その他の外国の団体であって、会社と同種のものまたは会社に類似するものをいうとしている（同法2条2号）。会社とは株式会社、合名会社、合資会社または合同会社をいうとしている（同条1号）。

わが国における法人の国籍論　わが国の法人国籍論は19世紀末から20世紀初めの欧州における議論の影響をうけた。法人国籍論は、直接には商法における外国会社の規定の適

用をうける会社とはいかなるものをいうかのためであった。この基準で、会社の属人法決定の問題と外国人法の適用の問題とをあわせて処理することを目的とした。この問題は明治30年代から論じられており、かつては民商法学者の多くは設立準拠法主義であり、国際私法学者の多くは住所地法主義であった（法例起草者は設立準拠法主義）。第二次大戦後、会社に関する牴触法上の問題と外国人法上の問題とが区別され、牴触法上の問題については設立準拠法を属人法（従属法）とするのが通説となった。

外国法人の認許　わが国では法人は民法その他の法律によらなければ成立しえないとされているので（民法33条1項）、日本の法律によらないで成立した法人、すなわち外国の法律によって成立した法人（外国法人）はわが国では法人とされないことになる。それでは外国法人にも内国にいる者にも不便なため、一定の範囲の外国法人については内国で法人格を承認することとした。これが外国法人の認許である（民法35条）。わが国での法人格を認められるのは外国国家およびその行政区画と外国会社である（同条1項本文。認許外国法人）。外国の公法人、公益法人、外国では法人格を有するその他の社団・財団であっても、それらはわが国ではその法人格を承認されないので（不認許外国法人）、いわゆる権利能力なき社団・財団であって代表者または管理人の定めがあるものとして扱われることになる。これらの者も訴訟法上当事者能力は認められている（民事訴訟法29条）。外国法人の認許は条約または民法以外の法律で定めていることもある（法律による認許の例としては保険業法185条・186条があり、条約による認許の例としては二国間の通商条約の規定、例えば日米友好通商航海条約22条3項後段がある）。通商条約によっては、相手国の会社が内国において権利を行使し、内国での訴訟の当事者として裁判上の救済を求めることができるとする条項があり、これを会社互認条款という（例えば日本とスウェーデンとの間の通商航海条約8条1項など）。わが国では会社互認条款は裁判上の当事者能力を認めたものであって、条約による認許ではないと解されてきた。

　認許の効果は、外国法人の内国での法人格を認め、日本に成立する同種の内国法人と同一の私権を有するものとして扱うことである（民法35条2項本文）。しかし、外国人が享有しえない権利および法律と条約中に特別の規定のあるものについては制限を受けることになる（同項但書）。認許される外国法人が日本に事務所を設けたときは、内国で登記をしなければならない（同法37条）。外国会社については、会社法中に日本における活動を監督する規定がある（会社法817—823条、933条—936条）。これらは外国法人の規律に関する法令（外国人法）である。

会社互認条款　会社互認条款を認許と解する説もあるが、訴訟法上の当事者能力を認めたにすぎないと解されてきた。両説の相違は民法および会社法中の外国法人、外国会社についての規定の適用があるか（事務所を設け、あるいは継続して取引を行う場合）、内国で当該法人の名で一般的に権利義務の主体となりうるかにある。しかし、内国での活動等について訴訟上当事者となりうるのであれば、その法人格を認めたことと同じではなかろうか（当事者能力を認めながら、権利能力を認めない理由は明らかではないが、外国会社の内国での活動

を制限し、既に取得した権利義務の実現のみを認める趣旨であろう）。

会社法中の外国会社の規定の適用　平成17年改正前商法第2編第6章の規定は外国の「商事会社」がわが国で認許されることをうけて、その監督のために商法制定当時から設けられていた規定である。もとより、わが国で外国会社に適用される法令の規定はこれに限るわけではない。平成17年改正前商法第2編の外国会社の規定は明治32年の商法典の規定に由来し、これに昭和25年に多少の改正がなされ、さらに平成14年にはかなりの改正がなされた。平成17年の会社法で外国会社とは、外国の法令に準拠して設立された法人その他の外国の団体であって、会社法上の会社と同種または類似のものをいうこととなった（会社法2条2号）。外国会社は、日本に営業所を設けると否とにかかわらず、日本において継続して取引をするためには日本における代表者を定め（同法817条1項）、外国会社の登記をしなければならない（同法818条1項）。外国会社の日本における代表者のうち少なくとも1人は日本に住所を有する者とし、日本における代表者は日本における業務について裁判上または裁判外の行為をする権限を有し、その権限に加えた制限は善意の第三者に対抗できない（同法817条2項3項）。外国会社は日本における代表者の職務から生じた損害を賠償する責任を負う（同法同条4項）。外国会社の登記なくして取引を継続して行った者は、相手方に対して、外国会社と連帯して、その取引によって生じた債務を弁済する責任を負う（同法818条2項）。外国会社の日本における代表者が退任するときにも、日本における債権者保護のために、一定の手続をしなければならない（同法820条）。

　外国会社の登記をした外国会社は貸借対照表に相当するものの公告をしなければならない（同法819条）。裁判所は外国会社の利害関係人の申立てによりまたは職権で、一定の場合には、日本にある財産について清算の開始を命ずることができる（同法822条）。外国会社は、他の法律の適用については、法律上特段の規定のあるときを除き、日本における同種または最も類似する会社とみなされる（同法823条）。外国会社は設立準拠法、日本における代表者の氏名、住所、日本における営業所、公告方法等について登記をしなければならない（同法933条—936条）。

　なお、会社法には「会社」および「外国会社」に関する定義規定があるが（2条1号・2号）、それは会社法中の外国会社の監督に関する規定の適用のためにあるのであり、外国法によって設立された会社には会社法中の「外国会社」に関する規定のみが適用され、それ以外の会社法の規定や民法、商法、かつての証券取引法や現在の金融商品取引法等の規定が適用されないと解することは適当ではない。外国の会社に対する適用の有無は、個別の規定の趣旨、目的、内容による。

擬似外国会社　日本に本店を置きまたは日本で事業を行うことを主たる目的とする外国会社とは日本における事業がその存立に必要不可欠であることを前提に設立された会社をいうとされている（なお、資金調達のために日本で債券を発行することは取引を継続してすることに該当しないとの解釈がとられている）。会社法821条の「日本での事業」とは取引が実質的に日本国内に限られている場合をいい、日本国外でも営業活動や資金調達を行っているときはこ

れに該当せず、「主たる目的」とは現状に限らず、過去の状況と将来の活動をも考慮して判断するというのが立法事務担当者の説明である。それによると、外国で設立された特定目的会社であっても、外国で資産を購入し、外国で証券を発行しているなどの活動をしているならば、日本でそのような活動をしても「日本において事業を行うことを主たる目的とする」ことには該当しないと解することになろう。また、擬似外国会社とされても、一つの取引であれば「継続して」に該当しないと説明している。

米国における他州または外国で設立された会社の取扱い　米国では法人や会社は州の法律にもとづいて設立されるので、各州は他州または外国で設立された会社（foreign state corporation 他州会社）が自州で企業活動を行う場合には、自州の法による営業許可を必要とし、自州の会社法上の登記等を義務づけ、自州の裁判管轄権に服せしめ、送達場所を決めさせるなどの措置をとっている。これは自州民の保護および自州で設立された会社との均衡をはかるためとされている。

通商条約における外国法人の取扱い　日米友好通商航海条約では、一方の締約国の会社（この条約では有限責任か否か、営利目的の有無を問わず、法人および法人以外の団体も含めて「会社」と称している。22条3項前段）の権利の行使および擁護について、他方の締約国で裁判を受け、行政機関に申立てをすることができ、内国民待遇および最恵国待遇を与えられ、また、他方の国の領域で活動を行っていない会社については、とくに登記等を要せず、裁判を受け、申立てをする権利が与えられるとしている（同条約4条・22条3項後段・4項）。日ソ通商協定でも、それぞれの国で設立された法人は相手国の領域内で第三国の法人に与えられる待遇と同じ待遇を享有するとされている（同協定12条）。日中投資保護協定3条にも同様の定めがある。これらは条約の規定による認許の例である。

第2節　私法の牴触の解決

1　概　説

(1) 準拠法の必要性

これまでのところ、国際商取引に直接適用される法規範は多くはないので、多くの国では私法の牴触を解決するための自国の規則すなわち自国の国際私法によって適用されることになる法規範（準拠法）を決定し、それを適用するという方法をとっている。

国際私法は渉外的要素を有する法律関係に適用されるというのがこれまでの多くの国のとる立場であり、国際私法は強行法規とされている（渉外的法律関係について判断するときには裁判所は必ず適用しなければならないという意味での強行規定）。

もっとも当事者がとくに外国法の適用を求めないかぎり、国内裁判所には国際私法を適用して準拠法を決定し、外国法を適用する義務はないとする国や、当事者が処分することのできない権利についてのみ職権で準拠法を適用する義務を負うとする国もないわけではない。もっとも、契約の準拠法については当事者による準拠法の指定を他の方法に優先させることは、各国の国際私法で共通しているといってよいであろう。

準拠法とされるのは一定の国・地域の私法規範の全体であって、法源の種類（制定法、判例、慣習等）、法源の適用（対象となる法律関係、適用範囲、国内法令の適用の法則など）はすべてその国の法則による。

(2) 契約準拠法の決定

多くの国の国際私法の法則では、契約の準拠法について当事者の合意による準拠法の指定を認めているので（国際私法上の当事者の自治）、その場合には当事者はあらかじめ準拠法を指定することができる。契約関係において当事者による準拠法の指定が広く認められるようになったのは 19 世紀後半からのことであるが、その理由は実体法における契約自由の原則と同様の考え方、すなわち個人の活動の自由と自己責任にあるが、牴触法的観点からみれば、契約の類型、態様はさまざまであり、一般的には、契約関係ではそれに関連する要素（契約締結地、履行地、当事者の住所地・営業所所在地など）の一つが他よりも優越するという情況にはないことにある。もっとも、契約類型によっては当事者自治を制限する必要のあるものもあり（例えば、労働契約）、一定の要素を重視すべきものもある（いわゆる特徴的給付の理論はその一つ）。また、準拠法適用の段階で制限を加えることもある（例えば、公序則、強行法規の特別連結）。国際商取引にはいわゆる附合契約が少なくないが、附合契約であっても、準拠法を指定する条項は一般に有効と解されている。

当事者による明示の指定がない場合にもなお当事者の意思を探求すべきか（黙示の意思の意味、その探求の方法、限度など）、当事者の意思が分明でないときはどのようにして準拠法を決定するかは国によって異なる。契約における要素のうちの重要と思われるものによる場合（客観的連結）には、契約締結地法、債務履行地法、当該取引に関する当事者（とくに売主）の営業所の所在地法、当該契約と

最も密接な関係にある地の法などがある。

(3) 合意の成否の判断

　契約の成立または準拠法の指定が争われた場合に、いかなる法によって判断すべきか（例をあげると、契約の申込みを発した国では明示の拒否の回答がないかぎり承諾ありとみなし、申込みを受けた国では明示の承認がなければ承諾ありとはしないとする場合であって、申込みを受けた者からの応答がないときに、いかなる法によって契約の成否について判断すべきか。この場合に、当事者の一方が準拠法を指定しているときはどうか。また、準拠法の指定はあるが、準拠法指定の合意そのものの成否が争われたときに、いかに判断すべきか）。準拠法の指定の成否とその効力の問題をも含めて、契約に関する問題はすべてその契約関係を支配する法（契約の成立が争われているときは契約が成立したとすれば適用される法）によるという立場、準拠法指定に関する合意の成否および有効性については、いずれかの国の実質法によるのではなく、法廷地国際私法によって決定するとの立場（法廷地実質法に似た考え方にはなろう）、各当事者の意思表示の準拠法によるとする立場がある（各当事者の事務所・営業所のある地の法となろう）。これは契約関係の問題であるとの理由で、契約が成立したとした場合における契約関係の準拠法をきめて、それによって契約の成否、準拠法指定の有無について判断するとするのが多くの国のとる立場であろう。

(4) 契約準拠法に関するその他の問題

　契約の準拠法は、契約全体を支配する法であるが、当事者が契約に関する事項を分けて、異なる準拠法によらしめることもありうる（分割指定。dépeçage）。契約の成立に関する準拠法と契約の効力に関する準拠法を異なる法によらしめることも、契約の効力に関して事項ごとに分割して指定することも可能とされている。また、当事者による準拠法の指定を契約締結後に合意によって変更することを認めている例もある。

　準拠法の指定と区別すべきはいわゆる実質法的指定（materiellrechtliche Verweisung, incorporation of foreign law）である。実質的法指定とは、当事者が特定の国の具体的な法令を指定して、それを具体的な契約の内容として取り込むもの

として扱うことをいう。取り込まれた法令の規定は当該契約の準拠法となるのではなく、契約条項としての意味をもち、それが準拠法における強行規定に反する場合には有効とされないこととなる。

　当事者は一定の国家法によることなく、特定の法律または特定の規範を判断基準として指定することができるか、あるいはそのような指定はいかなる意味をもつかという問題がある。このうち、特定の法律によるとの指定は私企業と国家間で国家による契約の一方的な破棄、国内法の改廃を抑制するための条項として用いられることがある（国家が外国の私企業との間で、天然資源の探査、開発、公共の事業や施設の建設、運営などのために締結する契約（コンセッション協定・利権協定・経済開発協定、concession）における安定化条項。stabilization clause）。これは準拠法の指定とは解されていない。このような条項は実質法的指定であるとして、必ず法廷地抵触規則によって定まる準拠法が存在するという見解がある。しかし、当事者間であえて準拠法を指定せず、また、契約の一方当事者たる国家の国内法の改正による他方当事者の不利益を避けるために安定化条項に合意したのであるから、その国家の法を最密接関係地法ということには疑問がある。他に密接関係地法があるかも疑わしい。この場合には準拠法は不明というほかない。このようなコンセッション協定に関する問題は、契約に関する法律関係はいずれかの国の国内法によるという国際私法の前提の範囲外にあるというべきであろう。しかし、このような条項も当事者間の合意であって、一般に認められている契約の原則（"pacta sunt servanda"）からみて、法的には意味がある。その理由づけについて多くの説が主張されている。

　契約において特定の統一規則、標準契約条件、商慣習等によるべきことを指定していても、それは当事者間の合意の内容であって、準拠法の指定ではない。これらの法規範は準拠法のもとにおいて適用されることになる。

　なお、国際私法によって定まる準拠法を適用すべき場合に、契約法の分野であっても、経済的秩序の維持、社会的弱者の保護等の観点からの各種の強行法規があり、当該法律関係に関係のある法廷地国または第三国におけるそのような規定が適用されることもある。これがいわゆる強行法規の特別連結といわれる考え方であるが、どの程度まで実際に取り入れられているかは国によっても異なる

（1980年の契約上の債務の準拠法に関する条約（ローマ条約）7条はこれを認めている）。

2　わが国の国際私法における契約の準拠法
(1) 概　説

　明治31年（1898年）に制定された法例は7条から9条までの規定で法律行為についての準拠法を定めていた。7条は法律行為の成立および効力の準拠法、8条は法律行為の方式の準拠法、9条1項は隔地的意思表示の行為地、9条2項は隔地者間の契約における行為地についての規定であった。それに先立つ法例立案当時の原案では、民法の編別にならい、法律行為の方式の準拠法の規定（法例では8条）を7条とし、8条に物権の準拠法に関する規定（法例では10条）、9条に債権譲渡の対抗要件に関する規定（法例では12条）があり、10条に契約の成立および効力の準拠法に関する規定（法例では7条）があるという順序になっており、法例7条1項、2項、9条2項はそれぞれ10条1項と2項、3項（あるいは2項前段、後段）に対応していた。原案には法律行為一般についての準拠法の規定はなかった。しかし、法典調査会の最終段階で単独行為の準拠法についての規定を加えるために、原案の「契約ニ因リテ生スル債権」の成立と効力の準拠法に関する10条1項、2項を「法律行為」の成立と効力の準拠法と変えて法例7条とし、原案の10条3項を法例9条2項とし、原案の7条を法例8条としたうえ、新たに法例9条1項として隔地的意思表示の発信地を行為地とみなす規定を設けた。このため、法例の規定はわかりにくいものとなり（原案のほうが立法としては適当である）、単独行為においても当事者による準拠法の指定ができるか、行為地についてのみなし規定は法律行為の方式についての行為地法にも適用されるかというような解釈上の問題も生じた（法例9条2項が方式にも適用されると解すると、申込発信地法の方式に適合しない方式による承諾の意思表示では契約は方式上有効に成立しないことになる）。

　平成18年（2006年）に制定された法の適用に関する通則法（法適用通則法）では法例の規定の枠組みを承継し、法例7条1項に対応する規定を7条とし、当事者による準拠法の選択がない場合には行為地法ではなく最密接関係地法によることとして、法例7条2項に代えて、8条でその旨の規定と、特徴的給付の

ある法律行為および不動産に関する法律行為について最密接関係地法を推定する規定を設け、当事者の選択または最密接関係地法のいずれの場合についても9条で当事者による準拠法の変更を認め、法律行為の方式に関する法例8条に対応する規定を10条とし、法律行為の方式はその成立の準拠法と行為地によることとし、意思表示の方式については発信地を行為地とみなすとし、契約の方式は申込み、承諾のいずれの発信地でもよいとする規定に改めた（法律行為の成立および効力について行為地法によらず最密接関係地法によるとすると、法例9条のような規定は不要となるが、方式について行為地法によることを認めたため、このような規定をおくこととなった）。11条は消費者契約についての、12条は個別の労働契約についての特則である。

ここで留意すべきことは、法例および法適用通則法によって準拠法決定の対象となる法律行為とは、意思表示によって生ずる法律関係をいうのである（「法律行為」はパンデクテン法学を継受した法制に特有の概念である）。法例の原案は契約によって生ずる法律関係の準拠法（契約の準拠法）の成立と効力および方式に関する規定のみを設けていたが、これを法律行為と改めたためいわゆる単独行為にもとづく法律関係も対象とされることになった（原案のとおりであれば単独行為にもとづく法律関係については条理によることとなる）。法適用通則法もこれを引きずっている。しかし、わが国の実体法で単独行為とされる行為のすべてに、法適用通則法の7条から9条までの規定が適用されるのではない。

(2) 契約の準拠法の決定
① 当事者による準拠法の決定
(a) 当事者の選択　　相対立する意思表示の合致の有無、合致がある場合にいかなる法律上の効果が生ずるかは契約の準拠法によって判断する。法律行為の当時に当事者による準拠法の選択があればそれによる（法適用通則法7条。なお、法文では「当事者が……選択した地の法による」とされているが、従来から当事者によって選択された法という表現をとることが多く、契約中でも通例「『何法』による」と記されている。いずれにしても、当事者が一定の地を選択するのではなく、一定の国・地域の法体系を選択するとの意味である）。当事者による選択には明示の選択と黙示の選択

とがある。明示の選択とは言語的表現によって特定の法を示したことをいう。準拠法の選択は準拠法の対象となる契約（主たる契約）とともになされることが多いが（契約中の準拠法条項）、それを別に合意することも、法律行為の後に合意することも、それらを変更することも可能である（同法9条）。また、契約の一部について他の部分と異なる準拠法の指定（分割指定）については解釈に委ねられているが、多数説は当事者自治の原則からこれを肯定する。

　明示の選択がない場合には、かつて多くの学説では契約の文言、内容等から準拠法を導き出しうる場合から、裁判官が当事者の黙示の意思の探求をする場合まで広く認めていたが（これは行為地の決定が困難であること、多様な内容の契約を一律に行為地法によらしめることが適当でないこと、行為地は偶然的にきまり、必ずしも契約に実質的関係のないことなどの理由による）、法適用通則法の立法の経緯および同法8条の客観的連結の規定からみて、当事者の現実の意思から準拠法を決定しうる場合に限ると解され、黙示の意思の探求（仮定的意思の探求）は除かれているというべきであろう。もっとも、いかなる場合に黙示の指定があるとすべきかは裁判例の蓄積をまつこととなる。

　定型的な金融取引、運送契約、保険契約等の附合契約では、通常、当事者の作成した書式のなかに準拠法の定めがある。このような契約については、当事者による準拠法指定の合意を疑問とする見解もある。現代の商取引で行われている附合契約は大量の同種の契約を統一的に、かつ、簡易迅速に扱う必要から生じたものであり、契約自由の原則は実質的に失われているとはいえ、附合契約には経済的合理性もあり、それによって当事者の権利義務は予め明らかであるので、附合契約中の準拠法条項についても当事者による明示の指定とみるべきである（代表的な例として、船荷証券、貨物海上保険証券などの準拠法条項）。

　特定の国の特定の法令の適用を合意した条項は準拠法を指定したものではなく、その法令の規定を契約条項中にとり込むものであって、実質法的指定である（逆に準拠法中の一定の法令の適用を排除する約定は、その準拠法でそのようなことが可能なときに意味を有することになる）。日本の損害保険会社の発行する英文の貨物海上保険契約中の損害塡補についての英法準拠条項、船荷証券中の至上約款について、準拠法単一の原則との関係で実質法的指定と解する説と分割指定を認め、いず

れも牴触法的指定と解する説とがあるが、当事者の意思として、法令として適用することを予定している趣旨と解されるので、それは牴触法的指定であり、分割指定がなされたものとみるべきである（裁判例として、東京地判昭和 52 年 5 月 30 日判時 880 号 79 頁、東京地判昭和 58 年 1 月 24 日海事法研究会誌 63 号 18 頁など。いずれもその法的性格については論じていない。東京地判平成 13 年 5 月 28 日金融商事 1130 号 47 頁は、準拠法は単一であるべきであるとするが、この事案の結果には影響がない）。

なお、当事者は合意により準拠法の指定を変更することができるが、それによって第三者の権利を害することとなるときは、その変更をその第三者に対抗することができない（法適用通則法 9 条）。当事者は従前の準拠法を信頼して行動した第三者（例えば、主たる債務の保証人、第三者のためにする契約における第三者など）に対して、変更後の準拠法の権利を主張しあるいはそれによって権利義務に変更が生じたことを主張することができない。

(b) 準拠法指定の成否・有効性についての判断　　準拠法指定の合意の成否および有効性については、実質法によって判断すべき問題ではないとの理由で、指定された準拠法ではなく、法例 7 条 1 項の解釈問題とするのが多数説であった。これに対して、一定の国の実質法によることによって判断基準が明確になること、それは論理的にも成り立つとして、指定された準拠法によるとする立場もある。法適用通則法 7 条についても同様の解釈問題はある。また、準拠法指定の不存在または無効の場合の措置として、黙示の意思を探求すべしとの説もある。しかし、このような場合に、なお黙示の指定を知りうるかははなはだ疑わしいであろう。

② 客観的連結

当事者による準拠法の選択のないときは客観的連結によらざるをえない。法例では契約について準拠法の指定のないときは行為地法によることとしていたが、それには批判が多かった。行為地法が適当でないとされたのは行為地（契約締結地）は偶然的な事情によることがあり、契約の実質と必ずしも関係が密接ではないこと、隔地者間の契約では契約締結地がわかりにくいこと、契約類型にかかわらず一律に行為地法によることは適当でないことなどの理由である。そのため、行為地法の適用を避けるために、黙示の指定が広くみとめられていた。法適用通則法 8 条では、このようなときは法律行為の成立および効力は、法律行為の当時に

おいてその法律行為に最も密接な関係がある地の法によるとし（1項）、特徴的な給付義務を当事者の一方のみが行う法律行為については、その給付を行う当事者の常居所地・営業所所在地（当該法律行為に関係する営業所所在地。それが2以上あるときは主たる営業所所在地）の法を最密接関係地と推定するとして、いわゆる特徴的給付の理論を採用し（2項）、不動産を目的とする法律行為については不動産所在地を最密接関係地と推定する規定をおいている（3項）。

　最密接関係地法の決定に当たっては、契約の類型によることが準拠法の予測可能性、法的安定性からみて適当と考えられるが、契約における個別の事情（当事者の住所・営業所所在地、契約締結地、義務履行地、目的物所在地など）を考慮に加えることはできよう。また、契約の一部と他の部分とが準拠法を異にすることもありえよう。

　特徴的給付の理論とは、一定の契約類型に特徴的な給付（他の類型の契約と区別するための基準となる給付。例えば、物品売買における物品の給付）をなすべき当事者が活動の拠点を有する地をその契約における最密接関係地とする考え方である。片務契約については給付義務を負う者の給付が特徴的給付であり、双務契約については他の契約類型と異なる給付が特徴的給付である（金銭の給付は特徴的給付とはされない）。このような考え方にはもとより批判の余地はあり、また、この考え方ですべての契約類型の最密接関係地を判定できるかについても疑問はある。

　そのため、特徴的給付によって最密接関係地法を決定できる場合はそれによるが、そうでない場合は、1項の原則に戻り、解釈によって当該法律関係の全体から総合的に判断して最密接関係地法を決定することになる（最密接関係地法によることとなったので、当事者の仮定的意思の探求の必要はなくなった）。不動産についても通常は当該不動産所在地法が最密接関係地法と考えられるが、そうでないこともありうるので、これについても同様の扱いとすることになる。それが2項および3項で「推定する」とした理由であろう。もっとも、準拠法の決定は裁判所が職権で判断すべきことなので、この「推定」は、その効果を争う当事者に立証責任が生ずることを意味するのか、一応の判断基準を掲げたものであるかは明らかでない。しかし、法文で「推定」と表現したときは、その立法上の当否は別として、前者と解すべきであろう。したがって、2項、3項で定まる準拠法を争う当事者は最密

接関係地法について立証する必要がある。しかし、最密接関係地法か否かは事実のみによるのではなく、裁判所の価値判断が加わるので、実体法上の「推定」と同じとはいえないであろう。したがって、当事者がその立証をしたとしても、裁判所はなおそれが最密接関係地法といいうるかを判断する余地があるといえよう。特徴的給付によって準拠法を定めうる場合に、特徴的給付を行う当事者の常居所地法・事業所所在地法または不動産所在地法よりも最密接関係地法があると主張する当事者はそのことを立証することになる。最密接関係地法の判断は契約締結時の事実による。裁判所が最密接関係地法を決定するに当たっては、当該法律行為の全体、すなわちあらゆる要素を考慮しなければならないことになる。

なお、特徴的な給付義務を当事者の一方のみが行う契約においては、最密接関係地法はその給付を行う地ではなく、給付義務者の常居所地法・営業所所在地法とされていることである（給付地、給付すべき地などは連結点としては不明確、不安定である）。そして、2以上の関係する営業所のあるときは、いずれの営業所所在地に密接な関係があるかの判断を避けて、主たる営業所所在地法としているが、これは基準として明確ということができよう。

③ 契約の方式の準拠法

契約の方式とは、法律行為における意思表示の外部的形式をいう。契約の締結に当たって書面によるべきか、一定の形式を必要とするか、証人の立会い、公的機関の認証の必要などは契約の方式の準拠法による。登記、引渡しはそれらが成立要件または対抗要件のいずれであっても、法律行為の実質に関する事項であって、方式ではない。

契約の方式については、契約締結時における契約の成立についての準拠法または行為地（契約締結地）法による（法適用通則法10条1項・2項）。法を異にする地に在る者の間で締結された契約（隔地的意思表示によって成立した契約）の方式については、同条2項を適用せず、契約の成立についての準拠法のほか、申込みの通知の発信地法または承諾の通知の発信地法のいずれかに適合するときも有効とされる（同法同条1項・4項）。これは一方の意思表示の発信地法主義をとることによって、他方の意思表示が方式上適合しない場合が生ずることを避けるためである（選択的連結）。しかし、動産または不動産に関する物権およびその

他の登記をすべき権利を設定しまたは処分する法律行為（物権行為）の方式については、1項の原則に戻って、法律行為の成立の準拠法による（同法同条5項）。物権の得喪は目的物の所在地法によるので（同法13条2項）、動産または不動産に関する物権およびその他の登記すべき権利を設定しまたは処分する法律行為の方式は目的物の所在地法によることとなる。物権に関する問題は目的物の所在地法によらなければ実効性がないからである。

　法律行為の方式それ自体については当事者による準拠法の指定は認められない（法律行為の方式の準拠法は当事者の意思にかかわらないとされている）。法律行為の方式は法律行為の実質とくに成立に密接なかかわりがあるので、それによらしめることが適当である。財産法上の契約についてはその成立および効力について準拠法の合意が認められているので、当事者が契約の準拠法を指定したときは、方式の準拠法もそれによることになるが、それは牴触規則が契約の方式を契約の成立の準拠法によらしめたこと（客観的連結）のためである。

　契約の方式が準拠法に従っていないときは契約の成立が否定されあるいは有効性を欠くことになる。

④　契約の準拠法の適用範囲

　契約の準拠法は契約の成立および効力について適用される。

　(1) 契約の成立　　意思の合致の有無、意思表示の瑕疵、契約の内容についての有効性（内容の明確性、内容の実現可能性、内容の適法性、内容の社会的妥当性など）、官公庁の許認可の有無などは契約の準拠法による。契約の方式は別の準拠法による（法適用通則法10条）。行為能力、法人の代表権（代理権）、任意代理についても別の準拠法による。

　(2) 契約の効力　　契約が有効に成立している場合における各当事者の権利義務、契約違反およびその救済方法（契約の解除、損害賠償、本来の債務の履行（特定履行）、行為の差止めなど）、危険負担、不可抗力等による免責、契約関係の終了など、契約から生ずる当事者の権利義務は契約の効力の準拠法による。契約の成立の準拠法と異なる法を契約の効力の準拠法とすること、一部の事項について準拠法を指定することも可能とされている（分割指定）。かつては履行の態様すなわち取引の日と時間、支払について用いられる貨幣の種類、度量衡等については履行地法

によることが適当であるとして、履行地法を補助準拠法とする説もあったが（これは実質的には契約の効力の準拠法の一部についての客観的連結に等しい）、分割指定を認めるならば、とくに補助準拠法という概念を認める必要はない（裁判例で補助準拠法に言及したものはない）。金銭債務における弁済の通貨についても債務の準拠法によるが、現実の履行については履行地法上の制約をうけることがある。

(3) **個別規定の適用**

(a) 一定の国の法律が準拠法とされると、その国の私法の全体が適用されることになるが、準拠法が内国法、外国法のいずれであっても、個別の規定の趣旨、目的によって、その規定が渉外的法律関係に適用されるかという問題はある。例えば、日本の会社法における親会社の監査役の子会社についての調査権の規定（会社法 381 条）は外国子会社にも及ぶであろう。会社法上の社債管理者、社債権者集会の規定（同法 702 条以下・715 条以下）は社債発行地たる内国での社債権者保護のための規定であるから、会社の属人法や社債契約の準拠法のいかんにかかわらず、外国会社が内国で社債を発行する場合にはこれらの規定は適用されるべきであろう。内国会社が外国で社債を発行する場合には、発行地における社債権者保護の仕組みに従うのであって、これらの内国法上の社債権者保護の規定は適用されないと解すべきであろう。外国法が準拠法とされる場合にも、その規定の解釈、適用についてはこれと同様のことが生ずるであろう。

(b) 外国法が準拠法となる場合の主な問題は、外国法の調査と外国法不明のときの措置である。わが国では外国法の調査については裁判官の職権調査事項とされているが、内国の裁判官の外国法調査能力には限度があるので、当事者による資料の提出、内外の団体等への照会、学者の鑑定意見を求めるなど適宜の方法によらざるをえない。外国法不明のときの措置については、内国法適用説、条理説、近似法説などに分かれている。慣習の調査についても同様であるが、それが不明の場合は適用すべき慣習が存在しないことになる。

(c) 外国法は、それが内国の公の秩序および善良の風俗（一般に「公序」という）に反するときはその適用の結果が排除される（法適用通則法 42 条）。公序とは、諸国の法の相違を前提としたうえでの、内国における基本的法秩序をいうのであって、内国における強行法規や一般の価値基準（国内的公序）ではなく、そ

れよりも狭いとされている（国際的公序）。商取引では公序に反することは少ないと思われるが、実損害を超える過大な懲罰的損害賠償を課することは公序に反するとされた（最判平成9年7月11日民集51巻6号2573頁は懲罰的損害賠償の支払を命じた外国判決の内国での効力を否定した）。外国特許権の効力はその登録国法によるが、それを内国で適用することは、わが国のとる特許法の属地主義の原則に反し、法例33条の公序に反するとして米国特許法の適用を排除した例がある（最判平成14年9月26日民集56巻7号1551頁）。

3　代理の準拠法

(1) 概　説

国際商取引において代理（任意代理）によって契約関係の生ずることが少なくないが、代理に関する明確な牴触規則のある国は少ない。わが国でも明文の規定はなく、学説と若干の裁判例による。

(2) 本人と代理人の関係

本人と代理人の関係はその間において代理権を生ぜしめる行為（委任、雇用等）の準拠法による（代理権授与の準拠法を指定しているときはそれによる）とするのが通説である。

(3) 本人と相手方の関係・相手方と代理人の関係

代理人の行為によって本人と相手方の間にどのような関係が生ずるか、すなわち正当な代理とされるか、無権代理または表見代理とされるかの準拠法は、本人と相手方だけでなく、同時に無権代理、表見代理の場合の代理人と相手方の関係をも規律し、この二つの関係は同一の法によるとすべきである。かつての多数説は代理行為（代理の目的となった行為。例えば、売買契約）の準拠法によるとしたが、近時の多数説では代理行為地法によるとする。すなわち、代理権の有無およびその範囲、無権代理、表見代理についても、代理人が代理権を行使した地の法律によるとする。このほかに、代理人の営業所所在地法とする説、代理権授与行為の準拠法によるが、取引の相手方の信頼を保護するために、代理行為地

法で相手方に責任を負うべきときはそれによるとの説もある。連結点として明確で、安定しているのは代理人の営業所所在地であるが、取引の相手方の保護をも考慮すると、代理人の営業所所在地法を原則とし、代理行為地法で表見代理が成立するときはそれによるとすべきであろう。

　裁判例としては、会社の無権代理人の売買契約について契約締結地法での追認を認めたもの（東京地判昭和31年2月25日下民集7巻2号429頁）、代理権授与の表示行為の準拠法によるべきところ、相手方の保護のために法例3条2項を類推して代理行為地法によって本人の責任を認めたもの（神戸地判昭和34年9月2日下民集10巻9号1849頁）、船荷証券で自社の商号について他社の使用を許した場合の責任は荷主との間の運送契約の準拠法によるとしたもの（大阪高判昭和37年4月6日下民集13巻4号653頁）、運送人たる他社の発行した船荷証券中に自社の商号が記載されていた場合には、本人の責任は当該運送契約の成立した地の法律によるとしたもの（東京地判昭和39年10月15日下民集15巻10号2447頁）がある。

　日本企業が国際取引で代理構成をとっていないのは、代理構成をとった場合の準拠法が明らかでなく、結果についての予測可能性を欠くため、関係者がそれを嫌って、輸出者と輸出商、輸出商と輸入商、輸入商と輸入者のそれぞれの間で売買の形式をとっていることにあると思われる。

4　契約外債務（法定債権）の準拠法

　国際商取引では契約にもとづく法律関係がほとんどであるが、取引に関連して事務管理、不当利得または不法行為とされる法律関係が生ずることがある（例えば、知的財産権の侵害、不正競争などは不法行為とされよう）。もっとも、いかなる法律関係とされるかは、それぞれの法廷地（国）の抵触規則における法律関係性質決定、すなわち抵触規則の解釈の問題である。わが国の法適用通則法における非契約債権（法定債権）の準拠法に関する規定を略述すれば次のとおりである。

　事務管理または不当利得による債権の成立および効力はその原因となる事実の発生した地の法によるのが原則であるが（同法14条）、当事者が原因事実発生時に同一の法域に常居所を有していたこと、当事者間の契約に関連して事務管

理が行われまたは不当利得が生じたことその他の事情に照らして、原因事実が発生した地の法よりも明らかに密接な関係がある地の法があるときは、その法による（同 15 条）。当事者は原因事実の発生した後に事務管理、不当利得に関する準拠法を合意することはできる（ただし、それによって第三者の権利を害することとなるときは、その変更を第三者に対抗することができない。同法 16 条）。

不法行為による債権の成立および効力は、加害行為の直接の結果の発生した地の法によるが（同 17 条前段）、その地における結果の発生が通常予見することのできないものであったときは、加害行為地の法による（同条後段）。生産物責任の準拠法、名誉・信用毀損の責任の準拠法についてそれぞれ特則がある（同 18 条・19 条）。これらの規定による準拠法よりも明らかに密接な関係のある地があるときはその法によるとの例外規定があり（同 20 条）、さらに、当事者は不法行為の後において合意によりこれら規定による準拠法を変更することができる（ただし、第三者の権利を害することとなるときは、その変更を第三者に対抗することができない。同 21 条）。生産物責任については被害者が生産物の引渡しを受けた地の法によるが、その地における生産物の引渡しを通常予見することができないときは、生産業者等の事業所所在地（常居所地）の法による（同 18 条）。名誉・信用の毀損の責任については、被害者の常居所地（主たる事業所所在地）の法による（同 19 条）。以上の規定による準拠法が外国法である場合には、当該事実が日本法によれば不法とならないときは、その外国にもとづく損害賠償その他の処分を請求することはできず（同 22 条 1 項）、その事実が日本法によれば不法となるときであっても、日本法によって認められる損害賠償その他の処分でなければ請求することができない（同条 2 項）。

補 説

（契約に関する抵触法の問題）

米国における契約の抵触法　米国では各州ごとに抵触規則（判例）があり、連邦および州の裁判所はそれらの存在する州の抵触規則によって準拠法を決定する（Erie Railroad Co. v. Tompkins, 304 U.S. 64（1938））。これは州法間の抵触の場合だけでなく、それ以外の法の抵触の場合でも同様に扱う。契約準拠法についての各州の判例における伝統的な考え方は、契

約の成立については当事者の明示の選択があればそれにより、それがないときは契約締結地（承諾発信地または承諾受領地）の法であり、契約の履行については義務履行地とされていた。1971年の第2リステイトメントでは、当事者の明示の選択があればそれにより、それがないときは最も密接な関係を有する州の法律によるとしている。準拠法の決定に当たっては契約締結地、契約交渉の行われた地、義務履行地、契約の目的物の所在地、当事者のドミサイル（domicile 本源住所地）、住所地、国籍、法人の設立地および営業所所在地等を考慮するとされている。そのほかに、明示の選択がない場合には一定の契約（動産・不動産に関する契約、損害保険契約、保証契約、役務契約など）および一定の事項（契約締結能力、書面性、その他の有効性に関する事項など）については、一定の場所（不動産所在地、動産引渡地、役務提供地など）の法を選択したものと推定するとの特例がある。また、特定の法律の規定を契約中に摂取することも認められている。しかし、伝統的な考え方をとる州も少なからず存在するといわれている。

　契約上の債務の準拠法に関する条約　　この条約（EEC Convention on the Law Applicable to Contractual Obligations, 1980. ローマ条約。1991年4月1日発効。EU諸国では2001年からはEU規則として適用）は契約債権の準拠法を決定するための法則を定めた条約であり、欧州共同体の構成国では国内法としてとり込んでいるところが少なくない。この条約は契約上の義務に関する法の選択に適用されるが、当事者の行為能力、遺言、相続、夫婦財産制等家族法上の事項から生ずる契約上の義務、手形・小切手に関する義務、仲裁契約、裁判所選択の合意、法人等の属人法上の義務、代理関係から生ずる義務、信託、証拠および手続等については適用しない（1条）。この条約にもとづく準拠法は、この条約の締約国の法以外の法であってもよい（2条）。

　契約の準拠法は当事者の指定した準拠法によるが、それは明示の指定のある場合または契約の文言、諸般の事情から相当の確実性をもって準拠法を導き出しうる場合とする（3条1項）。契約の全部または一部について準拠法を指定することも（3条1項）、指定した準拠法を変更することもできる（同条2項）。準拠法選択時に他のすべての要素が特定の国に関係しているときには、その国の強行規定の適用を妨げない（同条3項）。当事者による準拠法の指定のない場合には、その契約に最も密接な関係のある国の法律によるが、契約の一部が他の国とさらに密接な関係のある場合にはその国の法を当該部分の準拠法とする（4条1項）。消費者契約の場合を除き、当該契約は、それに特有の履行（特徴的給付）をなすべき当事者の契約当時の常居所地または業務統括地（法人の場合）のある国に最も密接に関係するものとする。ただし、当事者の業務に関する契約については、当事者の主たる営業所のある国の法または主たる営業所のある地以外の地で履行がされるべき場合には、他の営業所のある国の法とする（同条2項）。不動産取引については目的物の所在地法とし（同条3項）、運送契約については、運送人の主たる営業所のある地が積地、揚地もしくは荷送人の主たる営業所のある地である場合には、その国を最も密接な関係を有する地とするとしている（同条4項）。ただし、特徴的給付を決定することができないときは、それによらない（同条5項）。一定の消

費者契約および雇用契約については特別の規定を設けて、弱者保護をはかっている（5条・6条）。また、準拠法所属国以外で密接な関係のある国および法廷地の強行法規（mandatory rules, lois de police）の適用がありうる（7条）。

　準拠法指定に関する合意の成立および有効性は、その実質的要件については準拠法として指定された法による。ただし、それによることが諸般の事情からみて合理的でないときには、意思表示に関する当事者の常居所地法によることができる（8条）。契約の方式についてはこの条約の定める契約の準拠法によるか、または、同一国に在る当事者間では契約締結地法、異なる国に在る当事者間では各当事者の在る国の法による（9条1項・2項）。代理人による契約の締結の場合には代理行為地を当事者の在る国とし（同条3項）、既存のもしくは将来の契約についてなされる行為の方式は契約の準拠法または行為地法による（同条4項。例えば、契約の解除）。消費者契約の方式は消費者の常居所地法により（同条5項）、不動産に関する契約の方式は、不動産所在地法の規定が契約締結地および不動産所在地のいかんにかかわらず適用されるときは、それによる（同条6項）。債権譲渡は譲渡人と譲受人の契約（譲渡の原因となる契約）に適用される法により（12条1項）、譲渡可能性、譲受人と債務者の関係、権利の行使、義務の消滅については譲渡される債権の準拠法による（同条2項）。契約の準拠法は条約3条から6条までおよび12条の契約について、とくにその解釈、履行、損害賠償、期間制限（消滅時効、出訴期限）、契約の無効に適用され（10条1項）、義務の履行の態様については履行地法を考慮すべしとしている（同条2項）。

　なお、2006年8月に制定された契約外の債務の準拠法に関するEU規則（Rome II）では、契約締結上の過失（culpa in contrahendo）は契約が成立した場合における契約の準拠法によるとし（12条1項）、それが決定できないときは損害発生地法または当事者の常居所が同一国にあればその国の法または明らかに密接な関係のある国の法のいずれかによるとしている（同条2項）。

契約の準拠法の決定における当事者自治の制限　　当事者自治の制限としては、当事者の住所、営業所、契約を構成する諸要素と全く関連のない地の法を準拠法に指定することの是非が問題とされることがあるが（量的制限論）、運送契約、保険契約等において、整備された法令や判例の蓄積のある国（第三国）の法を準拠法に指定することは不合理ではなく、むしろ適当な結果を得ることが期待できるので、多くの国ではこのような指定を認めている。しかし、手形、小切手などのように、その性質上、形式的、画一的処理を必要とする法律関係について、当事者による準拠法の指定を認めることが適当とは思われない。

　準拠法の指定によって特定の法の適用を排除することによる不当な結果の生ずることを避けるための法理が、法廷地または第三国の強行法規の特別連結である。これは、当事者の選択した準拠法に加えて、具体的な法律関係に関係を有する一定の強行法規の適用を認めるものであり、準拠法決定における当事者自治に対する制限である（しかし、各国に共通の理解が形成されているとまではいい難い）。

強行法規の特別連結の理論　　契約準拠法の決定について当事者自治を修正し、また、

公法の属地的適用によって生ずる適用法規の回避という結果を防ぐための国際私法上の理論の一つが強行法規の特別連結の理論である。法廷地法で強行的に適用されるべき規定があれば、それは準拠法が外国法であっても適用するとし、また、第三国の強行規定も、内国法と外国法の平等、判決の国際的調和を理由に、それが当該法律関係に密接な関係があれば適用するという立場もある。このような主張が強行法規の特別連結の理論である。ここにいう強行法規とは私法、公法のいずれにも存在する（例えば、貿易管理、為替管理に関する法規や経済的、社会的弱者保護に関する法規など、私法関係に国家が介入する法規）。第三国法の規定である場合には、それが当該私法関係と場所的な関係があり、その事案と密接な関連のあること、その規定がそのような法律関係をも適用の対象としていること、その適用が法廷地の法秩序からみて不当でないことなどを要するとされている（例えば、日本に営業所のある外国法人にその外国の法令によって雇用された者が第三国において労務を供給する場合には、その第三国の労働法規も適用されることになる）。内国、外国の強行規定でいかなるものが特別に適用される規定であるかは、法廷地の裁判所の判断による（このような法規を絶対的強行規定ということがある）。この理論は20世紀後半に学説では広く認められるに至り、1980年の契約上の債務の準拠法に関する条約（ローマ条約）7条や若干の国の立法で認められている。しかし、法廷地のある種の法規を絶対的強行法規として当然に適用するとの説は妥当とは思われない。そのような法規のあることは認めるが、その適用は事案との牽連性を考慮に入れる必要がある。わが国の裁判例では、準拠法にかかわらず、日本の労働法によって解雇を無効としたもの（東京地判昭和40年4月26日労民集16巻2号308頁）、特許法35条3項（職務発明について対価の支払を受ける権利）は、日本を労務供給地とする労働者については、それが外国の特許を受ける権利についても類推適用されるとしたものがある（最判平成18年10月17日民集60巻8号2853頁は、同条に外国特許を受ける権利が含まれると解することは文理上困難であるが、類推適用されると解するのが相当であるとする）。強行法規の特別連結の理論は、いわゆる公序法（loi de police）の適用のための理論であって、自国法の適用を留保する条項や外国法の適用を排除する公序則ではない。しかし、外国強行法規の特別連結がある場合でも、その適用の結果が内国の公序に反するときは、その規定は適用されないことになろう（法適用通則法42条）。

契約上の債務の準拠法に関する2008年6月17日の欧州議会及び欧州理事会規則（Rome I. Regulation（EC）No 593/2008　ローマ I 規則）　　この規則は契約によって生ずる債務の準拠法を決定するための規則であり、2008年6月17日に採択され、共同体構成国で2009年12月17日から、同日以降に締結された契約に適用される（28条・29条）。これによって、構成国が締約国となっている他の条約であって契約債務の準拠法に関するものの適用は妨げられないが、構成国間ではこの規則の定めが他の条約よりも優先する（25条）。この規則は前文（1）—（46）と1条—28条までの諸規定と29条の最終条項から成る。前文はこの規則の作成の経緯、目的などに関する数項のほかは実質的に各条文の趣旨の説明といってよい。この規則は1980年のローマ条約をもとにして、全体の仕組みに大きな変化はないも

のの、各契約の準拠法の決定方法についてはかなりの変更がなされている。その主なところは次のとおりである。

　この規則は民事および商事の契約債務の準拠法について定めるものであるが、親族関係、手形・小切手・流通証券、管轄・仲裁、代理、信託、一定の保険契約から生ずる債務ならびに契約成立前の交渉から生ずる義務についてはこの規則の範囲外としている（1条2項(a)—(j)）。

　契約の準拠法については、当事者の明示の（expressly）指定のある場合または契約の内容および事情からみて明らかに（clearly）示されている場合は、それによる（分割指定も可能。3条1項）。契約上の紛争について構成国内にある裁判所または仲裁廷の専属管轄とする合意は、準拠法が示されているかを決定するに際して考慮に入れなければならない（前文12項）。契約の当事者は事後に準拠法を変更することができるが、契約の方式ならびに第三者の権利には影響しない（3条2項）。しかし、契約成立時に、他のすべての要素が指定された国以外の一つの国にある場合にはその国の強行法規を（同条3項）、共同体構成国以外の国の法が指定され、他のすべての要素が1もしくは2以上の共同体構成国にある場合には、法廷地たる共同体構成国で効力を有する共同体法の強行規定を適用する（同条4項）。準拠法指定の成否および有効性については、契約の成否と有効性、方式ならびに行為能力に関する規定による（同条5項）。

　準拠法の指定のない場合には、契約類型ごとの連結点によって（売買契約については売主の常居所地法、役務の提供契約については提供者の常居所地法、不動産物権に関する契約については不動産所在地法、フランチャイズ契約、販売店契約では販売店の常居所地法など）準拠法を決定する（4条1項）。それで決まらない場合は特徴的給付を行う者の常居所地法による（同条2項）。ただし、前2者よりも明らかに（manifestly）密接な関係のある場合はそれによる（同条3項）。以上で準拠法が決まらない場合は最も密接に関係する（most closely connected）地の法による（同条4項）。運送契約、消費者契約、保険契約、雇用契約については、3条・4条の特則がある（5条—8条）。

　5条ないし8条の特則はいずれの契約についても契約当事者による準拠法の選択を認めてはいるが、選択される準拠法が一定の範囲に限定され（量的制限）、強行法規の適用も認められている。当事者による準拠法の選択がないときは各契約の性質を考慮した1または2以上の連結点によって準拠法を決定することにしている（例えば、貨物運送契約では運送人の常居所地と、貨物の受取地、引渡地、荷送人の常居所地のいずれかが同一の地にある場合にはその地の法により、それがなければ運送契約で定めた引渡地の法、消費者契約では消費者の常居所地法、保険契約では保険者の常居所地法、雇用保険では労務の通常の供給地法、雇い入れた営業所所在地法など）。ただし、運送契約、保険契約、雇用契約では、ほかにより密接な関係のある（more closely connected）地がある場合にはそれによる。強行法規の特別連結については、当該契約に関する全ての要素が共同体構成国にある場合に、構成国以外の国の法を当事者が選択したときは、共同体法の強行法規の適用を妨げないとされ（3条4

項)、法廷地以外の第三国の強行法規の適用は、契約履行地の法規であって、履行を違法とするもの限るとされた (9条3項。ローマ条約22条で認めた7条1項の留保の宣言は認められない)。

契約 (条項) の成否および有効性は、契約が有効であれば適用される準拠法によって判断するが (10条1項)、これを争う当事者は、その準拠法によることが合理的でないときは、その常居所地国の法を援用することができる (同条2項)。

方式については当事者 (代理人でもよい) が契約締結時に、同一の国にある場合は契約の実質の準拠法または契約締結地法により (11条1項)、異なる国にある場合には契約の実質の準拠法またはいずれかの当事者 (代理人でもよい) が契約締結時に存在した国もしくは常居所を有した国の法による (同条2項)。既に存在する契約における一方的行為 (単独行為) は契約の実質の準拠法または当該行為のなされた地もしくは当該行為をした当事者の常居所地国の法による (同条3項)。1項ないし3項は消費者契約には適用されず、その方式は消費者の常居所地国の法による (同条4項)。不動産物権または不動産賃貸借に関する契約の方式は、(a)契約締結地法および契約の実質の準拠法にかかわらず、当該不動産所在地法の要件が適用され、かつ、(b)当事者の合意によってこれを回避することはできない (同条5項)。

契約の実質の準拠法は、契約の解釈、契約の履行、手続法で裁判所の有する権限の範囲、契約の全部もしくは一部の違反の効果 (損害賠償額の算定を含む)、債務の消滅および消滅時効と出訴期限、契約の無効の効果に適用する (12条1項)。履行の態様および債務不履行のときの手続については、履行地法にも留意しなければならない (同条2項)。

行為能力については、契約締結地法で行為能力を有していても、相手方が他国で行為能力を有しないことを知りまたは過失でそれを知らなかった場合には、その当事者は自己の能力の欠缺を主張しうるとされている (13条)。

債権譲渡および契約による債権を代位行使する当事者の法律関係は両者間の契約により (14条1項)、その対象となる債権の譲渡可能性、譲受人と債務者との関係および権利行使の要件ならびに債務の消滅はその債権 (務) の準拠法による (同条2項)。この債権譲渡には債権の譲渡のほかに担保権の譲渡に伴う債権の譲渡も含む (同条3項)。
法律の規定による債権者代位における第三債務者の債務の準拠法は、第三債務者が債務者に対して有する権利の行使の可否およびその限度についても決定する (15条)。同一の債務について数人の債務者があり、債務者の1人がその全部または一部を履行した場合には、他の債務者への求償権はその債務の準拠法による。他の債務者はその債務の準拠法によって債権者に対して有する抗弁を主張することができる (16条)。

当事者の合意にもとづかない相殺 (法律の規定による相殺) は相殺の目的となる債権 (受働債権) の準拠法による (17条)。この規則にもとづく準拠法は法律上の推定および立証責任に関する原則を含む (18条1項)。契約または単独行為の立証については、法廷地の手続上処理しうる形態のものであれば、法廷地法または11条 (方式) の準拠法による (同条2項)。

常居所とは、会社その他の団体においては、その管理統括地をいい、個人の事業者におい

てはその主たる営業所をいう（19条1項）。契約が支店、代理店等において締結され、または契約でそれらの支店、代理店等が履行に当たるとされている場合には、それらの支店、代理店等の所在地を常居所地とする（同条2項）。常居所の決定については、契約締結時による（同条3項）。準拠法には、この規則に別段の定めのある場合を除き、国際私法の規定を含まない（20条。反致の排除）。

準拠法の規定が法廷地の公の秩序と明らかに（manifestly）両立しないときは、その規定を適用しないことができる（21条。公序則）。7条（保険契約）の場合を除き、この規則は特定の事項に関する契約債務の準拠法を定める共同体法の規定に優先して適用されない（23条）。

この規則は、一定の場合を除き、構成国ではローマ条約に代わるものとし（24条1項）、ローマ条約とあるところはこの規則と読み替えるものとする（同条2項）。

この規則は、その採択時に構成国が締約国となっている条約で法の牴触に関する規定を有するものに優先しない。ただし、構成国間では、この規則はそれらの規定に優先する（25条）。

契約の準拠法選択に関するハーグ原則　ハーグ国際私法会議では2006年から契約における当事者自治に関する規則の作成作業を始めて、2013年にその成案を「契約の準拠法の選択に関するハーグ原則」（The Hague Princeples on the Choice of Law in International Contract）としてまとめた。ハーグ国際私法会議がそれまでに契約準拠法に関してまとめたものは1956年と1985年の売買契約の準拠法に関する条約である。この原則は財産法上の契約の当事者自治に関するものであって、客観的連結については定めていない。その内容はおおよそ次のとおりである。

この原則の目的は商事契約の当事者による準拠法の選択に関する一般原則を定め（前文1）、国家法として或は超国家的もしくは国際的な法規範のモデルとして（同2）、国際私法の規則の解釈・補充・発展に用い（同3）、裁判所及び仲裁廷で用いられる（同4）ことにある。

適用範囲　当事者双方が営業上又は職業上の資格でする国際契約（消費者契約、労働契約を除く）における準拠法の選択についてである（1条1項）。ただし、当事者が同一国に営業所を有し、すべての関連要素がその国のみに関係しているときは適用されない（同条2項）。当事者が複数の営業を有する場合には、契約締結時にその契約と最も密接な関係のある営業所のある地をいう（12条）。自然人の能力、仲裁合意及び管轄合意、会社その他の団体、信託、倒産手続、契約の物権法上の効果、代理行為の本人への効果の諸事情については適用されない（同条3項）。

準拠法の指定　契約の当事者の選択した法によって規律される（2条1項）。選択された法と当事者又はその取引との関係のあることは必要ではない（同条4項）。契約の全部又は一部について準拠法を指定すること、契約のうち異なる部分について異なる法を選択することができる（同条2項）。準拠法選択は当事者間でいつでも可能であり、変更することができるが、成立した契約の有効性又は第三者の権利に影響を及ぼさない（同条3項）。

準拠法となる法規範の性格・種類　この原則での法とは、法廷地の法が別の定めをして

いないかぎり、国家法のみでなく、国際的、超国家的あるいは地域的レベルにおいて中立的で公平な一連の規範として一般に受け容れられた法の準則を含む（3条）。

準拠法選択の仕方　準拠法の選択は明示的になされるか、契約の条項又は諸般の事情から明らかでなければならない（4条前段）。特定の裁判所又は仲裁廷に紛争解決の権限を与える合意のみをもって準拠法の選択とはしない（同条後段）。

準拠法選択の合意の方式　方式をとくに必要としない（5条）。

準拠法選択の合意の成否と書式の戦い　表見上合意された法による（6条1項）。当事者の用いた書式の約款でそれぞれ異なる法を指定し、いずれの法でも優先する書式が一致するときは、優先する書式で指定した法によるが（同条1項a）、いずれの書式も優先しないときは、準拠法の選択はないことになる（同b）。諸般の事情から、一方当事者の準拠法指定の合意について同条第1項の定める法によることが相当でないときは、その当事者の営業所所在地法による（同条2項）。

準拠法選択の合意の独立性　準拠法の選択はその適用の対象となる契約が有効でないことのみをもっては否定されない（7条）。

反致の排除　準拠法の選択については、準拠法国の国際私法の適用はない（8条）。

選択された準拠法の適用範囲　当該契約の解釈、契約における当事者の権利と義務、債務不履行とその効果（損害賠償額の算定を含む）、債務の消滅、消滅時効と出訴期限、契約の有効性及び無効のときの効果、立証責任及び法律上の推定、契約締結前の当事者の義務（9条1項a-g）。契約の方式についてはこの原則による法以外の法で有効とされるときは、有効として扱われる（同条2項）。

債務譲渡契約に関する特則　債権譲渡契約の譲渡人と譲受人間では譲渡契約で選択された法が譲渡契約の準拠法とされる（10条a）。譲渡の対象となる契約の債権者（譲渡人）と債務者間での契約の準拠法（債務の準拠法）を選択したときは、対債務者対抗要件及び債務の履行については債務の準拠法による（同b）。

絶対的強行法規の適用　裁判所は、当事者の選択した法にかかわらず、法廷地の絶対的強行法規を適用することを妨げられない（11条1項）。法廷地以外の法の絶対的強行法規の適用または考慮については法廷地法による（同条2項）。

公序則　準拠法適用の結果が法廷地の公序に明らかに反するときは、その適用は排除されるが（11条3項）、準拠法の選択がない場合に適用される法の属する国の公序の適用・考慮については、法廷地法による（同条4項）。

仲裁での特則　仲裁廷は選択された法以外の法の公序則及び絶対的強行規定の適用を妨げられない（11条5項）。

（契約の成立・有効性について）

契約の成立と有効性についての判断　契約の成否が争われた場合は、従来から多くの国で、契約が有効に成立したとされる場合の準拠法、すなわち表見的に合意（黙示の場合を

含む）された法（表見的準拠法）によるとし、準拠法指定の合意が争われた場合にも、それについての判断はそこで指定された法律によるというのが大方の立場である。

　契約の準拠法について当事者間に争いがない場合および契約の準拠法を交渉経過、商慣習、契約の内容等から明らかに導き出しうる場合には、契約の成否についてその準拠法によることができるが、準拠法の指定を含めて争いがある場合にはそこで指定された準拠法（表見的準拠法）によることに疑問がないわけではない。この問題は、例えば、申込みに対する応答のない場合は承諾（沈黙は承諾）とみなすとするＡ国に営業所を有する甲が、申込みに対する応答のない場合は承諾としない（沈黙は拒否）とするＢ国に営業所を有する乙に対して、一定期間内に応答のないときは承諾したものとみなす旨の書面を送付した場合に（Ａ国法を準拠法に指定していることもありうる）、乙が応答をしないときは甲は乙に対して契約の成立を主張しうるかというような形であらわれる。すなわち、申込みに対する沈黙は承諾となるか、応答したときに、申込みと応答とが内容的に一致しているとみるべきかを、いかなる法によって判断するかにある。これはその申込みを受けた当事者の利益をどのように考慮するかという問題である。このような場合に契約の準拠法によらず、各当事者の意思表示の準拠法によるとの考え方もあるが、1980 年の契約上の債務の準拠法に関する条約（ローマ条約）8 条では、契約が成立したとされる場合の契約の表見的準拠法によらしめることとし、それによることが合理的でないときは他方の当事者にその常居所地法にもとづく主張を認めるという立場をとっている。これは意思表示の準拠法を認めるというよりも、承諾の有無についてその当事者の常居所地法の累積的適用を認める規定というべきであろう。

　準拠法の指定が争われた場合の準拠法の決定と契約の成否・有効性の判断　当事者が契約中の準拠法の指定（明示の指定）を争う場合に、準拠法についての意思の合致の問題はいずれかの実質法によらなければならないとの理由で当事者自治そのものを否定する説もあったが、法廷地国際私法の立場で解決しうるとする説（国際私法における実質法的解決）と契約が成立したとする場合の準拠法（表見的準拠法）、すなわち選択したとされる法によるとの説とがある（前説には法廷地実質法になるとの批判があり、後説には循環論になるとの批判がある）。当事者自治を認める条約では後説をとっている（準拠法指定の合意の判断が締約国で分れることを防ぐためであろう。1955 年の有体動産の国際的性質を有する売買契約の準拠法に関する条約 2 条 3 項、1980 年の契約債務の準拠法に関する条約（ローマ条約）3 条 4 項、1986 年の物品の国際的売買契約の準拠法に関する条約（ハーグ国際私法会議条約）10 条 1 項）。なお、準拠法の合意も法律行為であるから、方式上も有効とされる必要がある。もっとも、準拠法の指定を争う当事者は、合意の成立を否定するために自己の常居所地法を援用することができるとされている。表見的準拠法によって準拠法指定の合意が有効に成立していないとされたときには、準拠法の決定は客観的連結によることになる。

　主たる契約の成否と準拠法指定の合意の成否　準拠法の適用の対象となる実質法上の契約（主たる契約）と準拠法指定の合意は異なる性質の合意である。したがって、準拠法指定の合意が有効に成立していなくとも他の方法で準拠法がきまり、それによれば主たる契約は

成立していることはありうる。逆に指定された準拠法によれば主たる契約が有効に成立していないときに、準拠法指定の合意は主たる契約に付随してなされるので、その準拠法の指定は有効かという問題があり、これを有効でないとする立場と両者は別とする立場とがありえよう。後者が妥当であろう。

意思表示における電子的手段の規律　　近時国際商取引における意思表示は電子的手段を用いることが多く、金融機関における決済の指図もこの方法による（英語では electromic の語を用いているが、わが国では近時電磁的方法の語を用いている）。各国の国内法における意思表示に関する原則に大きな変化はないが、電子的手段の利用に応じた修正はなされている（例えば、わが国の電子署名及び認証業務に関する法律、電子消費者契約及び電子承諾通知に関する民法の特例に関する法律）。国際連合国際商取引法委員会では、1996 年に電子商取引に関するモデル法（UNCITRAL Model Law on Electronic Commerce, 1996）を作成した（これにもとづいて国内法を作成した国は 67 ヵ国とのこと）。これは電子的メッセージを意思表示の手段として用いた場合に意思表示としての効力を生ずること、発信・受信の時期と場所、その内容の保存、署名等について定めたものである（1 条─15 条）。この方法は運送の際に発行される書類（transport documents）にも用いられる（16 条・17 条）。このモデル法は電子的手段の用法に関して定めたものであって、意思表示の効力に関する規定ではなく、契約の成立と有効性は契約の準拠法である各国の国内法による。それに続く電子署名モデル法（UNCITRAL Model Law on Electronic Signature, 2001）は、電子的手段を用いた場合に、電子商取引モデル法 7 条が定めている署名者の特定、署名した情報について署名者の承認を示すための信頼できる方法を定めるものである（これにもとづいて国内法を作成した国は 32 ヵ国とのこと）。

2005 年に国際契約における電子式通信の利用に関する条約（United Nations Convention on the Use of Electronic Communications in International Contracts, 2005）　　この条約は電子式通信を書面による意思表示と法的に同様に扱うもので（10 条）、意思表示発信の時と地、その受信の時と地を定め（9 条）契約に強制力を付与するとともに（12 条）、入力の誤りの救済も定めている（14 条）。この条約は異なる国に営業所を有する当事者間の通信に適用されるが（1 条）、締約国は当事者の営業所が異なる締約国にあるときまたは当事者が条約の適用に合意したときに限る旨の宣言をすることができる（19 条）。条約の規定は外国為替取引、銀行間取引、担保権の譲渡、手形・小切手、貨物引換証、船荷証券等には適用されない（2 条）。当事者はその適用を排除することもできる（3 条）。条約は国内契約には適用されない。これについて一説は、この条約が適用されるかは法廷地の国際私法の規則によるが、それによって締約国法が準拠法となるときは、法廷地の場所にかかわらず、条約が適用され、また、当事者が条約の規定を選択したときも、条約の規定が適用されると説明している（条文の根拠は示されていない）。しかし、1 条では異なる国に営業所を有する当事者間の契約の成立または履行に関する電子式通信とあるのみであって、この説明の根拠となる条文はない。この条約は 1958 年の仲裁に関するニューヨーク条約、1980 年のウィー

ン統一売買法条約および期間制限条約、1991 年のターミナル・オペレーターの責任に関する条約、1995 年の独立保証状およびスタンドバイ信用状に関する条約、2001 年の債権譲渡に関する条約での通信にも適用される。発効のためには 3 ヵ国の批准等および加入が必要である（2013 年 3 月 1 日発効）。

（法適用通則法と契約）

類似の立法例　法適用通則法の法律行為の部分（7 条─12 条）に類似の立法例として、1978 年のオーストリア共和国国際私法に関する連邦法（35 条─37 条・41 条・44 条・45 条）、1980 年のローマ条約（3 条─9 条）、ドイツ連邦共和国の 1986 年国際私法の新規則のための法律（27 条─32 条）、スイス連邦の 1987 年国際私法に関する連邦法（112 条─125 条）、2001 年の大韓民国国際私法（17 条・25 条─29 条）がある。オーストリア法は一方的義務を負う契約および債務の原因となる一方的法律行為の準拠法について規定をおくが（37 条）、他は契約の準拠法について定めている。

単独行為の準拠法　わが国の実質法上の単独行為とは、表意者以外の者の意思表示を必要とせず、表意者の一方的意思表示のみによって一定の法律上の効果を生ずる行為をいう。このような行為には特定の相手方のあるもの（例えば、契約関係における意思表示の取消し、同意、追認、契約の解除など）と、特定の相手方のないもの（例えば、財団設立のための寄附行為、遺言、相続の放棄など）がある。これらの行為は一定の法律関係に関して行われるのであって、その意思表示の内容と性質に応じてその行為を含む法律関係またはその行為のもととなる法律関係の準拠法によることが適当である。先の例でいえば、寄附行為、遺言、相続の放棄の意思表示は、それぞれ法人の設立、遺言、相続の準拠法により、契約関係における意思表示の取消し、解除等は当該契約関係の準拠法によることとなる。その行為を含む法律関係の中の単独行為のみの準拠法を認めることは適当ではなく、そのことによって、かえって不都合な結果を生ずるおそれがある（単独行為とされる行為について、法適用通則法 7 条による準拠法の指定を認め、明示の指定がないときは、表意者と他方当事者との間に黙示の準拠法の選択があるとする見解もあるが、わが国の牴触法が一定の類型の法律関係を支配する法を定めるとの原則をとっていることからみて、このような見解には賛成し難い）。もっとも、一方当事者の意思表示によって、他の者との間に新たな独立した法律関係が発生する場合には、それについての準拠法を考える余地がないわけではない。学説では一方的贈与と信託をその例としているが、債務の相殺、詐害行為の取消しなども考えられる。しかし、相殺、詐害行為の取消しについては明文の規定はないが、条理上債権の発生原因とは別の独立した法律関係とみるべきであり、学説ではそのように解されている（これに対して債務免除については当該債務の準拠法による）。一方的贈与と遺言による信託は表意者による準拠法の指定を認めることのできる僅かな例外ということになろう（準拠法の指定がなければ解釈上は最密接関係地法によることとなろう）。

契約における意思表示の準拠法　わが国の牴触法の原則のもとにあっては準拠法の対象

となる法律関係は意思表示を構成要素として形成される法律行為である。したがって、個別の意思表示にはそれぞれの法律関係の準拠法によってその法的意味が決まるのであって、それ自体の準拠法は考慮されない。一部の学説によれば、契約の成立と有効性が争われている場合（第 2 章第 2 節 1 (3)）、とくに申込者が自己に有利な法を準拠法として指定している場合には、意思表示の準拠法を認める必要があるという。しかし、わが国の牴触法上は意思表示それ自体の準拠法を考える余地はない。このような場合に、相手方に不利益な準拠法の適用の結果を常に公序によって排除することができるとはいえないので、1980 年ローマ条約 8 条 2 項、1986 年売買準拠法条約 10 条 3 項のような規定（当該当事者の常居所地法の適用）のあることが望ましい。

合同行為の準拠法　法例および法適用通則法の「法律行為」に合同行為が含まれるかどうかは必ずしも明らかではない。法人格の取得を目的としない社団の設立行為であればとくにそのための準拠法を問題にする必要はない（その構成員の合意の準拠法の問題はあろう）。法人格の取得を目的とする社団の設立行為は、法人格を与える一定の国の法令の要件、手続に従わなければならないので、設立地（設立準拠法）を選ぶことになる。社団法人の設立にあっては設立地の選択はあっても、それは契約の準拠法におけると同様の意味での、当事者による法の選択ではない。わが国では法人格を有する社団の設立は内国法によるべきこととされており（民法 33 条 1 項）、この規定は直接適用法であるから、内国における法人の設立行為については法適用通則法の適用の余地はない。

分割指定　契約中の事項ごとに準拠法を指定する、いわゆる分割指定を可能とするのが多数説であり、これを認めた裁判例もある（東京地判昭和 52 年 5 月 30 日判時 880 号 79 頁は、日本の損害保険業者の発行した英文の貨物海上保険証券中における、すべての填補請求に対する責任およびその填補については英国の法律および慣習に従う旨の約款を準拠法の指定と解している。その他の部分については日本法が準拠法であると解するのが多数説である。船荷証券中の至上約款を準拠法の指定と解したものとして東京地判昭和 58 年 1 月 24 日海事法研究会誌 63 号 18 頁、実質法的指定としたものとして東京地判昭和 39 年 1 月 31 日下民集 15 巻 1 号 113 頁がある）。外国の実質法規定の契約への摂取は準拠法の指定ではなく、実質法的指定と解されている（なお船荷証券中で、運送人は陸揚地の慣習または慣行に従ったときはその義務を免れる旨の文言（東京地判平成 13 年 5 月 28 日金融商事 1130 号 47 頁）を実質法的指定と解する説もないではないが、具体的な国も法令等も特定していないので実質法的指定とはいい難く、このような文言は単に当事者間での免責を定めた条項とみるべきであろう）。

準拠法の黙示の指定　黙示の指定とは、一般に、契約関係から合理的に判断して、一定の法を準拠法とする意思が認められることをいう。わが国の学説は広く黙示の指定を認めていた。黙示の意思の探求の方法として契約の類型、内容、性質、裁判管轄または仲裁条項、契約締結地、当事者の営業所所在地、目的物所在地などによるとする。わが国の裁判例は明示の指定のない場合には直ちに行為地によるとすることが多かったが（大判昭和 9 年 12 月 27

日民集 13 巻 2386 頁（東京市仏貨公債事件）が行為地法を適用した例として掲げられている。この判決では公債の約款等にもとづく法律関係を検討することなく、発行地であるフランスの法律を準拠法としているので、法例 7 条 2 項によるということもできようが、債券発行に際して当事者による明示の準拠法の指定のない場合に客観的連結として発行地法によるとしたものということもできよう。これを行為地法の代表例とすべきかは疑問であろう）、近時の裁判例では当事者の黙示の指定を認めている（最判昭和 53 年 4 月 20 日民集 32 巻 3 号 616 頁は、定期預金契約について取引銀行の営業所所在地法たる日本法によるとの黙示の指定ありとする）。当事者の意思の推定はそれらの要素から比較的容易かつ合理的に導き出しうる場合でなければならないであろう。学説が当事者の黙示の意思を広く認めるのは、明示の指定がない場合に直ちに行為地法（法例 7 条 2 項）を適用することは適当でないとするためであった。もっとも、当事者の意思を導き出すことの困難な場合にも当事者の意思を理由に準拠法を決定することは、事案ごとに最も密接な関係を有する法を適用することと同じような結果を生ずることになる。また、契約の類型、性質等に重きをおくのであれば、客観的連結に近い結果となろう。これに対して、法適用通則法 8 条 1 項では、当事者による準拠法の選択のないときには、最密接関係地法に連結し、特徴的給付のある契約と不動産を目的物とする契約についての特則を設けているので、当事者の黙示の指定のない場合に、あえてその意思の探求はしない趣旨であろう。

　わが国の裁判例では、当事者の一方が特に準拠法に言及することなく法廷でその主張をし（日本法の適用を前提とした主張のことが多い）、相手方もあえてそれを争わないことが少なくないが（例えば、大阪地判昭和 41 年 9 月 24 日下民集 17 巻 9=10 号 839 頁、東京高判昭和 49 年 8 月 28 日労民集 25 巻 4=5 号 354 頁、東京地判昭和 51 年 1 月 29 日下民集 27 巻 1～4 号 23 頁など）、これは口頭弁論での準拠法についての黙示の合意とみるべきであろう。口頭弁論において準拠法について合意した場合には、明示の指定である（東京地判昭和 31 年 11 月 29 日下民集 7 巻 11 号 3430 頁は、口頭弁論での準拠法の合意を認める）。また、事後の準拠法の合意も認めている（東京地判平成 9 年 9 月 26 日高民集 53 巻 2 号 150 頁）。

消費者契約の準拠法についての特則　消費者契約について国内の実体法の規定を有する国は少なくないが、牴触法で準拠法について定めている国は少ない。法適用通則法によれば次のとおりである。消費者（個人。ただし、事業としてまたは事業のために契約の当事者となる場合を除く）と事業者（法人その他の社団または財団および事業としてまたは事業のために契約の当事者となる個人）との間の契約（労働契約を除く）の成立および効力の準拠法は、(i) 当事者が準拠法を選択した場合には、法適用通則法 7 条および 9 条の規定によるが、消費者がその常居所地法の特定の強行法規を適用すべき旨を事業者に対して表示したときは、その強行規定の定める事項については、その強行規定をも適用し（11 条 1 項）、(ii) 当事者による選択がない場合には、消費者の常居所地法による（同条 2 項。8 条 2 項の適用はない）。消費者契約の方式については、（イ）消費者契約の成立について消費者の常居所地法以外の法が選択された場合であっても、消費者がその常居所地法のうちの特定の強行規定を適用すべき旨を事業者に対して表示したときは、専らその強行規定が適用され（11 条 3 項）、ま

た（ロ）消費者契約の成立について消費者の常居所地法が選択された場合において、消費者が専らその常居所地法によるべき旨を事業者に対して表示したときは、専ら消費者の常居所地法により（同条4項）、（ハ）消費者契約の成立について当事者による準拠法選択のない場合には、消費者の常居所地法による（同条5項）。

しかし、事業者の事業所と消費者の常居所地が法を異にする地にある場合で、消費者が事業者の事業所所在地と法を同じくする地に赴いて契約をしたときもしくは消費者が事業者の事業所所在地と法を同じくする地において契約にもとづく債務の全部の履行を受け、受けることとされていたとき（いずれについても事業者からそれについての勧誘を常居所で受けていたときを除く。同条6項1号・2号）、消費者契約締結時に事業者が消費者の常居所を知らず、かつ、知らなかったことについて相当の理由のあるとき（同条同項3号）、または、消費者契約締結時に事業者が相手方を消費者でないと誤認し、かつ、誤認について相当の理由があるとき（同条同項4号）には、消費者契約に関する特則（11条1項から5項まで）は適用されない。

このほかに法廷地または第三国の強行法規の特別連結がありうる。その適用については当事者の主張の有無にはかかわらない（例えば、わが国の消費者契約法、割賦販売法、特定商取引法など）。

労働契約の準拠法についての特則　　法適用通則法における個別の労働契約の準拠法は次のとおりである。契約の成立および効力の準拠法については、(i) 当事者による準拠法の選択がある場合はそれによるとともに、労働者がその契約について最密接関係地法中の特定の強行規定を適用すべき旨を使用者に対して表示したときは、その強行規定をも適用する（12条1項）。そして、労務供給地法、それが特定できないときは当該労働者を雇い入れた事業所の所在地法を最密接関係地法と推定する（同条2項）。(ii) 当事者による準拠法の選択がない場合には、労務供給地法を、それが特定できないときは当該労働者を雇い入れた事業所所在地法を最密接関係地法と推定する（同条3項）。労働契約の方式については特段の規定がないので、契約の方式の規定（10条1項から4項まで）が適用されることになる。なお、労働契約においても強行法規の特別連結はある。

契約の不成立にもとづく損害賠償請求の準拠法　　契約交渉が重ねられながら契約の締結に至らなかった場合に、一方の当事者から他方の当事者に対する損害賠償請求（いわゆる契約締結上の過失　culpa in contrahendo doctrine）の準拠法をきめるに当たって、契約の準拠法によるか、不法行為の準拠法によるかという問題がある。これは法適用通則法における法律関係性質決定の問題である。契約、不法行為のいずれとするかによって準拠法決定の方法は異なる（一般に不法行為の類型とされているような場合でなければ契約関係の問題として扱うべきであろう）。しかし、法適用通則法20条では「当事者間の契約に基づく義務に違反して不法行為が行われたことその他の事情に照らして、明らかに前3条の規定より適用すべき法の属する地よりも密接な関係がある他の地があるときは、当該他の地の法による」としているので、不法行為と性質決定しても契約の準拠法によることもありうる。さらに、準拠実質法の適用の段階でさらに契約と不法行為のいずれの規定によるかという問題が生ずることがある。請

求権の競合の問題は準拠法である実質法において生ずる問題であるからである。

わが国の判例には、とくに準拠法については言及せずに不法行為として損害賠償請求を認めた例があるが（最判平成 2 年 7 月 5 日裁判集民 160 号 187 頁）、その第一審（東京地判昭和 60 年 7 月 30 日判時 1170 号 95 頁）は契約締結上の過失を不法行為と性質決定し、日本法を準拠法とした。

代理に関する国際私法条約　　代理の牴触規則に関する多数国間条約として、ハーグ国際私法会議の特別会期で採決した「代理の準拠法に関する条約」（Convention on the Law Applicable to Agency. 1992 年 5 月 1 日発効）がある。この条約の要旨は次のとおりである。この条約は国際的性質を有する代理（非顕名代理、間接代理を含む）に適用されるが（1 条）、法定代理、家族法上の代理、当局の命じた代理、訴訟代理には適用されない（2 条）。法人の機関・従業員・受託者についても適用されない（3 条）。締約国は銀行、保険に関する代理について留保することができる（18 条）。本人と代理人の関係（委任、雇用の関係を含まない）は当事者の指定した法律により、それがないときは代理人の営業所所在地法、営業所のないときはその活動地法による（5 条—8 条）。代理行為の履行については履行地法が考慮される（9 条）。本人と第三者との関係については、原則として代理行為当時の代理人の営業所所在地法、例外として代理行為地法としている（11 条—13 条）。ただし、本人と第三者間で代理行為の準拠法が指定されていれば、それによる（14 条）。代理人と第三者の関係も、本人と第三者の関係の準拠法による（15 条）。また、当該関係に重要な関係を有する国の強行法規の適用についても考慮することができるとしている（16 条）。

第 3 節　実体法の適用

1　統一法と国際私法

各国の国内法はそれぞれの国の歴史的、社会的事情をもとにして形成されてきたので、適用されるべき具体的な規定が必ずしも渉外的な法律関係の規律に適当とはかぎらない。したがって、国際私法によっていずれかの国の法律を準拠法として選択してこれを適用するという方法は国際的な商取引を規律するためには適当ではないとし、統一法（統一私法）、統一規則、標準（一般）契約条件等の作成が各方面でなされた。それらは未だ部分的であって、十分ではないが、国際商取引を直接規律する国家法以外の法規範も存在する。そのうち、統一法は条約の形式をとるものが多く、締約国となった国で適用されるので、統一法と国際私法の関係が問題となる。

統一法の規定がいかなる場合に適用されるかは、これまでの統一法または統一

法を定める条約からは直ちに明らかでないことが多い（国際私法との関係をほとんど検討しないで作成されてきたからである）。統一法の規定の適用については、要約すると、次のような立場がある。一は、統一法は各国の渉外的法律関係に適用される実体法規範を統一するための方法であるから、法廷地の国際私法の法則によって、統一法を定める条約の締約国（法廷地国とはかぎらない）の法律が準拠法とされた場合に統一法が適用されるとする立場である。そして、統一法と本来の国内法のいずれが適用されるかは、その締約国における国内法の適用に関する法則による。他は、統一法の適用について、統一法それ自体または統一法を定める条約において、国際私法の法則によることなく統一法を直接適用すべきものとしている場合には、締約国では統一法の規定を直接適用すべきであるとする立場である。この立場では、統一法またはそれを定める条約において国際私法の法則の適用の排除について明文の規定があればそれにより、明文の規定がないときは、その統一法の趣旨、目的およびその立法の経緯等によって判断することとなる。

　前説は国際私法の目的・機能に関する伝統的な考え方に立つものであるが、統一法を定める条約で明文の規定による国際私法の法則の適用を排除する規定がある場合はどう扱うか、立法政策として国際私法を介して適用することと統一法を直接適用することのいずれが適当かについての十分な説明はない。統一法を作成するに当たって、国際私法の法則によらないとすることを妨げる理由はなく、後説が妥当である。もっとも、国際的立法の観点からは、統一法を定める条約または統一法それ自体において、一律に国際私法の適用を排除することが直ちに適当ともいえない。それは、いかなる場合に統一法を直接適用することが妥当かにかかわっているからである。例えば、どのような取引に適用するための統一法とするか、また、統一法を採用していない国に営業所を有する者の間の売買や運送において、たまたま法廷地が統一法を採用していることを理由に統一法を適用することが適当かというようなことである。したがって、統一法を直接適用する場合には、統一法の適用範囲についても適切な定めをしておく必要がある。しかし、統一法の適用範囲についての定めが必ずしも適切ではなくとも、統一法で直接適用を定めている場合（例えば、1964年のハーグ統一売買法2条）、あるいはその趣旨、目的、内容等から直接適用すべきものと解される場合（例えば、1929年のワルソー条

約、1999年のモントリオール条約）には、統一法の適用を否定することはできない。

統一法で定めている事項以外については、法廷地国の国際私法の指定する準拠法によって規律される。したがって、統一法が直接適用される場合でも、契約の準拠法が不要になるわけではない。しかし、統一法の直接適用の場合が多くなるにつれて、国際私法は実質法の統一がない場合に準拠法を決定するという補完的機能に後退することになる。商人法の適用を主張する立場をとると、国際私法の役割はさらに減ずることになろう。

2 法規範の適用順序

国際商取引から生ずる紛争の主たる解決方法としては、国家の裁判所における民事訴訟と当事者の合意にもとづく仲裁とがある。両者は法規範の適用あるいは判断基準について、異なるところがある。

(1) 訴訟

多くの国の民事訴訟での法規範（法源）の適用はおおよそ次のようなことになる。まず、統一法が直接適用される場合には、国際私法を介することなく、それが適用される。統一法がない場合および統一法が直接適用されない場合には国際私法によっていずれかの国の法が準拠法とされる。また、統一法に定めていないことについても、準拠法の規定による。法廷地または第三国の法が強行規定の特別連結によって適用されることもありうる。

準拠法の適用については、準拠法国における法令適用に関する法則による。多くの国の実体法では、強行法規の場合を除き、契約における当事者自治を認めているので、実体法法規範の適用はおおむね次のようになる。まず、個別の契約における当事者の合意（例えば、売買契約における目的物、その数量、品質、価格、支払条件、引渡条件その他の当該契約が成立するための重要な事項に関するもの）が優先し、さらに当該契約で契約条件を定めているときは、それらの条件が適用される（これには契約関係についての予め作成された定型的な契約条件（裏面約款）であることが多い）。このほかに、標準（一般）契約条件を引用しているときは、それも当事者の合意の内容とされる。統一規則は、当事者がそれを援用しているときは、

準拠法の任意規定に優先して適用される。商慣習と任意規定の優劣は、準拠法または統一法の定めるところによる。このような法令の適用の仕方のもとでは、いわゆる商人法（lex mercatoria）の概念を容れることは困難であろう。

(2) 仲　裁

仲裁判断はいかなる規準によるべきかについては、これまでのところ一般的に確立した原則があるとはいい難い。仲裁が法的効力を認められるのは国家権力によって紛争解決手続として承認されることにあるとすれば、各国の仲裁法（とくに仲裁地の仲裁法）がどのように定めているかによることとなろう。仲裁判断の規準については、おおよそ次のようにいうことができよう。

仲裁判断は法規範によるべきか否かについては、近時は法による仲裁を原則とし、善と衡平（aequo et bono）による仲裁、友誼的仲裁（composition amiable）は当事者が仲裁人にその権限を与えた場合（友誼的仲裁人。amiable compositeur）に限るとする立法例が多い。仲裁においていかなる実体法規範を適用すべきかについては、仲裁人は当事者の選択した法（いずれかの国の法）に従って紛争を解決しなければならず、当事者の選択のないときは、仲裁人が適当と考える法あるいは紛争の実体に最も密接な関係のある法を適用すべしとするものが多い。しかし、仲裁地の牴触法を介して適用する法を決定すべしとの立場もある。そして、いかなる場合でも仲裁人は商慣習を考慮しなければならないとされている。仲裁機関の仲裁規則にも、当事者が適用さるべき法を決定しうること、当事者がそれを定めていないときは法の牴触に関する法則によって指定される法を適用しなければならないとするものがある。1961年の仲裁に関する欧州条約、1976年の国際連合国際商取引法委員会の仲裁規則（2010年に改訂）、1985年の国際連合国際商取引法委員会の模範法でも同様の定めを設けている。これらのことからいいうることは、国際商取引から生ずる紛争を仲裁で解決する場合には、法規範の適用が原則とされること、当事者の指定した法があればそれによるが（これは契約の場合に限るのが適当であろう）、それがないときは仲裁人が適用される実体法規範を選択することになる。

仲裁は当事者の自主的な紛争解決方法であって、国家法からの解放であり、

適宜の規準で、具体的に妥当な結果をえられるとする説があるが、近時は、国際商事仲裁では法による仲裁が原則とされている。その理由は当事者による結果の予測可能性と法的安定性にあると思われる。そのうえで、当事者はいかなるものを仲裁判断の規準として選択しうるか、仲裁人は牴触法を介して準拠法を決定すべきか、仲裁地の牴触法の適用を強制されないとすれば、依拠すべき法適用に関する法則は何か、実体法を直接適用すべきかという問題がある。

国際商取引に関する統一法、統一規則、標準（一般）契約条件、商慣習等をまとめて「商人法」とする立場では、仲裁では商人法が当然に適用さるべきであるとする。

補　説

統一法と国際私法の関係　　統一法が国際私法を介することなく適用されるか否かについては、統一法の中で明文の規定を設けることが望ましい。その際に統一法の適用される場合について十分な検討が必要となろう。統一法条約を作成する場合には、統一法の適用は国際私法の適用を前提とする場合（例えば、1930年の手形法に関する統一法条約）と統一法は国際私法によらないで適用されるとする場合（例えば、1964年のハーグ統一売買法条約）とがある。ところが、近時一つの条約で統一法と国際私法を定めている条約があらわれた（例えば、2001年の債権譲渡に関する統一法条約）。そのような条約では、統一法（実体法）の規定の適用について、国際私法との関係を明確に定めておく必要がある。統一法の規定を直接適用するのであれば、国際私法の規定は別の条約にすべきであり、一つの条約で両者を定めることは好ましいとはいえない。統一法を、その条約で定めた国際私法の規定を介して適用するというのであれば、その条約は国際私法の規則の統一と実体法の統一をあわせて行ったことになり、実質的には二つの条約があることになる。

法廷地と統一法の直接適用　　1964年のハーグ統一売買法条約1条1項では、異なる国の領域に営業所を有する当事者間の売買契約であって、(a) 売買の目的物が異なる国へ運送される場合、(b) 申込みと承諾が異なる国でなされた場合または (c) 目的物の引渡しが申込み、承諾のなされた国と異なる国でなされる場合に適用するとしている。したがって、この統一法を定める条約の締約国と無関係な売買契約であっても、法廷地が締約国であるときは、統一法が適用されることになる。そのようなことが不都合であるとして、これを修正するために、条約2条では締約国は統一売買法1条1項の適用に当たって、2またはそれ以上の国を「異なる国」とみなさない旨の宣言をすること、条約3条では締約国は統一法の適用を異なる締約国に営業所を有する当事者間の売買に限定すること、条約4条では締約国は統一法の適用を締約国が批准または加入している国際私法条約によって統一売買法が適用さるべき場合に限定

すること、条約5条では締約国は統一法の適用を当事者が準拠法として統一売買法を指定したときに限ることを認めた（統一売買法の実体法規定はこの条約の附属書（Annex）に定められている）。これに対して、1980年のウィーン統一売買法条約では、異なる締約国に営業所を有する者の間の売買契約には条約の規定（統一法）が直接適用されるが、それ以外の場合にはこの条約の締約国の法が準拠法となる場合にのみ適用されるとしている（1条(1)(a)(b)）。これは統一法の適用される場合をハーグ統一売買法よりもはるかに狭くしている。

1924年の船荷証券条約では、締約国で作成された船荷証券に条約の規定が適用されるとしていた（同条約10条。締約国が法廷地であれば同条約の規定が適用され、しかも国際運送に限らず、国内運送にも適用されることになる。国内運送への適用を排除するための規定が署名議定書の留保条項2項である。なお、いわゆる至上約款（paramount clause）は法廷地が非締約国である場合にも統一法と同一の規則を適用させることを目的とした条項であるが、その法的性質については準拠法の指定とみるものと実質法的指定とみるものとがある。前者が妥当であろう）。これに対して、1968年の追加議定書では、条約の規定は、異なる国にある港の間の運送であって、船荷証券が締約国で作成されたとき、船積港が締約国にあるとき、または船荷証券中の準拠法条項で条約もしくはそれにもとづく国内法が指定されているときに適用されるとしている（追加議定書5条による1924年条約10条の修正）。これは統一法の適用を国際運送に限るとともに、その運送が統一法を採用している国と関係がある場合に適用されるようにした規定であるといえよう。

統一法で定めていない事項については、準拠法で規律することになる（例えば、ウィーン統一売買法条約では売主買主間における目的物の所有権の移転については定めていないが、これについては国際私法によって定まる準拠法による）。

直接適用であると否とを問わず、統一法に規定のないことは準拠法によるので、準拠法の分割と同様の事態が生ずることが多い。

「商人法」　　法廷地の国際私法によっていずれかの国の国内法を準拠法として適用するという伝統的な仕組みに対して、1950年代から西欧諸国の学者によって主張されたのが、いわゆる商人法（lex mercatoria）の適用である。「レクス・メルカトリア」とは、本来は中世後期の地中海沿岸および西ヨーロッパにおける商人間の自治的法規範と商慣習の総称である。近時の「商人法」の概念とその適用についてはその論者によって異なるが、共通するところは、国際商取引関係者の作成した統一規則、標準（一般）契約条件、国際的商慣習、統一法、法の一般原則（契約の遵守、信義則など）の国際商取引を対象とする法規範を国家法とは異なる法体系を構成するものとして認識すべきこと、そしてこれらの法規範を国際商取引に直接適用すべきであるとする。すなわち、商人法は商人社会から生じ、その規範としての性格は国家権力にもとづくものではなく、国家法とは別の法規範であり、国家法と同位の法秩序であるとする。そして、当事者は商人法の適用を選択できるだけでなく、当事者がその適用を求めているか否かにかかわらず、仲裁においても国内裁判所においても商人法を適用すべきであるとする立場と、現在の国家法体系のもとでは国内法を準拠法とすることにはなるが、商人法とされる

ものは当事者の合意にもとづくものとして、国家法に優先して適用さるべきものであるとする立場とがある。

このような商人法の主張は西欧諸国で有力であるが、これに批判的な立場をとる者も少なくない。その理由としては、商人法の存在形態、範囲、内容、法的性格等が明確でないこと、実際上も商人法が国際商取引のすべてを規律するには十分な内容ではないこと、商人法を当事者に強制するには国家権力によらなければならないことなどが指摘されている。現在の主権国家の並存とそのもとにおける私法秩序および紛争の解決方法を前提とすると、未だ商人法の主張には疑問が少なくないが、商人法の主張される原因は、国際私法を介して準拠法を決定することが迂遠であることと、国際商取引に国内法を適用することが適当でないことにある。商人法の主張を支持するか否かにかかわらず、国際商取引に関する実体法規範の形成と牴触法の統一をはかる必要はある。

契約外債務の準拠法に関する規則の統一　　ハーグ国際私法会議では交通事故、生産物責任のような個別の法律関係についての準拠法を決定する条約を作成してきた。他方、欧州共同体では2007年7月に契約外債務の準拠法に関する2007年7月11日の欧州議会及び欧州理事会規則（RomeⅡ．Regulation（EU）No864/2007）を採択し、この規則は2009年1月11日から施行されている。

第3章　国際売買

第1節　国際売買と法規範

1　国際売買の意義と特色
(1) 意　義
　国際売買とは、物品（動産）売買であって、契約の重要な要素に渉外的性格のあるものをいう。いかなる場合に渉外的要素があるかについては国際的にも定説はなく、適用される法令や条約によって「国際売買」(international sale of goods)の概念は必ずしも同じではない。一般に、売主の営業所と買主の営業所が異なる国にある場合であって、売買の目的物が売主の営業所のある国から買主の営業所のある国へ移動する場合を国際売買としている。もっとも、目的物が売主の営業所のある国ではなく第三国にあることもあり、売買があっても目的物が移動しないこともある。また、国によっては、売主の営業所と買主の営業所が同じ国にあっても、それぞれの活動の本拠地が異なる国ある場合は法令の適用上は国際売買とされることもある。このようなことはいかなる要素を重要な渉外的要素とみるかによる。要するに、法律上の国際売買の概念は、一定の売買契約について牴触法的処理をすべきか、特定の法令、条約が適用されるかを決めるために必要となるのであって、確立した定義があるわけではない。

(2) 国際売買の特色
　国際売買の特色は商人間の売買であること、多くの場合には大量の不特定物の売買であること、目的物の運送にともなう危険の大きいこと、相手方の義務の

履行について不安な要素の多いこと、内国および外国における貿易管理、為替管理等の規制を受けること、適用される法規範が必ずしも明確でなく、紛争解決も容易ではないことなどである。そのため、国際売買では国内売買とは異なる仕組みを用い、異なる規律に従うことになる。

国際売買では一定の種類の商品について国際的に用いられる約款、標準（一般）契約条件、統一規則等が用いられ、代金支払方法における荷為替手形および商業信用状の利用、目的物の運送にともなう危険の負担と保険の必要などの点で国内売買と異なるところがある。

物品の売買では、その対象となる商品、取引の仕方の相違等によって、契約条件はかなり異なってくる。多くの売買契約では、目的となる商品とその品質および数量、価格、支払時期、支払通貨、支払方法、目的物の引渡し、検査・検量、運送方法と船積時期、運送に関する保険、危険負担、品質保証と瑕疵担保責任、工業所有権侵害、クレームの通知、契約違反とその救済、不可抗力、統一規則、標準契約条件の援用、紛争の解決、準拠法、相殺の禁止、契約譲渡の禁止、権利放棄、通知方法、契約の発効、契約の変更、完全合意条項について定めている。このうち個別の契約における契約条件（商品とその品質および数量、価格、納期、代金の支払時期と支払方法など）についてはその都度定めることになるが、それ以外の契約条件は各当事者の用いる契約書式の裏面約款で定めておくことが多い。

2　国際売買に関する法規範

(1) 国際売買法の統一の必要と方法

現代における国際売買のほとんどは企業間における商品の売買であって、営利を目的とし、経済的合理性にもとづいて行われている。このような取引が迅速かつ円滑に行われるためには、当事者の権利義務があらかじめ明らかであるか、容易に予測しうることが望ましい。裁判管轄権に関する規則と牴触法に関する規則が統一されているならば、適用される実体法は予測可能である。しかし、各国の国内法の規定が異なるうえに、それらは国際売買を規律するに適当であるとは限らない。国内法の規定はそれぞれの国の社会的事情、商慣習をもとに制定されて

いるからである。そのため、国際売買について各国の国内法の規定を適用することは適当ではないとして、国際売買に適用すべき法規範（統一法、統一規則）を作成すべきことが主張され、そのための試みがなされてきた。物品売買には地域的な特色が少なく、契約の内容も技術的であることから、統一に馴染むと思われていたにもかかわらず、売買に関する統一法の作成は、実際には容易にすすまなかった。その原因としては、動産売買にもさまざまな種類があり、契約の効力について詳しい規定を設ける必要があるところ、そのような立法は必ずしも容易ではなく、その立法が多くの国の支持を得て、広く採用されるとは限らず、また、さまざまな商品の売買を画一的な規定によることが適当か、さらに、売買に関する法規は任意法規（補充法規）であって、当事者の権利義務は当事者の合意に委ねられているところが多いので、あえて任意法規を統一する必要があるかということにあった。そのため、売買法の統一に先立って、特定の種類の商品の売買についての標準契約条件と標準契約書式、貿易条件についての統一規則が作成された。しかし、これらの自治的規範で定めうる事項には限度があり、売買法の規定が任意規定であるといっても、売買法の統一の意義と必要がないとはいえない。

(2) 牴触法

売買契約の準拠法を決定するための牴触法上の規則については、その統一を目的とする条約はあるものの、必ずしも多くの国が採用するには至っていない。売買に関する牴触法の統一としては、第二次大戦後になってハーグ国際私法会議第7会期で採択された「有体動産の国際的性質を有する売買の準拠法に関する条約」（Convention sur la loi applicable aux ventes à caractère international d'objets mobiliers corporels. 1955年に署名開放。1964年9月1日発効）、同会議第8会期で採択された「有体動産の国際的性質を有する売買における所有権移転の準拠法に関する条約」（Convention sur la loi applicable au transfert de la propriété en cas de vente à caractère international d'objets mobiliers corporels. 1958年に署名開放。未発効）と「有体動産の国際的性質を有する売買における合意管轄に関する条約」（Convention sur la compétence du for contractuel en cas de vente à caractère international d'objets mobiliers corporels. 1958年に署名開放。未発効）が作成された。これらの条約は、それぞれ

売買契約の準拠法、売買の目的物の所有権移転の準拠法、売買における合意管轄について定めるものであるが、売買契約の準拠法に関する条約が 1964 年に発効したにすぎず、他の 2 条約は未だに発効せず、発効の見込みもない。1955 年条約も広く用いられているわけではない。

　1980 年に国際物品売買契約に関する条約（United Nations Convention on Contracts for the International Sale of Goods, 1980. ウィーン統一売買法条約）が作成されたが、統一法の直接適用の場合が限られていることもあって、売買契約に関する準拠法条約の見直しをすることになり、ハーグ国際私法会議の 1985 年の特別会期であらためて「国際動産売買契約の準拠法に関する条約」(Convention on the Law Applicable to Contracts for the International Sale of Goods, 1986. 未発効）を採択した。1986 年条約は 1955 年条約に代わるものとして作成され、1955 年条約の締約国が 1986 年条約の締約国となったときは、1986 年条約の規定が適用される。わが国はいずれの条約についても締約国ではない。他方、欧州共同体構成国では 1980 年にローマで採択された「契約上の債務の準拠法に関する条約」（EEC Convention on the Law Applicable to Contractual Obligations, 1980. その後 EU 規則ローマ I となる）を採用している国が多い。

(3) 統一法

　私法統一国際協会は 1930 年に統一売買法作成の作業を始め、1939 年にはその草案を作成して、これを国際連盟に提出したが、これは当時の国際情勢のもとでは取り上げられるに至らなかった。同協会は第二次大戦後に再び作業を行い、1964 年ハーグでの外交会議において、「有体動産の国際的売買に関する条約（Convention Relating to a Uniform Law on the International Sale of Goods, 1964. ULIS. 1972 年 8 月 18 日発効）および「有体動産の国際的売買契約の成立に関する条約」(Convention Relating to a Uniform Law on the Formation of Contracts for the International Sale of Goods, 1964. ULFIS. 1972 年 8 月 21 日発効）が採択された。前者は動産の国際的売買契約の効力に関する統一法を定める条約であり、後者は動産の国際的売買契約の成立に関する統一法を定める条約である。いずれの条約も条約の本文では、締約国は統一法に自国法としての効力を与えるべきこ

と、条約の適用についての留保、宣言等を定め、実体法の規定は条約の附属書（annex）で定めている。これが世界的規模でのはじめての統一売買法である。いずれも西欧の数ヵ国の採用により1972年に発効したが、締約国の数は少なく、実際に適用されていない。ハーグ統一売買法は法廷地国が締約国である場合には、締約国と関係のない売買にも適用される立場をとっているが（ハーグ統一売買法1条1項）、多くの国の参加を得るために、適用条件を条約で留保、宣言によってさまざまに修正する余地を認めたため（ハーグ統一売買法条約2条—5条）、統一法の適用の仕方が締約国で異なることがありうる。それと西欧の大陸法系諸国の学者が中心となって作成したことなどのために、多くの国が採用するには至らなかった。

　国際連合国際商取引法委員会ではハーグ統一売買法の規定を改良した新たな統一売買法の作成を目指す作業を行い、それに先立って、1974年にニューヨークにおいて「物品の国際的売買における債権の期間制限に関する条約」(United Nations Convention on the Limitation Period in the International Sale of Goods, 1974）を採択し、さらに1980年にはウィーンにおいて「国際物品売買契約に関する国際連合条約」(United Nations Convention on Contracts for the International Sale of Goods, 1980. ウィーン統一売買法条約）を採択した。ウィーン統一売買法条約は、統一法の適用について、異なる締約国に営業所を有する当事者間の売買契約に適用されることとした（1条1項。ウィーン統一売買法条約は一般に国際売買といわれているすべての売買に適用されるわけではない）。期間制限条約は1988年8月1日から、統一売買法条約は同年1月1日から効力を生じている。後者については国際商取引にかかる主要な国が締約国となり、各国でそれを適用した裁判例も少なくない。わが国も2008年（平成20年）7月に本条約に加入し、2009年（平成21年）8月1日から国内で効力を生じている。

(4) 標準（一般）契約条件と統一規則
① 標準契約条件
　一定の種類の商品または一定の類型の売買契約について、取引関係者の間で標準として定めた契約条件が標準契約条件であり、当事者がそれによるべきこ

とを個別の契約で明示したときに、それが当該契約を規律することになる。標準契約条件には特定の種類の商品の売買に関するものが多いが、商品の種類にかかわらず、一般的に広く用いられるものもある。特定の種類の商品に関するものとしては、標準契約書式の形をとるものが少なくない。その例として、穀物取引についての GAFTA（The Grain and Feed Trade Association）、油脂類の取引についての FOSFA（The Federation of Oil Seed and Fats Association）、そのほか羊毛、毛織物、木綿、麻、ゴム、砂糖、木材等の取引業者の団体で作成したそれぞれの商品の標準契約書式、国際連合欧州経済委員会（ECE）によるプラント及び機械類の輸出のための標準契約書式（General Conditions for the Supply (and Erection) of Plant and Machinery for Export, No.188, No.574）、プラント及び機械類の輸出並びに輸入のための標準契約書式（General Conditions for Supply and Erection of Plant and Machinery for Import and Export, No.188A, No.574A）、耐久消費財及び工事用機具の輸出のための標準契約書式（General Conditions of Sale for the Import and Export of Durable Consumer Goods and of Other Engineering Stock Articles, No.730）などがある（書式番号の 188 は自由主義経済の諸国における取引のための書式、574 は自由主義経済の国の企業と計画経済の国の団体との間の取引のための書式であり、730 はそれらのいずれにも用いることができる。また 188B、574B、188D はプラントおよび機械類の建設の監督に関する追加条項である）。一般的に広く用いられるものの例としては、旧ソ連邦を中心とする経済相互援助会議（CMEA）が作成した「物品の引渡に関する一般条件」（General Conditions of Delivery of Goods, 1958. 1968 年に改訂）がある。これは形の上では標準契約条件であるが、実質的には東欧の社会主義国家における統一規則または統一法に相当する機能を有していた。この標準契約条件は東欧諸国における政治体制の変革の後も、これらの国の企業間の取引では用いられている。

② 統一規則

売買に関する統一規則としては、国際法協会が国際商業会議所の協力を得て作成した 1928 年の CIF 契約に関する規則、これを 1932 年に修正した CIF 契約に関する規則（International Rules for CIF Contracts, 1932. ワルソー・オックスフォード規則 Warsaw-Oxford Rules）があるが、これらはほとんど使われていない。それに

対して、国際商業会議所が 1936 年に作成した「貿易条件の解釈に関する国際規則」(International Rules for the Interpretation of Trade Terms, 1936. 略称インコタームズ Incoterms) は、第二次大戦後に 1953 年、1967 年、1970 年、1980 年、1990 年、2000 年、2010 年と数次にわたって改訂され、国際売買契約で広く用いられている。

なお、米国では全米貿易協会によって 1919 年に「輸出用語定義」が作成され、米国商業会議所、全米輸入業者協議会および全米貿易会議によって 1941 年に「改正アメリカ貿易定義」(The Revised American Foreign Trade Definitions, 1941) が作成された。現在では前者はもはや用いられず、後者はインコタームズほどには用いられず、その後、統一商事法典で取引条件の解釈に関する規定 (2—319 条—324 条) を設けたこと、インコタームズが広く用いられていることなどを理由に、後者の改訂は行わないこととされている。

(5) 法規範の適用

法廷地が統一法を採用している場合であって、条約において統一法が直接適用されると定めているときは (ハーグ統一売買法 2 条、ハーグ統一売買成立法 1 条 9 項、ウィーン統一売買法条約 1 条 1(a))、法廷地の国際私法 (牴触法) の規則によることなく、統一法の規定が適用される。それ以外の場合、すなわち統一法が適用されない場合 (法廷地が統一法の締約国でない場合、締約国であっても統一法が直接適用されない場合および統一法の適用範囲外の売買の場合) ならびに統一法で定めていない事項については、法廷地の国際私法の規則によって指定される準拠法が適用される。

各国の国際私法の規則は必ずしも同じではない。しかし、契約の準拠法については、多くの国では当事者による準拠法の指定を認めている (国際私法上の当事者自治)。そして、多くの国の契約に関する法令では当事者間の合意に法的効力を認めているので (実体法上の当事者自治)、当事者間の契約に定めがある場合にはそれにより、それがないときは準拠法の規定によることとなる。当事者間の合意には、当該売買契約における目的物の品質、数量、価格、引渡しの時期と方法などの条件 (特約条項)、契約書にある取引約款、契約において援用する標準契約条件および統一規則をも含む。商慣習の法源としての性格とその適用の順序は準

拠法となる実体法の定めるところによる。

補説

(どのような売買を国際売買とするか)

　売買に関する条約における「国際売買」の定義　　1964年のハーグ統一売買法条約 (Convention Relating to a Uniform Law on the International Sale of Goods, 1964;ULIS) における統一法の規定では、売主と買主の営業所が異なる国にある売買であって、(a)目的物が契約締結時に一国から他国へ運送されているか、またはその後に運送される場合、(b)申込みと承諾が異なる国でなされた場合、(c)目的物の引渡しが申込みと承諾のなされた国以外の国でなされる場合のいずれかに該当する売買に統一法を適用すると定めている (1条1項)。これに対して、1980年のウィーン統一売買法条約 (United Nations Convention on Contracts for the International Sale of Goods, 1980; CISG) では、異なる国に営業所を有する当事者間の売買を国際売買というものとし、そのような売買であって、(a)売主の営業所のある国と買主の営業所のある国とが同条約の締約国である場合、(b)国際私法の規則によっていずれかの締約国の法律を適用することになる場合に、同条約の規定を適用すると定めている (1条(1))。この二つの統一法条約では国際売買の定義も条約の適用される場合も異なっている。

　貿　易　　一般に貿易 (foreign trade) といわれる取引は国境を越えて行われる物資の取引である。取引の相手方が外国にいるならば、同一法人の本店支店間の取引も貿易とされる。貿易収支は国境を越えて行われる取引の金額 (FOB建ての価額) にもとづくものである。

　仲介貿易　　わが国の企業が物品をある国の企業から買い入れ、これを他の国の企業に売り渡し、わが国の企業は買入れと売渡しでそれぞれ代金の決済を行うが、物品はわが国を経由することなく、ある国から他の国に移動する取引を仲介貿易 (intermediary trade) という。売買代金の決済が外国にいる当事者間で行われ、仲介者が手数料を取得する取引は仲介貿易ではない。仲介貿易は、かつては、わが国からの輸出と競争関係を生ずるとの理由で政府の承認を要するとされていたが、1979年の外国為替及び外国貿易管理法の改正でその制限はなくなった。

　委託加工貿易　　委託加工貿易とはある国の企業が原材料を他国の企業に供給してその加工を委託し、加工品を一定の国 (委託国または第三国) へ送る貿易取引 (processing deal trade) をいう。わが国の企業が外国の企業から加工の委託を受ける場合 (順委託加工貿易) と、わが国の企業が外国の企業に加工の委託をする場合 (逆委託加工貿易) とがある。加工する者は加工 (サービス) の対価を得るのみであって、目的物の輸入および輸出を目的とするものではない (目的物の所有権は通常委託者に属し、危険も委託者が負担する)。このような取引については、かつての外国為替及び外国貿易管理法では輸出、輸入についての承認、委託加工貿易契約の許可が必要とされていたが、現在ではそのような規制はない。ただし、外国にある者に外国での加工を委託する貨物の輸出であって、その加工の全部または一部が経

済産業大臣の定める加工（指定加工）による貨物であるときは、その輸出については経済産業大臣の承認を受けなければならない（輸出貿易管理令2条1項2号）。この承認を受けて輸出した貨物に加工した貨物の輸入については、経済産業大臣の輸入の承認を要しない（輸入貿易管理令4条3項）。

なお、加工者が原材料を輸入し、その全量を加工して輸出する場合には、物品の所有権は加工者にある。

委託販売貿易　輸出者が外国の第三者に物品の販売を委託する契約をして、それにもとづいて物品を外国に輸出し、第三者（輸入者）の販売に対して一定の手数料を支払う取引を委託販売貿易（consignment sale）という。外国での売買契約が成立する前に物品を輸出することに特徴があるが、物品の所有権は委託者（輸出者）にあり、個別の物品売買契約の売主は委託者である。委託者と第三者（輸入者）の関係は売買契約ではなく、委任契約である。そこでは、販売価格、販売方法、手数料の支払、返品、精算等について定める。これはかつては特殊貿易とされたが、1978年から通常の貿易と同じ取扱いである。特定の品目、貨物については通常の輸出入と同様の規制を受ける。

（国際売買に関する条約）

1955年売買準拠法条約　1955年条約では、物品売買一般を適用の対象とし（船舶、航空機、有価証券等は対象とならない。製造者が材料を調達して製品を供給する契約は売買とされる）、当事者による準拠法の指定がある場合はそれにより（2条）、準拠法の指定がない場合には、注文を受けた当時の売主の常居所地法により、売主が買主の営業所・常居所地で注文を受けたときはその営業所・常居所の所在地法により、取引所における売買はその取引所の所在地法によるとする（3条）。準拠法指定の合意の成立および有効性は、指定された準拠法による（2条）。この条約は当事者の行為能力、契約の方式、売買の目的物の所有権の移転等については適用されない（5条）。この条約は1964年9月1日に発効したが、締約国は少数にとどまる。

1986年売買準拠法条約　1986年条約は、売買契約の当事者が異なる国に営業所を有する場合および売買契約に関して法の牴触を生ずる場合の準拠法を決定する条約であって（1条）、物品売買一般に適用される（2条）。当事者の営業所によって適用の対象となる売買を限定したのは、1980年のウィーン統一売買法条約の適用に関する規定（同条約1条1項）を考慮に入れたためである。契約の成立および効力の準拠法については当事者による指定（分割指定も事後の準拠法の変更も可能）があればそれにより（7条）、それがない場合には契約締結時の売主の営業所所在地法とするが（8条1項）、交渉の経過などからみて、買主の営業所所在地もしくはそのほかに密接な関係のある地がある場合には、その地の法律による（8条2項・3項）。ただし、ウィーン統一売買法条約1条1項(a)に該当する場合（同条約の直接適用の場合）には1986年条約8条3項は適用されない。契約の方式については、当事者が同じ国で契約をしたときは契約準拠法またはその国の法律（行為地法）により、異なる国で

契約をしたときは契約の準拠法または契約締結時にいずれかの当事者の所在する国の法律による（11条。代理による契約の場合は代理行為地（代理人による売買契約のなされた地）の属する国の法律による）。当事者の権利義務、当事者間における目的物の所有権移転の時期、危険の移転、所有権留保、債務不履行に対する救済、時効・出訴期限は契約の準拠法による（12条）。検査については特段の合意なきかぎり、その方法、手続は検査地法による（13条）。準拠法の選択に関する合意の成立および有効性については選択された法により、その選択が有効でないとされたときは、8条で指定する法による（10条1項）。売買契約の成立および有効性は、それが有効であるとされた場合に適用される準拠法（実体法）の規定による（10条2項）。ただし、諸般の事情からみて前項による準拠法が合理的でないときは、当事者の一方が準拠法の指定または契約もしくはその一部の条項に同意していなかったことを証明するために、その者の営業所所在地法によることができる（10条3項）。準拠法とされる法はこの条約の締約国法以外の法であってもよい（6条）。ハーグ国際私法会議の構成国以外の国でもこの条約の締約国となることができる（25条1項）。

　　物品の国際的売買における債権の期間制限に関する条約　　この条約は、売買契約およびその違反、解約、無効から生ずる売主および買主の権利の行使しうる期間の制限に関する条約である。請求権行使期間の制限を消滅時効とする国と出訴期限とする国とがあるため、新たに「制限期間」を設けて、国際的売買から生ずる権利行使期間の制限について定めた。制限期間は一定の起算日から4年とされ（8条—12条）、期間の中断事由（裁判手続、仲裁手続、倒産処理手続、債務の承認など）、期間の延長、新たな期間の開始等が定められているが（13条—22条）、いかなる場合にも10年を超えないものされている（23条）。制限期間を経過したときは、その権利は法的手続において承認されず、また強制することができないということであるが（一定の場合に相殺は可能）、それは当事者が援用しなければならない（24条—27条）。この条約の締約国では、他の締約国で行われまたは生じた事由であっても、その効力を有するものとされている（30条）。これらの規定は強行規定である。この条約の適用範囲は、1980年修正議定書によって、ウィーン統一売買法条約の適用範囲と同じとされている。ウィーン統一売買法条約の締約国であってもこの条約の締約国でない国は多い。なお、この条約は国際商取法委員会で作成した最初の統一法条約である。

第2節　国際物品売買条約

1　統一売買法条約の作成

　物品売買契約の実体規定に関する統一法で現在機能しているのは1980年の「国際物品売買契約に関する国際連合条約」（ウィーン統一売買法条約）である。ハーグ統一売買法条約が多くの国の支持を得られなかったので、1970年から国

際連合国際商取引法委員会でそれに代わる統一法の作成作業がなされ、1980年4月にウィーン統一売買法条約が採択された。この条約はハーグ統一売買法条約にくらべて適用に関する規定が単純になり、当事者の権利義務に関する規定も整理された。発効要件は10ヵ国の批准、承認、受諾または加入であり（99条(1)）、1988年1月1日から効力を生じた（主な国としては、オーストラリア、中華人民共和国、フランス、ドイツ、イタリア、スペイン、スイス、カナダ、米国、ロシア（ソ連邦当時に締約国となる）などがある）。わが国は2008年7月にこれに加入し、わが国については2009年8月1日から効力を生じた。英国がこの条約を採用していない理由は、この条約の規定が英国の売買法のもとに行われているCIF、FOBのような貿易条件との整合性、英法のもとでなされてきた慣行の有効性が明らかでないということにあるようである。日本の批准が遅れた理由は明らかではないが、加入をするに至った理由は、日本の主要貿易相手国である米国と中国のほか、多くの国がこの条約の締約国となっているということにある。

なお、この条約の条文の解釈についての裁判例が国際商取引法委員会事務局でまとめられている（Case Law on UNCITRAL Text. 略称はCLOUT）。

2 統一売買法の概要

(1) 統一売買法の適用範囲

① 統一売買法の適用

ウィーン統一売買法条約は、異なる国に営業所を有する当事者間の動産の売買契約であって、当事者の営業所所在地国が異なる締約国にある場合（1条(1)(a)）、または、国際私法の規則により締約国の法律を適用すべき場合に適用される（1条(1)(b)）。当事者が異なる国に営業所を有することが契約から認められない場合または契約締結前に明らかでなかった場合には、この条約では異なる国に営業所を有する当事者間の売買契約とはみなされない（1条(2)）。2以上の営業所があるときは、契約締結前の事情からみて契約およびその履行に密接な関係のある営業所の所在地を当事者の営業所所在地とする。営業所のない場合は常居所地による（10条）。当事者の国籍または契約の民事的もしくは商事的性格は、条約の適用について考慮しない（1条(3)）。

締約国は、批准、受諾、承認または加入の時に、条約の第2部（契約の成立）またはその第3部（契約の効力）に拘束されないことを宣言することができる（92条）。締約国が地域的不統一国であるときは、適用地域についての宣言およびそれを修正する宣言をすることができる（93条）。

同一または類似の法令を有する締約国に営業所を有する当事者間の売買契約については、これらの締約国がこの条約を適用しないことを宣言することができる（94条）。締約国は1条(1)(b)の規定に拘束されないことを宣言することができる（95条）。

② 規定の性格

当事者はこの条約の規定の全部または一部の適用を排除できるとしている（6条）。これは統一売買法の規定が任意法規であるとの趣旨であろう（この規定について、個別の契約において当事者が条約の適用自体を排除しうるとの解釈もあるようであるが、国家が締結した条約の適用を個別の取引において私人が左右できるとすることには疑問がある）。したがって、本条は任意規定についてはそれと異なる合意をすることあるいは具体的な条項の適用を排除することができるとの趣旨と解することが妥当であろう。

③ 統一売買法の規定の適用されない事項

統一売買法は売買契約の成立および効力について規定しているが、売買契約の有効性および目的物の所有権の移転についてはその対象外としている（4条）。統一売買法の適用されない事項については、準拠法の定めるところによるので、前者については契約の準拠法によって判断し、後者については物権変動の準拠法によって判断することとなろう。

統一売買法は競売、強制執行その他法律の規定にもとづいて行われる売買、株式、持分、投資証券、流通証券または通貨、船舶・航空機、電気（「電力」の趣旨であろう）の売買には適用されない（2条）。製造物供給契約は売買契約とされるが、注文者が材料の実質的部分を供給する場合には、売買契約とはみなされない。物品供給者の義務の主要部分が役務の提供である契約には適用しない（3条）。売買の目的物が原因で生じた人の死亡、傷害についての売主の責任（生産物責任）については、統一売買法は適用されない（5条）。

(2) 総則規定
① 解釈の基本原則

この条約の解釈に当たってはその国際的性格および適用における統一性ならびに国際取引における信義の遵守を考慮するとともに（7条(1)）、この条約によって規律される事項で条約中に解釈が明示されていないときは、この条約の基礎にある一般原則に従う。そのような一般原則がない場合には、国際私法の準則（規則と同趣旨）によって適用される法律に従って解決する（同条(2)）。

② 当事者の意思の解釈

当事者の意思は、相手方がその意図を知りまたは知りうべき場合は、その意図に従って解釈する（8条(1)）。それ以外の場合は、交渉、取引慣行等一切の事情を考慮し、相手方と同種の合理的な者が同様の状況の下で有したであろう理解に従って解釈する（同条(2)。「同種の」とは同様の取引を行う者、「合理的な者」とは通常の判断力を有する者の意であろう）。そして当事者の意思または合理的な者の理解の決定に当たっては、当事者間で確立した慣行、慣習および事後の行為等すべての関連する状況に妥当な考慮を払うとしている（同条(3)）。これによって事後の行為を含め、全ての事情が解釈の基準となる。しかし、この第3項が合理的かつ妥当な立法かどうかは疑問である。この適用を避けるには完全合意条項（entire agreement clause）などによって、その適用を排除する必要もあろう。

③ 慣　習

当事者は、当事者が合意した慣習、当事者間の慣行に拘束される（9条(1)）。当事者間で他の合意がある場合を除き、当事者が知りまたは知っているべきであった慣習であって、当該契約と同じ種類の契約について国際取引で広く知られ、遵守されている慣習は、当事者が黙示的にその契約に適用されることとしたものとされる（同条(2)）。9条(2)の文言は同条(1)の合意を擬制するもののごとくであり、これによると当事者が知らずまたは予想していなかった慣習も裁判官または仲裁人の判断によっては適用されることとなり、このような立法の当否は疑問である。

④ 売買契約の方式

売買契約の締結および立証には、書面その他の特別の方式を必要としない（11条）。しかし、売買契約の締結およびその立証について書面（電報、テレックスを含

む。13条）によるべきことを定めている国では、11条および29条の規定は適用しないことを宣言することができる（12条・96条）。

(3) 売買契約の成立

売買契約は、申込みに対する承諾がこの統一売買法の規定に従って効力を生ずるときに成立する（23条）。申込み、承諾その他の意思表示は相手方に到達したときに効力を生ずる（24条）。

① 申込み

申込みとは特定の者（1人または複数）に対する申入れであって、取引の内容が具体的に示され、それに拘束される意思が示されている意思表示をいい、売買の目的物、数量、代金等が示されているときは内容が十分に確定しているものとする（14条(1)）。特定の者に対する申入れは、明確に申込みとする意思が示されていないかぎり、申込みの誘引とされる（同条(2)）。申込みは相手方に到達したときに効力を生ずる。申込みの撤回の通知が申込みの到達と同時またはそれ以前に到達したときは申込みを取りやめることができる（15条(1)(2)）。申込みに承諾の期間を定めるなどの方法で取消不能であることが示されている場合、または相手方が取消不能と信ずるのが合理的であり、かつ、それにもとづいて行動した場合には、申込みは取り消すことができない（16条(2)）。それ以外の場合には、相手方が承諾の通知を発する前に申込みの取消しが相手方に到達したときに申込みは効力を失う（同条(1)）。申込撤回の成否にかかわらず、相手方が申込みに応じなかったときは、申込みは効力を失う（17条）。

② 承　諾

申込みに応ずる意思の表示が承諾であり、沈黙または何の行為もしないことは承諾とはされない（18条(1)）。承諾はそれが申込みをした者に到達したときに効力を生ずる。一定の期間内にまたは、承諾期間のない場合は相当の期間内に、承諾が到達しなかったときは、承諾は効力を生じない。別段の事情のある場合を除き、口頭による申込みに対して、それに直ちに応じなかったときは承諾とならない（同条(2)）。当事者間における別段の定めまたは慣行により、一定の行為（事実行為）によって承諾の意思表示をすることができる（同条(3)）。承諾とは、申込み

の条件（内容）を実質的に変更しないでこれに応ずる旨の意思表示であり、申込者が相手方の付した条件に異議を述べないときは、承諾があったものとし、契約内容は相手方の条件による変更を加えたものとする（19条(2)）。追加条件、申込みと異なる条件、とくに代金額、支払の条件と方法、目的物の品質と数量、引渡時期と場所、当事者の責任の範囲、紛争解決条項に関する追加、変更は申込みの条件を実質的に変更したものとされ、そのような意思表示は申込みの拒絶であるとともに新たな申込み（反対申込み）とみなされる（同条(1)(3)）。このことは承諾の内容に申込みの内容と若干異なるところがあっても、その相違が実質的なものでない場合には、契約の成立を認めることとなる。承諾期間経過後に到達した承諾は、申込みをした者がこれを承諾として扱うとの通知を遅滞なく発した場合、または通信事情からみて承諾期間内に申込者に到達するように承諾が送られていた場合には（申込みをした者が、直ちに申込みが失効したことを通知したときを除く）、承諾は効力を生ずる（21条）。承諾は、その効力が生ずるまでの間は、撤回することができる（22条）。承諾期間は書信と電報では発信時から起算し、電話、テレックス等の即時交信手段では到達時から起算する（20条(1)）。公の休日、取引日でない日も期間に含まれ、期間の最終日がそれに該当するときは、次の取引日が最終日となる（同条(2)）。

(4) 売主の義務

売主の義務は買主に対する目的物の引渡し、売買に関する書類の交付および目的物の所有権の移転である（30条）。しかし、統一売買法には目的物の所有権の移転の時期に関する規定はない。

① **目的物の引渡し**

(a) 引渡しの場所　買主への引渡しのために目的物の運送を要する場合には、売主は第一の運送人に目的物を引き渡すことで足りる（31条(a)）。目的物の運送を要しない場合であって、特定物または特定されうる不特定物については、その物の存在する場所を、それ以外の物については契約締結時の売主の営業所所在地を引渡場所とする（同条(b)(c)）。売主は運送契約を締結し、物品の運送についての保険契約を締結し、物品を運送人に交付したことを買主に通知しなければ

ならない（32条）。

(b) 引渡しの時期　契約によって引渡しの日が定められもしくは契約から引渡しの期日が決定できる場合にはその期日に（33条(a)）、引渡しの期間が定められもしくは契約からその期間を決定できる場合にはその期間内に（同条(b)）、それ以外の場合には契約締結後相当期間内に目的物の引渡しをしなければならない（同条(c)）。

(c) 売買に関する書類の交付　売主は、契約で定められた書類を、一定の期間内に、一定の場所で、契約で定める方法により、買主に交付しなければならない（34条前段）。売主がその時期よりも前に書類を交付した場合には、買主に不合理な不便、費用の支払を生じさせなければ、書類の不備の追完はできるが、買主に損害賠償請求権は生ずる（同条後段）。売買に関する書類とは商業送状、目的物についての原産地証明書、品質証明書、船荷証券等の運送に関する書類、保険証券のほか、それぞれの売買契約において必要とされる書類をいう。

② 目的物の契約適合性

目的物の契約適合性（conformity of goods）とは、契約の趣旨に従った目的物の引渡しがなされていること、物の瑕疵と権利の瑕疵がないことをいう。

本条約における契約適合性の規定は売主の債務不履行責任と瑕疵担保責任の問題についての一つの解決の仕方といえよう。

(a) 物の瑕疵　売主は契約で定めた数量および品質の物品であって、約定どおりに包装されたものを引き渡さなければならない（35条(1)）。契約中に数量の過不足の許容範囲についての特約があることが多い。

目的物が同じ種類の物品の通常の用途または目的に適合していない場合（同条(2)(a)）、目的物が契約締結時に明示的または黙示的に知らされている特定の目的に適合していない場合（同(b)）、目的物が見本もしくはひな型と異なる場合（同(c)）、または通常の方法で包装・保管がなされていない場合（同(d)）には、目的物は契約適合性を欠くものとされる。契約締結時に買主がこれらのことを知りまたは知らないことはありえなかったときは、売主は目的物の契約不適合について責任を負わない（同条(3)）。危険が売主から買主に移転する時に存在していた不適合については、売主は危険の移転後にそれが明らかになった場合にも責任を負う

とされるが（36条(1)）、それ以後に生じた不適合（一定の期間中は通常の目的、特定の目的に適合しまたは特定の性能を有するとの保証を含む）であっても、売主に義務違反がある場合には、売主はそれについて責任を追う（同条(2)）。売主は引渡後であっても、買主に不便や不当な出費を生じないかぎり、期日までに不足の数量を補い、不適合の物品を取り替え、不適合を修正することができる。ただし、買主は損害賠償請求権を失わない（37条）。

買主は状況に応じて可能な限り短い期間内に（運送される物品については目的地に到着した後でもよい）目的物を検査しなければならない（38条(1)(2)）。買主が目的地の変更または転送した場合に、売主がその可能性を知り、または知っているべきときは、検査は目的物が新たな目的地に到着した後まで延期できる（同条(3)）。目的物に不適合がある場合には、相当期間内にこれを売主に通知しなければならない（39条(1)）。この期間は、約定の保証期間のある場合を除き、2年とされ、その後は目的物が不適合であったことを主張する権利を失う（同条(2)）。売主が目的物の不適合を知りまたは知らないことはありえなかったときは、前2条による買主の検査義務、請求権行使の懈怠を主張できない（40条）。

(b) 権利の瑕疵　売主は、買主の同意がある場合を除き、第三者の権利または請求の存在する物品を引き渡してはならず（41条。権利の瑕疵についての担保責任）、第三者の知的財産権の存在しない物品を引き渡さなければならない（42条）。41条にいう第三者の権利または請求とは、売買の目的物についての第三者の所有権、占有権、用益物権、担保物権（例えば、留置権、先取特権等）をいう。これに加えて、42条では、売買の目的物が第三者の特許権、意匠権、商標権などの知的財産権を侵害する場合に、第三者の権利もしくは権利主張に対する責任を売主に負わせている。それはその知的財産権が、契約締結時に、両当事者が転売または使用されることを想定していた国の法、その他の場合には買主の営業所所在地国法にもとづく権利である場合である（同条(1)）。ただし、買主が契約締結時にその知的財産権について知りもしくは知らないことはありえなかったとき、または買主の提供した技術設計、デザイン等によってその権利を侵害したときには、売主はその義務を負わない（同条(2)）。

買主は、目的物に第三者の権利または請求のあることを知りまたは知るべきで

あった時から合理的な期間内に、売主に対してそのことを通知しないときは、その権利を失う（43条）。ただし、買主が目的物の不適合または第三者の権利もしくは請求のあることについて通知をしなかったことに合理的な理由があるときは、代金減額または損害賠償（得られるはずであった利益の喪失について賠償を除く）を請求することができる（44条）。

③ 売主の契約違反に対する買主の救済

売主の契約違反に対して、買主は本来の給付（46条(1)）、代替物の引渡し（同条(2)）、瑕疵の修補（同条(3)）、代金減額（50条）、損害賠償（74条—77条）を請求することができる（45条(1)）。また、買主は、売主に重大な契約違反があるときは、契約を解除することもできる（49条）。損害賠償請求は他の請求または契約の解除とともになしうる（45条(2)）。

買主への本来の給付（specific performance）を命ずる判決をなしえない国（英法系諸国および米国）では、本来の給付の請求は認められない（28条）。

代替物の引渡請求は目的物の契約適合性を欠くことが重大な契約違反となる場合で、かつ39条で定める期間内に行う場合に限る（46条(2)）。重大な契約違反とは相手方から契約上期待したものを実質的に奪うこととなるような損害をもたらす契約違反をいう（ただし、違反した当事者が合理的に予見しえず、かつ、それと同様の立場の者が予見しえなかった場合を除く。25条）。

代金減額請求は目的物が契約適合性を欠く場合に限られるが、とくにそれが重大な契約違反である必要はない（50条）。

買主は、売主の履行遅滞の場合に、売主の義務の履行のため相当の期間の猶予（付加期間）を与えることができ、その間は、売主が履行しないことを通知した場合を除き、契約違反にもとづく賠償を求めることはできない（ただし、履行遅滞による損害賠償請求権は失わない。47条）。売主は、買主が契約を解除しないかぎり、引渡期日後であっても、不合理な遅滞なく、買主に不便、不当な出費が生じないときは、履行すべき義務を追完することができる（48条。売主の追完権）。

買主は、売主に重大な契約違反があるときはとくに催告を必要とせず、直ちに契約を解除することができる（49条(1)(a)）。買主は、目的物の引渡しのない場合は、買主の定めた一定の期間内に引き渡すべきことを催告し、売主がその期間

内に引渡しをしないときもしくは引渡しをしないことを表明したときは、契約の解除をすることができる（同項(b)）。目的物の引渡しがなされた場合は、買主に解除事由がありながら相当の期間内に解除の意思表示をしないときは、買主は解除権を失う（49条(2)）。相当の期間内とは、引渡遅滞については引渡しのあったことを知った時から合理的な期間内をいい（同項(a)）、それ以外の違反については買主がそれを知りまたは知るべきであった時、付加期間終了時、または付加期間中に不履行の意思表示のあった時、売主の追完可能期間終了時または買主が追完受領を拒否した時のいずれかの時から合理的期間をいう（同項(b)(i)—(iii)）。

売主による目的物の一部の不履行または目的物の一部に不適合がある場合には、買主は引渡しのない部分または適合性を欠く部分について、46条から50条までの規定にもとづき、売主に対して契約違反の責任を問うことができる（51条(1)）。もっとも、一部の不履行または一部の契約不適合が重大な契約違反となる場合には、買主は契約の全部を解除することができる（同条(2)）。

(5) 買主の義務

買主の義務は売主に対する代金の支払と目的物の受領（引取り）である（53条）。
①　代金の支払

代金支払義務には、代金の現実の支払のほか、代金の支払を可能にするため、契約または法令の規定によって必要とされる措置をとることも含まれる（54条）。信用状の開設、外貨割当や送金許可の取得などがこれに当たる。代金額が確定していないときは、契約締結時における類似の取引での価格によるとされる（55条）。一般には代金額未定で契約の成立ありとなしうるかについては疑問の余地があるが、この規定は、契約が成立しているにもかかわらず、金額が確定していない場合のための規定であると説明されている。

　(a) 支払の場所　　代金の支払は原則として売主の営業所で行う。目的物の引渡しまたは書類の交付と引換えに代金を支払うべきときは、代金の支払場所は目的物の引渡しまたは書類の交付の行われる場所とする（57条(1)）。

　(b) 支払の時期　　代金支払の時期について定めがない場合には、買主は、売主が目的物またはその処分に関する書類を買主に委ねたときに、代金の支払を

しなければならない（58条(1)）。目的物の運送を必要とする場合には、買主は物品又はその処分に関する書類の交付のなされたときに代金の支払をしなければならない（同条(2)）。ただし、いずれの場合も、買主が目的物を検査する機会を得るまでは、代金の支払を要しない（同条(3)）。代金の支払方法、その時期等は個別の契約、実務の慣行、商慣習による。それでも定まらないときに、この条約の規定が適用される。

② 目的物の受領

買主は、売主による引渡しを可能とする買主に合理的に期待することのできるすべてのための必要な行為をし、かつ目的物を受領しなければならない（60条）。

買主は、売主が履行期前に引渡しをする場合には、目的物を受領することも、これを拒むこともできる（52条(1)）。

売主が契約で定めた数量を越える物品の引渡しをする場合には、買主は超過する数量の受領を拒むことができる。買主が超過した数量を受領したときは、それに相当する代金の支払義務を負う（同条(2)）。

③ 買主の契約違反に対する売主の救済

買主に契約上またはこの統一法における義務の不履行があるときは、売主は買主に対して代金の支払と目的物の受領を請求することができ（62条・63条）、契約を解除することもできる（64条(1)）。買主の義務違反が重大な契約違反であるときは、売主は直ちに契約を解除することができる（同条(1)(a)）。買主の義務違反が重大な契約違反でないときであっても、売主の定めた一定期間（付加期間・63条）内に買主が代金の支払もしくは目的物の受領をしないとき、または買主がその期間内にその義務を履行しない意思を表示したときは、売主は契約を解除することができる（63条(1)・64条(1)(b)）。ただし、買主が代金の支払をした場合には、売主は一定期間内に契約の解除をしないと解除権を失う（64条(2)）。売主は、他の請求または契約の解除とともに、損害賠償の請求をすることができる（61条(1)(2)）。売主は買主に対する代金の支払、目的物の受領の請求とともに損害賠償の請求等をすることもできるが、これらの請求は両立するものでなければならない（62条）。買主が目的物の形状、寸法その他の特徴を指示しないときは、売主は知りえた特徴によることを買主に伝え、買主が相当期間内に指示をしないと

きは売主の通知した特徴の物品を引き渡す（65条）。

(6) 危険の移転
①　危険の移転の時点
　買主が目的物を受領した時、または、買主が目的物を受領しないときには、目的物が買主の処分に委ねられ、かつ引渡を受領しないことによって買主の契約違反が生じたときに、買主に危険が移転する（69条(1)）。目的物の受領が買主の営業所以外で行われる場合には、目的物がその場所で買主の処分に委ねられたことを買主が知ったときに、買主に危険が移転する（同条(2)）。

　不特定物の売買では、目的物が特定されたときに買主の処分に委ねられたものとみなされるが（同条(3)）、その物の運送が予定されている場合には、目的物が特定され、運送人に引き渡されたときに危険が移転する。この時点で売主が物品の処分を支配する書類を所持していても、危険は買主に移転する。もっとも、危険は荷印、船積書類、買主に対する通知などのいずれによるかを問わず、物品が契約上の物品として明確に特定される時までは買主に移転しない（同条(2)・67条(1)）。

　運送中の物の売買では、契約締結時に危険が売主から買主に移転する（68条第1文）。ただし、運送契約を証する書類を発行した運送人に物品を交付した時から買主が危険を引き受けることを状況が示している場合には、その時から危険は買主に移転する（同条第2文）。もっとも、物品の滅失、損傷を売主が知っていた場合または知っているべきであった場合に、そのことを買主に明らかにしなかったときは、その滅失、損傷は売主の負担とされる（同条第3文）。

②　危険の移転と重大な契約違反
　危険が買主に移転した後に、目的物に滅失、損傷が生じても、買主は代金支払義務を免れない（66条本文）。ただし、その滅失、損傷が売主の作為又は不作為による場合はこの限りでない（同条但書）。

　しかし、売主に重大な契約違反がある場合には、危険が買主に移転した後であっても、買主は売主の義務違反に対する救済を求めることができる（70条）。すなわち、買主は売主に対して代金減額請求、代替物引渡請求、損害賠償請求、契約の解除をなしうる。

(7) 売主と買主の義務に共通の規定
① 履行期前の契約違反および分割履行契約の契約違反における救済

契約締結後に、相手方の履行能力もしくはその信用の著しい失墜または相手方の契約履行の準備もしくは実行に関する行動によって、相手方がその義務の重要な部分を履行しないことが明らかとなった場合には、当事者は自己の義務の履行を停止することができる（71条(1)）。売主は、既に物品を発送していたときであっても、買主への物品の交付を差止めることができる（同条(2)。売主の差止権)。自己の履行を停止した当事者は履行の停止を直ちに相手方に通知しなければならず、相手方が履行について相当の保証を提供したときは、当事者は履行を継続しなければならない（同条(3)）。

履行期前に相手方の重大な契約違反のおそれが明らかな場合には直ちに、時間の余裕があれば、相手方の保証の提供のため合理的通知を行って、当事者は契約を解除することができる（72条(1)(2)）。相手方が義務を履行しない旨の意思表示をした場合は、この通知は必要とはされない（同条(3)）。

分割履行の場合に、特定の部分に重大な契約違反がある場合またはそれが予想される場合には、その部分について契約の解除をなしうる（73条(1)(2)）。また、それと相互依存関係にある引き渡された部分または将来引き渡される部分も解除できる（同条(3)）。当事者は、相手方の義務の不履行が自己の行為によって生じたときは、相手方の義務の不履行を主張することはできない（80条)。

② 損害賠償

損害賠償額は、得べかりし利益の喪失を含め、契約違反によって被った損失と同額とされるが、契約締結時に知りまたは知っているべきであった事実および事情に照らし、契約違反の結果として発生することを予見しまたは予見すべきであった損失の額を超えることはできない（74条）。

契約解除の場合には74条による損害額のほか、買主が代替物を購入し、または売主が目的物を他へ転売した場合には、それぞれ契約の価額と購入または転売の価額の差額を損害額とする（75条）。

それ以外の場合に、目的物に時価のあるときは、契約の価額と解除時の時価との差額と運送費用の差額を損害賠償として請求することができる（76条(1)(2)）。

当事者は自己の損失を軽減させるための合理的な措置をとらなければならない。その措置をとらなかった場合には、相手方はそれによる損失額を損害賠償額から減額することを請求できる（77 条）。

③ 遅延損害金（利息）

当事者は、相手方の代金その他の金銭の支払が遅延したときは、それに遅延損害金を付すことを請求することができる（78 条）。ウィーン統一売買法では金銭の支払について遅延損害金を請求しうると規定するのみであって、そのほかのことは定めていない。したがって、利率等については準拠法によるほかはない。また、遅延損害金を認めない法制もある。

④ 免　責

当事者は、自己の義務の履行についての障害が自己またはその使用した者の支配の及ばないものであり、かつ、契約締結時にその障害を予測、回避、克服することが合理的にみて期待しえなかったことを証明したときは、その障害が存在する間その不履行の責任を免れる（79条(1)(2)(3)）。自己の義務を履行しえない当事者はその障害を相手方に通知しなければならず、相手方が合理的期間内に通知を受けなかった場合は、損害賠償の責任を負う（同条(4)）。債務不履行の相手方は損害賠償請求以外の権利の行使を妨げられない（同条(5)）。当事者の一方は相手方の不履行が自己の行為によって生じたときは、その限度において相手方の不履行を主張することができない（80 条）。

⑤ 契約解除の効果

売買契約の解除によって当事者は、すでに発生した損害賠償義務を除き、契約上の義務を免れるとともに、既に給付したものを返還する義務を負う（81条(1)前段・(2)）。ただし、紛争解決条項、解除後の当事者の権利義務に関する約定に影響を及ぼさない（同条(1)後段）。買主が目的物を受領した時と同じ状態で返還できない場合は契約を解除することができないが（82条(1)）、返還できないことが買主の責めに帰すべきでないとき、検査の結果によって物品の全部もしくは一部の滅失または劣化が生じたとき、目的物が契約の目的に適合していないことを知る以前に通常の取引で売却しもしくは通常の用法で使ったことによるときには、買主は解除権を失わない（同条(2)）。買主は解除をなしえない場合でも、損害賠

償請求その他の救済を求める権利を失わない（83条）。売主は代金に利息を付して（84条(1)）、買主は目的物から生じた利益をも加えて、相手方に返還しなければならない（同条(2)）。

⑥ 目的物の保管

買主が目的物を受領していない場合であって、売主がそれを占有しまたは処分できるときは、売主がこれを保管しなければならない（85条）。

買主が目的物の引渡しを受けた場合に、その受領を拒否する権利を行使するときは、買主がこれを保管しなければならない（86条(1)）。買主に対して送付された物品が仕向地で買主の処分に委ねられた場合に、買主が物品を拒絶する権利を行使するときは、買主は売主のために当該物品の占有を取得しなければならない（代金の支払、不合理な費用の支出の必要はない）。この場合の買主の権利、義務は同条(1)に従う（同条(2)）。

目的物の保管は、相手方の費用で第三者の倉庫に寄託することができる（87条）。売買契約の当事者で目的物を保管する者は、相手方が目的物の受領もしくは取戻しをせず、または保管費用の支払を怠っているときは、相手方に通知して、適当な方法で目的物を売却することができる（88条(1)）。目的物を保管する者は、目的物が滅失、損傷のおそれのあるときは売却しなければならない。目的物を売却した者は、その売得金を売却と保管の費用に充てることができる。その残額は相手方に返還する（同条(2)(3)）。

(8)条約に関する規定

この条約はすべての国の署名のために開放され（91条）、10ヵ国の批准、受諾、承認または加入で発効する（99条(1)。本条約は1988年1月1日に発効した）。締約国は批准、加入に際して、売買契約の成立の部分（第2部）または売買契約の効力の部分（第3部）のいずれかに拘束されないことの宣言することができる（92条）。このほかに、地域的不統一法国における本条約の適用地域についての宣言（93条）、同一または類似の法令を有する国に営業所のある者の間の売買での本条約の不適用の宣言（94条）、1条(1)(b)に拘束されない旨の宣言（95条）契約の成立に書面を要しないとする規定の不適用の宣言（96条）をすることができる。

1964年の2条約（ハーグ統一売買法条約とハーグ統一売買契約成立条約）の締約国がこの条約の締約国となる場合には、この条約と競合する1または2の条約を廃棄する手続をとらなければならず、その廃棄の効力が生ずるまで、その国についてこの条約は効力を生じない（99条(3)—(6)）。

　締約国は、この条約を、既に発効しまたは将来発効する他の条約に優先しないものとすることができる（90条）。

　この条約は、締約国について効力を生じた日以後に申込みのなされた契約の成立およびその日以後に締結された契約に適用される（100条）。

補　説

（ウィーン統一売買法条約の適用に関する問題）

　ウィーン統一売買法条約と国際私法の関係　　法廷地がこの条約の締約国である場合に、締約国に営業所を有する当事者間の売買には、締約国ではその国の国際私法の規則に従って準拠法を決定することなく、直ちにこの条約の規定を適用すべきことになる（1条(1)(a)）。条約で統一売買法の適用をこのような場合に限定したのは、締約国に営業所を有しない当事者の予測と異なることを少なくするための配慮であろう。それ以外の場合（当事者が準拠法を指定した場合を含む）には国際私法の規則によって準拠法を決定し、その準拠法を適用する。そして、締約国の法律が準拠法となる場合には、この条約の規定が適用されるとしている（1条(1)(b)）。このような場合に準拠法国のいかなる法律を適用すべきかは、原則としてその国における国内法の適用に関する規則による。したがって、この規定は、締約国における国内法の適用に関する規則に介入し（あるいは法廷地の国際私法における外国法の適用に関する規則に介入し）、条約の適用される場合を拡張する規定であることになる。そのため、この条約では、締約国は1条(1)(b)の規定に拘束されないことを宣言することもできるとしている（95条）。

　94条の留保をした国　　デンマーク、フィンランド、ノルウェー、スウェーデンである。これらの国は、自国およびアイスランドに営業所を有する当事者間の売買にはこの条約の規定を適用しないことを宣言している（北欧諸国法の近似）。

　95条の宣言をした国　　中華人民共和国、チェコ、スロヴァキア、シンガポール、米国などである。

　他の条約等を適用する国　　ハンガリーは旧経済相互援助会議（CMEA）の国に営業所を有する当事者間の売買については、1968年の「物品の引渡に関する一般条件」をひきつづき適用すると宣言している。

　95条の宣言の意味　　ウィーン統一売買法条約95条については、内外の諸説必ずしも一致せず、その説明も十分に説得的であるとはいい難いものが少なくない。その原因は、1条(1)

(b)の規定も95条の規定も慎重な検討のもとに作成されたとはいえないことにある（95条は条約採択の間際になって条約の適用を限定するために加えられた規定である。条文作成の委員会の段階では検討されていない）。

このような規定の当否は別として、この種の規定は後の私法に関する条約で踏襲されることがあるので、それについてできるかぎり合理的な解釈をしておく必要はある。

異なる国に営業所を有する当事者間の売買であって、当事者の一方又は双方の営業所が締約国にない場合には、法廷地の牴触法によって指定される準拠法（締約国または非締約国の法）を適用することになるところ、1条(1)(b)は、締約国法が準拠法となるときは、この条約（統一売買法）を適用するというのである。その趣旨は、まず、法廷地は締約国にあることを前提として（法廷地が締約国でなければ、条約の規定に拘束されない）、締約国法が準拠法とされる場合には準拠法国（法廷地国のことも他の締約国のこともある）の国内法令の適用に関する規則にかかわらず、統一売買法を適用しなければならないということである。これは条約の締約国が多くないときに、統一売買法の適用の機会を多くするための方法であった。

このような1条(1)(b)の規定は適当でないとの意見が出て、その削除提案がなされたが、削除提案が多数の賛成をえられなかったため、妥協案として自国に国際取引に適用すべき法律を有している国（ハンガリー、チェコ、スロヴァキア、東独など）から、自国法が準拠法となる場合に条約適用の義務を負わないことの留保を宣言できる規定の提案がなされ、それが95条となった。これは自国がこの条約の締約国で法廷地となり、かつ、締約国（法廷地を含む）の法が準拠法とされる場合に、条約にもとづく統一売買法以外の自国国内法を適用できるようにするための宣言である（米国もその統一商事法典は国際売買に適用しても何ら差し支えないように定められているので、国際私法によって米国の法（州法）が準拠法に指定されたときに、統一商事法典を適用することができるようにすることが望ましいとした）。95条の宣言の趣旨は、この宣言をした締約国法が準拠法となったときは、法廷地国では準拠法国法の適用に当たってその国の国内法令の適用の法則に従うこととし、この宣言をした国では1条(1)(b)の規定を適用しないこと意味する。

そうすると、統一売買法の適用は次のようになる。法廷地が本条約の締約国にあって、1条(1)(a)の場合には本条約の実体法規定が適用され、1条(1)(b)の場合には、準拠法国が95条の宣言をしていないときはその国で効力を有する本条約の実体法規定が適用され、準拠法国が95条の宣言をしているときはその国の国内法令の適用の法則によって定まる実体法規定が適用されることになる。法廷地のある国が95条の宣言をしている場合には、1条(1)(b)は適用されない。

法廷地が非締約国にあるときであっても、統一売買法の適用はありうる。すなわち、法廷地国は条約の規定に拘束されないので、その国際私法によって準拠法を決定し、準拠法国の法適用の規則に従うこととなるが、準拠法国で統一売買法の適用を定めているときはそれが適用され、95条の留保をしているときは準拠法国での別の国内法の規定が適用されることとなる。

日本は本条約に加入した際にとくに国内法を制定しなかったため、日本法が準拠法となる場

合に国内法のいかなる法律が適用されるか明らかではない。異なる国に営業所を有する当事者間の売買に本条約の実体法規定が適用されると解することになろう。

なお、1条(1)(b)について次のような見解がある。すなわち、法廷地が締約国にある場合には、裁判所は法廷地牴触法に従って準拠法を決定し、準拠法が締約国法となるときは本条約の規定を適用しなければならないが、そのときの本条約の規定とは法廷地の国内法としての条約の規定であり、他の締約国の法が準拠法とされる場合でも、法廷地の自国法が直接適用されるという。この場合の法廷地牴触法は参考までに適用されるにすぎないとする。また、法廷地が95条の留保をしていない国にある場合であって、1条(1)(b)の適用によって準拠法が同条の留保をしている締約国の法となるときには、同条の留保はその国で1条(1)(b)の適用を免れる意味でしかなく、法廷地国は同条の留保をしていない締約国であるから、自国法として本条約の規定を適用することになるとする。しかし、この見解にはその論旨が難解であり、条約の立法資料にもそのような解釈の根拠となりうるものが見当らない。この見解によると、結局、法廷地が締約国にあれば、当事者の双方または一方の営業所が締約国になくとも、法廷地の国際私法によって締約国法が準拠法とされると、法廷地の国内法たる統一売買法が適用されることになろう。

(契約の成立に関する問題)

契約の成立の部分を採用していない国　第2部(契約の成立)に拘束されないことを宣言した国はデンマーク、フィンランド、ノルウェー、スウェーデンであり、当事者のいずれかが自国に営業所を有する場合に第2部を適用しないとの宣言をした国はアルゼンチン、ベラルーシュ、チリ、エストニア、ハンガリー、リトアニア、ウクライナとロシアである。

書面の必要性　英法系および米法では一定金額以上の契約は書面を要するとすることが多い(Statute of Fraud 1677, UCC 2-201条)。そのほかの国でも一定の場合に書面によることを要求する国もある。統一売買法では、売買契約の成立について書面を要しないとしたため、このような国のために留保の余地を認めている。11条の留保をした国はアルゼンチン、ベラルーシュ、チリ、エストニア、ハンガリー、リトアニア、ウクライナ、ロシア、中華人民共和国である。

申込みを受けた者の応答義務　統一売買法は申込みを受けた者の応答義務を認めていないが、統一売買法の規定は任意規定であるから、それと異なる当事者間の合意、商慣習、慣行まで認めないものではない。なお、わが国の商法509条は、商人が平常取引をする者からその営業の部類に属する契約の申込みを受けて、遅滞なく諾否の通知を発しない場合に、申込みを承諾したものとみなすとしているが、このような立法の当否は疑問であろう。

契約の成否と「書式の争い」　契約の成立で問題となるのは、いわゆる書式の争いの場合と契約の準拠法についての争いである(契約の準拠法についての争いについては、第2章第2節1(3)参照)。書式の争い(書式戦争 battle of forms)とは、物品の販売または購入に際して、当事者が売買の基本的条件(商品およびその数量、品質、価格、受渡時期、支払

条件等）について合意しているが、各当事者が自己の契約書式中の約款による契約条件を相手方に認めさせるため、書式を送り合うことをいう。具体的には、当事者の一方が自社の書式によって申込みをし、これに対して相手方も自社の書式によって承諾の意思を示した場合に、それによって契約が成立するか、成立したとすれば、その契約条項はどのようになるかについての争いである。同様のことは書面による確認（written confirmation）についても生ずる。英米法でこの問題が大きく取り上げられる原因は、契約の成立に関する mirror image rule（鏡像原則。申込みと承諾が完全に合致していなければならないとする原則）にある。「書式の争い」が生ずるのは、当事者が契約の履行前に契約の拘束力から免れようとする場合（例えば、物品の市場価格の変動により不利益をうける当事者が契約の不成立を主張する）と、物品の品質、性能などについて争いが生じ、いずれの書式の条項によるべきかが争われる場合（概して自己の書式に依拠し、その文言を自己に有利に解釈することが多い）である。書式の争いの問題は本来は準拠法たる実体法上の問題であるが、書式中の準拠法条項も異なっているならば、準拠法を決定するについて当事者の黙示の意思の探求の余地は乏しいこととなろう。

　わが国の法令では申込みに条件を付し、変更を加えて承諾をしたときは申込みの拒絶とともに新たな申込みをしたものとみなすとしているのみで（多くの国でも同様に扱っている）、書式の争いを直接解決する規定はない。そうすると、最後に送付された書式によって契約が成立し、そこに記載されたところが契約内容となることになる（last shot rule）。なお、米国の統一商事法典は 2003 年に改訂され、内容が明確であって相当期間内の承諾は、記録にあれば、それが申込みに対する追加または変更条件であっても契約は成立するとし（統一商事法典 2—206 条(3)）、(i) 当事者が行為によって契約の存在を承認している場合、(ii) 契約が申込みと承諾で成立している場合、(iii) 契約の成立していることが追加、変更条項を含む記録によって確められる場合には、記録された条項または記録の有無にかかわらず、当事者が合意した条項、および本法の規定によって摂取された条項が契約条項となるとした（同法典 2—207 条）。2—207 条は書式の争いの場合だけでなく、すべての契約に適用される。

　統一売買法 19 条は、承諾に追加条項、異なる条項があっても、申込みの条項を実質的に変更していない場合には、申込みをした者の異議がないかぎり、承諾となるとし、契約の条項は、申込みの条項に承諾に含まれている修正を加えたものとするとしている（同条(2)）。価格、支払、品質、数量、引渡しの場所および時期、当事者の責任の限度、紛争解決に関する追加的または異なる条項は、申込みを実質的に変更するものとみなされる（同条(3)）。統一売買法にはいわゆる書式の争いや口頭での合意成立後に契約条項を記載した書面の送付などの問題を直接扱う規定がないので、商習慣および 19 条の解釈の問題となろう。

　国際商取引契約に関するユニドロワ原則によれば、それぞれの当事者が定型条項を用い、かつ、定型条項以外についても合意したときは、一方の当事者が予めまたは事後に、遅滞なく、相手方にその契約に拘束される意思のないことを伝えている場合を除き、その合意および定型条項のうち内容的に共通する条項について契約が締結されたものとされている。合意した条項にもとづいて契約が成立したものとしている（ユニドロワ原則 2.22 条）。

(目的物の所有権についての問題)

目的物の所有権　売買契約はその対象となる物品(目的物)の所有権を買主に移転することをその目的とする。当事者間における所有権の移転の時期については、当事者間の合意および売買契約の準拠法の定めるところによる(これは売主が買主に対して、売買の目的物についての所有権を主張をしえなくなる時点の問題である。多くの場合は、船荷証券等の引渡しの時とするのが当事者の黙示の合意である)。しかし、目的物の所有権の移転は売買契約の当事者以外の第三者(例えば、売主または買主の債権者)の利害にもかかわるので、個別の物の所有権の移転については物権変動の準拠法による(多くの国では物権変動の原因となる事実の完成した当時の目的物の現実の所在地法とする)。売買契約の解除によって所有権が売主に戻るかどうかについても同様のことが生ずる。

　なお、1958年の有体動産の国際的売買における所有権の移転の準拠法に関する条約では、所有権の移転は売買当事者以外の者との関係では目的物に関する請求が行われた当時の目的物の所在地法としている(同条約3条—5条)。

登録された動産の物権変動　船舶、航空機、自動車など、各国に登録制度のある動産についても、わが国では物権変動の準拠法はその物の所在地法であり(法適用通則法13条2項)、その所在地法とは登録地法をいうものと解されている。もっとも、最判平成14年10月29日民集56巻8号1964頁は、自動車のわが国での即時取得の成否に関し、運航の用に供しうる自動車(登録され、利用の本拠地のある自動車)については登録地法を法例10条2項の目的物の所在地法と解したが、従来の利用の本拠地で登録が残っていても外観上未登録の中古車(盗難後改造されたもの)については、一般の動産と同様に、その物の現実の所在地法が目的物の所在地法であると解している。わが国の多数説は船舶、航空機の物権関係は法例10条1項によらず、解釈によって旗国法(登録国法)によるとするが、旗国法が同条の所在地法であるとする少数説もある(結果は異ならない)。いずれにしても、目的物の物権関係が登録地で公示されていることからすれば、物権変動における目的物の所在地法は登録地法と解すべきであろう(なお、船舶については便宜置籍船のごとく船籍港に寄港しない船舶は珍しくない。物権関係の公示のない船舶については通常の動産として扱うべきであろう。しかし、盗まれた外観上未登録の中古自動車については前掲最判のいう「運航の用に供しうる状態」の有無を判別の基準とすることは疑問なしとしない)。この判決は外国での盗まれた自動車が日本国外で改造、加工後に日本に輸入された後の内国での流通における取引の安全(盗難車の即時取得)を認めたことになるが、果して法解釈上そのような必要があろうか。

運送中の物の物権　運送中の物の物権は、一般に、運送の目的地(仕向地)の法によると解されている。それは運送中の物の売買でも既に売買がなされた後でも同様である。運送中の物について船荷証券、貨物引換証のある場合に、これらの証券の移転による証券上の所有権の移転については、その証券の所在地法による(証券によって表象される動産の公信力は証券の公信力によって定まる)。ただし、目的物それ自体の所有権の移転(例えば、即時取得)はその現実の所在地法による。

目的物についての危険負担とその移転　目的物についての支配が売主から買主に移転するまでの間に当事者（売主）の責めに帰することができない事由によって目的物が滅失した場合に、その損失をいずれの当事者が負担すべきか。これが危険負担の問題である。これは所有権移転の効果の問題ではなく、売買契約の当事者間における損失の帰属の問題であるから、売買契約の準拠法によるべきである。売主が危険を負担する場合には売主は代金の請求をなしえず、買主が危険を負担する場合には買主は代金の支払を免れない。ウィーン統一売買法では危険負担は、一定の時点で売主から買主に移転する構成をとっている。インコタームズは危険の移転について引渡しの時期とすることを定めている。ウィーン統一売買法の規定はインコタームズのFCA条件と同じであるが、FOB条件、CIF条件とは異なっている。

売主の目的物取戻権　買主が目的物の引渡しを受けたが、代金の全額の支払をしていないときは、売主は目的物の返還を求めることができるかは、売買契約の準拠法の定めるところによる。一般に目的物の所有権が買主に移転していないならば、売主はその返還を求めることができるとされている（第三者の即時取得があれば買主に対する損害賠償請求となろう）。その間に買主について倒産処理手続が開始したときは、売主が目的物を取り戻すことができるかは倒産処理手続の準拠法（倒産処理手続地法）による。いずれの国でも債務者（買主）に属しない財産は取り戻すことができるとされているので、目的物の所有権が買主に移転していないときは、売主はこれを取り戻すことができる。問題は、倒産処理手続が開始し、買主は代金の支払をしていないが、売買契約では買主に目的物の所有権が移転しているとされる場合に、売主は売買の目的物の取戻権を有するかにある。これは倒産処理手続上の問題であるから、倒産処理手続法の定めるところによる。わが国の倒産処理手続では、未履行債務の処理と同様に扱い、買主の管財人が代金の支払をしていないときは、売主は契約を解除し、または履行を催告し、それに対する確答がなければ契約は解除されたものとして、目的物を取り戻すことができる（破産法53条・54条、民事再生法49条・52条、会社更生法64条）。

売主の運送品差止権　売買契約の目的物が売主から買主への運送中であって、買主が代金の全額の支払を完了せず、かつ、目的物の引渡しを受けていない場合に、買主に支払不能等の事態が生じたときは、売主は運送人に対して目的物（運送品）の買主への引渡しの差止めと返還を求めることができるか。英法も米法もそのような権利を売主に認めている。これが運送品の差止権（stoppage in transitu）である。英法では売主の差止権は運送中に限られ、運送品が第三者に売却され、または船荷証券が譲渡された場合には、その権利を有しないとされている（Sale of Goods Act, 1893, 44条―48条）。米国統一商事法典では売主にこの権利を認めているが、譲渡可能な運送証券が発行されている場合には、運送人はその正当な所持人に引き渡すことができるとしている（統一商事法典第2編705条）。わが国の商法では荷送人または貨物引換証の所持人は、運送人に対して運送の中止、運送品の返還を請求しうるとしている（改正前商法582条、改正商法580条）。売主または荷送人の運送人に対する運送品の差止権は、売主の運送人に対する関係であるから、売買契約の準拠法で売主に取り戻すことのできる権利が認められていることを前提とし、運送契約の準拠法でもそれが認められてい

ることを要するというべきであろう。英法、米法とも売買における売主の救済として扱っているが、運送品の差止権は運送契約における荷主の運送品処分権の問題である。日本法では改正商法580条、国際航空運送に関するモントリオール条約12条の問題であって、動産の所有権移転の問題として所在地法によるとするのは適当ではない。もっとも、運送契約の準拠法で売主の取戻しができないときであっても、売買契約の準拠法で取戻しが認められているときには、買主が運送人に対して運送品の引渡不履行にもとづく損害賠償を請求しうるかは疑問であろう。

横浜地判大正7年10月29日法律評論8巻諸法4頁は、アントワープ・横浜港間の鋼材の海上運送（運送契約の準拠法は英法）で、売主からの貨物引渡差止命令を受けた運送人が貨物をその指図にもとづき第三者に引き渡したため、裏書によって船荷証券の譲渡を受けた所持人から運送人に損害賠償を請求した事案で、貨物引渡差止権は実質的に物品取戻権であるとして、法例10条により、貨物の到着地たる日本法によるべきであり、日本法上売主の物品取戻権は認められていないとして、運送人の責任を認めた。大判大正9年10月6日法律評論9巻諸法481頁は、米国の荷送人と英国の運送人間のシカゴ・横浜港間の螺堆2箱の海上運送契約で（運送契約の準拠法は英法。船荷証券上の到着地は東京）、船荷証券を所持する買主はドイツ法人で代金を支払わず、かつ、英国の対敵取引禁止令の対象となっていたため、売主は船積地のフレイトフォワーダーを通じて運送人に対して買主への貨物の引渡差止めを求めた事案で、裁判所は運送契約たる英法にもとづく差止権を認めて、買主の運送人に対する引渡請求権を否定した（なお、この判決では英法上の差止権の行使の前提となる支払不能には、弁済期に事実上支払うことのできないのみならず、対敵取引禁止令の対象となっている場合も含むとした）。

長期契約と債務不履行　物品の供給が長期にわたる契約において、個別の船積の不履行によって、契約全体を解除することができるかという問題がある。当該船積の不履行が契約全体の価値をそこなうものでなければ、それぞれの分割履行における債務不履行であって、契約全体を解除することはできないであろう。米国統一商事法典2—612条(3)も同様の定めをしている。

製造物・生産物責任　売買に関連して生ずる法律問題に製造物・生産物責任の問題があり（製造物とは工業的に生産された物品をいい、生産物には農水産物を含む）、これについては国際的な実体法は存在しない。したがって、準拠法によっていずれかの国の法律を適用することになる。多くの国の実体法では、製造者・生産者は製品の設計、製造、販売における注意義務違反による損害について責任を負うとするが、注意義務の基準とその程度、免責事由、期間制限などは各国で同じではない。

製造物責任に関する明文の牴触法の規則を有する国は多くはなく、不法行為に準じ、あるいは条理によって処理している。ハーグ国際私法会議で採択された1973年の「製造物責任の準拠法に関する条約」(Convention on the Law Applicable to Products Liability, 1973. 1977年10月1日発効）では、まず、被害者の常居所地国が加害者の常居所地国または物品の取得地国と同一であるときは、被害者の常居所地国法により（同条約5条）、次いで、損害発

生地国が被害者の常居所地国、加害者の常居所地国または物品取得地国のいずれかと同一であるときは損害発生地国法により（同条約 4 条）、そのほかの場合には、被害者が加害者の常居所地国法または損害発生地国法のいずれかを選択しうるものとしている（同条約 6 条。複数の連結点の組合せ、段階的連結、当事者の選択の併用）。ただし、加害者においてその製品が商業的経路で入手されることを合理的に予測できなかったときは、4 条から 6 条までにもとづく損害発生地国法および被害者の常居所地法を適用しない（同条約 7 条）。わが国はこの条約を批准していない。

　法適用通則法 18 条では、生産物責任を不法行為の特則として、生産物責任の準拠法について定めている。それによれば、生産物（生産または加工された物）で引渡しがされたものの瑕疵により他人の生命、身体または財産を侵害する不法行為によって生じた生産業者、または生産物に生産業者と認めることができる表示をした者（生産業者等）に対する債権の成立および効力は、被害者（生産物の引渡しを受けた者。それ以外の者で被害を蒙った者を含まない）が生産物の引渡しを受けた地の法による。ただし、その地における生産物の引渡しが通常予見することのできないものであったときは、生産業者等の主たる事業所の所在地法（事業所がないときはその常居所地法）による。生産物には工業製品のみならず、農林水産物も含まれ、製造物よりも広い。生産者、製造者のみならず、生産物に加工し、これを輸入し、輸出し、流通させ、販売した者も生産業者等に含まれる。ただし、法文で「生産業者」と表現しているので、業として行った（反覆、継続して、あるいはその意図のもとにこれらのことを行った）場合でなければ、生産業者とはされないことになろう。生産業者等の責任の準拠法を、被害者が当該生産物の引渡しを受けた（占有を取得した）地の法としたのは、被害者の保護とその地の安全基準の遵守などを考慮したことによる。例外として、当該生産物についてその地での引渡しが通常予見できないものであったときに、生産業者等の主たる事業所所在地法（常居所地法）としたのは、生産物の生産、加工、流通については生産業者等は通常その地の法令の規制、慣行に従うからである。生産物責任の準拠法の決定については、被害者が生産物の引渡しを受けた地を生産業者等が通常予見することができたか否かが重要な要素となる。「通常予見すること」とは、生産者からみて、一定の種類の生産物について、通常の流通経路によればその地における生産物の引渡しがありうると考えられるとの趣旨である（特定の生産物について具体的な情況のもとでの予見可能性ではない）。生産物の引渡し受けた者以外で、その生産物によって被害を受けた者の救済にも同条が適用されるか、いかなる者がそれに該当するかは解釈上の問題である。同条の適用がないときは、不法行為一般についての準拠法（同法 17 条）によることとなる。

　他方、わが国には実体法である製造物責任法があり、わが国に輸入した物品の欠陥によって、わが国に在る者に被害が生じたときには、輸入した者は「製造業者」とされるので（製造物責任法 2 条 3 項 1 号・3 号）、被害者は、外国の製造業者のほかに、輸入者に対しても製造物責任を問うことができる。輸入者は製造者等（同法 2 条 3 項 1 号―3 号）の主張しうる免責事由（同法 4 条）を主張することができるが、製造者の責任のもととなる注意義務の程度

は内国法の基準によると解すべきである。輸入者がさらに外国の製造者の責任を問う場合には裁判管轄権と準拠法の問題が生ずる。

　生産物責任に関する訴えの国際裁判管轄権については、わが国の裁判例および学説は不法行為に関する訴えとし、加害行為地としての物の製造地、結果発生地としての事故発生地のいずれにも管轄権を認めた裁判例は少なくないが（大阪地中間判昭和48年10月9日判時728号76頁、東京地中間判昭和49年7月24日下民集25巻5—8号639頁、東京地中間判昭和59年3月27日下民35巻1—4号110頁、東京地判平成3年1月29日判時1390号98頁）、物品の購入地、使用地または結果発生地の管轄権を認める説、結果発生地の管轄権を原則とし、製造者が予見しえなかったときに特段の事情としてこれを否定する説もある。

第3節　定型的取引条件と主要な契約条項

1　概　説

　国際動産売買契約において、任意法規に優先して適用されるのは、個別の契約における具体的な取極（契約条項）であり、契約で援用している定型的取引条件である。定型的取引条件とは、売買で用いられている定型的な契約条件であり、普通取引約款、標準約款、標準（一般）契約条件、貿易条件などとよばれているものである。これには商品の種類にかかわらず一般的に用いられるものと、商品の種類ごとの取引条件とがある。

　ここでは国際動産売買契約において広く用いられている「貿易条件の解釈に関する国際規則」（インコタームズ）と多くの契約中にあるいくつかの契約条項について説明することとする。

2　貿易条件の解釈に関する国際規則

（1）作成の経緯

　国際動産売買契約では、売買にともなって生ずる当事者の費用負担、物品の引渡時期と方法、危険の移転等について取引の慣行で形成されてきた定型的取引条件を用いていた。これらの条件の内容とそれにもとづく当事者の義務については必ずしも明確でなかったため、統一規則の形でその内容を明確にする試みがなされてきた。1936年に国際商業会議所によって作成された「貿易条件の解釈に関する国際規則」（International Rules for the Interpretation of Trade Terms. 略称

Incoterms インコタームズ）はその成功した例である。これは運送手段と通信手段の発達と進歩にともなう貿易実務の変化に対応して、その内容も数次にわたって改訂され、それにともなって貿易条件の種類にも増減があり、2010年インコタームズ（Incoterms® 2010, ICC Publication No.715）に至っている。

(2) インコタームズの法的性格

インコタームズは、当事者がそれに準拠することを示した場合に適用される統一規則である。インコタームズの改訂がなされても、それぞれのインコタームズが独立の規則として存在し、それ以前に作成された規則が使えなくなるわけではない。したがって、当事者はいずれのインコタームズを選択したかを明示する必要がある。2010年インコタームズを用いるときは、貿易条件の略号、そのあとの具体的な貿易条件と、引渡地、仕向地、仕向港または仕向地ターミナル、船積港のいずれかを記し、2010年インコタームズであることを示すことが適当とされている（例えば"FCA 38 Cours Albert 1er, Paris, France Incoterms® 2010"のごとし。なお、左の文言中の地名は引渡地の表示。ICC本部所在地）。インコタームズの法的性質について、これを国際的な商慣習であるとする説明もあるが、賛成し難い。インコタームズは貿易取引における慣行、実務をもとにしているとはいえ、国際商業会議所において貿易条件の内容についての各国の相違点を調整して作成されたものであるから、慣習をそのまま成文化したものではない。その後の改訂も新たな情況に応じて貿易条件の内容に修正を施したものであるから、これらについても慣習あるいは慣習法ということはできない。インコタームズを適用するには明示の援用（incorporation）を必要とし、条件を明示することが必要であるとされている（2010年インコタームズの緒言第1項）。

(3) インコタームズ2010の貿易条件
① 概　説

2010年インコタームズでは11の貿易条件を定めている。そこでは、まず、いかなる運送手段にも用いることのできる条件と海上および内陸水路運送のための条件とに大別し、各貿易条件についての概要を記載し、次いで売主と買主の義務

について、それぞれ A1 から A10 まで、B1 から B10 までの条項に分けて対比する形にして規定し、利用しうる運送方法をも示している。

　船側渡、本船渡、運賃込および運賃保険料込は海上および内水運送に用い、それ以外は複合運送を含むすべての運送で用いることができる。

　これらの貿易条件について、売買の目的物をいかなる場所で引き渡すか、売主と買主のいずれが目的物の運送費用を負担するかを基準にして、E、F、C、Dの4類型に分け、略号もこれに対応するようにしている。

　売主の義務については、A1 売主の一般的義務、A2 許可、認可、安全確保およびその他の手続、A3 運送契約と保険契約、A4 引渡し、A5 危険の移転、A6 費用の分担、A7 買主への通知、A8 引渡書類、A9 照合―包装―荷印、A10 情報による助力および関連費用を定めている。

　買主の義務については、B1 買主の一般的義務、B2 許可、認可、安全確保およびその他の手続、B3 運送契約と保険契約、B4 引渡しの受領、B5 危険の移転、B6 費用の分担、B7 売主への通知、B8 引渡しの証拠、B9 物品の検査、B10 情報による助力および関連費用について定めている。

　2010年の改訂で注目すべきことは、次のようなことである。

　2000年インコタームズのDグループの貿易条件をターミナル持込渡（DAT）、仕向地持込渡（DAP）、関税込持込渡（DDP）の3条件にまとめた。

　売主と買主の義務については、電子通信記録を従来からの書類と同じ効果を有するとし（A、Bの各1）、許可、認可等および付保のための情報に関する義務が整理された（A、Bの各2、3、10）。船積みにおける危険の移転と費用負担は、物品が本船船側欄干を通過した（passed the ship's rail）時からとする従来の規定を、本船船上に物品を置くことによって（by placing them on board the vessel）売主から買主に移転するとした（FOB、CFR、CIFのA、Bの各5、6）。

　そして、新たに、船側渡（FAS）、本船渡（FOB）、運賃込（CFR）または運賃保険料込（CIF）の条件で売買され、売主から買主に引渡しがなされたが、運送人が占有している物品を他へ転売する場合（買主による転売の場合および買主から購入した者がさらに転売する場合。「洋上売買」はその一つ。インコタームズでは"multiple sales down a chain"、"string sales"と表現している）には、第2の売主による第2の買

主への物品の引渡しは当該物品を「調達」すること（procure）によってなされ、危険と費用負担のいずれも物品の第2の売買契約の締結時に第2の買主の負担となるとした（FAS、FOB、CFR、CIF の A、B の 4、5、6）。売主が運送を手配すべき C グループの貿易条件ではコンテナ・ターミナルにおける運送費用は、積地では売主の負担とし、揚地では運送契約において売主の支払とされているときは売買契約においても売主の負担、それ以外は買主の負担とするとした（C、D グループの貿易条件の A、B の各 6）。

また、国内取引でもインコタームズを用いることができる。

インコタームズで定めていない事項は、当事者間の約定、商慣習および準拠法の規定による（商慣習と任意法規の関係については準拠法の定めるところによる）。個別の契約における当事者間の取極はインコタームズの規定に優先し、あるいはこれを変更することになる。

② 貿易条件の概要

いかなる運送手段にも用いることのできる条件は①から⑦までである。

① Ex Works（EXW、工場渡）　売主がその施設またはその他の指定場所（営業所、工場、倉庫等）において買主のために目的物の引渡しをなしうるようにしたときに、引渡義務がなされたことになる。それ以後の運送、輸出のための手続、費用等はすべて買主の負担となる。

② Free Carrier（FCA、運送人渡）　売主が目的物の輸出手続、通関手続を行い、指定場所において買主の指定した運送人に目的物を引き渡し、買主は運送人と運送契約を締結してそれ以後の運送を行うとともに、引渡以後の危険と費用を負担する条件である。運送人とは、運送契約において運送または運送の手配を引き受けた者をいう。この条件は複合運送を含むあらゆる運送形態に用いることができる（1980 年インコタームズの FOB Airport は FCR のなかに含まれる）。買主が運送人以外の者に引き渡すべき旨の指図をしている場合は、その者に目的物が引き渡されたときに、売主による引渡しがなされたものとみなされる。

引渡しの完了は、引渡しの行われる場所が売主の施設の場合には買主の指定した運送人の運送手段に物品が積み込まれた時（積込みは売主の責任）、引渡しがそれ以外の場所の場合には売主の運送手段上で買主の指定した運送人の支配

に委ねられた時（売主は自己の運送手段からの荷卸しの責任を負わない）とされている。

　③ Carriage Paid To（CPT、輸送費込）　売主は自己の費用で、目的物を指定された地まで運送するための契約を締結しなければならない。輸出手続および通関手続を行うことは売主の義務である。売主は目的物を運送人（最初の運送人）に引き渡せば足り、その時から危険は買主に移転する。費用は引渡しまでは売主の負担であり、それ以後は買主の負担となる。この条件はいかなる運送であっても用いることができる。

　④ Carriage and Insurance Paid to（CIP、輸送費保険料込）　CPT に売主の付保の義務が加わった条件である。保険については CIF の場合と同様である。

　⑤ Delivered At Terminal（DAT、ターミナル持込渡）　売主は指定された仕向港または仕向地における指定ターミナルにおいて、売買の目的物の荷卸しを行い、買主の処分に委ねることによってその引渡しをしなければならない。売主は輸出手続および通関手続を行い、仕向地までの運送契約を締結し、指定ターミナルまでの危険と費用を負担するが、保険契約を締結する義務は負わない。買主は輸入手続および通関手続をしなければならない。ターミナルとは埠頭、倉庫、コンテナヤード、道路、鉄道もしくは航空貨物の各ターミナルをいう。引渡しの履行、危険負担、運送費用の負担を明確にするためには、ターミナル内の特定の地点を明示することが望ましいとされている。

　⑥ Delivered At Place（DAP、仕向地持込渡）　売主は指定された仕向地（合意した地点があればその地点）において、合意した日もしくは期間内に、運送手段に載せた状態で、売買の目的物の荷卸しの準備を整え、買主の処分に委ねることによって、その引渡しをしなければならない。売主は輸出手続および通関手続を行い、仕向地までの運送契約を締結し、指定された地までの危険と費用を負担するが、保険契約を締結する義務はない。買主は目的物の荷卸しと輸入手続および通関手続をしなければならない。

　⑦ Delivered Duty Paid（DDP、関税込持込渡）　売主は指定された仕向地（合意した地点があればその地点）までの運送を行い、輸出および輸入の手続とそれぞれの通関手続をして、合意した日もしくは期間内に、運送手段に載せた状態で、目的物の荷卸しの準備を整え、買主の処分に委ねることによって、その引渡

しをしなければならない。

　売主は指定された仕向地までの運賃、危険と費用を負担し、輸入関税を負担するが、保険契約を締結する義務はない。買主は目的物の荷卸しをしてその受取りをしなければならない。

　海上および内陸水路運送のための貿易条件は次の⑧から⑪までである。

　⑧ Free Alongside Ship（FAS、船側渡）　売主が売買の目的物を指定船積港で、買主の指定した本船船側に置いたときに、売主の引渡義務が完了する。売主は輸出のための通関手続をしなければならない。買主は輸入および第三国を通過する場合の通関に必要な手続を行い、自己の費用をもって船積みし、運送しなければならず、引渡しをうけたのちの危険、費用は買主の負担となる。

　⑨ Free On Board（FOB、本船渡）　売主は、売買の目的物を指定船積港において、買主の指定した本船上で引き渡さなければならない。売主は自己の費用で輸出および通関の手続を行い、定められた日または期間内に物品が指定船積港において（'FOB Kobe'とあれば、神戸港が船積港）、指定された本船上に目的物が置かれるか、またはそのようにして引き渡された目的物を調達することによって、その引渡しを行い、その時までの一切の費用（船積費用を含む）を負担しなければならない。買主は自己の費用で指定船積港から物品を運送する契約を締結し、売主による引渡しがなされた時からの費用および危険を負担しなければならない。

　この条件はCIFとともに広く用いられている貿易条件であるが、海上運送と内陸水路輸送のみに用いることができる。目的物が本船上に置かれる以前に運送人に引渡しがなされる場合（例えば、コンテナに積み込んでターミナルで運送人に引き渡される場合）には、FCAが適切であるとされている。

　FOBでは、船舶の手配は買主の義務であるが、船積地との関係で、売主が手配することが便利なことがあり、当事者間の合意によって、買主の計算で売主が代わって手配し、あるいは売主がその義務を負うことも少なくない。いずれが船舶の手配をするかにかかわらず、売主（輸出者）は運送人から船荷証券の交付を受けて荷為替の取組みをする（この段階で買主が船荷証券の交付を受けることはない）。

　船積費用（積込費用と積付費用）は目的物が本船上に置かれるまでは売主の負担であり、それ以後は買主の負担となる。運送契約において船積費用が海上運

賃に含まれている場合には（定期船による箇品運送の場合が多い）、売主はこれを免れることになる。特殊な貨物については、特約により、本船上での積付費用を買主でなく売主が負担することがある（FOB Stowed and Trimmed）。

　FOB では、買主は売主に船舶の名称、船積場所等の通知をしなければならないが、約定の日までにその通知がないときは、売主による契約の解除の可否および催告の要否は売買契約の準拠法による。指定した期日または期間までに船舶が船積場所に到着しなかったときは、買主はそれによって生じた追加費用を負担するとともに、予定した船積期間の終了のときから物品の危険負担は買主に移転する。

　⑩ Cost and Freight（CFR、運賃込）　売主は指定された陸揚港までの運送契約を締結し、輸出手続および通関手続を行い、目的物を本船上に置くこと、またはそのようにして引き渡された目的物を調達することによって、その引渡しを行う。船積費用（cost）および陸揚港までの海上運賃（freight）は売主の負担である。目的物が船積港で本船上に積まれたときに、危険は売主から買主に移転する。買主は目的物引渡後の危険と費用を負担しなければならない。C グループの条件は、F グループの条件と同様に、積地条件である。目的物が本船上に置かれる以前に運送人に引渡しがなされる場合（例えば、コンテナに積み込んでターミナルで運送人に引き渡される場合）には、CPT が適切であるとされている。

　⑪ Cost, Insurance and Freight（CIF、運賃保険料込）　売主は CFR と同じ義務を負うほか（'CIF New York' とあればニューヨーク港が陸揚港）、運送中の物品の滅失、損傷による損害を填補するための貨物海上保険契約を保険者と締結し、保険料を支払わなければならない。

　売主は輸出手続および通関手続を行い、本船上で目的物の引渡しをし、運送証券および保険証券を遅滞なく買主に提供しなければならない。危険は目的物が本船上で引渡しがなされたときに売主から買主に移転し、買主はそれ以後の危険と費用を負担する。保険条件は、とくに明示の合意がない限り、協会貨物約款または同様の保険約款の最小限度の条件（最低保険金額は売買契約に定められた価額の 110%）とし、売主と買主間の約定の通貨で支払われるものでなければならない。

　CIF 条件においても、当事者間の合意により、陸揚費用を売主負担とするものなど、定型的取引条件で定めている費用の分担と若干異なる契約もある。CFR と

び保険料の負担に関する条項である。保険金額は保険価額（被保険利益の見積額。通常は見込利益をも含めて CIF 価額の 110％）とする。保険条件は目的物の性質、運送手段から生ずる危険によって異なる。

⑥ **価額条件**

　価額条件は目的物の代金だけでなく、当事者間で取り極めた対価の中にいかなる費用を含むかに関する条件である。その費用には、荷造料、内陸運送賃、検査料、通関費用、関税、本船積込費用、陸揚費用、船内荷役費用、保険料等がある。これらのうち、かなりの部分は定型的貿易条件によって決定されるが、その一部を修正し、あるいは追加することもある（例えば、戦争危険保険を加える"Incoterms C. I. F. plus War Risk Insurance" など）。売買契約の締結から双方の当事者が履行を完了するまでに時間のかかることもあるので（とくに長期契約）、その間に経済的変動（製造経費、傭船料、運賃、保険料、荷役関係の費用等の値上り、為替差損など）のあることを考慮して価額改定条項（Increased Cost Clause）を加えることもある。価額条件は特定の通貨によって表示される。それはいわゆる勘定通貨で表示され、それと異なる通貨で請求しあるいは支払うことができるかなどの代用権の問題は、当事者間の約定および売買契約の準拠法の定めるところによる。

⑦ **支払条件（決済条件）**

　支払条件は契約で定めた対価の支払時期および支払方法についての条項である。支払時期としては、目的物の引渡時期との関係で、前払、引渡しと引換えの支払、後払、分割払等がある。

　支払方法としては買主から売主に対する郵便送金（Mail Transfer; M/T）、電信送金（Telegraphic Transfer; T/T）、または送金小切手（Demand Draft; D/D）の送付によるもの（いずれも前払、後払その他金銭の支払のみをする場合に用いられる）、荷為替手形（Documentary Bill of Exchange）によるものなどがある。

　荷為替手形には買主の支払と引換えに船積書類を渡すもの（D/P 手形、Documents against Payment）、買主の引受けと引換えに船積書類を渡すもの（D/A 手形、Documents against Acceptance）、荷為替手形に信用状を加え、売主の取引銀行の手形の買取り（割引）によるもの（荷為替信用状 Documentary Letter of Credit）がある。これらのどの方法によるかは売買契約において定めておく。信用状決済

の場合には、買主は売主の船積期間の開始前に信用状を開設しておかなければならない。これは買主の先給付義務である。

信用状決済によることにした場合には、売主は買主に代金の支払を直接請求することができなくなるが、買主の責めに帰すべき事由によって信用状による支払がなされなかったときは、売主は買主に対して代金の支払を直接請求することができる（東京高判昭和44年9月29日下民集20巻9=10号716頁）。

⑧ その他の条件

物品の売買一般に関する条項として、所有権の移転、危険の移転、知的財産権侵害の場合の負担、瑕疵担保責任、契約違反およびそれに対する救済、不可抗力、契約内容の変更、準拠法の指定、紛争解決方法（管轄裁判所についての合意または仲裁契約）、契約上の地位の譲渡の禁止、契約上の権利の不放棄、完全合意の取極などがある。これらは契約書の裏面約款であることが多い。これに対して、①から⑦までの条件は個別の売買契約によって異なる。

補 説

（貿易条件）

インコタームズの変遷　1936年インコタームズでは11の貿易条件を取り上げたが、第二次大戦後の1953年インコタームズでは、8つの貿易条件（工場渡、鉄道渡、船側渡、本船渡、運賃込、運賃保険料込、着船渡、埠頭渡）について売主と買主の権利義務を定め、1967年インコタームズではこれに加えて二つの貿易条件（国境渡、持込渡）について定め、1970年インコタームズでは空港FOB条件を、1980年には3条件（運送人渡、運送手配渡、運送の保険手配渡）を加えた。これらは運送手段、通信方法などの発達、進歩に伴う貿易実務の変化に対応して作成されたものである。

さらに、電子的方法によるデータ交換の使用に対応した貿易条件とするために、1990年インコタームズでは貿易条件の種類およびその内容にかなりの修正を加えるとともに、貿易条件の略称、各条件における売主と買主の権利義務についての説明方法にも改善を加えた（Incoterms 1990, ICC Publication No.460）。2000年インコタームズでは船側渡と埠頭渡における通関と関税支払義務、運送人渡における積込みと荷おろしの義務について1990年インコタームズを修正した（Incoterms 2000, ICC Publication No.560）。2010年インコタームズでは、近時における関税のかからない地域の拡大の傾向、商取引における電子通信の増加、物品の移動における安全についての高い関心と運送実務の変化を考慮し、2000年インコタームズの内容を修正し、また、揚地条件を3条件に整理して全体で11の貿易条件とし、従来よりもわかり易い

ものにした。2010年インコタームズは2011年1月1日から統一規則として用いられている。

輸出許可・承認の取得　具体的な物品の輸出許可・承認については輸出国の法律による。当事者間の契約により、常に売主の義務とは限らないこともある。

米国のFOB　1941年の改正アメリカ貿易定義（The Revised American Foreign Trade Definitions, 1941）のFOBでは、売主の営業所・工場での引渡し、国内の積出地における国内運送人への引渡し、指定された輸出地での引渡し、本船渡、輸入国の指定された地での引渡しがあるとされていた。第二次大戦後、この貿易定義は新たなものを作らないこととされ、用いられていない。インコタームズのFOBに相当する条件はこのなかでは本船渡（FOB Vessel）である。統一商事法典（Uniform Commercial Code）2—319条(1)では、FOB条件は指定された積地での運送人への引渡し、目的地での引渡し（運賃は売主の負担）、船舶、車輌等への積込みによる引渡し（このうち船舶による場合がFOB Vessel）と定めていたが、現代の商業実務に合っていないとして、2003年の改定で削除された。この結果、米国でのFOBは当事者間の商慣習または取引慣行によることとなった。

引渡しと危険移転の時点　2000年のインコタームズまでは、FOB、CFR、CIFでは本船船側欄干（Ship's rail）上を通過したときに売主から買主に引渡しがなされ、危険も移転すると定めていたが、2010年のインコタームズでは目的物の本船への積込みがなされたときに（by placing them on board the vessel）引渡しがなされ、危険も移転すると改められた。

（売買契約で用いられる条項）

保険期間　貨物海上保険契約では、海上運送区間に加えて、倉庫間担保約款（Warehouse to Warehouse Clause）を加えるのが通例である。1963年の協会貨物約款の改訂による運送約款（Transit Clause）に倉庫間約款が織り込まれ、1982年の新たな協会貨物約款でも同様である。

所有権の移転と危険負担の移転に関する条項　目的物の引渡し（占有の移転）のときに所有権と危険が売主から買主に移転するとしているものが多い。

知的財産権条項　売買の目的物が第三者の知的財産権を侵害する場合における売主と買主の間の負担について取り決める条項。各国の法制は、買主に原因のある場合を別として（仕様書の交付など）、売主の黙示の保証責任、瑕疵担保責任を認めるものが多い。

契約違反と救済条項　契約違反の場合に当事者のとりうる措置と救済（例えば、契約解除、損害賠償額など）を定めた条項。相手方の履行または信用に疑念の生じた場合の措置（例えば、いわゆる不安の抗弁）、分割給付における一部の債務不履行と契約全体の解除の可否、買主の代金支払義務不履行の場合における措置、運送中の目的物についての売主の差止権（stoppage in transitu）などについて定めていることもある。

不可抗力条項　不可抗力（Force Majeure）またはそれに類似した事由の生じた場合に、当事者の免責を定める条項。不可抗力とされるのは天災地変（Act of God）、戦争（war）、内乱（civil war）、暴動（riots）、市民騒擾（civil commotion）、同盟罷業（strikes）など、

取引外で生じ、当事者が通常必要とされる注意を尽くしてもその発生を防ぎえない重大な事態である。多くの国では買主の金銭支払義務については不可抗力の抗弁を認めないので、この条項は主として売主の義務について意味を有することになる。既に債務不履行責任が生じたものについては免責されない。

政府の政策の変更、法律の改正、行政官庁の不許可・許可取消等が不可抗力に該当するかは問題である。このようなことについては、具体的な契約のなかで、契約発効の条件、解除権の留保等を定めておくことによってかなり解決することができよう。

価格変動条項　　長期にわたる契約で、契約成立後における原材料、運賃、保険料等の騰貴、為替相場の変動等にともない、契約価格を変更することを定めた条項（escalation clause）。これは客観的な統計等を基準とするが、事柄の性質上合意に至らないことが少なくない。

英米法におけるフラストレーション　　契約目的の達成不能（frustration）をいう。契約締結後に、当事者が契約締結当時予見不可能であり、かつ、いずれの当事者の責めに帰すことのできない事態の発生によって、契約の目的が達成しえず、または契約の目的を実現する意味のなくなるのような事態が生じたときは（契約の挫折、契約の基礎の崩壊）、契約の当事者はそれ以後は契約の拘束力、すなわち債務の履行を免れることになる。概念的には不可抗力とは区別されている。ウィーン統一売買法条約79条1項はこのような考え方を取り込んでいる。

ハードシップ条項（hardship clause）　　長期間にわたる契約関係が生ずる場合に、契約の前提となる客観的状況が契約締結後とくに履行時に変化し、契約どおりの履行が著しく困難になった場合に、当事者間でその契約条項について再び交渉の余地を認める条項。不可抗力の場合は債務者は免責され、フラストレーション（frustration）の場合は契約目的の達成不能による契約の拘束力が消滅することになるが、ハードシップ条項では、契約内容について当事者間の交渉の余地がある。しかし、当事者は契約内容を改訂しなければならない義務を負うわけではない。ユニドロワ原則6・2・2条は、当事者の履行に費用がかかるか、債権者の受け取る価値が著しく減少し、かつ、契約締結後に生じた事由であること、それは当事者とくに債務者が合理的に予測しえなかったこと、当事者の支配の及ばない事態の生じたこと、その危険を債権者が引き受けていないことなどを要件としている。

（その他）

契約上の地位の譲渡禁止条項（non-assignment clause）　　売買当事者が変わることによって当事者の履行能力、信用力等に不安の生ずることを防ぐための条項。売主または買主の地位の譲渡、債権の譲渡のいずれについても、相手方の書面による同意もしくは承諾を必要とするものが多い。そのような定めがなければ、あらためて関係する者の間で契約の更改（novation）をすることになる。

契約上の権利の不放棄条項（non-waiver clause）　　当事者の一方の債務不履行について、相手方が契約上の権利を行使していなくとも、その権利を放棄したものとはしないことを明確にした条項をいう。

完全合意の取極（entire agreement clause）　契約の内容は契約書の条項にのみによるとする条項。これによって、契約交渉の過程での覚書、合意文書は効力を失い、従来からの口頭の了解は契約条項とはされず、契約の解釈に影響を及ぼさず、また、契約書に記載されていないことを口頭証拠または他の文書によって立証することも許されないことになる。口頭証拠禁止の原則（parole evidence rule）を契約当事者間にとり入れることになる。

事情変更の原則　契約締結時に一般に予測されていた事情がその後に著しく変化し、契約に定めたところをそのまま実行することが社会的に相当でないと考えられる場合に、契約の効果を否定しまたは変更すべしとする原則をいう。そのようなことを定めた契約条項もある。ローマ法の伝統を継受した国で用いられ（clausula rebus sic stantibus　事情がこのような状態であるかぎりの意）、英米法のフラストレーションも同様の考え方である。いかなる場合がこれに相当するかは必ずしも明らかではない。

口頭証拠禁止の原則（Parole Evidence Rule）　正式文書以外の証拠による証拠を許さないとする英米法上の原則（英国の判例にもとづく）。契約書、捺印証書、遺言書等について書面と異なることを口頭の証拠で、または他の文書を証拠に用いて証明することを許さない。英米法（米国ではいずれかの州法）が準拠法となるときは、口頭証拠禁止の原則があるので注意を要する。

第4章　国際運送

第1節　概　説

1　国際運送

　運送契約のうち、国を異にする地点間の運送が一般に国際運送とされており、国内の商慣習とは異なる商慣習が形成され、さらに統一法、統一規則、標準契約条件、標準契約書式が作成されている（運送契約における渉外的要素は運送が国を異にする地点の間の運送であることであって、荷主、運送人の住所・事務所・営業所などの所在地に大きな意味はない）。国際運送については条約によって運送人の責任等に関する統一法が作成され、抵触規則を介することなく直接適用されるものがある。

　国際商取引という観点からは、物品の国際運送だけでなく、運送手段（船舶、航空機等）の利用に関する契約（航海傭船契約、定期傭船契約、航空機リース契約等）も独立した国際商取引である。

2　運送の態様と法の統一

(1) 概　説

　運送の態様（mode）は、それに用いる運送手段によって、海上、鉄道、道路、航空の四つの態様がある。一つの契約でこれらの運送の2以上を組み合わせた運送を1人の運送人が引き受ける場合が、複合運送（multimodal transport, combined transport）である。

　運送に関する法はそれぞれの態様ごとに発達した。早くから発達したのは船舶による海上運送を規律する海商法である。海商法はその性質上地域的差異が少

ないといわれているが、それでも各国の国内法には差異がある。19世紀後半以来海商法の統一のための努力がなされ、それは統一法条約、統一規則、標準契約条件などの形をとって、かなりの成果を得てはいる。そして、他の運送の態様における法の統一においても海商法の統一にならうところが少なくない。この分野の統一法には、各国の国際私法を介することなく、直接適用されるとするものがみられる（航空運送に関する条約、道路運送に関する条約）。

わが国との関係で用いられる国際運送は海上運送、航空運送および複合運送であって、わが国の地理的条件から、鉄道または道路による国際運送は用いられていない（複合運送の一部として用いられることはありうる）。運送法の統一の情況は次のとおりである。

(2) 海上運送

海上運送のうち航海傭船契約については制定法のある国もあるが、元来実務と判例によって形成されてきた取引であって、いまではそれらをもとにした標準契約書式が広く用いられている。BIMCO（ボルティク国際海運同盟）の制定した統一傭船書式（Uniform General Charter, Gencon）をはじめ、セメント、石炭、肥料、ガス、穀物、鉱石、石油等の運送のための傭船について、それぞれに標準契約書式がある。定期傭船契約については若干の国に制定法があるが（わが国でも平成30年の商法改正で定期傭船契約に関する規定が加えられた）、その規律は標準契約書式と商慣習および一部の国の判例によっている。

船荷証券の発行される海上運送契約（箇品運送および航海傭船で船荷証券が発行された場合）については、1924年の「船荷証券に関するある規則の統一のための国際条約」（Convention international pour l'unification de certain règles en matièr de connaissement et Protocol de signature, Bruxelles, 25 août 1924. 通称は英語 The Hague Rules. 統一船荷証券条約（ヘイグ・ルールズ）。1931年6月2日発効）が多くの国で採用され、それを修正する1968年の議定書（Protocol to Amend the International Convention for the Unification of Certain Rules of Law Relating to Bills of Lading signed at Brussels on 25 August 1924. 通称 The Hague-Visby Rules. ヘイグ＝ウィスビー・ルールズ。1977年6月23日発効）があるが（いずれについても、1976年の海事債権についての責任の制限に関す

る条約（Convention on Limitation of Liability for Maritime Claims, 1976. 1986 年 12 月 1 日発効）により、責任限度についての規定は修正されている）、これらと責任原則を異にする 1978 年の国際連合国際海上物品運送条約（United Nations Convention on the Carriage of Goods by Sea, 1978. The Hamburg Rules. ハンブルク・ルールズ。1992 年 11 月 1 日発効）があり、海上運送人の責任に関する 3 つの統一法条約が存在することになる（統一法の不統一）。1968 年議定書で修正された 1924 年条約の規定（ヘイグ＝ウィスビー・ルールズ）は、その 10 条の規定により、直接適用されるとの説も有力であるが（米国では牴触法を介してヘイグ・ルールズを適用してはいない。英国も 1971 年法でヘイグ＝ウィスビー・ルールズを直接適用している。The Hollandia [1983] 1 Lloyd's Rep 1. 英国に船積港があるにもかかわらず、オランダの裁判所の管轄を合意した条項によって、ヘイグ＝ウィスビー・ルールズの適用を回避することを不当とした。姉妹船の仮差押えの裁判管轄権による英国の裁判）、わが国では従来からその締約国の法が準拠法とされる場合に適用されると解されてきた。その論拠は明らかでないように思われる（なお、ハンブルク・ルールズ 2 条 1 項はヘイグ＝ウィスビー・ルールズ 10 条と同様の規定である）。わが国はヘイグ＝ウィスビー・ルールズを採用している。したがってヘイグ＝ウィスビー・ルールズを直接適用すべきである。ともかく、これらの統一法と航海傭船、定期傭船に関する各種の標準契約条件によって、海上運送についての実務の扱いはかなりの統一がなされているといえよう。統一法で定めていない事項については準拠法の定めるところによる。

　国際連合国際商取引法委員会はさらに新たな海上運送に関する統一法の作成作業を行い、2008 年 12 月の国際連合総会で「全部又は一部が海上運送による国際物品運送契約に関する国際連合条約」（United Nations Convention on Contracts for the International Carriage of Goods Wholly or Partly by Sea）を採択した（条約の署名への開放が 2009 年 9 月にロッテルダムで行われたので Rotterdam Rules という）。これは従来からの海上物品運送法のとってきた原則を相当に変える内容で、100 箇条に及ぶ詳細な定めがある。その要点については第 2 節の末に記す。

(3) 航空運送

　国際航空運送については 1929 年の「国際航空運送についてのある規則の統一

に関する条約」（Convention for the Unification of Certain Rules Relating to International Carriage by Air, 1929. The Warsaw Convention ワルソー条約）が作成され、これを採用する国が多く、この条約にもとづく原則が現在まで続いている。同条約はその後、1955年のヘイグ議定書（Protocol to Amend the Convention for the Unification of Certain Rules Relating to International Carriage by Air Signed at Warsaw on 12 October 1929. The Hague Protocol）、1971年のグァテマラ議定書（Protocol to Amend the Warsaw Convention as Amended at The Hague on 28 September 1955）で改正されたが、各国の態勢がそろわないため、さらに1975年に4個のモントリオール議定書（Montreal Protocols No.1 to No.4）が作成された。しかし、これも所期の成果を上げるに至らず、結局、1999年にワルソー条約に代わるモントリオール条約（Convention for the Unification of Certain Rules Relating to International Carriage by Air, 1999. The Montreal Convention. 2003年11月4日発効）が作成された。これはそれまでの改正議定書と航空機の利用（傭機）に関する1961年のグァダラハラ条約を整理、修正して一つにまとめた条約である。国際航空運送はこれらの統一法と国際航空運送協会（IATA）の航空運送約款で規律されてきた。

(4) 鉄道運送

鉄道運送に関する条約の作成は19世紀後半から行われ、1890年にベルンにおいて「鉄道物品運送に関する国際的協定」が締結され、その後何回か改訂された（1890年に貨物運送に関する条約（略称 CIM）、1928年に旅客・手荷物運送に関する条約（CIV）およびその後の議定書）。1970年の鉄道による物品運送に関する国際条約（International Convention Concerning the Carriage of Goods by Rail（CIM））と旅客・手荷物運送に関する条約（略称 CIV）にまとめられたが、1980年の「国際鉄道運送に関する条約」（Convention Concerning International Carriage by Rail（略称 COTIF））によって、国際鉄道運送機構の設立とともに、運送契約に関する規定はその附属書で、貨物運送については CIM 統一規則で、旅客・手荷物規則については CIV 統一規則で定められている（同条約は1990年および1999年に改正されている）。

(5) 道路運送

貨物の道路運送に関する条約としては 1956 年の「国際道路運送に関する契約に関する条約」(Convention on the Contract for the International Carriage of Goods by Road（略称 CMR）) およびこれに対する 1978 年の追加議定書がある。旅客・手荷物運送については 1973 年条約（略称 CVR）と 1978 年追加議定書、1982 年協定がある。

> **補説**
>
> **国際運送という用語**　いかなる運送を国際運送（international carriage, international transport）というかについてとくに定説はない。多くの条約（統一法）、統一規則では運送の開始地と目的地が異なる国にある運送を国際運送としている（例えば、ワルソー条約 1 条、モントリオール条約 1 条、国際連合国際海上物品運送条約（ハンブルク・ルールズ）2 条、国際鉄道運送に関する統一規則 1 条）。運送契約にあっては、運送が一国内で行われるか、二以上の国において行われる場合によって、契約内容も適用法規も異なっている。
>
> **運送品・貨物・積荷**　運送の対象となる物について、運送品、貨物、積荷の語が用いられている。わが国では、商法の商行為、海商および国際海上物品運送法では「運送品」、海上保険では商法改正前は「荷物」、「積荷」、商法改正後は「貨物」、保険法では「目的物」、道路運送法および航空運送に関する条約では「貨物」を用いている。また、外国為替や関税関係の法律でも「貨物」を用いている。海上運送および陸上運送に関する条約の英語では「goods」であり、航空運送に関する条約では「cargo」である。ここではそれぞれの分野での表現に従うが、一般的な表現としては、貨物ということにする。

第 2 節　海上運送

1　国際海上物品運送

(1) 意　義

国際海上物品運送は、ある国の港から他の国の港までの船舶による物品の運送である。これは運送を依頼する者（荷主）と運送を引き受ける者の運送契約による、運送手段を支配する者が物品の運送をすることは少なくないが、海上物品運送においても、船舶所有者が運送契約（contract of affreightment）をするとはかぎらず、契約運送人と実行運送人とが異なることも少なくない。

(2) 傭船契約と箇品運送契約

物品の海上運送契約には、船舶の全部または一部をもって運送の目的とする契約と、個別の物品の運送を目的とする契約とがある。前者が傭船契約（charterparty）であり、後者が箇品運送契約（contract of carriage of goods）である。現在では、一般に、大量の貨物の運送あるいはその性質上他の貨物との混載が適当でない貨物などの運送には、運送および荷役の便宜から、不定期船（tramp ship, tramper）による一航海または数航海の航海傭船契約（voyage charterparty）が用いられる。運送品の数量が多くなく、他の荷主の運送品と混載が可能な場合には、一定の航路を定期的に運航している定期船（liner）による箇品運送の方法によることが多い。両者は貨物の海上運送を目的とする契約であるが、商業的機能において異なり、契約の内容においても大きく異なっている。船舶の使い方として、船員を乗り組ませた船舶を一定期間にわたって借主の運送の用に供する契約がそののち広く行われるようになり、これが定期傭船（期間傭船）契約（time charterparty）である。定期傭船された船舶は航海傭船、箇品運送に用いられるとともに、これをさらに定期傭船に供することも行われている。

(3) 国際海上物品運送についての法規範

国際海上物品運送に関する法規範は条約、統一規則および標準契約書式中の約款と準拠法として指定された各国の国内法である。

① 条　約

1924年8月25日にブリュッセルで署名された船荷証券に関するある規則の統一のための国際条約（ヘイグ・ルールズ）、1968年改正議定書（ヘイグ＝ウィスビー・ルールズ）および1979年の改正議定書、1978年の海上物品運送に関する国際連合条約（ハンブルク・ルールズ）がある。

1924年条約は、運送人の責任について過失責任主義をとり、従来から船荷証券中にあった免責約款を制限して荷主の利益を保護するとともに、運送人について一定の場合の免責と責任制限を認めている。これは万国海法会が1921年にオランダのハーグ（英語読みでヘイグ）で作成した統一規則（ヘイグ・ルールズ）に強制力を与えるために、あらためて条約の形式をとって統一法としたものであ

り、欧米の多くの国の採用するところとなった。1968年に1924年条約の一部を改める議定書が作成された（なお、1979年の改正議定書は責任限度額とその計算方法を改めるとともにSDR（特別引出権）を計算単位とするための改正である）。ところが、1924年条約および1968年改正議定書は運送人の保護に厚いとする不満と、発展途上国の主張が反映されていないことなどの理由で、国際連合国際商取引法委員会であらためて統一法を作成することとなり、1978年に海上物品運送に関する国際連合条約が採択された。この条約は1924年条約よりも運送人の過失責任主義を押し進め、運送人の免責の場合をさらに制限したものである。

　海運国ではヘイグ＝ウィスビー・ルールズを採用する国が多いが、ヘイグ・ルールズを採用するに止まっている国もある。ハンブルク・ルールズは発効（1992年1月1日）はしたが、海運国の支持が少ない。この結果、海上運送人の責任に関する3つの統一法が併存する形になっていた。この情況のもとで2008年12月の国際連合総会で全部または一部が海上運送による国際物品運送に関する国際連合条約が採択された（ロッテルダム・ルールズ。2018年8月末現在未発効）。

　なお、これらの条約が各国の国際私法の適用を排除して直接適用されるか否かは、ヘイグ・ルールズおよびヘイグ＝ウィスビー・ルールズではその10条、ハンブルク・ルールズではその2条、ロッテルダム・ルールズではその5条の解釈の問題である。

② **統一規則**

　海上物品運送に関する統一規則としては電子的船荷証券に関する1990年CMI規則、海上運送状に関する1990年CMI規則がある。前者は電子機器の発達にともない、船荷証券作成の時間と費用の合理化のための要請に応じたものであり、後者は船舶の高速化により船荷証券が貨物よりも遅れて着くことが少なく、運送品の受取りをすみやかに行うために海上運送状（sea waybill）が用いられるようになったことによる。

③ **標準契約書式**

　航海傭船契約および定期傭船契約では、標準契約書式中の約款が用いられている。航海傭船契約については国際的あるいは国内の各種の団体による標準契約書式がある（例えば、ボルティク国際海運同盟 Gencon 1994 など）。また、運送の

対象となる運送品の種類（例えば、原油）ごとに、同じ運送品でも航路ごとに標準契約書式があり（例えば Asba tankvoy 1977）、あるいは傭船者作成の標準契約書式もある（例えば Shellvoy 1987）。定期傭船契約の標準契約書式として広く用いられているのは、ニューヨーク物産取引所の書式（NYPE 1946, 1993）とボルティク国際海運同盟の書式（Baltime 1939）である。箇品運送についてはとくに広く用いられている標準契約書式はなく、契約条件はそれぞれの運送人の用いる船荷証券の裏面約款による。

④ 平成30年の商法、国際海上物品運送法等の改正

明治32年商法中の商行為と海商の2篇、昭和32年国際物品運送法の改正案は平成28年に国会に提出されたが廃案となり、平成30年に再度国会に提出され、同年5月に改正案が成立した。この改正案は商法の商行為編の運送関係の条文（仲立営業、問屋営業、運送取扱業、運送営業、寄託）と、海商編の全文の条文の改正である。これらの条文は明治32年（1899年）の商法典の制定以来、昭和32年（1957年）の国際海上物品運送法の新設を除いて、永年の間改められなかった（「百年河清を俟つ」の感があった）。商法の規定は当時のドイツ法をもとにしたものであったが、日本の海運実務は英米の実務にならったものであり、従来から実務と法に隔たりがあった。そして、その間に国際的には海上運送のほか、航空運送、複合運送に関していくつかの条約や統一規則が作成され、実務にも変化があった。今次の改正案は、これらの情況のもとに、陸上運送、海上運送、航空運送に共通する運送法の通則を商行為法中に定め、国内法の内容を現代社会の必要に応えるようにしたものである。短くいえば、国内運送に関する規定を国際的に通用する規律と同じようにするとともに、現在の実務に合わせたものである。

なお、改正前商法569条では湖川、港湾、沿岸小航海（例、瀬戸内海）は平水区域として陸上運送の規定が適用されたが、改正商法では海上運送とされる（改正商法569条3号。商法施行法122条は削除）。

⑤ 条約（ヘイグ＝ウィスビー・ルールズ）と国際海上物品運送法の関係

条約の規定で定めていないことについては準拠法の定めによるところ、日本法が準拠法となる場合には、商法の規定（民法を前提とする）と国際海上物品運送法が適用されることになる。これは当然のことであるが、国際海上物品運送法旧

20条1項（改正15条1項）はこのことを念のために示したものである（従前の適用除外の規定は、条約と抵触する堪航能力担保義務、再運送契約における船舶所有者の責任および海商編の船荷証券ならびに陸上運送における運送取扱人の責任の短期消滅時効、運送品滅失と運賃請求権、運送人の損害賠償責任および運送人の責任の特別消滅事由の規定である）。

　これに対して、貨物引換証の処分証券性、指図証券性、受戻証券性および物権的効力ならびに海商編の船荷証券の発行に関する規定は、国際海上物品運送法旧10条（改正により削除）で船荷証券に準用され、同法旧20条2項では運賃請求権、高価品に関する特則、運送品処分権および運送品到達後の荷受人権利に関する商法の規定を準用している（改正により削除）。

　今次の改正では、要するに、運送法の通則的規定は商法で定め、国際海上物品運送法から除かれたということであろう。

　なお、ヘイグ＝ウィスビー・ルールズでは、運送人、使用人、代理人の債務不履行、不法行為のいずれの責任についても条約の規定が適用されるとし（68年議定書3条3）、それに関する規定を国際海上物品運送法旧20条の2（改正16条）として加えた（しかし、それにともなって同法1条に「不法行為による」の文言を加えたことは適当とはいえない。誤解のもととなろう）。

2　航海傭船

(1) 概　説

　運送人が特定の船舶の全部または一部によって貨物を運送することを約し、傭船者がその運賃を支払うことを約する契約を航海傭船契約という。航海傭船契約では、運送品の種類ごとに、同じ種類の運送品でも航路ごとに国際的な標準契約書式が作成されており、これに傭船者と運送人の交渉の結果にもとづいて付加、修正を加えることが多い（契約交渉は傭船者と運送人との間で直接あるいは仲立人（shipbroker）を介して行われる）。契約の成立と効力は準拠法の定めるところによる（多くの契約書では準拠法条項がある）。

　航海傭船契約における重要な条項としては、船舶およびその状態、運送品とその数量、船積港、陸揚港、運賃と支払条件、荷役費用の負担、積地廻航日、碇泊期間と荷役条件、碇泊期間の開始、滞船料、早出料、契約の解除などで

ある。運送人の提供する船舶が堪航能力を有すること、離路の禁止、傭船者は安全港を指定することなどは契約書に明示されていなくとも、海上運送契約上黙示の合意があるものと解されている。

(2) 運送人の義務

運送人は運送品の運送に適した船舶を、定められた日までまたは相当期間内に、船積港に廻航させて、傭船者の利用に委ね、運送品を積み、陸揚港まで運送しなければならない。

運送品の船積みまたは陸揚げについて、契約で特定のバース（berth. 埠頭、桟橋、岸壁等の停泊場所）もしくは埠頭（dock）を指定しているときはその場所に、港を指定しているときはその港域に船舶を着けなければならない（着船。arrived ship）。港を指定したときには、船舶がいかなる場所にあれば着船となるかは必ずしも明確ではないが（とくにバース待ちのとき）、当該船舶が傭船者の利用に委ねられた状態にあることとされ、英国の判例では当該港でバース待ちのときに通常投錨する地にあることで傭船者の利用に委ねられたと推定するとしている。傭船者は船積港、陸揚港が安全港であることについて契約上担保責任を負うと解されている。

運送人は着船後、船舶を船積作業が可能な状態にしたうえで、傭船者に船積可能の通知（notice of readiness to load, NOR）を発しなければならない（改正商法748条1項）。この通知が傭船者に到達後一定の時または日から碇泊期間（レイタイム laytime. 船積み・陸揚げのための期間）が開始する（同条2項）。運送品の陸揚の場合も同様である（改正商法752条1項・2項。ただし、傭船契約でとくに定めていなければ陸揚げについては法律上は通知を要しないとする国もある）。

(3) 傭船者の義務

運送品の船積み、積付けおよび陸揚げは傭船者の義務とされている。現在では荷役業者または荷役設備によって船積みと積付けが行われるので、契約で荷役費用の負担について定めておくことが多い。しかし、これは費用負担の約定であって、責任の変更ではない。

傭船者は、契約で定めた碇泊期間内に船積みおよび陸揚げの作業を完了しな

ければならない（船積みのための期間と陸揚げのための期間とをとくに分けていない契約もある）。碇泊期間の開始とその計算方法は、通例、契約で定めている（港の慣習に従うこともある）。碇泊期間を具体的に定めていない場合には、その港の慣習に従い、できるだけ早く荷役をすべきものとされる。

　傭船者が碇泊期間中に貨物の船積みまたは陸揚げを完了せず、その後も船舶を碇泊させた場合には、その期間について約定の割合による滞船料（demurrage）を、約定がないときは滞泊損害金（damages for detention）を運送人に支払わなければならない。荷役が碇泊期間内に終了した場合には、碇泊しなかった日数について、運送人は傭船者に早出料（despatch money）を支払わなければならない。

　傭船者は約定した十分な量の運送品（full and complete cargo）を積み込まなければならない。傭船者は運賃支払の義務を負うが、運賃は運送品の重量または容積を単位として算定する場合（trip charter）と確定金額の場合（lump sum charter）とがあり、支払時期には船積時と陸揚時とがある。支払の通貨、支払方法等は契約で定めたところによる。運送品の量が十分でない場合には傭船者は不積運賃（dead freight）を支払わなければならない。

(4) その他の契約条項

　傭船者が契約解除をなしうる場合および契約が当然終了する場合の措置については、契約条項および準拠法の定めるところによる。紛争解決条項として、裁判管轄権または仲裁地、仲裁機関を定めた条項もある。

　運送品を船積みした後は、運賃、不積運賃、滞船料および滞船損害金、立替金、共同海損の負担金等については運送人の運送品に対する海事先取特権（maritime lien）をもって充てること、それにより傭船者の船舶所有者に対する責任を免れることを定めた条項（cesser clause）のあることが多い。

　傭船契約中の運送人の免責条項あるいは責任制限条項は、準拠法に牴触しないかぎり有効である。

　船舶傭船契約においても運送人が船荷証券を傭船者に交付することが多いが、運送人と傭船者の関係は傭船契約およびその準拠法の定めるところによるのであって、船荷証券上の約款によるのではない。傭船者から船荷証券を譲り受けた

者（例えば、積荷の買主）がある場合に、それらの者と運送人の関係は船荷証券上の約款の定めるところによる（ヘイグ＝ウィスビー・ルールズ5条2文）。

船荷証券中に傭船契約による旨の記載傭船契約の引用がある場合に、傭船契約中のいかなる条項が船荷証券による法律関係に適用されるか否か（例えば、傭船契約中の仲裁条項の船荷証券の所持人に対する効力）は国によって異なる。

3　箇品運送
(1) 概　説

一定の個数の運送品を、傭船の方法によらないで運送することを運送人が約し、これに対して荷主が運送賃を支払うことを約する契約を箇品運送という。一般に諾成、無方式の契約とされているが、実際には運送契約の内容を記載した船荷証券が交付されている。傭船によるか箇品運送によるかは、運送品の種類、性質、数量、形態、船舶の種類、船積時期、運賃等によって異なる。現在は箇品運送には一般に定期船（liner）が用いられている。運送人は荷主と運送契約を締結した者である（ヘイグ・ルールズおよびヘイグ＝ウィスビー・ルールズでは運送人とは荷主と運送契約をした船舶所有者と傭船者をいうと定めている。条約1条(a)）。運送人は自ら船舶を所有する必要はなく、また、船舶を自ら運航する者であることを要しない。船舶所有者および船舶賃借人だけでなく、航海傭船者、定期傭船者も運送人となりうる。運送人は傭船者または再傭船者であってもよい。また、これらの傭船者でなくとも、他人の運送を利用することができる者であれば、荷主との間で運送を約した者が運送人である。これに対して、運送人の相手方となる者は自己のために運送を依頼し、その対価の支払を約する者である。

(2) 法令の適用

箇品運送契約についても、各国の牴触規則によって定まる準拠法が適用される。しかし、1924年条約、1968年改正議定書、1978年条約によって国際的にはかなりの事項について統一がなされている。現在、ヘイグ＝ウィスビー・ルールズを採用している国が多い。これらの条約が直接適用されるか、あるいはこれらの条約の締約国法が準拠法とされた場合に適用されるかについては必ずしも明らかで

はない。わが国にもヘイグ゠ウィスビー・ルールズにもとづく国際海上物品運送法（以下「国際海運」と略称）があるが、同法は日本法が準拠法とされ、かつ、船積港または陸揚港が本邦外にある運送に適用されるとするのがわが国では多数説であろう。しかし、条約の文言、その趣旨、目的からすれば、条約の規定（統一法）の直接適用というべきである。

　条約の規定の多くは、運送人の一定限度の義務と責任を定める、いわゆる片面的強行規定であって、それらの規定に反して荷送人、荷受人または船荷証券の所持人に不利益な特約（運送人の注意義務と責任を軽減または免除する特約。保険の利益の運送人への譲渡を含む）は無効とされる（条約3条8、国際海運旧15条1項・改正11条1項）。もっとも、運送人の注意義務および責任について、法で定めたところよりも不利益な特約をすることは差し支えない。そのような特約については船荷証券に記載しなければならない。（条約5条1文、国際海運旧15条2項・改正11条2項）。傭船契約で船荷証券が発行されたときも同様である（条約5条2文）。また、運送品の受取後船積前、荷揚後引渡前に生じた損害について運送人の義務と責任を軽減する特約は無効ではないが、それが船荷証券に記載されていないときには、船荷証券所持人に対抗することができない（条約1条(e)・7条、国際海運旧15条3項・4項、改正11条3項・4項）。

(3) 運送人の義務
① 運送人の義務の範囲

　運送人は運送品の受取り、船積み、積付け、運送、保管、荷揚げおよび引渡しについて相当の注意を払わなければならず、それを怠ったことにより生じた運送品の滅失、損傷または延着について損害賠償の責任を負う（条約2条、国際海運3条1項）。ただし、この責任の原則は運送人の使用する者の航行若しくは船舶の取扱に関する行為（航海過失）又は船舶における火災（運送人の故意過失にもとづくものを除く）により生じた損害には適用しない（条約4条2(a)(b)、国際海運3条2項）。

　(a) 運送品の受取り　運送品の受取りは在来船では船側でなされ、コンテナ船では、コンテナに1人の荷主の運送品を積み込む場合（full container load,

FCL）にはコンテナ・ヤード（container yard, CY）で、コンテナに複数の荷主の運送品を混載する場合（less than container load, LCL）にはコンテナ・フレイト・ステイション（container freight station, CFS）で受取りがなされる。受取りまでの貨物についての費用および危険は荷主（荷送人）の負担であり、運送人の受取後、引渡しまでは運送人が原則として責任を負う。ただし、運送人の受取後、引渡前であっても、船積前、荷揚後の事実により生じた損害については運送人が責任を免れる旨の特約は無効ではない（条約 3 条 8・1 条 (e)・7 条・3 条 1、国際海運旧 15 条 1 項・3 項・4 項・改正 11 条 1 項・3 項・4 項）。この部分の責任は準拠法となる各国の国内法の定めるところによる。

　（b）船積み・荷揚げ　　運送品の船積みおよび荷揚げは運送人の義務である（条約 2 条本文、国際海運 3 条 1 項。なお、船長、海員、水先人等の義務には適用されない（条約 2 条但書、国際海運 3 条 2 項））。「積卸費用船主無負担（FIO）」あるいは「船積み、積付け、荷ならし船主無負担（FIO and trimmed）」の約款における運送人の免責の約定の有効性については、条約および国内法の解釈において争いがある。船積み、荷揚げにおける危険を荷主に転嫁する合意は運送人の注意義務を著しく免れさせることになるので、荷主の費用負担部分のみを認め、運送人の免責の効力を認めるべきではないであろう。また、船積み作業または荷揚作業の開始後、終了前は、運送品が本船外にあっても運送人の責任範囲に属するとみるべきである。

　（c）運送品の運送・保管等　　運送人は運送品の種類、性質に応じた積付け、運送、保管、荷揚げについて相当の注意義務を尽くさなければならない（条約 2 条本文、国際海運 3 条 1 項）。

　（d）運送品の引渡し　　運送品の引渡しとは、荷受人に現実に運送品の占有を取得させることをいう。船側で引き渡す特約のあるときはその方法で引き渡し、そのほかの場合は運送品を荷揚げして保管し、運送人が荷渡指図書（delivery order; D/O）を荷受人に交付して、運送品の保管者から荷受人に引渡しをさせることになる。

　② 運送人の注意義務

　（a）堪航能力担保義務　　運送人は船舶を発航の当時航海に堪える状態におく

こと、船員の乗組み、船舶の艤装および需品の補給をすること、船倉、冷蔵室その他運送品を積み込む場所を運送品の受入れ、運送および保存に適する状態におくことに注意を怠ったことから生じた運送品の滅失、損傷または延着について、損害賠償の責めを負う（条約3条1(a)—(c)、国際海運5条1項）。「発航の当時」とは個別の運送契約における運送開始の時をいう。運送人の堪航能力担保義務は過失責任であるが、条約では立証責任を転換し、運送人が注意を尽くしたことを証明しなければその責任を免れることはできないこととした（条約4条1、国際海運5条2項）。この責任を免れさせる特約は無効である（条約3条8、国際海運旧15条第1項・改正11条1項）。

(b) 運送品の受取りから引渡しまでの運送人の注意義務

(i) 運送人は自己またはその使用する者が運送品の受取り、船積み、積付け、運送、保管、荷揚げおよび引渡しにつき注意を怠ったことにより生じた運送品の滅失、損傷または延着について、損害賠償の責めを負う（条約2条・3条2、国際海運3条1項）。このような過失が商業上の過失であって、これについては過失責任主義がとられている。しかし、これについても立証責任が転換され、運送人はその注意を尽くしたことを証明しなければ、責任を免れない（条約4条1、国際海運4条1項）。

(ii) 運送人が、海上その他可航水域に特有の危険、天災、戦争、暴動または内乱、同盟罷業等の一定の事実のあったこと、運送品に関する損害がその事実により通常生ずべきものであることを証明したときは、運送品についての責任を免れる（条約4条2本文(c)—(p)、国際海運4条2項本文）。ただし、運送人の責任を問う者において、運送人が受取り、船積み、積付等の義務についての注意を尽くしたならばその損害を避けることができたにかかわらず、その注意が尽くされなかったことを証明したときは、運送人は責任を負わなければならない（条約4条2但書、国際海運4条2項但書）。これは船荷証券中の各種の免責約款を廃止させ、運送人の責任を過失責任とする際に、運送人と荷主の双方の利益の均衡をはかるために設けられた規定である。しかし、のちにこの規定は運送人に有利であるとの批判があり、ハンブルク・ルールズ作成の原因の一つとなった。

ここで運送人の使用する者には、運送人と雇用関係のある者に限られず、運

送人から独立はしていても、運送人の履行補助者の立場にある者を含む（例えば、下請運送人、運送人から委託を受けた船内荷役業者。このことは運送人の堪航能力についても同様であり、例えば、下請運送人、船舶の修理をした者も運送人の使用する者に含まれる）。

(c) 運送品の引渡義務　運送人は荷受人または船荷証券の所持人に運送品の引渡しをしなければならない（条約3条6、国際海運旧12条・改正7条は運送人の引渡義務を前提とする）。

船荷証券が交付されている場合には、船荷証券の呈示と引換えに運送品の引渡しをしなければならない。実際には運送人は船荷証券と引換えに、運送品の保管者または船長に対する荷渡指図書（delivery order; D/O）を船荷証券の所持人に交付し、荷主はこれを運送品の保管者や船長に呈示して運送品を受け取る。運送人が船荷証券の所持人に運送品を引き渡したときは、引渡しを請求した者が正当な権利者でないことについて悪意または重大な過失がないかぎり、運送人は運送品の引渡しについてその責任を免れる（国際海運旧20条1項・改正15条1項）。

船荷証券が交付されていない場合には、運送契約で荷受人として指定されている者に運送品の引渡しをしなければならない（国際海運旧20条2項・改正15条）。

(d) 運送人の免責

(i) 航海上の過失・船舶の取扱いに関する過失と火災についての運送人の免責

運送人は、船長、海員、水先人その他の運送人の使用する者の航行もしくは船舶の取扱いに関する行為または船舶における火災（運送人の故意または過失による場合を除く）により生じた損害については責任を負わない（条約4条2(a)(b)、国際海運3条2項後段）。航海上の過失および船舶の取扱いに関する過失についての免責を認めた理由は海上航行における危険の大きいこと、航海および船舶の取扱いについては運送人が自らかかわる余地のほとんどないこと、その原因およびそれについての注意を尽くしたかどうかの立証が困難であることにある。ヘイグ・ルールズ作成に当たって、運送品の取扱いに関する運送人の免責約款を禁止することと引換えに、航海上の過失および船舶の取扱いに関する過失についての免責約款を制定法で承認することにした（運送人の過失責任主義を広げたハンブルク・ルールズでは航海上の過失と船舶の取扱いに関する過失についての免責を認めず、堪航能

力と同様に、運送人の一般的注意義務の問題として取り扱っている）。運送人の故意または過失による場合を除き、船舶における火災にもとづく運送品の損害について運送人の免責を認めた理由は、火災の原因の究明が困難であること、その損害額が大きいことにある。

　(ii) 運送契約上の特約による免責　　運送人または船舶についての運送人の不注意、過失または義務の不履行による運送品の滅失、損傷について、運送人の責任を免除、軽減する条項、約款、合意（保険の利益の譲渡その他これに類するものを含む）は無効とされる（条約3条8、国際海運旧15条1項・改正11条1項）。しかし、運送品の特殊な性質もしくはその状態または運送が行われる特殊な事情により、運送品に関する運送人の責任を免除しまたは軽減することが相当と認められる運送においては、運送人の責任を免除しまたは軽減する特約が有効とされる（条約6条3、国際海運旧17条・改正13条）。船舶の全部または一部を運送の目的とする契約（航海傭船）であっても、運送人と荷送人または荷受人との関係については免責約款は禁止されないが、船荷証券の所持人との関係については、免責約款は禁止される（条約5条2文、6条3、国際海運旧16条但書、17条・改正12条但書、13条）。

　生動物（live animal）および甲板積貨物（on deck cargo）の運送については免責特約は無効とはされない（条約1条(c)、国際海運旧18条1項）。この特約を船荷証券の所持人に対抗するためには、証券上にその旨の特約が記載されていなければならない（条約6条1、国際海運旧18条2項・改正14条2項）。しかし、運送人の選択で甲板に積むこともできるとする条項（甲板積選択条項）を無効と解する国もある（例えば、米国）。コンテナ船では一部のコンテナは甲板積となるが、甲板積貨物の記載のある船荷証券が添付された荷為替手形を銀行が買い取らないため、コンテナ貨物の場合には甲板積の記載はせず、運送人も甲板積コンテナ貨物については免責されないこととしている（コンテナ運送では船の構造上艙内積みと甲板積みの相違はない）。

　③　**運送人の損害賠償責任**

　運送人が注意義務を怠り、それによって運送品に滅失、損傷、延着が生じたときは、貨物の引渡しを求める権利を有する者に対して、その損害を賠償しなけ

ればならない。これは契約上の責任であるが、不法行為を理由に責任を追及する場合も同様である（条約4条の2第1項（68年議定書3条1）、国際海運旧20条の2・改正16条第1項）。荷主が運送人の使用する者の責任を追及する場合は不法行為責任にもとづくこととなるが、これらの者の責任についても運送人についての場合と同じように扱われる（条約4条の2第2項（68年議定書3条2）、国際海運旧20条の2第3項・改正10条）。

　損害賠償は金銭の支払による。運送営業の性質および海上運送の危険等を考慮して、損害賠償額の定型化と責任制限が認められている。ただし、運送人の故意によりまたは損害の発生する恐れのあることを認識しながらした無謀な行為により損害が生じたものであるときは、この特則は適用されない（条約4条5(e)、国際海運旧13条の2・改正10条。ここでは「運送人」のなかに履行補助者は含まないと解釈されている）。その立証責任は損害賠償を求める者にある。

　(a) 損害賠償額の定型化　運送品に関する損害賠償額は、荷揚げされるべき地および時における運送品の市場価格（商品取引所の相場のある物品についてはその相場）によって定まる。市場価格がないときは、荷揚げされるべき地および時における同種類で同一の品質の物品の正常な価格による（条約4条5(b)、国際海運旧12条の2第1項・改正8条1項。「正常な価格」とは条約の翻訳文の表現をそのまま用いたものであるが、「通常の価格」の趣旨であろう）。

　(b) 責任制限　運送品の滅失、損傷、延着についての運送人の責任は、当該運送品の1包または1単位につき1計算単位（1SDR。IMF特別引出権）の666.67倍または総重量について1キログラムにつき1計算単位の2倍を乗じて得た金額のうち、いずれか多い金額を限度とする（条約4条5(a)、国際海運旧13条1項・改正9条1項。国際海運旧13条1項は68年議定書2条の誤読（誤訳）にもとづくとのことで改めたとのこと）。運送品がコンテナ等の輸送用器具を用いて運送される場合には、箇品の数または容積もしくは重量が船荷証券に記載されているときはその記載により、それ以外のときはコンテナ等貨物を収納した器具の数を包または単位とみなす（条約4条5(c)、国際海運旧13条3項・改正9条3項）。運送人の使用人もこの責任制限を主張しうるが、荷受人の請求しうる金額は全体で責任限度額を超えることはできない（条約4条の2第3項（68年議定書3条3項）、国際

海運旧 20 条の 2 第 4 項・改正 16 条 3 項)。箇品運送における責任制限と船舶所有者等の責任制限の関係については、運送人は実体法である国際海上物品運送法による責任制限を主張することができ、次いで船舶所有者等の責任の制限に関する法律による責任制限の主張をなしうるとする裁判例がある(東京地判平成 15 年 10 月 16 日判タ 1148 号 283 頁)。

運送品の種類および価額が運送の委託の際に荷送人から通告され、それが船荷証券に記載されている場合には、この責任限度額は適用されない(条約 4 条 5 (f)(g)、国際海運旧 13 条・改正 9 条 5 項)。実価を著しく超える価額を故意に通告したときは、運送人は損害賠償の責任を負わず、実価より著しく低い価額を通告したときは、その価額で損害賠償額を算定する。ただし、いずれも運送人が悪意のときはこの限りではない(条約 4 条 5(h)、国際海運旧 13 条・改正 9 条 6 項—8 項)。

運送品の滅失、損傷または延着にもとづく運送人の損害賠償責任は、運送人が船主相互保険組合(Shipowners' Mutual Insurance Association いわゆる P&I Club. 日本では船主責任相互保険組合という)に加入しているときは、それによって填補されることになる。

(c) 運送人の責任の消滅　　運送人の責任は、運送品の引渡しの日(全部滅失の場合には引き渡されるべき日)から 1 年以内に裁判上の請求がなされないときは消滅する。この期間は、当事者間で運送品に関する損害が生じた後に限り、合意により、延長することができる(条約 3 条 6 項第 2 文、国際海運旧 14 条 1 項・2 項、改正後は 14 条を削ったため改正商法 584 条から 588 条までによることとなる)。運送人が更に第三者に運送を委託した場合の第三者の責任は、運送品引渡しの日から 1 年を経過した後であっても、運送人が損害を賠償または裁判上の請求をされた日から 3 ヵ月を経過するまでは消滅しない。これによって、運送人はこの第三者の責任を追及することができる(条約 3 条 6 項第 2 文、国際海運旧 14 条 3 項、改正後は 14 条を削ったため改正商法 584 条から 588 条までによることとなる)。そのほかは通常の債務の消滅事由に従う。

荷受人または船荷証券の所持人は、運送品の一部滅失または損傷があったときは、運送品の受取りの際にその概況を運送人に通告しなければならない。滅失または損傷を直ちに知りえないときは、受取りの日から 3 日以内に通告しなければ

ならない（条約3条6項第2文、国際海運旧12条・改正7条1項）。これらの通告がなかったときは、運送品は滅失または損傷がなく引き渡されたものと推定されるが（prima facie. 条約3条6項第1文、国際海運旧12条・改正7条2項）、運送品の滅失、損傷の立証は貨物の引渡しを請求する者にあるので、この推定によって運送人が責任を免れ、あるいは立証責任が転換されるわけではない。

当事者の立会いのもとに滅失、損傷を確認したときに通告を要しないことは当然であり（条約3条6項第3文、国際海運旧12条3項）、滅失または損傷なく引き渡されたものとする推定の働く余地はない。また、運送品につき滅失、損傷が生じている疑いのあるときは、運送人、荷受人または船荷証券所持人は、相互に、運送品の点検のために必要な便宜を与えなければならない（条約3条6項第5文、国際海運旧12条4項・改正7条）。

(4) 荷主の義務

荷主の義務の主たるものは運送賃の支払である。これは運送契約の準拠法と契約条項、商慣習による。運送賃は運送人と運送契約をした者が支払うのが通例であるが、運送人が荷受人に対して運送賃を請求すべきことを合意すること（運賃着払。freight collect）もある。しかし、これによって荷送人の運賃支払義務が消滅することはない（運送賃請求権は運送契約の準拠法によるが、荷送人と荷受人との関係は不真正連帯債務となろう）。未払の運送賃、立替金（通関費用、倉庫保管料等）があるときは、運送契約の準拠法によって貨物について運送人の留置権、先取特権の生ずることがある（例えば、民法311条3号、商法521条、改正商法574条）。運送人は運送賃等の支払と引換えでなければ、貨物の引渡しをする義務を負わない（国際海運旧20条・改正15条1項、改正前商法753条2項・改正商法752条）。運送賃等の支払を受けずに貨物の引渡しをした場合に、その支払を荷受人に請求しうるかは準拠法による（国際海運旧20条・改正15条1項、改正前商法753条1項・改正商法741条は荷受人も支払義務を負うとする）。

運送品を引き渡すべき者が確知できず、またはその者が貨物の受取りを怠りもしくはこれを拒否している場合には、運送契約の準拠法により、貨物の供託、あるいは任意の売却または競売の権利が認められることがある（例えば、国際海運旧

20条・改正15条1項、改正前商法754条・改正商法756条は個品運送の規定の準用）。貨物の供託、競売はその実行地（通常は陸揚港所在地）の手続による。

4 船荷証券

(1) 意義と性質

　海上運送人が運送品の受取りまたは船積みの事実を証明し、指定港において、その正当な所持人にそれと引換えに貨物の引渡しをすることを約した証券を船荷証券（bill of lading, B/L, connaissement, Konnossement）という。船荷証券の性質、種類、効力は商慣習にもとづくものであったが、現在では多くの国で共通するところが多い。しかし、各国の国内法の規定は必ずしも同じではないため、その統一のための条約が作成された。

　一般に船荷証券は次のような性質を有するとされている。船荷証券が作成、交付されると、運送品の引渡を求めるにはその呈示が必要になり、引渡請求権の譲渡にも証券の裏書による譲渡が必要となる。証券の作成に際して証券上に譲渡禁止（指図禁止 non-negotiable）の趣旨を明示しないかぎり、船荷証券は譲渡可能とされる。船荷証券は荷受人の記載の仕方によって、記名式、指図式、選択無記名式と持参人式（無記名式）がある。記名式船荷証券であっても、譲渡禁止とされていないかぎり裏書譲渡を可能とする法と記名式船荷証券の譲渡を認めない法とがある（米国の straight B/L。1916年連邦運送証券法では、記名式船荷証券にはその表面に必ず譲渡禁止の旨を記載しなければならないとしている）。指図式船荷証券とは、譲渡を前提として、荷受人またはその指図する者に貨物を引き渡すべき旨（To Order）の記載のあるものをいう。選択無記名式船荷証券は、荷受人の欄に特定人もしくはその指図人または所持人に引き渡す旨の文言の記載された証券である。持参人式船荷証券は荷受人を持参人（Bearer）とし、またはとくに記載しない証券である。

　航海傭船契約による運送においても船荷証券が作成、交付されることがある。運送人と傭船者との関係は傭船契約の定めるところによるものであって、両者の間では船荷証券は運送品の受取りまたは船積みを証する書面でしかないが、運送人と傭船者以外の船荷証券所持人との関係は、船荷証券およびそこに記された約款による。

(2) 船荷証券に適用すべき法
① 船荷証券に関する準拠法

船荷証券およびそれに関する法律関係がいかなる法によるべきかについては、多くの国では明文の規定はない。船荷証券の準拠法が問題となるのは、船荷証券の発行、船荷証券の所持人と運送人の関係、船荷証券の譲渡とその効力、船荷証券による運送品の支配についてである。

わが国の裁判例、学説では次のごとくである。船荷証券の発行については運送契約の準拠法によるとするのが通説であるが（裁判例では、横浜地判大正7年10月29日法律評論8巻諸法4頁、東京控判昭和10年12月13日法律評論25巻商法250頁、東京地判昭和36年4月21日下民集12巻4号820頁）、船積地法によるとの説もないではない。船荷証券所持人と運送人の関係については運送契約の準拠法によるとするのが通説であるが（運送契約の準拠法の決定は契約一般における準拠法決定の法則による）、当事者による運送契約の準拠法の指定がないときは船荷証券の発行地法（船積地）によるとの説もある。船荷証券の譲渡についてはその行為地法（船荷証券の所在地法）によるとされている（前掲横浜地判大正7年10月29日）。船荷証券による運送品の支配については、運送品の仕向地法説と証券の所在地法説がある。

これらの問題は次のように考えるべきではなかろうか。船荷証券の発行の要否は運送契約の準拠法によるが、その方式（記載事項を含む）については運送契約の準拠法のほか、発行地法によることもできる。船荷証券所持人と運送人の関係（債権的効力）は運送契約の準拠法による（通例、船荷証券の裏面には準拠法を指定する条項がある。準拠法の指定がなければ、法廷地がわが国にあるときは法適用通則法8条により、運送人の主たる事業所所在地法または、それ以外の最密接関係地があれば、その法による）。船荷証券の譲渡についてはその成否、効力、方式ともに船荷証券の所在地法による。船荷証券による運送品の支配（物権的効力）についても証券の所在地法によるが、船荷証券は物または物権そのものを表象する証券ではないから、運送品それ自体についての物権関係はその現実の所在地法による。

② 船荷証券に関する実体法の統一

1924年の船荷証券に関するある規則の統一のための国際条約（ヘイグ・ルー

ルズ)、それを改正する1968年(ウィスビー・ルールズ)および1979年の議定書(SDR議定書)は、船荷証券の交付、記載事項と記載の効力等の実体法を統一するための国際的合意である。わが国ではこれにもとづいて、昭和32年に船積港または陸揚港が本邦外にある海上物品運送を適用の対象とする国際海上物品運送法を制定した。そして平成4年(1992年)に1968年議定書と1979年議定書批准の際に、1924年条約を廃棄し、国内法も若干の規定を改正した。日本法が準拠法とされるときは、国際運送を規律する規定は商法と国際海上物品運送法である。平成30年改正前には商法の規定とヘイグ・ルールズとはそれぞれの原則が異なっていたので、国際海上物品運送法で商法の規定の適用除外の規定を設けたが、改正後は同じような原則になったため、ヘイグ=ウィスビー・ルールズに由来する国際海上物品運送の特則のほかは商法の規定を適用する趣旨の規定を設けた(国際海運法改正15条)。

(3) 船荷証券の交付
① 船荷証券の交付義務

運送人又は船長は、荷送人又は傭船者の請求により、1通または数通の受取船荷証券または船積船荷証券を交付しなければならない(条約3条3項・7項、国際海運旧6条1項の趣旨は改正商法757条に移し、本条削除)。条約では荷送人との間の運送契約で運送を約した者を運送人とし(条約1条(a)では、「運送人」とは運送契約における荷送人の相手方たる船舶所有者または傭船者をいうとしている)、荷送人は運送人およびその代理人に船荷証券の交付を請求することができるとするほか、それまでの商慣習を考慮して船長にも船荷証券の作成権限を与え、荷送人は船長にその交付を請求しうることとしている(条約3条3項・7項)。船積船荷証券でないと荷為替手形の取組みができないので(2007年信用状統一規則20条aⅱ)、通常は船積船荷証券または船積みの記載のある船荷証券が交付される(国際海運旧7条2項の趣旨は改正商法758条2項に移し、本条削除)。

② 船荷証券の記載事項

船荷証券は要式証券とされ、そこに記載すべき事項は条約または法律で定められているが(条約3条3項、国際海運旧7条1項1号—12号の趣旨は改正商法758

条に移し、本条削除)、運送人が特定の運送品を特定の港から特定の港まで運送して荷受人に引き渡すべき旨を記載し、作成者の署名があれば、他の事項の記載が欠けていても、船荷証券としての効力を有する（商慣習）。船荷証券では特定の運送契約に固有の事項（運送品の種類、数量、陸揚港等）を表面に記載し、裏面に運送条件、免責条件を記載している。特定の国または地域に関する運送品のための約款を含めて、さまざまな条項を記載していることもある（例えば、米国向運送品の船荷証券における双方過失の衝突約款 Both to Blame Collision Clause、改訂ジェイソン約款 New Jason Clause）。もっとも、そこに記載された約款は、運送契約の準拠法あるいは法廷地法によって常に有効とされるとはかぎらない。

(a) 運送品の種類、その容積もしくは重量または包もしくは個品の数および運送品の記号（条約3条3項(a)、改正商法758条1項1号2号）は、運送品の特定、滅失等の場合の損害賠償額の算定のために必要であるが、運送人はそれについて荷送人の書面による通告があったときは、その通告に従って記載しなければならない（条約3条3項(b)、国際海運旧8条1項の趣旨は商法759条に移し、本条削除）。運送人において荷送人の通告が正確でないと信ずべき正当な理由がある場合およびそれが正確であることを確認する適当な方法がない場合には、その通告に従って記載する義務を負わない（条約3条3項(c)但書、国際海運旧8条2項・改正商法759条。通常は「通告に従えば」あるいは「内容不知」などの文言（不知文言）を付して通告されたところを記載する）。

(b) 外部から認められる運送品の状態の記載（条約3条3項本文、国際海運旧7条1項3号）は、船積時における運送品またはその梱包の状態を示すものであり、この記載は陸揚時における運送人の責任の有無にかかわることになる。しかし、外観上適当でない旨の記載のある船荷証券（foul B/L、故障船荷証券）のある荷為替手形は買取りがなされないので、外観上故障のない船荷証券（clean B/L、無故障船荷証券）が、荷送人の運送人宛の補償状（letter of indemnity）と引換えに、交付される慣行となっている。

(c) 荷送人の氏名または名称の記載（国際海運旧同項4号）は、貨物の発送者を示すものであり、荷受人の受取りの際の便宜となるものであって、運送契約の当事者である者に限らず、事実上貨物を発送する者（例えば、運送取扱業者または

その他業者）を荷送人と記載しても差し支えないとされている（通説。大判昭和12年12月16日民集16巻1793頁）。ただし、指図式船荷証券にあっては、荷送人の記載がないと裏書の連結を欠くことになるので、そのために荷送人の氏名または商号の記載が必要となる。

　（d）荷受人の氏名または商号の記載（国際海運旧同項5号）には、特定の荷受人を記載するもの（記名式）、単に指図人と記載しまたは荷送人もしくは特定の者を指図人と記載するもの（指図式）、持参人と記載するもの（持参人式または無記名式）、特定の者もしくはその指図人または所持人に引き渡す旨の記載のあるもの（選択無記名式）がある。記名式船荷証券については、譲渡禁止の指定がないかぎり、裏書譲渡を可能とする法が多いが（例えば、わが国の国際海上物品運送法旧10条、改正前商法574条。平成30年の改正では、国際海運旧10条を削り、改正商法762条に船荷証券の譲渡に関する規定を設けた）、記名式の場合には必ず譲渡禁止の旨を記載させて譲渡を認めないとする法もある（米国の1916年連邦運送証券法2条・6条）。

　（e）運送人の氏名または商号は船荷証券上に記載しなければならない（国際海運旧同項6号、改正商法758条1項6号。条約上の明文の規定はないが、このことは当然の前提としていると解される。なお、ハンブルク・ルールズ15条1(c)では運送人の氏名と主たる営業所所在地の記載が必要とされている）。船荷証券所持人にとっては、証券上の記載によって運送人を知るほかはないからである。そこで、どのような記載があれば運送人の表示といいうるか、運送人の氏名、商号が具体的に示されていないときに何人が運送人として責任を負うべきかという問題が生ずる。

　（f）船積港および船積年月日（国際海運旧同項8号）は貨物の同一性を証することおよび取引の当事者の便宜のためであり、これらを欠いても船荷証券の効力には影響はない。

　（g）船舶の名称および陸揚港は必要的記載事項である（国際海運旧同項7—9号）。これらの記載がないと、船荷証券所持人は運送品を受け取ることができない。ただし、代船積換約款があるかぎり、船舶の名称は運送品が最初に積まれた船舶を意味するにとどまる。

　（h）運送賃の記載（国際海運旧同項10号）は前払または着払の区別に意味が

ある。運賃額の記載がなくともさしつかえない。

　(i)　船荷証券の通数は荷送人の請求するところによるのが商慣習である（荷為替手形の取組みの必要から3通の場合が多い。信用状の買取銀行はその全て（full set）の呈示（提示）を求める）。いずれも正本（原本）としての効力を有するが、そのうちの一通と引換えに運送品の引渡しがなされたときは、他の証券による受戻しを請求することはできない。

(4) 船荷証券の効力

　運送人は船荷証券の正当な所持人に対して運送品を引き渡す義務を負う（船荷証券の債権的効力）。裏書の連続のある所持人に運送品の引渡しをしたときは、運送人に悪意または重過失がないかぎり責任を免れる（国際海運旧20条・改正15条1項、改正商法764条）。船荷証券の正当な所持人は運送人に対して陸揚港において運送品の引渡しを請求することができ、その滅失、損傷および延着について損害賠償を請求することができる（改正商法575条）。

　多くの国では、船荷証券の引渡しがあったときは、それによって運送品証券によって表象される動産上の物権（所有権、占有権）の移転が生ずるとともに、証券の引渡しをもって第三者に対抗することができるとされている（船荷証券の物権的効力）。船荷証券の所持人による運送品に対する支配は運送人の占有を前提とした間接占有とする説（相対説）と、証券の所持そのものに認められる効力とする説（絶対説）とがある。船荷証券の呈示なくして運送品の引渡しがなされた場合（空（仮）渡し、保証渡しの場合）には、船荷証券の所持人は、相対説では運送品に対する支配を失うことになり、運送人に損害賠償を求めることができるにすぎないが、絶対説では運送人以外の第三者に対しても運送品の引渡しを求めること（占有の回収）ができる。船荷証券所持人の権利の安定の必要からみて、絶対説が妥当である。ただし、絶対説でも運送品そのものについて第三者の即時取得が生じたときは、船荷証券の物権的効力は消滅すると解さざるをえない。

5　海上運送状

　海上運送状（Sea Waybill）とは、海上運送人が運送を引き受ける際に、貨物の

受取りと運送契約を証するために、荷送人に交付する書類をいう（'Waybill' とは海上陸上を問わず、貨物引換証、貨物運送状をいう）。1970 年代後半から船荷証券よりも貨物が先に到着することが生じ、貨物の引渡しを迅速にするために、航空運送状に類似する海上運送状が用いられるようになった。その慣行によれば、海上運送状は貨物の運送人による受取りを証する書類であるが、貨物の引渡しは海上運送状と引換えである必要はなく、正当な荷受人であることを証明すれば貨物の引渡しをうけることができる（貨物処分権については、CMI 規則では、荷送人がこれを荷受人に譲渡する旨を記載することによって、荷受人のみに処分権ありとすることができる）。このような海上運送状は貨物を表象する書類ではなく、流通性（譲渡可能性）も認められていない（non-negotiable と表示されている）。したがって、荷為替手形による決済に用いることはできないので、その必要のない取引（例えば、本支店間の取引、代金前払の取引など）に用いることになる（貿易金融の必要があるときは、航空運送状と同様に、輸入者の銀行が荷受人となり、輸入者は通知先 notify party とされる）。同一の海上運送で船荷証券と海上運送状とを併用することはできない。

　万国海法会では 1990 年に万国海法会海上運送状統一規則（CMI Uniform Rules for Sea Waybill）を作成した。これは当事者が任意に海上運送状の中に取り込むことのできる条項を定めたものである。その際に作成した海上運送状に関するモデル契約には、荷送人から荷受人への運送品処分権を移転できるとの条項がある。

　平成 30 年商法改正案 770 条は海上運送状について定める（1 箇条で独立の節となっている）。その要旨は、運送人又は船長は荷送人又は傭船者の請求により、運送品の船積後遅滞なく、船積があった旨を記載した海上運送状を交付しなければならない。運送品の船積前であっても、その受取後は、請求があれば海上運送状を交付しなければならない（1 項）。海上運送状には船荷証券と同様の記載（改正商法 758 条 1 項）をし、数通の運送状を作成したときはその通数の記載も要する（同条 2 項）。海上運送状は電磁的方法によることもできる（同条 3 項）。運送品について現に船荷証券が交付されているときは、海上運送状を交付する義務はない。

6 運送品の引渡し

　船荷証券と引換えに所持人に運送品が引き渡されるが、その際に提示する船荷証券の通数等は運送契約の準拠法の定めるところによる（日本の法律によるときは国際海上物品運送法改正 15 条による改正商法 757 条―768 条の適用。陸揚港以外では全通を回収する必要があるが、陸揚港では 1 通の回収でよい。ただし、2 通以上の所持人があるときは、最初に船荷証券を取得した者が優先し、1 人の所持人に運送品の引渡しがなされると他の所持人の船荷証券は効力を失う。船長は運送品の供託ができる。改正商法 582 条）。実際には運送人が船荷証券を回収し、それと引換えに本船の船長もしくは荷役業者または陸揚げした運送品の保管者（倉庫業者）に充てた荷渡指図書（delivery order; D/O）を荷受人に交付し、荷受人はこれによって運送品の引渡しを受けることになる。

　荷受人または船荷証券の所持人は、運送品の一部の滅失または損傷があったときは、受取りの際に運送人に対してその滅失または損傷の概況について書面で通知しなければならない（荷送人の通知義務）。ただし、それが直ちに発見することができないものであるときは、受取りの日から 3 日以内に通知を発することで足りる。これらの通知がなかったときは、運送品は滅失および損傷がなかったものと推定される。しかし、引渡しの際に当事者の立会いによって確認されたときは、それによる（条約 3 条 6、国際海運旧 12 条 1 項―3 項・改正 7 条 1 項―3 項）。

　運送品の引渡しの際には運送品の外観、数量等の検査が行われる。コンテナ貨物の場合にはコンテナの外観、損傷の有無を検査する。これらに異常、損傷があれば運送中に生じたものと推定されるので、運送人が責任を負うことになる。ただし、コンテナ内の運送品に異常がなければ、運送人は責任を問われない。船荷証券が作成されていない場合には、運送契約において荷受人とされた者が引渡しを請求することができる。

　運送賃の未払、通関費用・倉庫料等の立替金がある場合には、その支払があるまで運送人は運送品の引渡しをする必要はない（多くの場合は、運送契約の準拠法によって運送人が留置権、先取特権を有する）。

　荷受人が運送品の受取りをしない場合、あるいは受け取るべき者が確知できない場合には、運送人は運送品を供託することができるが（改正商法 582 条）、約

款で運送人が売却処分することを定めていることが多い。

補説

(船舶の規律)

船舶の船籍　各国はその定めるところによって船舶に自国の船籍を与え、自国内での船舶の登録および自国の旗を掲げることを認めるとともに、その管轄権に服せしめることができる（これは慣習国際法であり、国際連合海洋法条約 91 条はこのことを成文化した規定である）。多くの国では自国の定める要件を備え、自国の港に登録した船舶を自国船としてこれに保護を与え、公法上の規律を加えるとともに、通常は船舶の物権関係について公示する制度を設けている。船籍付与の条件として自国民が所有者であることを要するとする国もあるが（例えば、日本）、自国民の所有しない船舶にも船籍を与える国は少なくない。船籍は主として国際法上の管轄権と公法上の規律の面で意味がある。もっとも、登録した国で船舶に関する物権が公示されているため、船舶登録国を船舶をめぐる法律関係の管轄権と準拠法の基準としている国は多い（旗国法主義）。船舶の登録はその運航に密接な関係のある国においてなされるとはかぎらず、税法、労働法その他の法律上船舶所有者にとって都合のよい国でなされることが少なくない。これが便宜地籍船である。便宜置籍船でも、船舶の登記・登録は同じ国でなされていた。そこでの問題は、実質的に支配をしている者の属する国と登録国とが異なるときにどのように扱うかであった。ところが、近時、船舶の賃貸借に際して、船籍国の登録簿を閉鎖し、別の国に登録して、その国の旗を掲げること（flag-out）も行われている。その結果、旗国は必ずしも船籍国ではないこともありうる（新たな便宜置籍船）。

私法上の問題は、便宜置籍船の物権について、その登録国法、旗国法、船舶の現実の所在地（現在地）法のいずれにによらしめるかにある。これは航空機、自動車でも生ずる問題である。船舶に関する物権の公示のなされている国の法律を（法適用通則法 13 条 1 項の物の所在地法と解するか否かは別として）、船舶の物権の準拠法とすべきであろう。船舶は便宜置籍船ばかりではないからである。

日本船舶　日本船舶とは日本の官庁・公署に属する船舶、日本国民の所有する船舶、日本の法令で設立された会社でその代表者全員及び業務執行役員の 3 分の 2 以上が日本国民であるものの所有する船舶、そのほか日本の法令で設立された法人でその代表者全員が日本国民であるものの所有する船舶をいう（船舶法 1 条 1 号―4 号）。なお、日本船舶でなければ日本の不開港に寄航することはできず、日本の各港間の運送をすることができない（同法 3 条）。

便宜置籍船　船舶を所有しあるいは実質的に支配する者が船員労働、船舶の維持管理等に関する規律、船舶あるいは法人に対する課税が緩やかであるとの理由から、船舶の実質的所有者の属する国以外の国に船舶を登録した場合に、その船舶を便宜置籍船（flag of convenience）という。便宜置籍船の外観上の所有者のほとんどは船籍国で設立された企業（そのほとんどが実体のない法人、いわゆるペーパー・カンパニー）である。したがって、船

舶の実質的な所有者の属する国と船舶の旗国とが異なることになる。この情況のもとで、1986年に「船舶登録要件に関する国際連合条約」が採択され、船舶の所有への自国民の参加、自国民・旗国常住者の配乗等を要件として船舶と旗国の真正な関係（genuine link）を具体化する措置を定めたが、実効をみるに至っていない。

（船舶の利用）

  傭　船　　自己以外の者が所有しまたは使用する船舶を利用することを、傭船（charterparty, 仏語 charte partie から）という。

  裸傭船（bareboat charter, charter by demise）は物としての船舶賃貸借である。船舶賃貸借契約も標準契約書式（例えば BARECON 89）によって行われることが多い。船舶賃借人は自ら船舶を運航して貨物を運送し（航海傭船および箇品運送）、さらにこれを賃貸し、あるいは第三者に定期傭船させる等の方法で利用する。

  航海傭船（voyage charter）は船舶所有者、船舶賃借人、定期傭船者などが船員を配乗し運航費用を負担して、船舶の全部または一部を荷主（傭船者）に提供して、一定の貨物を運送し、傭船者が傭船料（freight）を支払う契約である。航海傭船契約も標準契約書式（例えば GENCON）によって行われることが多い。一定の種類の商品（鉱石、石炭等）の一定数量を一定期間（1年ないし3年程度）に特定の積地と揚地の間で何回かに分けて運送する契約を数量契約（volume contract）という。その運送の実態は連続して行われる航海傭船契約による運送と同じであるが、つねに特定の船舶で運送するとはかぎらず、運送のための船舶は運送人の選択に委ねられている。特定の船舶による運送契約ではないので、特定の船舶の使用が可能かどうかにかかわらず、運送人は期間中の残りの貨物の運送義務を負う。

  定期傭船（time charter）は、船舶所有者または船舶賃借人が、船員を配乗させた特定の船舶を一定期間傭船者（定期傭船者）の利用に委ね、定期傭船者は運航に関する費用を負担してこれを自己の行う海上運送のために用い、その対価として定期的に傭船料（charter hire）を支払う契約である。定期傭船者の傭船の目的は船舶を用いて自己または他人の貨物の運送を行うこと（航海傭船または箇品運送の用に供すること）、あるいはさらにこれを定期傭船させることにある。このような船舶の利用方法は航海傭船や箇品運送よりも遅れて発達したため、若干の国を除き制定法上の規定がなく、当事者の具体的な権利義務は契約条項と商慣習によって規律されている。契約は標準契約書式を用いて行われ、個別の契約ごとに付加、修正もなされている。代表的な標準契約書式としては、1913年制定以来数次の改訂のなされたニューヨーク物産取引所定期傭船書式（NYPE 1946, 1993, 2015 など）、ボルティク国際海運同盟統一定期傭船書式（Baltime 1939, Boxtime 2004）などがあり、タンカー用、撤積化学製品運送用などの標準契約書式もある。定期傭船契約では、船舶の使用および配船は傭船者に委ねられているが（船舶賃借約款、処分約款、船員使用約款、不満約款）、船舶を傭船者の利用に供する者（船舶所有者、船舶賃借人）が船舶を占有し、船舶を維持管理し、船員を雇用してその給料を支払い、傭船者は燃料費、水先料、曳船料、岸壁使用料等配船

にともなう港費の支払を負担するとされている（純傭船約款）。

定期傭船から生ずる法律問題　定期傭船は19世紀半ばの英国の海運実務から発達し、20世紀になって広く用いられている傭船である。定期傭船から生ずる法律問題としては、船舶所有者と定期傭船者間の定期傭船契約それ自体についての問題と、定期傭船においてはこの両者が船舶の運航と運送とにかかわるため、積荷の損害についての運送人としての責任、とくに船荷証券の所持人に対する責任はいずれが負うべきか、船舶による第三者に対する加害行為（例えば、船舶の衝突）についての責任はいずれが負うべきか、定期傭船者はその責任について責任制限を主張しうるかなどの定期傭船契約の当事者以外の者との間での問題がある（最判平成4年4月28日判時1421号122頁は船舶の衝突について企業体としての定期傭船者の責任を認めた）。

定期傭船に関する明文の規定のある国は少なく、立法措置をとった国もあるが（北欧諸国、オランダ、イタリア、スイス、フランス、ポーランドなど）、それは定期傭船契約の当事者間の関係についてであり、その内容にはかなりの相違がある。このような情況のもとで、定期傭船契約の当事者間の関係はボールタイム、プロデュース・フォームなどの詳細な条項のある標準契約書式と英国、米国などの有力海運国の判例によって規律されていることになる。英米の判例では定期傭船契約は運送契約の一種であるとし、船舶所有者が運送人として責任と船舶運航上の責任を負うとしている。

わが国では平成30年改正商法で定期傭船契約に関する規定を設けた（704条－707条）。そこでは、定期傭船契約とは当事者の一方が艤装した船舶に船員を乗組ませて当該船舶を一定の期間相手方の利用に供することを約し、相手方がこれに対してその傭船料を支払うことを約する契約であるとし（704条）、定期傭船者は、船長に対し、航路の選択その他の船舶の利用に関し必要な事項を指示することができる（ただし、発航前の検査その他航海の安全に関する事項については、この限りではない）（705条）、船舶の燃料、水先料、入港税その他の船舶の利用に関する通常の費用は定期傭船者の負担とする（706条）とした。これは一般に定期傭船契約とされている概念を成文法上認めたものであって、争いある問題点を立法で解決したものではない。

運送人は船舶所有者か定期傭船者か　大判昭和3年6月28日民集7巻519頁は、定期傭船契約は船舶賃貸借契約と労務供給契約との混合契約であるとして、傭船者を改正前商法704条の賃借人であるとし、荷受人に対する運送人としての責任（運送品の数量の不足の責任）を認め、同法759条の再運送契約の場合の船舶所有者の責任を否定した。また、船舶の衝突にもとづく責任についても定期傭船者の責任を認める裁判例がある（東京地判昭和49年6月17日判時748号77頁、大阪地判昭和58年8月12日判夕519号189頁。前掲最判平成4年4月28日）。昭和3年の大審院判決以来定期傭船契約の法的性質について多くの学説があらわれ、その法的性質の問題とともに、貨物の運送における責任と船舶の運航における責任について船舶所有者と定期傭船者のいずれが負うべきかについて争いがある。わが国の海運実務家と伝統的学説のとる定期傭船契約を運送契約とする説では船舶所有者が責

任を負うことになるが、混合契約説と企業組織賃貸説では定期傭船者が責任を負うことになる。海技商事区別説、内部外部区別説、積荷指向船舶指向区別説などはそれぞれのかかわりの程度の強い部分について責任を分けるという考え方である。ここで考え方が分れるのは、いずれの者にどのような場合に海上運送企業としての責任を認めるかの違いにある。英国等の海運実務で船舶所有者を運送人とするのは、要するに、責任の引当てとなる船舶を所有する者に請求することが実際上の便宜にかなうということであろう。

　最判平成10年3月27日民集52巻2号527頁（ジャスミン号事件。なお、第一審は東京地判平成3年3月19日判時1379号134頁）は「定期傭船契約によって傭船されている船舶が運送の目的で航海の用に供されている場合」には、改正前商法704条の船舶の賃貸借と異なり、船舶所有者が船舶を艤装し、船長を選任し、船員を雇い入れた上でこれを提供するものであるから、「右船舶に積載された貨物につき船長により発行された船荷証券については、船舶所有者が船荷証券に表彰された運送契約上の請求権についての債務者となり得るのであって、船荷証券を所持する第三者に対して運送契約上の債務を負担する運送人がだれであるかは、船荷証券の記載に基づいてこれを確定することを要するものと解するのが相当である」とした。この判旨は、要するに、船荷証券の所持人に対して運送人としての責任を負うべき者は船荷証券上の記載によること、その記載の仕方によっては船舶所有者が運送人としての責任を負うこともあるというのであるが、いかなる記載があればそれになりうるか、その法的根拠は何かについては述べていない。本件船荷証券は運送契約をした定期傭船者が作成し、その上部に定期傭船者の商号、ロゴタイプ、サービスマークが表示されている船荷証券（傭船者発行の船荷証券）に、傭船者の代理店が「船長に代わって」の文書（For the Master）の表示の下に署名をしたものであるが、貨物の損傷について運送人の船荷証券の所持人に対する責任は定期傭船者と船舶所有者のいずれが負うべきかが問題となった事案である。後述本節4(3)②(e)参照。

（海上運送における諸問題）

　碇泊期間（laytime）の算定についての取極　　運送品の船積みまたは陸揚げのための作業をするための期間を碇泊期間（レイタイム laytime）といい、その期間内に船積みおよび陸揚作業を完了させなければならない。契約で定めたレイタイムにはすべての日を算入するもの"running days"（日曜日、祭日を明示の合意、慣習で除外することもある）、荷役開始後すべての時間（雨天、ストライキを問わない）を算入するもの"running hours"、作業日（港の慣習による）をすべて算入するもの"working days"、天候上荷役可能であれば作業日を算入するもの"weather working days"がある。これらは荷役が現実になされたか否かにかかわらない。"weather working days Sundays and Holidays excepted"ならば日曜日、祭日に荷役をしても碇泊期間に算入されないが、"Sundays and Holidays Excepted Unless Used"とあれば日曜日、祭日は荷役がなされたならば碇泊期間に算入し、"Sundays and Holidays Included"とあれば、荷役実行のいかんにかかわらず日曜日、祭日も算入する。実際の傭船契約においては、傭船者と運送人の間でレイタイムの計算についての争いが少なくない。

荷役条件　運送人が船積み、積付けの費用を負担するものをバース・タームまたはライナー・ターム（berth term, liner term）といい（定期船で用い、傭船ではほとんど用いない）、船積費用を傭船者が負担するものを「船積費用船主無関係」(free in, FI)、陸揚費用を傭船者が負担するものを「陸揚費用船主無関係」(free out, FO)、両者を傭船者が負担するものを「積揚費用船主無関係」(free in and out, FIO) という。さらに積付けまたは荷ならしの費用を傭船者が負担する場合にはそれぞれに 'stowed' 'trimmed' の語を付加する。これらの約款があるときは荷役費用を傭船者が負担するほか、運送品の損害について運送人が運送契約上の賠償責任を負うかについては議論がある。

運送に複数の運送人が関わる場合の態様　複数の運送人が運送区間の一部について各自独立して運送を引き受ける契約を部分運送、複数の運送人が全区間について共同して運送を引き受け、運送人間で担当する区間を定める場合を同一運送（共同運送）、最初の区間の運送人の締結した運送契約にその後の区間の運送人が順次加わり、それぞれの区間の運送を行う場合を連帯運送または相次運送（改正商法 579 条）、1 人の運送人の引き受けた区間の全部または一部を他の運送人に実行させる場合を下請運送という。単一の運送契約に複数運送人の関与するこれらの運送を一般に「通し運送」(through carriage) と総称している（相次運送の語をこの意味に用いることもある）。部分運送はそれぞれ独立した複数の契約から成る。同一運送は一つの運送契約であるが、複数の運送人が連帯して運送契約上の責任を負う（商法 511 条）。連帯運送・相次運送においても運送人は連帯して責任を負う（改正商法 579 条 3 項。各運送人は自己の運送区間のみに責任を限定する分割、非連帯の特約を加えていることが多い）。

このような場合に発行される運送状を「通し運送状」という。下請運送では元請運送人が運送人としての責任を負い、下請運送人と荷送人との法律関係は生じない。このような運送契約の形態は運送の各態様ごとに生ずるとともに、異なる態様の運送の間でも生ずる。

これらのうち、単一の運送人が異なる運送の態様を用いて全ての区間についての運送を引き受ける場合が複合運送であり（改正商法 578 条）、その運送が二以上の国にかかわる場合が国際複合運送である。

堪航能力担保義務の性質　ヘイグ・ルールズおよびヘイグ＝ウィスビー・ルールズは運送人の堪航能力 (seaworthiness) の担保義務を明示し、これを過失責任としているが、ハンブルク・ルールズではこれをとくに明示することなく、運送人の一般的注意義務に含めて処理している（ハンブルク・ルールズ 5 条）。いずれも過失責任主義をとるが、運送人が注意義務を尽くしたことが立証されたときはその責任を免れるとしている。これに対して、改正前商法 738 条の堪航能力担保義務は、判例および通説では、無過失責任と解されていた（最判昭和 49 年 3 月 15 日民集 28 巻 2 号 222 頁）。わが国が 1924 年条約を批准する以前に、わが国の船社が船荷証券中の「至上約款」(Paramount Clause) で同条約またはそれにもとづく締約国の国内法（例えば、1936 年の米国海上物品運送法）に従う旨を定めていても、当時のわが国など条約非締約国に訴訟が係属し、日本法が準拠法とされる場合には、ヘイグ・ルールズによ

る堪航能力の規定は当時の商法738条および739条に反するためこのような至上約款は無効とされ、その結果、日本法によって無過失責任を負うことになる。このような事態に対処するためにも、わが国では同条約の批准が必要とされた。米国のハーター法（Harter Act, 1893）の責任が同条約よりも運送人に酷な結果を生ずることも、米国が同条約を採用するに至った直接の契機であるといわれている。

契約責任と不法行為責任および運送人の使用する者の責任　ヘイグ・ルールズでは運送人に対する不法行為にもとづく損害賠償請求に関する規定がなかったために、荷主側から運送人に対して、運送契約上の責任ではなく、不法行為による責任を問うことが行われ、さらに、運送人の使用する者、運送人と契約関係のない下請運送人に対しても不法行為にもとづく損賠賠償請求がなされ、それを運送人が負担する結果となることもあった。そのために運送人は船荷証券中に、そこで定める運送人の抗弁と責任制限は被用者（使用人）、代理人および独立した業者（荷役業者など）にも及ぶ旨の条項を加えた（英国貴族院の Adler v Dickson（The Himalaya）［1954］2 Lloyd's Rep 267 で有名になったので、これを The Himalaya Clause という）。ここでの問題の一は運送人の責任に関する契約責任と不法行為責任の関係であり、他は運送人の使用する者に対する請求について、これらの者が運送人の契約責任における抗弁と責任制限を主張することができるか、船荷証券上のヒマラヤ条項はどのような意味があるかである。

英国をはじめ各国の裁判例は運送人の責任については請求権の競合を認めているようであり（わが国の判例は伝統的に請求権競合説である。最判昭和38年11月5日民集17巻11号1510頁）、また、運送人の使用する者についても運送契約上の抗弁、責任制限の主張を否定した（最判昭和44年10月17日判時575号71頁は、積荷の保険者からの損害賠償請求事件で、荷役業者の被用者の行為について被用者の不法行為責任と荷役業者の使用者責任を認めた。英国の判例（客船）Scruttons v Midland Silicones［1962］AC 446　（貨物船）Robert C. Herd & Co. v. Krawill Machinery Corp., 359 U.S. 297, 79 S. Ct. 766（1959））。このようなことを防止するために、船荷証券中にこれらの者はその責任については運送人と同様の主張をなしうる旨の約款が加えられることになった（ヒマラヤ条項 Himalaya Clause）。この問題は1968年のウィスビー・ルールズにおいて明文の規定をおくことで解決された（68年議定書3条2項・3項、国際海運旧20条の2第2項・改正16条3項）。もっとも、1968年改正議定書を採用していない国もあるので、ヒマラヤ条項の意味が失われたわけではない。この条項で運送人と同様の抗弁および責任制限を援用しうるとされる者は、そこに明示されている使用人、代理人、下請業者、独立した業者（servant, agent, subcontractor, independent contractor）であるが、運送に関与しない者は含まれない。これらの者と荷主との間では運送契約がないため、船荷証券の条項によっては、運送人がこれらの者を代理して運送契約を締結した旨の文言のあるものもある。この場合は、代理権授与についての立証の問題が生ずる。

平成30年改正の商法587条・588条、国際海上物品運送法16条は運送人等に対する不法行為責任の追求を認めている（判例、改正商法とともに請求権の競合を認める）。

空渡し（仮渡し）・保証渡し　運送人が船荷証券（B/L）と引換えでなく運送品を引き渡

すことを空渡し（仮渡し）という。船荷証券が未到着のときなどに行われる。運送人が船荷証券と引換えでなく運送品の引渡しをした後に船荷証券の所持人から引渡しを求められたときは、正当な権利者への運送品の引渡しがなされていないから、運送人はそれについての責任を負わなければならない。そのため、船荷証券によらないで運送品の引渡しを請求する者が運送人に運送人の被る一切の損害について責任を負う旨の保証状（letter of guarantee, L/G）を差し入れて運送品の引渡しを受け（シングル L/G）、銀行がその責任について連帯保証をすることもある（バンク・L/G、ダブル・L/G）。これらを保証渡しという。空渡し、保証渡しは適法か、運送人の行為は横領罪または背任罪を構成するか、運送人は保証状にもとづく求償をなしうるかがかつて問題となった（いわゆるビー・エル問題）。

　通説は船荷証券と引換えでない運送品の引渡しは船荷証券の所持人に対抗できず、運送人は船荷証券の所持人に対して責任を免れないが、空渡し、保証渡しおよび保証状の差入れは違法ではなく、有効であるとし（運送人は船荷証券と引換えでない引渡しを拒むことはできるが、引渡しに際して船荷証券を回収する義務はない）、判例も当時の商法 584 条は強行規定ではないと解して、これを認めている（大判大正 15 年 9 月 16 日民集 5 巻 688 頁、大判昭和 5 年 6 月 14 日新聞 3139 号 4 頁）。保証渡しに関しては保証渡後の悪意の船荷証券取得者の権利の有無、保証渡しをした運送人の責任制限の可否、運送人に対する出訴期間の制限の適用の有無と出訴期間の起算日、傭船契約において保証渡しをした場合の運送人の責任などの問題がある。

　船荷証券の所持人が保証渡しの事実を知っていても、所持人の引渡請求権を否定すべき理由はないが、保証渡後にそのことを知って船荷証券を譲り受けた者にもこの権利を認めるべきかは問題であろう（所持人の悪意についての立証責任は運送人）。保証渡しは運送品の滅失ではないので、運送人は責任制限を主張しえないというべきであるが、船荷証券所持人に対する損害賠償額は陸揚地における陸揚時の運送品の市場価格とすべきであろう（条約 4 条 5(b)、国際海運旧 12 条の 2・改正 8 条）。保証渡しについて運送人を免責とする約定は、船荷証券の所持人に不利益な条項であるから、その効力を否定すべきである（条約 3 条 8、国際海運旧 15 条 1 項・改正 11 条 1 項）。

いわゆる元地回収済船荷証券　　近時船舶の速度が早くなり、船舶の陸揚港到着時に船荷証券が到着していないため、船荷証券と引換えに運送品を荷受人に渡すのではなく、船積地において発行された船荷証券の表面に直ちに回収済（surrendered）のスタンプを押捺し、船荷証券そのものを荷送人には交付せず、その表面の写のみ（裏面約款の写はない）を荷送人に交付することが行われている（このような文書を関係者は元地回収船荷証券 surrendered B/L と称している）。このような文書は船荷証券としての外形も機能もなく、これを船荷証券ということはできず（船荷証券の表面の書式を利用したにすぎず、元地回収船荷証券とは便宜的名称である）、裏面約款も付されていないので、その所持人（多くの場合は荷受人）は回収された船荷証券の裏面約款に拘束される理由はない（運送契約に関する条項および紛争解決条項（裁判管轄権または仲裁合意）を知りえないからである））。

荷渡指図書　　荷渡指図書（delivery order; D/O）とは、物品の引渡義務を負う者が、そ

の者に代わって物品の保管をしている者に対して、その書類の正当な所持人に物品の引渡しを指図する書面をいう（荷渡指図書は貨物の陸揚地における引渡しの際に広く用いられているが、倉庫業者に預けた貨物を第三者に引き渡す場合にも用いられている）。荷渡指図書には自己宛のもの（自己の履行補助者に指図するもの）と他人宛のもの（独立した受寄者に指図するもの）とがある。海上運送における運送品の引渡しの際に用いられる荷渡指図書は、運送人またはその代理人が、荷受人からの船荷証券の呈示に応じて、運送品の保管者（船長、荷役業者、倉庫業者、コンテナヤード・オペレーター等）に対して、荷受人に運送品の引渡しを指図する書面である。荷渡指図書についての法律関係は商慣習による。わが国では、いずれも運送品の引渡請求権を表章する有価証券であり、免責証券であるが、物権的効力（証券の譲渡によって物品の引渡しと同様の効力を認めること）については争いがある（指図による占有移転の効果を認めたが、第三者による即時取得を認めたものとして最判昭和57年9月7日民集36巻8号1527頁）。荷渡指図書は、指図式であれば裏書により譲渡することができ、記名式であっても、裏書が禁止されていないかぎり、裏書で譲渡することができ、持参人式であれば交付によって譲渡することができる。したがって、その即時取得が認められる。運送人が貨物の引渡しを指図する荷渡指図書については撤回はできないが、荷受人が第三者への引渡しを指図するものについては、引渡しがなされるまでは撤回が可能とされている（最判昭和48年3月29日判時705号113頁）。英米法では荷渡指図書は権原証券とされ（Factors Act 1889, Art. 1, UCC§7-102(1)(d)）、裏書交付によって譲渡することができ、所持人はこれを呈示して貨物の引渡しをうけ、あるいは自己のための保管であることを証する書面の交付を求めることができる。

国際海上物品運送法における運送人の債務不履行についての主張・立証責任　運送品の損害が船舶の不堪航によって生じた場合と、堪航能力を備えている場合であっても、運送品の損害がその受取り、船積み、積付け、運送、保管、荷揚げおよび引渡し（以下運送等という）について運送人の過失によって生じた場合には、運送人は責任を負う（国際海運3条1項）。すなわち、運送人はそのいずれについても注意を尽くしたことの立証責任を負う（抗弁事由。条約3条2、国際海運4条1項・5条2項）。

不堪航によって運送品に損害が生じた場合には、堪航能力の保持について注意義務を尽くしていないならば、運送等における注意義務を問題にするまでもなく、運送人は責任を免れず、また、堪航能力があっても運送等における注意義務を尽くしていない場合にも、運送人は責任を免れない。もっとも、後者については、運送人が一定の事実（海上その他可航水域に特有の危険、天災、戦争・暴動・内乱など条約に列挙された事実）があったことおよび運送品の損害がその事実により通常生ずべきものであることを証明したときには免責される（条約4条3項(c)—(p)、国際海運4条2項1号—11号に列挙された事実）。この場合の免責については荷主の側で運送人が注意義務を尽くしていないことを立証して、その責任を追及することができる（条約4条2(g)、国際海運4条2項但書）。そこに列挙された事実がないときは、原則に戻って、運送人は注意義務を尽くしたことを証明しなければその責任を免れない。すなわち、

運送人が損害賠償義務を免れるためには、堪航能力の保持について注意義務を尽くしたことおよび運送等において注意義務を尽くしたことを立証しなければならない。

なお、航海過失免責と火災免責（運送人の故意または過失にもとづくものを除く）については、これらの免責を認めた理由からみて、堪航能力の有無にかかわらず免責とされていると解すべきである。

荷主の通知義務　ヘイグ゠ウィスビー・ルールズでは、運送品の滅失、損傷があるときは、運送品の引渡しを受ける権利を有する者はそのことを直ちに書面で通告し、その滅失、損傷が外からは認められないときは、受取りの日の後3以内にしなければならないとしている（条約3条6項第1文・第2文、国際海運旧12条1項・改正7条1項）。これは荷受人または船荷証券所持人に運送品の滅失、損傷について通知義務を課したものということはできよう。しかし、これらの通知がなかったときでも、運送による運送品の滅失、損傷を証明すれば、運送人に対する損害賠償請求権を失うことにはならない。また、これらの通知があったことによって、当然に運送品の滅失、損傷があったことにはならない。

荷主の運送品処分権　ヘイグ゠ウィスビー・ルールズには、荷主の運送品処分権および荷受人の権利についての規定がない。それについては運送契約の準拠法の定めるところによる。わが国の国際海上物品運送法では商法の規定を準用しているので（国際海運改正15条）、これによることになる（改正商法580条－583条）。

運送品に対する運送人の先取特権　運送品に対する先取特権は、物権に関する法秩序の問題であるからその成立、効力とも運送品の所在地法（運送中の物については仕向地法）によると解すべきである。ただし、この先取特権は債権者である運送人の保護のためであるから、運送契約の準拠法で運送品の所在地法におけると同種の先取特権を認めている場合に限る（この証明は困難ではない）。先取特権の行使の手続は運送品の所在地法による。留置権についても同様である（大判昭和11年9月15日新聞4033号16頁は、留置権は被担保債権がその準拠法によって有効に成立し、かつ、担保物権が目的物の所在地法で有効に成立することを要するとする）。

通し船荷証券　通し運送の場合に、最初の運送人が運送の全区間について発行する船荷証券を通し船荷証券（Through B/L）という。最初の運送人のみが署名するもの（単独通し船荷証券）と中間の運送人が署名するもの（共同通し船荷証券）とがある。単独通し船荷証券がある場合には、中間の運送人はそれ以前の運送人に対して中間船荷証券、接続船荷証券を発行する。複合運送の場合は複合運送書類（証券）が発行される。

船荷証券の裏書譲渡　船荷証券の裏書の方法は記名式裏書と白地式裏書である。運送品の受取りのためには裏書の連続した船荷証券の正当な所持人でなければならない。そのために荷送人の記載が必要となる。多くの船荷証券は指図式で作成交付され、白地式裏書で譲渡されている。

船荷証券の文言証券性　船荷証券上の記載は、運送品の容積もしくは重量または包もしくは箇品の数、運送品の記号、外部から認められる運送品の状態に関する記載について

は、運送人は善意の船荷証券の所持人に対してその記載と異なる事実を主張することはできない（条約3条4、国際海運旧9条。同法の改正により本条を削り、改正商法760条によることになる）。

不知文言と不知約款　荷送人からの運送品についての通告について、運送人においてそれが正確でないと信ずべき場合およびそれを確かめる適当な方法がない場合に、運送人が、船荷証券の表面に運送品についての記載は通告による旨の文言（"Said to contain", "Shipper's weight, load and count", "Unknown;contents, weight, measurement, quality, specification, numbers, ……and value (except for freight purpose) unknown" などの不知文言）を付加する慣習がある。このような記載が船荷証券上になされていても、これは故障付船荷証券（foul B/L）とは扱われない（信用状統一規則26条bでは、銀行はこれを受理するとしている）。そして、船荷証券の裏面に、表面の運送品の種類、品質、数量等については荷送人の通告によるものであり、運送人はそれらについて責任を負わない旨の条項（条約3条5または準拠法たる国内法の規定と同一の文言を記載した条項。Unknown Clause.　不知約款）がある。荷送人の通告が正確でないと信ずべき正当な理由のある場合、その通告が正確であることを確認する適当な方法がない場合（例えば荷主が自らコンテナに詰めて施錠した場合。FCL貨物）および運送品、その容器、包装に航海終了までに判読に耐える表示がなされていない場合には、一般にその効力を認められている（東京地判平成10年7月13日判時1665号89頁）。そうでない場合は荷主に不利益な約款として無効とされることになろう（条約3条8、国際海運旧15条・改正11条1項）。不知文言が有効な場合には、荷主が運送人の責任を問うためには、運送品について立証しなければならない。

無故障船荷証券を発行した運送人の責任　運送人が運送品が外見上良好でないにもかかわらず外観上良好である旨の記載のある船荷証券（無故障船荷証券）を発行したが、揚地で外観上損傷があるときはその責を負う。揚地で運送品が外観上良好でなければ、それが運送中に生じたものと推定されるので、運送人は受取りから引渡しまでに相応の注意を尽したこと、そのほか運送人の免責とされる事由の存在を立証しないかぎり、その責任を免れない（東京高判平成12年10月25日金融商事1109号49頁）。

補償状　無故障船荷証券（clean B/L）の交付を受けるために荷送人が運送人に提出するのが補償状（Letter of Indemnity, L/I）であって、これによって運送人の被る損害について一切の責任を負うことを約する書面である。かつて補償状の有効性が争われたことがあったが（東京地判昭和36年4月21日下民集12巻4号820頁は、運送人の損害賠償義務がなかったとして、補償状による求償権を認めなかった。補償状の効力についての判旨は明らかでない）、詐欺的でなく、公序良俗に反しないかぎり、補償状の差入れを有効と解するのが近時の多数説である。

フレイト・フォワーダーと運送契約　フレイト・フォワーダーは荷主と運送人との間の契約を仲介し、それに付随する業務を行う場合（運送取扱人）と、荷主との間で自ら運送契約を締結する場合（運送人）とがある。前者では運送契約の当事者は荷主と運送人との契約であ

り、フレイト・フォワーダーは運送契約の当事者ではない。後者では荷主とフレイト・フォワーダー (non-vessel operating carrier) との運送契約があり、かつ、フレイト・フォワーダーは運送の実行に当たる運送人（実行運送人）との間で運送契約の当事者となり、船荷証券上で荷送人として顧客の名称が記載されていても、フレイト・フォワーダーが実行運送人に運送賃支払の義務を負う。東京地判平成16年4月9日判時1869号102頁は、海上運送人とフレイト・フォワーダーの取引関係からみて、荷送人欄に実際の荷主の氏名を記載していたとしても、運送契約の当事者はフレイト・フォワーダーであり、船荷証券上の荷送人の記載は貨物の識別等のための便宜的記載であって、運送契約の当事者ではないとした事例である。

船荷証券の物権的効力の準拠法　船荷証券の所持人がそこに表象された物を物権的に支配しうるかの問題は、その証券の所在地法によるとの立場と表象された物の所在地法によるとの立場がある。後説は具体的な物の所有権等の取得および対抗要件に関して証券所在地法と物の所在地法とが異なることを避けようとするものである。しかし、有価証券一般の効力についてはその所在地法によって統一的に処理するのが適当と考えられることから前説が妥当であろう。前説でも証券の所持人が証券にもとづいて物権を主張するためには、物の所在地における証券の呈示が必要となるので、実際上の違いはあまりないであろう。

船荷証券の電子的記録化　船荷証券の作成およびそれに付随する貿易手続に要する費用と時間、海上運送の高速化による船荷証券の到着の遅れ等の不便を解消するために、近時コンピューターを用いる方法も試みられるようになった。万国海法会が1990年に作成した「電子式船荷証券のためのCMI規則」(CMI Rules for Electronic Bills of Lading) では、荷送人から運送品を受け取った運送人は船荷証券上の記載に相当する情報（運送品に関する事項と契約条項）を知りうる暗証を荷送人に通知し、荷送人は運送人に運送契約上の権利を第三者に移転する旨を通知し、それを受けた運送人は荷送人に通知した情報と同様の情報をその第三者（荷受人）に通知し、荷受人が運送品を受け取ることになるという仕組みである（荷受人はさらに電子的方法で他へ権利を移転することはできる）。しかし、貨物海上保険への付保、荷為替信用状の取得、運送品の占有の移転の有無などのほかに、電子的なデータの処理にともなう新たな問題があり、電子的方法がこれまで行われてきた船荷証券と同様の機能を有するかという問題があった。1999年9月から運用を開始したBOLERO (Bill of Lading Europe) は海上運送人、荷主、銀行が会員となる組織をつくり、その組織 (Bolero Association Ltd.) で定めた一定の規則（ボレロ統一ルール・ブックと英法）に従うこととし、船荷証券に記載すべきデータを一元的に一定の機関で管理し、データ・メッセージの授受および登録をそこで行うことにより（電子署名の方法による）、運送品に関する権利の移転を扱うものである（これは意思や情報の伝達の仕組みであって、個別の運送契約の内容、準拠法について統一するものではない）。TEDI (Trade Electronic Date Interchange) では、船荷証券に相当するデータの登録、管理に当たる適宜のリポジトリー・サービス・プロヴァイダー (Repository Service Provider) と貿易関係者の間で利用契約（データ交換約款、リポジトリーサービス約款のほか準拠法、裁判管轄などに関する適宜の合意）を結び、これにもとづいて

船荷証券の記載内容に相当するデータを登録し、荷送人、買取銀行、信用状発行銀行への権利の移転が順次それに記入され、これにもとづいて貨物の引渡しを行うという仕組みである。いずれも、それぞれの仕組みの会員とならなければ利用できないので、会員たる企業間の取引に限定されることになろう。

なお、1996年のUNCITRALモデル電子商取引法17条では、船荷証券を発行すべき場合でも電子的手段によることができ、船荷証券に適用される法律は電子的手段による場合にも適用されるとする。

通知先　　船荷証券上、荷受人と並んで通知先（notify party）が記載されていることがある。これは船荷証券上の当事者ではなく、運送品の陸揚げに際しての連絡先と説明されているが、運送品に関する取引に利害関係のある者（実質的な荷受人）である。運送人はこの通知先に到着通知（Arrival Notice）を出す慣習となっている。

輸入担保荷物保管証　　輸入者が代金決済のために銀行に輸入商品を譲渡担保として差し入れた場合に、運送人から輸入者が商品たる運送品の引渡しを受けるために、銀行が輸入者の差し入れた輸入担保荷物保管証（trust receipt; T/R トラスト・レシート）と引換えに輸入者に船荷証券を交付し、運送品の貸渡し（船積書類の貸渡し）を行う（銀行は引渡指図書 Release Order R/O を出す）。銀行と輸入者の関係は輸入担保荷物の貸渡しに関する約定で定めるところによる。それには輸入者に運送品の陸揚げ、通関から売却までの権限を与えるもの（甲号方式）と、倉入れまたは自家保管の権限は認めるが、売却は許さないもの（乙号方式）とがある。航空貨物については売却を認めている（丙号方式）。いずれの場合でも、第三者による商品の即時取得の生ずることがある。船荷証券が銀行に未着の場合も、保証状による保証渡が行われた後に、輸入者が銀行にトラスト・レシートを差し入れて銀行から船荷証券の交付をうけて、これを運送人に提出して、保証状が返還されることになる。

なお、輸入業者の輸入した輸入商品について譲渡担保権の設定をうけた信用状発行銀行は、輸入業者が当該商品を直接占有したことがなく、輸入業者から委託を受けた海貨業者から当該商品が転買人に引渡された場合でも、輸入業者からの占有改定により、銀行は当該商品の引渡を受けたものとした判例がある（最判平成29年5月10日民集71巻5号789頁）。事案は銀行が輸入業者の転売代金債権差押の申立をしたところ、第一審（大阪地決平成27年7月9日金融商事1518号21頁）は輸入業者からの差押命令取消の申立を容れたが、第二審（大阪高決平成28年3月30日金融商事1518号16頁）は占有改定による引渡を認めて、債権差押命令を容認した。最高裁では抗告棄却。本件では元地回収船荷証券が用いられた。

（海上運送を含む国際物品運送契約に関する国際連合条約）

国際連合国際商取引法委員会では1998年からの萬国海法会による新たな海上物品運送法条約の草案について、2003年からその検討作業を進め、2008年7月に「全部又は一部が海上運送による国際物品運送契約に関する国際連合条約案」を作成し、同年12月の国際連合総会でこれを条約として採択した。この条約は20ヵ国の批准、受諾、承認または加入ののち

1年経過後の最初の暦月の1日に発効する（2018年3月末現在未発効）。この条約は1924年条約（ヘイグ・ルールズ）、1968年議定書（ヘイグ＝ウィスビー・ルールズ）および1978年条約（ハンブルク・ルールズ）に代る条約となることを意図して作成されたものである。本条約は総則、適用範囲、電子的運送記録、運送人の義務、運送品の滅失、損傷または延着についての運送人の責任、運送の特定の場合に関する追加規定、荷送人の運送人に対する義務、運送書類および電子的運送記録、運送品の引渡し、運送品処分権、権利の移転、責任限度、出訴期限、裁判管轄権、仲裁、契約条項の有効性、本条約の規律しない事項、最終条項から成っている（全96箇条）。

　本条約の規定の適用は、運送品の受取地と引渡地が異なる国にあり、船積港と陸揚港とが異なる国にある、定期船による運送契約であって（運送の全部が国際海上運送である場合および国際複合運送であってその一部が国際海上運送である場合）、運送契約において受取地、船積港、陸揚港、引渡地のいずれかが締約国にある場合に適用される（5条）。したがって、この条約の規定は、法廷地がこの条約の締約国にあって、第5条の要件を満たす運送契約に適用されることになる。本条約の規定の適用を直接または間接に回避することは許されないとされていることから（79条2項）、この条約の規定は、国際私法の規定を介することなく、直接適用されると解すべきである（ただし、条約に規定のないことは準拠法による）。

　本条約の規定は定期船による運送であっても、傭船契約および船舶の全部または一部を使用する契約には適用されない（6条1）。また、傭船契約または船舶の全部もしくは一部を使用する契約であって、運送書類または電子的運送記録のある場合を除き、不定期船による運送には適用されない（同条2）。適用の対象となる法律関係は運送契約の当事者間だけでなく、運送人と荷受人、運送品処分権者、運送書類の所持人との間の法律関係にも適用される（7条本文）。適用の対象とならない運送契約における契約当事者間の法律関係には適用されない（同条但書）。

　本条約の定める運送書類に電子記録方法を用いることができ、電子記録の発行、排他的管理、移転は運送書類の発行、所持、移転と同じ効力を有する（8条）。流通電子運送記録は、その発行と移転、真正なことの保証、所持人であることの証明ならびに所持人への引渡しまたは書類の失効の確認方法は、契約明細で定めた手続に従って使用する（9条）。

　運送人の義務は運送品取扱上の義務と堪航能力保持義務である。運送品取扱上の義務は運送契約の定めるところに従い、目的地までの運送と運送品の荷受人への引渡しであるが（11条）、具体的には運送品の受取り、船積み、取扱い、積付け、運送、保管、管理、荷揚および引渡しを適切かつ十分な注意をもって行わなければならない（13条1）。そのうち、船積み、取扱い、積付けおよび荷揚げについては荷送人または荷受人が行う旨の合意をすることができる（同条2）。危険物の受取り、積込みの拒否、無害化措置および共同海損を構成する行為を行う場合には運送人はこれらの義務を負わない（15条・16条）。堪航能力保持義務は航海開始前から航海の期間中、船舶の航海に堪える状態を維持し、船員の乗組みおよび艤装、需品の供給を適切に行い、船倉等の積込場所および自らが提供したコンテナ等を良好、

安全な状態に維持する義務を負う（14条）。運送人の責任期間は運送品の受取人への引渡しまでである（12条1、2）。運送人の責任期間を短くする合意は無効とされる（同条3）。

運送品の滅失、損傷、延着における運送人の責任は次のとおりである。①荷主（荷受人または運送書類の所持人）は、運送人の責任期間内に運送品の滅失、損傷もしくは延着（合意された期間内に引渡のないこと。21条）があったことを証明したときは、運送人に対してその損害賠償の請求をすることができる（17条1）。荷主が船舶の不堪航によって運送品に損害が生じたことにもとづく損害賠償の請求をするときは、そのことを証明しなければならない（17条5）。②運送人は運送品の滅失、損傷または延着について、自己又は運送の履行補助者（実行運送人、海事履行者等）が十分な注意義務を尽したことを証明したときは、その責任の全部または一部を免れる（17条2・18条）。運送人は運送品の滅失、損傷または延着が一定の事由（17条3(a)—(o)の列記の免責事由）によって生じたことを証明したときは、その責任の全部または一部を免れる（17条3）。荷主が、運送人等の過失がそれらの免責事由の発生の原因となり、または寄与したことを証明したときは、運送人は責任を負う（同条4(a)）。荷主においてそれらの免責事由以外の事象が損害の発生に寄与したことを証明したときは運送人は責任を負うが、運送人がその事象は運送人等の過失によるものでないことを証明することによって、その責任を免れる（同条4(b)）。同条3にいう一定の事由（免責事由）は、ヘイグ＝ウィスビー・ルールズの免責事由に類似する。しかし、本条約は航行もしくは船舶の取扱いおよび船舶の火災に関する運送人の過失を独立した免責事由とはしていない。前者は運送人の運送品取扱上の義務一般の問題とされ、後者は前記免責事由の一つ(f)とされている。なお、本条約における運送人の堪航能力保持義務と運送人の責任との関係は必ずしも明らかでない。17条5の規定では、同条3の規定にかかわらず、荷主が船舶の不堪航による損害の発生を証明したときは、運送人は損害が船舶の不堪航によって生じたものでないことまたは堪航能力の維持について運送人が相当の注意を尽したことを証明しないかぎりその責任を免れないとしている。

運送人の被用者以外に独立して運送人の義務の履行に当たる者は、締約国内における行為であって、運送品の滅失、損傷、延着がその行為に関係する場合に、運送人の抗弁と責任制限を援用することができる（19条）。

複数の運送人または実行運送人が関与している場合には、請求額の限度において共同してまたは個別に責任を負う（20条）。

運送品の滅失、損傷についての損害賠償額は、引渡しの時および場所における運送品の商品取引所の相場により、それがないときは市場価額により、それもないときは引渡地における同種、同品質の物品の価額による（22条1・2）。運送人と荷送人が、荷主に本条約の規定よりも不利益とならない限度で、他の算定方法を合意することはできる（同条3）。

甲板積運送は、(a)法規による場合、(b)甲板積運送に適するコンテナまたは車輛に積み込まれ、かつ、甲板がそれらの運送に適している場合、(c)運送契約または当該運送に関する慣習、慣行もしくは実務にもとづく場合に認められる（25条1）。甲板積の運送品についても運

送人の責任に関する原則は適用されるが、(a)と(c)の場合は甲板積運送による特別の危険によって生じた損害について運送人は責任を負わない（同条 2）。

　船積前または荷揚後の区間で運送品に生じた損害についての責任は、その区間についての国際条約で(a)運送人の責任についての定めがあり、(b)責任制限、出訴期限についての定めがあり、(c)荷送人に不利益な特約を禁止している場合には、当該条約の定めるところによる（26条）。

　運送人の特定については、運送書類等の記載（契約明細）中に運送人の名称が特定されているときは、運送人の特定に関する運送書類等における情報は、それと矛盾する限度で、その効力を有しないとし（37条1）、運送書類等において運送人の名称と住所が特定されていないときは、船舶登録上の所有者を運送人と推定する。船舶登録上の所有者が裸傭船契約の存在を証明し、傭船者の氏名、住所を明示したときは、その傭船者を運送人と推定する。登録上の船舶所有者および裸傭船者は運送人の氏名、住所を特定することによって、これらの推定を覆すことができる（同条2）。荷主は、これらの推定および船舶所有者または裸傭船者の立証にかかわらず、運送人を証明することができる（同条3）。本条1項によると、船荷証券の表面の記載で運送人が特定できる場合には、裏面の船舶所有者を運送人とする条項は効力を有しないことになる。定期傭船者の書式による船荷証券であって、"For the Master"の文字の下に傭船者代理店の署名のあるものについてどのように扱うかは本項の解釈上の問題であろう。船舶所有者、裸傭船者が運送人と推定される場合であっても、船舶所有者、裸傭船者および荷主は何人が運送人であるかを証明することはできる。この証明は船荷証券等の記載のみに限定されないのであり、自己の名で運送契約を締結して運送を約し、運賃を収受した者が運送人とされることになろう。

　運送品の引渡しと運送品処分権については運送書類の性質ごとに詳しい規定がある（43条—49条、50条—56条）。

　運送人の義務違反にもとづく責任は、運送品の1包もしくは1船積単位につき875計算単位または運送品の総重量1キログラムにつき3計算単位のいずれか高い金額を限度とする。ただし、運送品の価額の通告にもとづいて契約明細に含まれている場合または荷送人と運送人間でそれ以上の金額を責任限度額とした場合はそれによる（59条1）。コンテナ、その他運送品を統合する輸送用具に詰められた運送品については、それが契約明細に記載されているときはその包または船積単位により、その記載がないときは輸送用具の中にある全ての運送品をもって1船積単位とされる（同条2）。計算単位は国際通貨基金の定める特別引出権（SDR）とし、判決もしくは仲裁判断の日または当事者が合意した日における締約国の通貨で計算した金額とする（その国で定める換算方法による。同条3）。延着による損害については、当該運送品の運賃の2.5倍が責任限度額とされる。しかし、損害賠償の総額は当該物品の全部の減失の場合の限度額を超えないものとされる（60条）。

　裁判管轄権と仲裁に関する規定は締約国が採用した場合にのみ効力を有する規定である。

　契約条項の有効性に関しては、運送契約において、運送人、海事履行者の本条約上の義務または責任を直接または間接に排除しもしくは制限する条項、運送人またはその履行補助者

等に保険の利益を譲渡する条項は無効とされる（79条1）。荷送人、荷受人、運送品処分権者、所持人または書類上の荷送人の本条約上の義務を解除、制限し、または責任を加重する条項も無効とされる（同条2）。

数量契約（volume contract）の運送人と荷送人間については、一定の要件を満たせば本条約の規定は適用されない（80条1―4）。運送人と荷送人以外の者の間では、右の要件を満たしたうえで、荷主が本条約の規定を受けないことに明示的に同意したときは、本条約の規定の適用を受けない（同条5）。これらの要件の立証責任は本条約の規定の適用されないことを主張する者にある（同条6）。

このような長い、詳細な実体法規定のある条約がどのように扱われるか、実務がどのように反応するかは今後の問題であろう。

第3節　航空運送

1　国際航空運送

国際航空運送とは、異なる国にある2地点間の航空機による運送をいう。このような場合には一つの法律関係に2以上の法がかかわる可能性があるので、法の牴触の問題が生ずる。このことは特定の条約、法律等における国際運送の定義とは区別すべきである。条約、法律等で一定の運送を国際運送とした規定は、その条約、法律等の適用される国際運送を定めた規定である（国際航空運送について統一法を定める条約において「国際航空運送」の定義規定を設けているが、その適用の対象となる「国際航空運送」と法の牴触の問題の処理に関する国際航空運送とは概念としては異なる）。

2　国際航空運送に関する私法規範

(1) 概　説

航空運送における私法上の法律関係を直接規律する法規を有する国は少なく、多くの国では航空運送は既存の運送に関する国内法と運送業者の約款（行政官庁の監督のもとにあることが多い）によって規律されることになる。これに対して、国際航空運送については早くから統一法の作成がなされ、かなりの程度まで実体法の統一がなされ、裁判管轄権についても明文の規定がおかれている。

(2) 国際航空運送に関する統一法条約

1929年にワルシャワで採択された「国際航空運送についてのある規則の統一に関する条約」(Convention for the Unification of Certain Rules Relating to International Carriage by Air, 1929 ワルソー条約) が国際航空運送における運送人の私法上の義務と責任についての統一法を定めた初めての条約である。この条約には1955年の改定議定書 (ヘイグ議定書)、1971年の改正議定書 (グァテマラ議定書) および1975年にモントリオールで採択された第1から第3までの議定書および第4議定書 (これらをモントリオール議定書と総称する) がある。また、1961年の「契約運送人以外の者によって行われる運送に関し、ワルソー条約を補足する条約」(グァダラハラ条約) がある (わが国はワルソー条約とヘイグ議定書およびモントリオール第四議定書に加入していた)。ワルソー条約およびその後の議定書ではそれらの規定の適用を締約国間の運送としているため、国際航空運送については、条約のみの締約国であるか、どの議定書の締約国であるかによって、適用される統一法の規定に相違があることになる。このような状況を改善するための方法が1975年のモントリオール議定書の作成であったが、これは十分にその目的を達するには至らなかった (モントリオール第四議定書は1998年に発効した)。

国際民間航空機構 (ICAO) では、あらためて1999年5月に「国際航空運送についてのある規則の統一に関する条約」(モントリオール条約) を採択した。これはワルソー条約の原則をもとにし、その後の議定書、条約の規定もとり入れて、実体法の規定と紛争解決手続について定めた条約であって、これが発効した場合には、ワルソー条約ならびにそれにもとづく条約および議定書の規定に優先して適用される (モ条約55条1・2)。ただし、モントリオール条約の適用の対象となる航空運送は同条約の締約国間における、または一の締約国の領域における国際航空運送であるから、この条約の締約国となっても、ワルソー条約またはその改正議定書を廃棄しないかぎり、それらが適用される余地は残っている。ワルソー条約と改正議定書の締約国が残っていると、複数の統一法が存在するという情況はなくならない (モントリオール条約にはその締約国にワルソー条約およびそれにもとづく条約、議定書の廃棄を義務づける規定はない)。モントリオール条約は2003年11月4日に発効し、わが国についても同日から効力が生じている。同条約で裁判管轄権

についての当事者の合意の効力を認めていないのは、非締約国を法廷地と合意することによって、条約の規定の適用を回避した非締約国の判決を締約国で承認しなければならないことを防ぐためであろう。

　ワルソー条約およびその後の条約、議定書の規定は、各国の国際私法を介することなく、直接に適用されると解されている。その理由は、ワルソー条約およびモントリオール条約のいずれにおいても、当事者が運送契約中の条項および損害発生前の特約によって準拠法を指定することと、条約で定める裁判管轄権に反する定めをすることを無効としているからである（ワ条約32条本文、モ条約49条）。また、これらの条約および議定書の規定は国内法として立法することなく国内裁判所が適用することができる性質のものと解されており（立法措置を要するかどうかは国によって異なる）、わが国ではこれらにもとづく国内法は制定していない。

(3) 航空貨物運送約款

　国際航空運送に関する統一法は運送人の責任についての片面的強行規定であるので、統一法で定めている事項についてはその規定に反しない範囲で、また、統一法で定めていない事項についておよび統一法の適用されない運送については、運送人の作成した航空運送約款によることとなる。国際航空運送約款としては国際航空運送協会（IATA）の作成した約款があり、また、各航空運送人が作成した運送約款がある。わが国では運送約款の作成、変更には国土交通大臣の許可が必要となる（航空法106条）。約款の条項が条約の規定に牴触したときは、その条項は無効となるが、それによって運送契約そのものが無効とされることはない（ワ条約23条、モ条約26条・47条）。運送契約中の条項または損害発生前の特約で適用すべき法律を決定し、または裁判管轄権に関する規則を変更することによって条約の規定に違反する場合も、無効とされる（ワ条約32条、モ条約49条）。

　国際航空運送で利用運送を行う運送人は国際利用運送約款を用いている。これは国際航空運送人協会（IATA）の航空貨物運送約款にならったものである。

3　国際航空貨物運送における当事者の権利義務

　モントリオール条約によれば、国際航空運送における当事者の権利義務は次の

とおりである。

(1) 荷送人

荷送人は、貨物、出発地、到着地、荷受人、貨物の重量、性質等所定の事項を記載した航空運送状（Air Waybill. 原本3通）を作成して運送人に交付しなければならない（記名式。第3の原本は運送人が貨物を引き受けた後に荷送人に手交する。4条・5条・7条・8条）。荷送人は出発飛行場または到着飛行場で貨物を回収し、留置、引渡しを要求し、貨物を返送させることにより貨物を処分する権利（貨物処分権）を有する（12条1）。この権利は荷受人に貨物の引渡請求権が生じたときに消滅する（12条4本文・13条1）。ただし、荷受人が受取りを拒否したとき、連絡がとれないときは、荷送人は処分権を回復する（12条4但書）。

運送人が、荷送人の請求に応じたことによって、航空運送状の正当な所持人に対して損害賠償責任を負ったときは、運送人は荷送人に求償することができる（12条3）。

(2) 荷受人

貨物が到達地に着いたときは、荷受人は運送人に対して貨物の引渡しを請求することができる（13条1）。

荷受人が苦情を申し立てないで貨物を受け取ったときは、貨物は良好な状態で引き渡されたものと推定される（31条1）。貨物に損傷があった場合には、荷受人は直ちにまたは遅くとも受取りの日から14日以内に、運送人に対して異議を述べなければならない。延着の場合は21日以内とする（同条2）。異議は運送証券に留保を記載するか、別個の書面によって、この期間内に手交されまたは発送されなければならない（同条3）。この期間内に異議を述べなかったときは、運送人による詐欺の場合を除き、運送人に対するいかなる訴えも受理されない（同条4）。

荷送人および荷受人は、運送契約上の義務を履行することを条件として、自己の名においてそれぞれその権利を行使することができる（14条）。

荷送人の貨物処分権、荷受人の貨物引渡請求権については、条約の規定と異なる内容が航空運送状・貨物受取証に明示されていれば、それに従う（15条2）。

前3条の規定は荷送人、荷受人、荷受人から権利を取得した者の間の法律関係には影響を及ぼさない（15条1）。

(3) 航空運送人
① 運送人の責任原因
(a) 貨物の滅失、損傷

(i) 責任についての原則　運送人は貨物の損害の原因となった事故が航空運送中に生じたときは、損害について責任を負う（18条1）。航空運送中とは、貨物が飛行場内または航空機上のいずれにあるかを問わず、運送人の管理の下にある期間をいう（同条3）。航空運送契約の履行に当たり、積込み、引渡し、積替えのために飛行場外で行われる運送における事故によって生じた損害については、反証のないかぎり（立証責任は運送人）、航空運送中における事故から生じたものと推定される（同条4）。これは無過失の立証を運送人に負わせた過失推定主義か、免責事由を限定した無過失責任かという問題はあろう。

(ii) 免責事由　運送人は貨物の損害が、(a) 貨物の固有の欠陥または性質、(b) 運送人、その使用人もしくは代理人以外の者によって行われた貨物の荷造の欠陥、(c) 戦争行為または武力紛争、(d) 貨物の輸入、輸出または通過に関してとられた公的機関の措置のうちの1または2以上の原因から生じたことを証明した場合には、責任を免れる（18条2）。

(b) 貨物の延着
貨物の延着から生じた損害について運送人は責任を負うが、自己ならびにその使用人および代理人が損害を防止するために必要なすべての措置をとったこと、またはそのような措置をとることが不可能であったことを証明した場合には、責任を負わない（19条）。これは運送人に無過失の立証責任を負わせた過失推定主義である。

なお、貨物の運送について、運送人が損害賠償請求者または請求の権利を生じさせた者に過失または寄与過失があることを立証したときは、運送人は責任の全部または一部を免れる（20条前段）。

② 運送人の損害賠償義務
(a) 損害賠償義務
運送人に対する損害賠償の訴えは、その請求の根拠がこ

の条約にもとづくか、契約、不法行為またはそれ以外の理由のいずれによるかにかかわらず、運送人の責任の要件および責任の限度はこの条約の定めるところによる。懲罰的損害賠償その他の非補償的損害賠償を求めることはできない（29条）。

貨物の運送については、運送人の責任限度額は重量1キログラム当たり17SDR（国際通貨基金特別引出権）である。ただし、荷送人が引渡しの時の価額として特定の価額を申告し、かつ、必要な追加料金を支払ったときは、運送人は申告額が引渡時の実際の価値を超えることを証明しないかぎり、申告額を限度とする損害賠償を支払う責任を負う（22条3）。貨物の滅失、損傷、延着による損害賠償の区別はない。申告額は通常はCIF価額である。貨物の一部についての損害については、関係する物の総重量のみを考慮する（同条4）。

裁判で責任制限が主張されたときでも、責任限度額までの支払を命ずるほか、その国の法令に従って、訴訟費用等の支払を運送人に命ずることはできる（22条6）。通貨の換算は、訴訟手続の場合には判決の日の特別引出権の価値による（23条1）。また、インフレーションの場合の責任限度額の見直しに関する規定が設けられている（24条）。

なお、実行運送人にもヘイグ議定書による改正前のワルソー条約22条2項の責任制限を認めた例がある（東京地判平成2年10月13日金融商事1029号45頁）。

(b) 運送人の責任の軽減・免除特約の効力　運送人の責任を免除し、条約で定める責任限度額よりも低い限度を定める約款は無効とされる。ただし、運送契約それ自体は無効とはされない（26条）。

運送人は、条約の定めるところよりも高い額の責任限度額を定めることができ、または責任限度額を定めないことができる（25条）。また、運送人は契約締結拒否の自由を有すること、条約の規定にもとづく抗弁を放棄しないこと、条約の規定に牴触しない契約条件を付することが認められている（27条）。

④　**航空運送人の使用人、代理人の責任**

運送人の使用人は、自己が職務遂行中であったことを証明したときは、運送人と同様の条件および責任制限の主張をなしうる（ただし、使用人、代理人に損害をもたらす意図等があった場合には、責任制限の主張をなしえない（30条））。

⑤　**相次運送についての特則**

2以上の運送人が相次いで行う航空運送であって条約1条3に定めるものの場合には、各運送人はこの条約の規定の適用をうけるものとし、その運送人の管理のもとに行われる運送については運送契約の当事者の1人とみなされる（36条1）。いかなる場合でも、荷送人は最初の運送人に対して、荷受人は最後の運送人に対して損害賠償を請求することができるが、荷送人および荷受人は貨物の滅失、損傷、延着を生じた運送を行った運送人に対しても請求することができる。これらの運送人は連帯して責任を負う（同条3）。

⑥ **責任を負う者の求償**

この条約のいかなる規定も、この条約の規定に従い損害について責任を負う者が他の者に対する求償について、影響を及ぼすものではない（37条）。この条約によって責任を負う者の求償権の有無、その内容については、その者と他の者との法律関係（契約、不法行為など）の準拠法によることとなる。

⑦ **複合運送（連絡運送）についての特則**

複合運送において、その一部が国際航空運送であるときは、航空運送の部分についてのみ、この条約の規定が適用される（38条1）。複合運送の場合において、当事者が航空運送証券に他の運送手段に関する条件を記載することを妨げるものではない（同条2）。モントリオール条約では契約運送人以外の者によって航空運送が行われる場合について詳しい規定（39条—48条）を設けているが、ワルソー条約を改正するモントリオール第4議定書にはその規定はない。これはグアダラハラ条約が既に作成されていたためである。

⑧ **契約運送人以外の者によって行われる航空運送**

モントリオール条約では契約運送人と実行運送人とが異なる場合について定めている。同条約の規定は契約運送人のみならず、契約運送人から授権されて全部または一部の運送を行う者（相次運送人を除く）に適用される（39条・40条）。実行運送人は自己の行う運送についてのみこの条約の規定に従う（40条）。実行運送人、その使用人、代理人の行為は契約運送人の行為とみなされる。実行運送人の行う運送につき、契約運送人、使用人、代理人の行為は実行運送人の行為とみなされる。もっとも、契約運送人が条約の定める義務以外の義務を引き受ける旨の特別の合意、貨物の引渡時の価額の申告は、いずれも、実行運送人

の同意がないかぎり実行運送人に影響を及ぼさない（41条）。いずれの運送人の使用人、代理人も運送人と同様の責任制限を主張しうる（43条）。

　実行運送人の運送によって生じた損害について、契約運送人、実行運送人、それぞれの使用人、代理人から受けることのできる損害賠償の総額は、この条約にもとづいて契約運送人または実行運送人の支払うべき損害賠償額のうち最も高いものを超えてはならない（44条）。契約運送人または実行運送人の責任を免除し、軽減する旨の約定は無効とされる（47条）。

　運送人に対する苦情、要求は契約運送人と実行運送人のいずれに行ってもよい（42条）。実行運送人の運送については、原告の選択により、契約運送人もしくは実行運送人に対して個別に、または双方に対して併せてもしくは個別に訴えを提起することができる。契約運送人と実行運送人は、それぞれ他の運送人に対する訴訟手続に参加することができる（45条）。契約運送人と実行運送人に対する損害賠償の訴えは、契約運送人に対する訴えについて管轄権を有する裁判所または、実行運送人の住所もしくは主たる営業所所在地の締約国の裁判所に訴えなければならない（46条）。契約上の規定で、この条約にもとづく契約運送人もしくは実行運送人の責任を免除し、責任限度額よりも低い責任限度を定める条項は無効とされるが、それによって当該契約が無効となるものではない（47条）。契約運送人と実行運送人の間の求償、損害賠償、その他の権利義務については、この条約の規定は影響を及ぼさない（48条）。

4　航空運送状・貨物受取証

　モントリオール条約では航空運送状・貨物受取証については次のように定めている。

(1) 意　義

　航空貨物運送において、運送人の請求によって、荷送人が作成して運送人に交付する貨物に関する事項を記載した書類が航空運送状（Air Waybill, Air Consignment Note）である。荷送人の要請があれば、航空運送状に代えて、運送人は貨物の識別および他の手段によって保存された記録に含まれる情報の入手を可能にする貨物受取証を交付する（4条）。

(2) 作　成

航空運送状は荷送人が原本3通（運送人用、荷受人用および荷送人の控）を作成する。荷送人の要請により運送人が作成することもできる（7条）。運送状は貨物ごとに作成することもできる（8条）。

(3) 記載事項

航空運送状または貨物受取証には、貨物の出発地、到着地および少なくとも一の予定寄航地と貨物の重量、その他の明細を記載する（5条）。それ以外の事項は国際航空運送協会（IATA）作成の航空運送状の書式による。そこでの重要な記載事項は、荷受人の氏名・住所（輸出代金の決済のために、輸入者でなく輸入地の銀行が記載されることが多い。輸入者は通知先（Notify Party）として記載される）、荷送人の申告にもとづく貨物の価額、貨物の品名、数量、形態、性質、原産地など、貨物についての明細である。

(4) 効　力

①　航空運送状の性質

航空運送状は運送契約の成立を立証する書類であり、運送人による貨物の受取りを証する書類であるが、これらの事実を立証するには航空運送状によらなければならないわけではない。航空運送状の有無は運送契約の成否に影響を及ぼすことなく、その運送契約にも責任制限を含む条約の規定が適用される（9条。かつては運送状が作成されていないと責任制限の規定を援用できないとされていた）。航空運送状は、それと引換えでなければ貨物の引渡しを受けることができない証券（受戻証券・引換証券）ではない。航空運送のように短時間のうちに運送が終了する場合には、受戻証券とすることは適当でないからである。したがって、航空運送状は貨物に関する権利を化体した運送書類（正当な所持人が貨物の処分権を有する書類）ではない（この点で船荷証券と異なる）。現在実際に用いられている航空運送状は流通性を有しない（ワルソー条約15条(3)では、流通性のある航空運送状の作成を妨げないとしていたが、実務では用いられず、IATAも流通性のある航空運送状を作成しないこととした。モントリオール第四議定書では右条項を削除し、モントリオール条約にも

そのような定めはない)。

② 航空運送状の証明力

航空運送状は、反証がないかぎり、契約の締結、貨物の受取りおよび運送条件に関して証明力を有する（11条1）。

貨物の重量、寸法および荷造りならびに荷の個数に関する記載は、反証がないかぎり証明力を有する（したがって、文言証券ではない）。貨物の数量、容積および状態に関する記載は、運送人が荷送人の立会いのもとに点検し、その旨が航空運送状に記載された場合および外見上明らかな点に関するものである場合を除いて、運送人に対する不利益な証拠とはならない（同条2）。荷送人は貨物に関する明細および申告が正確であることについて運送人に責任を負い、それに不備、不正確があったことによって運送人に損害が生じたときは、賠償責任を負う（10条1・2）。運送人は運送人によるこれらの記載に不備、不正確があり、荷送人に損害が生じたときは荷送人に対して賠償責任を負う（同条3）。航空運送状の原本間に不一致があるときは荷送人と運送人の署名のある「荷受人用」の運送状によるべきであろう。

(5) 貨物の処分権と引渡し

運送人は、貨物が到着したときは、荷受人に貨物の引渡しをしなければならない（13条1）。荷送人は到着地において荷受人の貨物引渡請求権が生ずるまでは、貨物についての処分権を有する（12条1）。

運送人は荷送人用の運送状または荷送人に交付した貨物受取証の呈示があった場合には、その者に貨物の引渡しをしなければならず、また、その者の指図に従う。運送人が荷送人の指図に従った場合には、運送状または貨物受取証の正当な所持人の損害について責任を負う（12条3）。荷送人（売主）が輸出代金の回収のために銀行に為替手形の買取りを求め、銀行を荷受人と記載し、荷送人用の運送状を為替手形に添付した場合でも、荷送人は運送人に対して荷受人以外の者（買主）に貨物の引渡しを求めることはできるが、運送人は証券の所持人に対して責任を負い、運送人が荷送人の指図に従ったために所持人からその責任を追及されたときは、運送人は荷送人の責任を追及できる。実際には、運送

人は到着地で通知先に記載された者（輸入者）に貨物の到着を通知し、通知された者は航空運送状における荷受人に代金の支払をして、あるいはその承諾を得て、貨物の引渡しを受けることになる。荷送人、荷受人から権利を取得した第三者の権利に影響しない（15条1）。航空運送状または貨物引換証で、12条から14条までと異なる内容を定めることができる（15条2）。

5　紛争解決手続

　運送人の責任に関する訴えは、原告の選択により、締約国の領域において、運送人の住所地、運送人の主たる営業所所在地もしくは運送人が契約を締結した営業所所在地の裁判所、または到達地の裁判所のいずれかに提起しなければならない（33条1）。締約国の裁判所に限るとしたのは、非締約国の裁判所では本条約の規定が適用されないおそれがあるためである。これは国際裁判管轄権と国内裁判所の管轄とをあわせて定めた規定と解される。このほかの裁判所は国内裁判管轄としても認められないと解すべきであろう。

　訴訟手続は訴えが係属する裁判所の属する国の法律（法廷地法）による（同条4）。この訴えは航空機が到達すべきであった日または運送中止の日から2年以内に提起しなければならない（35条1。出訴期限）。

　裁判管轄権についての合意を認めていないのは、非締約国が法廷地になることによって、本条約の適用を回避することを防ぐためである。

　モントリオール条約では、仲裁による解決もできるとされている（34条）。この場合は書面による仲裁契約が必要であり（同条1）、仲裁手続は、申立人の選択で、裁判管轄権を有する地域の一にて行う（同条2）。仲裁人はこの条約の規定を適用して当事者の紛争について判断する（同条3）。仲裁地および仲裁判断の基準に関する合意であって、条約の規定に牴触するものは無効とされる（同条4）。

補　説

（航空運送に関する条約）
　ワルソー条約およびモントリオール条約における国際航空運送　1929年の「国際航空運送についてのある規則の統一に関する条約」（ワルソー条約。以下「ワ条約」と略称）およ

び 1999 年の「国際航空運送についてのある規則に関する条約」(モントリオール条約。以下「モ条約」と略称)では、これらの条約の適用される国際航空運送とは、当事者間の約定により、運送の中断または積替えの有無にかかわらず、出発地および到着地が二の締約国の領域内にある運送、または、いずれも同一の締約国内にあっても、予定寄航地が他の国(締約国か否かにかかわらない)の領域内にある運送をいう (ワ条約 1 条 2、モ条約 1 条 2)。2 以上の運送人が相次いで行う運送は、当事者が単一の取扱いとした場合には、一つの契約か一連の契約かにかかわらず、この条約の適用上不可分の運送とみなされ、一つのまたは一連の契約が同一の国の領域内ですべて履行されるものであるという理由のみによって国際的な性質を失うものではないとされている (ワ条約 1 条 3、モ条約 1 条 3)。

運送の一部の区間が航空機によって行われる複合運送であって、その航空運送がこれらの条約 1 条の定めるところに該当する場合には、その区間の運送にはこれらの条約の規定が適用される (モ条約 1 条 4・38 条 1)。また、契約運送人以外の者が運送を行う場合であっても、条約で定める国際航空運送に該当する場合には、契約運送人にも実行運送人にも、条約の規定が適用される (モ条約 39 条・40 条)。

モントリオール議定書　1975 年に国際民間航空機構において採択された 4 追加議定書のうち、第 1 から第 3 までの追加議定書は旅客の損害についての責任限度額の改訂であって、それぞれワルソー条約、ヘイグ議定書、グァテマラ議定書の締約国の間の相違をなくし、統一の実を上げることを目的とするものであり、第 4 追加議定書はヘイグ議定書で改正された貨物運送に関する運送人の責任等についての改正を目的とするものである (Montreal Protocol No.4 to Amend the Warsaw Convention as Amended by No.1 Protocol at the Hague on 28 September 1955. 1998 年発効。わが国は 2000 年に承認)。

国際航空運送に関する統一法条約の適用　ワルソー条約 1 条(2)前段では同条約の適用される「国際運送」を「出発地及び到達地が二つの締約国の領域にある運送」とし(その後の改正議定書もこの規定による)、モントリオール条約 1 条 2 も同様の規定がある。このことはワルソー条約の締約国とその非締約国間の運送にはワルソー条約の規定は適用されないことを意味する。一方がヘイグ議定書の締約国であり、他方がワルソー条約の締約国である場合にも、ヘイグ議定書の締約国の裁判所では同議定書の規定は適用され、同議定書によって改正される前のワルソー条約の規定が廃棄されていなければ、それが適用されることになる。モントリオール条約とワルソー条約等との間にも同様の関係を生ずる (モ条約 55 条 1)。しかし、モントリオール条約の締約国間では、他の条約、議定書を廃棄していなくとも、モントリオール条約の規定が適用される。ただし、1 の締約国の領域内の国際運送については、他の条約および議定書にかかわらず、モントリオール条約の規定が適用される (モ条約 55 条 2)。

このような適用の仕方は統一法の適用という観点からは問題がないわけではない。まず、出発地と到着地のいずれもが締約国になければ、条約の規定は適用されないことになる。したがって、条約の締約国の裁判所は準拠法を決定しなければならず、自国法が準拠法とされても、条約の規定が当然に適用されるとはかぎらない。次に、条約の締約国と議定書の締約国間の

運送、異なる議定書の締約国間の運送ではそれぞれ改正前の規定（2国に共通の条約または議定書の規定）が適用されることになる。統一法の改正の目的と統一法の直接適用ということからみれば、法廷地国の採用している条約または議定書の規定を直接適用することのほうが望ましいという考え方もあろう。立法に当たって出発地、到着地、法廷地が異なる場合に、統一法の適用をいかにすべきかは、なお検討すべき問題である。

（契約運送人と実行運送人）
　航空運送においても、他の態様の運送と同様に、航空機を運航する者が運送契約を締結する場合と、それ以外の者が運送契約を締結して、航空機を運航する者に運送させる場合とがある。前者では運送契約をした者が運送を実行するが、後者では契約運送人と実行運送人とが異なることになる。それには、個別の貨物の航空運送を引き受けた者がそれらをまとめて実行運送人に運送を依頼する場合（混載貨物）と、航空機を運航する者との間で傭機契約を結ぶ場合とがある。いずれにおいても荷主と実行運送人との間に契約関係はない。

第4節　複合運送

1　国際複合運送

(1) 複合運送の意義
　複合運送契約とは、運送品の運送を単一の運送人が2以上の運送の態様（mode）を用いて行う契約をいう（例えば、海上運送と鉄道運送、航空運送と道路運送など）。運送品の移動に2以上の態様の運送が用いられることは少なくないが、多くの場合は、運送の態様が異なるごとに、それぞれの態様の区間について個別の運送契約が締結されている。したがって、単一の運送人が異なる態様の運送を用いて全区間の運送を引き受けるところに、複合運送契約の特色がある。複合運送契約では、運送の態様の選択と組合せは原則として運送人に委ねられ、契約をした運送人の業務は運送だけでなく運送品の積換え、保管があり、また保険の手配、通関事務の代行などを含むことがあり、これらはつねに運送に付随するものとはいえないので、このような契約は単なる運送契約ではなく、運送（請負）に各種の事務処理の委任（準委任）の混合した契約といえよう。複合運送は1970年代からコンテナ運送の発達によって普及した。もっとも、複合運送はコンテナ貨物に限るわけではない。

(2) 複合運送の特色

複合運送人が全ての態様の運送について実行運送人となることもないではないではないが、多くの場合は、運送方法の一部を他の者に行わせ、あるいは全ての運送について他人の運送を利用することが多い。フレイト・フォワーダー（freight forwarder）が複合船荷証券（multimodal transport bill of lading）を発行した場合も複合運送人となる。複合運送では契約運送人と実行運送人とが異なる場合が少なくなく、しかも運送の態様ごとに運送人の責任の原因、免責事由、損害賠償額とその限度も異なるために、複合運送人（契約運送人）の責任（責任原因、免責事由、責任制限と責任限度額）をどのようにすべきかという問題が生ずる。また、複合運送人の作成、交付する書類（複合運送書類）については法律の定めのない国が多く、そのため、これをどのような性質の書類とみるか（とくに複合運送書類の譲渡性と物権的効力）という問題がある。

2 国際複合運送に関する法規範

(1) 概 説

多くの国では複合運送を直接規律する明文の規定はない（若干の国では複合運送についても定めがあるが、国際複合運送を規律するには十分ではない）。

わが国では平成30年の改正商法で商法578条に複合運送人の責任に関する条文を設けた。それによれば、運送品の滅失等における複合運送人の損害賠償責任は、それぞれの運送においてその運送品の滅失等の原因が生じた場合に当該運送ごとに適用されることとなるわが国の法令又はわが国が締結した条約の規定に従う（陸上運送でも道路運送と鉄道運送とで異なる）。そして、運送人と荷送人の具体的法律関係は法令の規定のほか複合運送証券の約款とによって規律されることとなる。

(2) 条 約

1960年代から条約による統一法作成の試みはあったが（例えば、万国海法会による複合運送（TCM）条約案）、国際連合貿易開発会議が、1978年の国際物品運送条約（ハンブルク・ルールズ）にならって、1980年に国際複合運送条約

(United Nations Convention on International Multimodal Transport of Goods, 1980) を作成した（未発効）。

モントリオール条約の規定は、国際航空運送となる航空運送の部分のみに適用される（同条約 38 条）。

(3) 統一規則および標準契約条件

統一規則には国際商業会議所による 1975 年の「国際複合運送証券に関する統一規則」（ICC Uniform Rules for a Combined Transport Document）と、国際連合貿易開発会議と国際商業会議所が共同して作成した 1991 年の「複合運送書類に関する規則」（UNCTAD/ICC Rules for Multinational Transport Documents; ICC publication No.481）がある。前者は複合運送が多くなってきたとき当時の統一規則で、その後の標準契約書式の中の条項としてとり入れられている。国際運送取扱人（フレイト・フォワーダー）連盟（FIATA）の複合運送証券（Negotiable FIATA Combined Transport Bill of Lading, 1978）とボルティク国際海事協議会（BIMCO）による複合運送船荷証券（Combiconbill）の裏面約款は前者に依拠して作成された。後者は、国際複合運送条約が発効しない事態を前提とし、船荷証券に関するヘイグ＝ウィスビー・ルールズおよび 1979 年議定書、FIATA の複合運送証券等の存在をもとに、新たな統一規則として作成されたものである。わが国では日本インターナショナル・フレイトフォワーダーズ協会による複合運送証券（JIFFA Multimodal Transport B/L、1986 年）、日本海運集会所の複合運送証券（JSE Combined Transport B/L、1986 年）の裏面約款がある。これらの約款に定めのないことについては準拠法の規定による。

3 複合運送人の責任

(1) 概　説

複合運送人は運送品の滅失、損傷および延着について責任を負う。運送人の責任の範囲は運送品の受取りから引渡しまでである。

国際複合運送における運送人の責任について生ずる法律上の問題は、運送の態様によって責任原因、免責事由、責任制限とその限度額が異なることにあ

る。そこで、2以上の運送方法を用いる場合に、運送人の責任をどのようにするかという問題が生ずる。とくに、一定の運送区間を他の運送人に実行させる場合に契約運送人の責任と実行運送人の責任との関係をどのようにすべきか、運送品についての損害が生じた運送区間すなわち運送の態様が明らかでない場合の損害（concealed damage）について複合運送人の責任をどのように規律すべきかということである。

　複合運送人の責任について二つの立場がある。一つは運送の態様に対応した責任原則とするもの（タイアップ・システムおよびネットワーク・システム）、他は単一の統一的な責任原則とするもの（ユニフォーム・システム）である。

　タイアップ・システムは、複合運送人の責任を、運送の態様ごとに、下請運送人の複合運送人に対する責任と同様の責任とする立場である。これによると国際的に責任原則が統一されていない運送区間（主として国内運送）について運送人がいかなる責任を負うかは直ちには明らかでなく、荷主および貨物保険者には損害賠償額の予測がつきにくいことになる。また、損害の生じた運送区間が明らかでない場合には、このような方法によることができない。これを修正して、国際的な統一原則の存在する運送（海上運送および航空運送）についてはそれに従い、それ以外の態様による運送区間についてはそこに適用される強行法規（国内法の強行規定）があればそれにより、そのような規定がない場合および損害の生じた運送区間が明らかでない場合には、別の責任原則による（実際には約款の定めによる）とする立場がある（修正ネットワーク・システム）。

　ユニフォーム・システムは全区間について単一の責任原則によるため契約運送人の責任は明らかであるが、契約運送人と各運送区間の実行運送人とが異なるときに、運送の態様による運送人の責任原則の相違があるので、契約運送人の責任と実行運送人の責任との間に不合理的な結果を生じないような規則を作成しなければならないことになる。

　平成30年改正商法578条では、陸上運送、海上運送又は航空運送のうちの2以上を1箇の契約で引受けた場合における運送品の滅失等（滅失、損傷、延着をいう）についての損害賠償の責任は、それぞれの運送についてその運送品の滅失等の原因が生じた場合に当該運送ごとに適用されるわが国の法令又はわが国

の締結した条約の規定に従うとする（1項）。陸上運送であってもその区間ごとに異なる2以上の法令が適用される場合にも1項を準用する（2項）。この規定では滅失等の原因が生じた区間が明らかでない場合に触れていないので、それは約款の定めによることとなろう。

(2) 国際複合運送条約

　国際複合運送に関する統一法を作成する作業は私法統一国際協会、万国海法会で行われ（万国海法会による1967年の複合運送証券に関する東京ルールズ）、1971年には欧州経済委員会と国際海事機構による条約案（TCM条約案）が作成されたが、国際貿易開発会議（UNCTAD）がこの問題をとり上げたため、1972年以後条約作成作業は国際貿易開発会議に移り、発展途上国の利益の考慮とハンブルク・ルールズの影響のもとに1980年に国際複合運送に関する条約が採択された。しかし、この条約は若干の発展途上国が採用しているにすぎない。

　この条約の要点は次のとおりである。複合運送人は運送品の滅失、損傷、延着についてその無過失を立証しなければ責任を免れない（立証責任の転換された過失責任主義）。責任限度額については、運送品の滅失、損傷の場合には、海上または内水区間では1包・1単位につき20SDRまたは重量1キログラムにつき2.75SDRのいずれか多い金額とし、それ以外では重量1キログラムにつき8.33SDRとし、損害発生区間についての条約または国内法の責任限度額がそれよりも高額であればその金額による。延着の場合は運送品の運送賃の2.5倍で、その複合運送契約の運送賃総額を超えないものとしている。これは修正ネットワーク・システムの一つといえよう。

(3) 約款による規律

　実際に運送契約を規律しているのは複合運送人の発行する複合運送証券中の約款である。多くは国際運送取扱人協会またはボルティク国際海事協議会等の作成した標準契約書を利用している。

① 国際商業会議所の複合運送証券に関する統一規則（1975年）

　運送品の損害の発生した区間が明らかな場合は、運送人の責任原則はその区

間の運送に適用される条約または国内法の規定による。損害の発生した区間が不明の場合は運送人は無過失を立証しなければ責任を免れず、損害賠償額は重量制による。延着については、損害発生区間が明らかな場合は滅失・損傷と同じ扱いによるが、責任限度額は運送賃相当額とする。

② 国際貿易開発会議・国際商業会議所の複合運送証券に関する規則（1991年）

運送人の責任は運送人が無過失の立証責任を負う過失責任であるが、海上または内水での損害については、航海過失免責と火災免責は認められる。海上または内水区間における責任限度額は船荷証券条約に関する1979年議定書と同じである。それ以外の場合の限度額は国際複合運送条約の金額と同じであるが、損害発生区間に適用される条約、国内法に限度額の定めがあればそれによる。延着については運送賃相当額を限度額とする。

③ 日本インターナショナル・フレイトフォワーダーズ協会（JIFFA）の約款（1986年）と日本海運集会所（JSE）の約款（1986年）

両者とも損害発生区間が明らかな場合は、海上運送については国際海上物品運送法の規定、航空運送については1955年のハーグ議定書による改正ワルソー条約の規定による。損害発生区間が不明の場合には、前者は海上運送中に生じたものとみなし、1包・1単位当たり10万円の限度額とし、後者は1キログラム当たり2米ドルとする。延着については、前者では、荷送人が運送人の故意を立証すれば、運送賃総額を超えない範囲で運送賃の2.5倍相当額まで請求でき、後者では運送人は責任を負わないとする。

4 複合運送書類

複合運送書類がいかなる効力を有するかについては、多くの国では直接定めている規定がない。したがって、既存の国内法の規定および複合運送書類に記載された約款と商慣習によることとなる。

いかなる複合運送書類も証拠証券、受戻証券、文言証券であることは認められているといえようが、複合運送書類の譲渡性と物権的効力については必ずしも明らかとはいえない。しかし、2007年信用状統一規則19条では、銀行が一定の要件を満たす複合運送書類（積み込まれた旨の記載のあるもの）を受理すること

を認めているので、そのような複合運送書類には譲渡性および物権的効力が認められているといえよう。航空運送区間を含む複合運送では譲渡性がなく、また引換証券ではない旨を明示した書類が発行されることが多い。

平成30年改正商法769条では、複合運送証券の交付について同法757条の船荷証券に関する規定を準用するとしている。

第5節　貨物運送に関する保険

1　概　説

損害保険契約はそれ自体で独立した商取引であり、異なる国に住所、営業所を有する当事者（保険契約者と保険者）間の保険契約は国際商取引である（例えば、貨物海上保険、船舶保険、鉱山、電源開発等の大規模事業にともなう各種の保険契約、さらにそれらについての再保険契約など）。保険の目的、被保険利益が渉外的取引に関するものも少なくない。このような保険契約は保険約款と準拠法によって規律されている。ここでは国際売買および国際運送と密接な関連がある貨物海上保険について簡単に説明を加える。

商法815条から841条の2までは海上保険に関する規定があった。改正案では現在の海上保険に適切でない規定（例えば保険委付）を削り、必要な規定の内容を改めている（改正商法では815条から830条までとなり、831条から841条までは削除）。

国際貨物運送から生ずる損害は、保険の目的となる物（危険発生の客体。例えば、売買ではその目的物）の全部または一部の滅失と損傷である。これには保険の目的となる物の滅失・損傷それ自体についての保険と、それによって生ずる損害賠償責任についての保険とがある。前者では目的物について利益を有する者（荷主）が付保し、後者では運送人（船舶所有者、船舶賃借人および傭船者）が付保することになる。貨物についての損害は損害保険事業者・海上保険引受業者が引き受けているが、船舶の運航によって生ずる責任によって生ずる損害（積荷に関する損害賠償および費用）は船主相互保険組合が引き受けている。保険の対象となる危険の内容と塡補の範囲は両者で異なる。

貨物運送から生ずる損害についての保険は、運送の態様の相違により、貨物海上保険（marine insurance）、運送保険（transport insurance）と航空貨物保険（aviation cargo insurance）がある。貨物海上保険には外航貨物保険と内航貨物保険があり、保険契約における約款を異にする。海上運送以外（陸上・河川・湖沼）の運送における事故から生ずる貨物の損害を塡補するための保険が運送保険である（海上保険は保険のなかで最も早く発達したものであり、運送保険は貨物海上保険にならうところが多い）。国際航空貨物運送では海上保険にならうところが多く、荷主の損害保険では協会貨物約款（航空）（Institute Cargo Clauses (air). 郵便物は除く。戦争約款、ストライキ約款もある）が用いられている。また、包括予定保険契約を締結しておき、個別の貨物の運送ごとに通知することも行われている。運送人の責任については航空貨物賠償保険を損害保険事業者が引き受けている。いずれも保険の目的は貨物であり、被保険利益は貨物の滅失または損傷によって受ける貨物についての経済的損失である。

2　貨物海上保険
(1) 貨物海上保険の意義と特色
　海上運送における事故（保険事故）から生ずる貨物の損害（被保険利益）を塡補するための保険が貨物海上保険である。貨物（保険の目的）との関係によって被保険利益は単一でなく、通常は貨物の所有権であるが、転売による希望利益、輸入税、着払運賃なども被保険利益として付保することができる（このうち、希望利益は CIF 条件では建値に 10％を加えた金額を貨物保険として付保するが、個別に付保することもある）。この点で、運送人の給付義務（損害賠償義務）によって運送人に生じた損害を塡補する保険で、これは船主相互保険組合による保険（いわゆる PI (Protection and Indemnity) 保険）とは異なる。

　保険価額（insured value. 被保険利益の見積額）は変動するが、実際上の処理の便宜を考慮し、契約締結時に保険価額を当事者間で協定する（協定価額）。そして、保険価額の範囲内で保険者が負う塡補責任の最高限度である保険金額を定め、それによって保険料が算出される（コンテナ貨物を特別に扱うことはしていない）。保険金額の範囲内で、具体的な場合に給付すべき金額が保険金となる。

保険期間は原則として1回の運送であり（航海保険）、仕向地（船積港）から被仕向地（陸揚港）までである。約款（協会貨物約款）で倉庫からの搬出、倉庫への搬入、はしけ等による運送も加えて（倉庫間約款、はしけ約款）、保険者の責任の始期と終期を明確にしている（CIF条件では倉庫間約款を付し、FOBでは買主に貨物が引き渡された時から、FASでは買主に船側で貨物が引き渡された時から保険期間が開始する旨の特約を付すことになる）。

保険事故は保険者が被保険者に保険金を支払うべき事故であるが、いかなる事故がそれに該当するか（担保危険）、それによっていかなる損害が塡補されるか（塡補範囲）については、約款の内容および準拠法の規定によって異なる。

(2) 貨物海上保険契約

保険契約を締結し、保険料の支払義務を負う者が保険契約者であり、保険契約にもとづいて保険事故が生じたときに損害の塡補のために保険金給付の義務を負う者が保険者（insurer, underwriter）であり、保険金の給付を受ける者が被保険者（assured）である。保険契約者と被保険者とが同一人であるとはかぎらない。売買において売主と買主のいずれが保険契約を締結する義務を負うかは、売買条件による（例えば、インコタームズによる場合にはFOBではいずれの当事者にも付保義務はないが、海上運送の危険があるのは買主であるから、実際に付保の必要のあるのは買主である。CIFでは売主が自己のために保険契約を締結し、他の船積書類とともに保険証券を裏書譲渡する方法で買主の損害を塡補することになる）。

(3) 担保危険と塡補範囲（保険条件）

担保の対象となる保険事故と塡補すべき損害の範囲は、準拠法と保険契約（約款）によって定まる。海上運送では多くの損害保険業者が英法に準拠する旨の約款、ロイヅSG証券の約款とロンドン保険業者協会の各種約款（協会貨物約款）を使用してきたが、1982年以来この両者の約款に代わる新たな協会貨物約款も使用されている。

旧約款の本文における危険約款には、(i) 海固有の危険、(ii) 火災、(iii) 強盗、(iv) 投荷、(v) 船長および船員の悪行、(vi) 海賊・剽盗、(vii) 軍艦・外敵・国王等

による拘束・抑止・抑留、(ⅶ)その他これらと同種の危険が列挙され、欄外免責条項により(ⅰ)から(ⅴ)までおよび(ⅶ)が担保危険となり、さらに協会貨物約款で担保危険と塡補範囲が定められることになる。

①全損のみ担保条件（Total Loss Only）　貨物の全損（解釈全損を含む）の場合のみを担保する条件であり、貨物保険としては通常行われていない。

②分損不担保条件（Free from Particular Average. FPA 条件）　担保危険は貨物を積載した船舶の座礁、沈没、火災と、貨物の積込み、積替え、荷卸中の滅失・損傷、火災、爆発、衝突、他物との接触、避難港での荷卸による滅失・損傷である。塡補範囲は全損、共同海損（船主と荷主が共同して負担する分損）、救助料、特別費用（損害防止費用等）、付随費用（損害の確定、証明等の費用）のほかに、船舶の事故の場合の単独海損（被保険者の単独の負担となる分損）、貨物の積込等の場合は全損、貨物についての火災等の場合はそれによって生じた損害である（以上の3つの損害を特定分損という）。要するに、以上に挙げた特定分損以外の分損を塡補しないという趣旨である。

③分損担保条件（With Average. WA 条件）　担保危険は FPA 条件と同じであるが、塡補範囲は FPA の場合の特定分損以外の分損（船舶の荒天遭遇（海固有の危険）による貨物の一部の水濡れなど）も塡補する。ただし、通常は免責歩合に達していることを要する。

④付加危険（Extraneous Risks）　②と③の条件の適用されない損害（ロイヅSG証券本文の担保危険以外によって生ずる損害）については、特約によって、盗難・不着、雨・海水濡れ損害、漏損・不足損害、破損・曲損、手かぎ・油脂・泥・酸・他の貨物との接触、汗濡れ・蒸れ、虫喰い・かび・錆・自然発火等の危険のいくつかを両条件に付加危険として加えることもある。

⑤全危険担保条件（All Risks）　全危険を担保するが、外来的な事故および偶発的な事故による危険以外の危険すなわち貨物固有の瑕疵、貨物の性質に近因する損害、自然の消耗、遅延による損害は担保されない。塡補範囲は前記②、③、④のすべて（小損害免責歩合条項の適用はない）である。

新協会貨物約款は A、B、C の 3 条件があり、それぞれ旧約款の全危険担保、分損担保、分損不担保に対応する形にはなってはいるが、約款の構成と担保危

険・填補範囲とのいずれにおいても旧約款とかなり異なっている。新約款では各条件とも事項ごとに1条から19条にまとめ、担保危険（1条—3条）、免責規定（4条—7条）、保険期間（8条—10条）、保険金の請求（11条—14条）、保険の利益（15条）、損害の軽減（16条—17条）、遅延の回避（18条）ならびに法律および慣習（19条）になっている。このうち条件によって異なるのは危険約款（1条）、免責約款（4条）である。

担保危険はすべてを列挙することに改めた。すなわち、共同海損・救助料、双方過失衝突と、①火災または爆発、②船舶またははしけの座礁、乗揚げ、転覆、沈没、③陸上輸送用具の転覆または脱線、④船、はしけ、輸送用具の他物との衝突・接触、⑤避難港における貨物の荷卸、⑥地震・噴火・落雷に合理的に起因する目的物の滅失・損傷、⑦共同海損犠牲、⑧投荷または波掠い、⑨海水、湖水、河川の水の侵入によって生じた目的物の滅失、損傷、⑩船または艀への積込み、荷卸中の水没・落下による梱包一個ごとの全損ならびに⑪これら以外の滅失、損傷の一切の危険である。A条件はこれらを全て担保し、B条件は⑪を除く危険を担保し、Cは⑥、⑨—⑪以外の危険を担保する。

このような規定になったため、従来の海固有の危険（Perils of the Seas）という概念はなくなるとともに、填補範囲の概念（分損担保、分損不担保）もなくなった。A条件と全危険担保条件はほぼ対応しているが、B条件と分損担保、C条件と分損不担保では担保危険は必ずしも同じではない。しかし、損害は分損、全損の区別なく填補され、小損害不填補、免責歩合もなくなった。

(4) 保険代位

保険者が保険金の支払をした場合には、各国の保険法では保険の目的物（残存物）についての所有権を保険者が取得し、また、運送人その他の者に対する損害賠償請求権を取得することを定めていることが多い。保険者の権利取得の可否とその範囲、権利行使の順位等は保険契約の準拠法と保険契約の定めるところによる（神戸地判昭和45年4月14日判夕288号283頁は、日本の貿易会社が輸入する物品の貨物海上保険契約を引き受けた日本の損害保険会社による保険者の代位について、準拠法には触れていないが、日本法を適用した（保険代位の規定としてはかつての商法661

条、その後は保険法25条))。損害賠償請求権の代位取得（求償権代位）の場合に代位の目的となる債権（多くは契約または不法行為にもとづく損害賠償請求権）の移転可能性について、その債権の準拠法を考慮する必要があるかは疑問であろう。

(5) 保険証券

　保険契約は法律では一般に諾成、不要式の契約とされているが、契約の成立およびその内容を証するために、保険者が保険証券（insurance policy）を発行する。その方式、記載事項等は保険契約の準拠法と商慣習による。貨物海上保険および運送保険の保険証券は指図式または無記名式で発行され、船荷証券、貨物引換証とともに流通することが多い。保険証券一般に権利移転的効力、資格授与的効力、免責的効力が認められるかについては見解が分かれているが、運送書類とあわせて用いられる場合には（例えば、荷為替手形）、多くの国ではそのような効力が認められている。これは商慣習にもとづくものである。保険証券の代わりに本文、欄外約款、裏面約款を省略した保険承認状（certificate of insurance）が発行されることがある。

　貨物海上保険契約では、契約の締結時に保険契約の内容の具体的な事項を確定できないことがある（例えば、貨物の数量、金額、貨物を積載する船舶の名称など）。このような場合に、契約内容の一部を未確定として締結する保険が予定保険（open policy, open contract. 準拠法約款のあるものが多い）である。これには個別の運送についての個別予定保険と、一定期間あるいは無期限に付保する包括予定保険とがある。前者では契約成立時にカバー・ノートが発行され、細目が確定したときに保険証券が発行される。後者では対象貨物の範囲、航海、保険条件、保険料率、保険価額、保険金額の決定基準などが協定され、個別の船積みのたびに、確定した内容を保険者に通知することになる。

3　航空運送と複合運送における貨物運送保険

　(1) 航空貨物に関する保険は、通常は、海上保険と同様の契約書を用い、裏面に協会貨物約款（航空）を記載した書式を用いている。約款としては協会貨物約款（航空）（郵便物を除く。貨物海上保険の全危険担保とほぼ同じ条件）、協会戦

争約款（郵便物を除く）、協会ストライキ約款、協会戦争約款（郵便物）がある。そのほかに、航空運送人と保険者間の包括的な保険契約にもとづき、荷主が貨物を運送人に引き渡す際に航空運送状に必要事項を記載して保険料を支払う方法での国際航空運送保険（shippers' interest insurance）によることもできる。

(2) 複合運送はほとんどの場合コンテナ貨物の形態をとるため、貨物の損害については陸上運送中の損害について明示した条項、コンテナ貨物の損害と免責についての条項のある約款（1982年の新たな協会貨物約款）を用いる。また、保険期間としては最初の運送人に貨物を引き渡した時点に開始する旨の約款（Free Carrier Attachment）を適用する。複合運送人はコンテナの運営者ともなるので、コンテナ運営者としての貨物の損害賠償責任保険、コンテナそのものの保険、第三者に対する責任をまとめたコンテナ総合保険もある。

補説

船主責任保険　船舶所有者等による船舶の運航によって生じた第三者に対する責任、船員に対する責任および荷主に対する責任について填補する目的で設立されたのが各国の船主相互保険組合（Shipowners' Mutual Insurance Society. Assurance Society あるいは Mutual Protection and Indemnity Association ともいう。日本では船主責任相互保険組合）による責任保険である。船舶の衝突によって生じた自船の損害、他船や荷主等に生じた損害について、海上保険で填補される範囲を超える損害を相互に填補することを目的とする。これは船舶所有者（船舶賃借人を含む）が出資した組合が保険者となり、組合員が一定の保険料（call）を支払い、船舶の運航にともなう責任にもとづく損失を填補する保険契約を締結する。ここでいう Protection とは船舶所有者の第三者および船員に対する責任によって生ずる損失の填補をいい、その責任は船員に関する諸費用と責任、他船に対する責任、港湾施設等に関する責任、曳船に関する責任、汚濁に関する責任等である。Indemnity とは積荷の滅失、損傷等にもとづく運送人の荷主に対する賠償責任による損失の填補をいう。これに対して、貨物海上保険は荷主（運送品についての利益を有する者）に運送品に生じた損失を填補するための損害保険である。荷主の損害保険の保険者は運送人に対して保険代位による請求をするので、運送人はその責任についても付保しておく必要がある。

貨物海上保険契約　貨物海上保険契約については、法の統一の試みはないといってよいが、その内容についてはかなりの程度に統一がなされているといってよい。それは近代における英国の海運業と保険業の発展、そのもとでの英国の海上保険法の発達と再保険市場がロンドンであることによる。かつてはロイヅSG証券（Lloyd's SG Policy）が広く用いられ、それ

に特別約款としてロンドン保険業者協会（Institute of London Underwriters）の作成した各種の約款を添付していた（18世紀末から用いられてきたロイズSG証券中の約款（本文、欄外約款（イタリック書体約款）、免責歩合条項（メモランダム））は多くの保険証券の表面約款を構成し、その後に作成されたロンドン保険業者協会による協会貨物約款（Institute Cargo Clauses）を裏面約款としている）。わが国の損害保険業者の保険証券もこれに倣っている。

わが国の損害保険会社の外航貨物海上保険証券は英文で書かれ、その約款において「この保険は、すべての填補請求に対する責任及びその填補について、イギリスの法律及び慣習に従うものと理解され、かつ合意されるものとする」との文言（英法準拠約款）がある。これについて英法を契約の準拠法とするとの解釈がないわけではないが、保険契約中の填補責任に関する準拠法の指定であり、したがって準拠法についての分割指定がなされていると解するのが多数説である。それによれば、保険者の填補責任以外については日本法を準拠法とすると解することとなるが（保険者の主たる営業所所在地法による旨の黙示の指定）、これは英法に準拠した事項以外の事項、すなわち保険契約の成立、保険契約の効力のその他の部分等に関する準拠法ということになる（このような分割指定となったのは、填補責任について英法以外を準拠法とすると顧客が保険契約に応じないことが少なくないという事情による。この約款を実質法的指定と解すると、日本法のもとで英国の制定法および判例を解釈し適用するということになり、それが当事者の意思からみて、適当かという疑問がある。外国でこのような保険契約を締結した場合には、当然に保険者の主たる営業所所在地法が準拠法とされるとはかぎらない）。

2015年英国保険法の改正　2015年2月に英国で保険法（Insurance Act）が制定され、同年8月12日以降に危険開始となる保険契約に適用される。新たな立法の要点は、被保険者の告知義務（公正な情況訂正義務と義務違反の効果）、ワランティ違反、保険者保護約款の禁止、保険金不正請求についてである。それによって日本の保険者の海上保険約款中の責任と填補についての英法準拠約款の内容に変化は生ずる（ワランティに関する規定は強行法規であるが、他は契約当事者が異なる合意をすることができるとされている）。

なお、米国、ドイツ、フランス等ではそれぞれの約款が作成されているので、英法が支配的であるともいいきれない。また、1982年制定の新たな協会貨物約款を記載した証券もある。

協会貨物約款　1779年にそれまでの保険証券の約款を定型化したロイズSG証券（Lloyd's S. G. Policy）には、担保危険の列挙（Perils Clause）と免責条項（欄外約款）および免責歩合条項があったが、その後、本文の多少の修正、新たな約款の追加、契約文言の解釈に関する判例の累積により、担保危険と填補範囲の関係は複雑になった。19世紀末には船舶保険証券と貨物保険証券とに分かれ、1906年には英国海上保険法（Marine Insurance Act）が制定され、さらに20世紀になって分損不担保条件（1912年）、分損担保条件（1921年）、全危険担保条件（1951年）が特別約款として制定されるに至った。さらに1963年には、協会貨物約款とは無関係に、一般免責約款その他の約款が導入された。世界的にはロイズSG証券をそのまま用いる保険業者もあるが、わが国の貨物海上保険証券では表面にロイ

ヅ SG 証券の本文、欄外約款および英法準拠約款を記載し、裏面に各種の協会貨物約款を記載した証券を用いている。新しいものは 2009 年約款である。

このような英法とロイヅ SG 証券の約款による海上保険契約はわかりにくいうえ、保険者に有利で荷主に不利であり、英法の原則に従うことは現代の貿易取引の実情に合わず、このような約款は適当ではないとの主張があらわれ、1970 年代後半に国際連合貿易開発会議（UNCTAD）においてこれを改める動きが生じた。この動きを見て、1982 年に新たな協会貨物約款が作成された。新約款 A、B、C はそれぞれ旧約款の全危険担保、分損担保、分損不担保に対応するものであるが、旧約款の本文部分を各約款にとり入れるとともに、旧約款中の適当でない文言と条項を整理した（新旧約款は実質的な内容ではかなり異なるところもある）。この結果、新旧いずれの約款も利用されうるという情況となり、新約款による保険証券も存在する。

全損と分損　保険の目的たる貨物の全部の滅失を全損（total loss）といい、その一部の滅失を分損（partial loss）という。全損には現実の全損（actual total loss）と解釈（推定）全損（constructive total loss）とがあり、前者は貨物の現実の滅失、その占有の回復不能の場合をいい、後者は船舶行方不明により全損の推定される場合や修繕費、保管料などからみて経済的に全損とみなされる場合をいう。分損には単独の被保険者の負担となる損害と、船舶、積荷、運賃が共同の危険に遭遇した場合に船舶所有者、荷主がこれを救うために共同して負担する損害とがあり、前者が単独海損（particular average）、後者が共同海損（general average）である。分損不担保と分損担保の相違は、前者では座礁、沈没、失火の場合に単独海損が塡補されるが、後者ではそのほかに荒天遭遇などの場合も塡補される。

共同海損　共同海損（general average）とは、船長が船舶および積荷についての共同の危険を免れさせるために船舶または積荷についてなした処分によって生じた損害および費用をいう。共同海損が生じたときは、船舶、積荷および運送賃の利害関係人が、共同海損によって保全されたそれぞれの利益の価格に応じて、損害および費用を負担する（商法典にも共同海損の規定がある。改正商法では 808 条―813 条）。その起源は慣習にあるが、各国で異なるところがあったため、その統一をはかる動きがあり、1864 年にヨーク規則が作られ、1874 年にヨーク＝アントワープ規則（York Antwerp Rules. YA 規則）が作成された。その後 1890 年規則、1924 年規則、1950 年規則、1974 年規則、1994 年規則、2004 年規則と改訂がなされ、2016 年規則に至っている。この規則は共同海損の成立要件、船舶および積荷の犠牲損害、共同海損費用と共同海損の精算について定める（A から G までの文字規定と 21 ヵ条の数字規定とから成り、数字規定が文字規定に優先する）。この規則は統一規則として、実際上は共同海損に関する法の統一の役割を果たしているが、そこで定めていないことについては準拠法によるほかはない。各国とも共同海損について、牴触法の規則は明らかではなく、不当利得の準拠法によるとの立場もあるが、当事者の合意があれば（例えば、船荷証券中の条項）それにより、当事者の合意がなければ、多くの場合は終航地で精算が行われるので、終航地法によることとなろう。積荷についての共同海損の分担金は貨物海上保険で塡補されるの

で、共同海損の精算に先立ち、荷主が積荷を引き取るに際して、共同海損処理に同意する旨の書面、積荷価額の申告書と積荷保険者の共同海損分担保証状の提出を求めることになる。

　なお、東京地判平成20年10月27日判タ1305号223頁は、他船との衝突を原因として船体と積荷について共同海損の宣言をした船舶所有者（中国船籍）から積荷保険者に対する共同海損分担金を請求した事件で、保険者から船舶の堪航能力保持義務違反にもとづく損害賠償請求権（荷主から保険代位で取得）による相殺を1974年規則で認めた（準拠法には触れていない。なお、本件事実関係で共同海損が成立するかにはかなり疑問もあろう）。

第5章　国際的支払

第1節　概　説

1　国際的支払の方法

　国際商取引における物品、サービス等の供給に対する反対給付のほとんどは金銭の支払である。金銭の支払とは現実に流通する通貨の給付である。金銭の支払義務を負う者は、通貨と金額、支払の時期、支払の方法等について契約で定めたところに従って金銭の支払をしなければならない。

　国際商取引では、金銭の支払は当事者間における通貨の現実の給付（直接の受渡し）の方法によることは極めて稀であって、銀行送金、一覧払手形または小切手による送金、荷為替手形による取立て、相殺、交互計算、貸記・借記による決済などの方法によることが圧倒的に多い。これらの方法を用いる場合には支払の原因となる法律関係とは別の法律関係が生じ、それが異なる国・地域にかかわるときは、それらの取引も独立した国際商取引となる。これらの方法は貿易取引にもとづく代金の決済と隔地者間の送金の方法として発達してきたものであるが、貿易取引以外の国際商取引における金銭の支払方法としても用いられている。

2　金銭債務の履行

　金銭債務は、一定量の通貨の給付を目的とする債務である。通貨とは一定の国または地域において強制通用力を認められた支払手段（貨幣、銀行券）をいう。国際商取引では、通常、単一の通貨が用いられるが、債権額をある通貨で表示し、その支払を他の通貨で行うこともある。その場合に前者を勘定通貨、後者を

支払通貨という。支払通貨が履行地の通貨と異なる場合に、履行地からみてこれを外国金銭債務（債権者からは外国金銭債権）ということもある。国際商取引では、当事者の営業の本拠地あるいは営業所所在地の通貨ではなく、価値の安定した通貨によって債権額を表示することが多い。

(1) 弁済の通貨

　この問題についての各国の規律は必ずしも明らかとはいい難い。わが国では、弁済の通貨は、原因となる契約の準拠法（債務の準拠法）によるとの立場と、履行の態様の問題の一つであるとして、とくに当事者による反対の意思がないかぎり、契約の準拠法によるのではなく、履行地法によるとの立場とがある。前者では、債務の準拠法が約定の通貨のほかに履行地の通貨によることを認めているときは、それによることもできる。後者では、債務の準拠法の規定にかかわらず、履行地法の定めるところによることとなる（これは支払通貨についての準拠法の客観的連結を意味する）。金銭債務の履行においていかなる通貨を給付すべきかは、契約における当事者間の権利義務の問題であるから、その債務の準拠法の定めるところによるべきである（契約の準拠法で約定の通貨以外の通貨の給付を認めているときは、それによることもできる）。支払通貨が勘定通貨と異なることのほか、支払通貨が一つでなく、債権者がいくつかの通貨のうちから選択できるとするもの（選択貨幣約款）、いくつかの支払地のうちの一つを選び、その地の通貨によるとするもの（選択支払地約款）もある。これらの約定の有効性、選択権の所在と行使、効力は、債務の内容の問題であるから、債務の準拠法によるべきである。

　外国為替の管理に関する法令は属地的に適用され、かつ、強行的に適用されるので、履行地の外国為替の管理に関する法令によって給付する通貨や支払の方法について制限がある場合には、そこで定める手続によって給付可能な通貨を給付する措置をとるほかはない。

　支払猶予宣言（moratorium）は天災地変、戦争などの生じたときに、国家・公権力が一定の国または地域における債権債務の決済、金銭の支払の猶予を認める命令である。このような事態が当事者間の法律関係にいかなる効果を生ずるかは、それぞれの債務の準拠法による。

(2) 弁済の金額

債務の履行は契約で定めた通貨の一定量を給付することである。契約時と履行時でその通貨の経済的価値に変動が生じていても、給付すべき通貨の量には変わりがない。約定の支払通貨と異なる通貨で弁済する場合には、通貨の換算の時点と換算率の問題が生ずる。貨幣価値の変動とくに価値の下落による債権の価値の減少を防ぐため、かつては金もしくは金貨によって支払う特約（金約款、金貨約款）または契約時の金価値に相当する通貨を支払うとの特約（金価値約款）がなされたこともある（これらを金約款（Gold Clause）と総称する）。このような特約の有効性およびその効力は債務そのものの問題であるから、債務の準拠法による。ただし、履行地の法令でもそのようなことが実現可能でなければ、それを実際に用いることはできない。

一定の時点以前の債権額を法令によって引き上げる措置（増額評価）がとられたときに、その効果はその通貨で表示された債権の全てに及ぶとする立場もあるが、その国の通貨によって債権額が表示され、かつ、その国の法が債務の準拠法とされる場合のみに適用されるとする立場をとるものが多い。

(3) 貨幣の準拠法

貨幣、銀行券に強制通用力の有無、それらの名称、種類等は、通貨それ自体の問題であるから、それらに強制適用力を認めた国（貨幣所属国）の法による（貨幣の準拠法）。従来の通貨の名称、種類が変わったときには、給付すべき貨幣等についても、貨幣の準拠法によることになる（わが国では日本銀行法並びに通貨の単位及び貨幣の発行等に関する法律の定めるところによる）。

補説

物、役務等の対価　当事者間の契約で物品、役務（サービス）等の対価として金銭以外のものを供給することを約することがないわけではないが、現在はほとんど用いられていない。バーター貿易（barter trade）も単なる物品の交換ではなく、金銭を介在させている。すなわち、一定期間における二国間の輸出入の金額をできるだけ均衡させ、差額を現金で決済する（open account agreement 二国間清算勘定）、輸出者が輸出金額と同額を輸入者から購入する（compensation trade）、輸出したプラントで生産された物を購入する（buy-back）、輸出者の

買付けを条件とした輸入契約（counterpurchase）などの方法を用いている。これは取引の決済に必要な外貨が不足している場合にとられる方法である。輸出入金額を均等にするための貿易のことをカウンター・トレード（counter-trade 見返り貿易）ともいう。国際商取引法委員会では、1992年に、カウンター・トレードに関する参考書（UNCITRAL Legal Guide to Countertrade Transactions）を作成した。

相殺・交互計算・ネッティング　相殺（set-off）には、法律の規定にもとづく相殺と当事者間の合意（相殺契約）による相殺とがある。銀行との取引では相殺契約によることが多い（例えば、銀行と顧客間の取引における差引計算。（相殺・払戻充当））。

交互計算（book account, open and current account, running account）は特別な取引関係を有する企業間（例えば貿易商社の本店支店間、製造業の本社と現地法人、銀行相互間など）で用いられる決済方法である。近時、一定の当事者間の債権債務の決済に用いられているのがネッティング（netting）であり、個別の取引ごとでなく、異なる通貨による取引をも含めて、一定範囲の債権債務関係を自動的に決済することができる。

ペイメント・ネッティング（payment netting）とは、2または多数当事者間の合意にもとづいて複数の金銭債権債務関係がある場合に、履行期の到来した債権債務について差引計算をして、その差額について支払をする仕組みをいう。債権債務関係はこれによって直ちに消滅するのではなく、差額の支払をしたときに消滅する。多数当事者の場合はセントラル・カウンター・パーティ（ネッティング・センター）をきめておき、それとの間の関係に置き換えることとしている。

オブリゲイション・ネッティング（obligation netting）は、2または多数当事者間で複数の金銭債権債務関係がある場合に、履行期の到来しているもののほか、弁済期限のある債権については期間の利益を放棄して相殺し、差額について新たな債権債務関係に改めることをいう。これによって元の債務は消滅する（更改に類似）。相殺は意思表示によって対等額について個別の債務の消滅の効果が生ずるが、ネッティングでは1個の債権債務関係に変わることになる。

クローズアウト・ネッティング（close-out netting）は倒産における取引関係の一括清算のための方法で、債務の決済日または、支払通貨のいかんを問わず、一定の日の債権額を計算して（決済日が到来していないものには金利相当額について割引計算を行う）一定の通貨に換算し、また、金銭債権となっているもののほか、証券にもとづく債権もその評価額を金銭債権に直して決済する方法である。

ネッティングは銀行間の決済で用いられているが、差引計算（clearing）と決済（settlement）の時間差をできるだけ短縮し、決済不能による危険を避ける工夫がなされている。しかし、ネッティングは当事者間の合意による債権債務関係の処理であるから、相殺契約の場合と同様に、それによって第三者（債権譲受人、差押債権者、管財人など）に対して債権債務の消滅を主張しうるかは、それぞれの債権債務関係の準拠法上の問題である。

多くの国ではネッティングについての法的規律の内容は必ずしも明らかではない。わが国ではネッティングは（約定にもとづく）段階的交互計算と解されている。一括清算の約定がある場

合には、倒産処理手続の開始決定によって、一つの債権債務関係に変わることになる（金融機関等が行う特定金融取引の一括清算に関する法律3条）。もっとも、これらは銀行間の決済に用いられ、通常の企業間の決済では用いられてはいない。

いずれの決済方法についても、国際的な法律関係から生ずる準拠法は何かという問題はある。相殺については手続上の問題として法廷地法によらしめる国もあるが（英米法系諸国および米国）、実体の問題として扱う国もある（大陸法系諸国）。わが国では自働債権の準拠法と受働債権の準拠法の累積的適用とする説が多いが、消滅の対象となる受働債権の準拠法によるとの説も有力である。相殺契約の場合はその対象となる取引契約の準拠法による。交互計算では、準拠法の指定があればそれによるが、その指定がないときは当事者双方の住所地法（営業所所在地法）の累積適用ということになろう。ネッティングについては、当事者間で準拠法の合意があればそれによるが、それがないときにいかなる準拠法によるべきかについては今後の課題である。ここでの重要な問題はこのような合意をもって第三者（例えば、債権譲受人、差押債権者、管財人）に対抗できるかにある。しかし、これまでのところ、各国の実体法の内容は必ずしも明確とはいえない状況である。このような問題の処理には国際的に多数の当事者の利害が関係するので、牴触法的処理には限界があり、これらの決済方法については当事者がそれに依拠する国際的な規則を作ることが望ましい。

標準決済方法・標準外決済方法・特殊決済方法　昭和24年の外国為替及び外国貿易管理法では、わが国の外貨不足のため、標準決済方法に関する規則（のち省令）により、輸出、輸入、貿易外受取り、貿易外支払のそれぞれについて標準決済方法を定め（取消不能信用状によることを原則とし、信用状のない場合（D/P手形またはD/A手形の場合）には船積後6ヵ月以内に代金を受領する契約とすべきことなど）、代金をできるだけ確実に取り立てるとともに、資本逃避の防止をはかっていた。これ以外の決済方法が標準外決済方法であり、そのためには大蔵大臣の事前の承認を必要とした。昭和54年の外為法の改正により、原則として決済方法も自由化し、標準決済方法に関する省令も廃止されたが、居住者と非居住者間における若干の決済方法（勘定の貸記・借記による決済、1年を越える前受、前払による決済、円現金・円小切手の輸出入による決済、相殺による決済など）を特殊決済方法とし、大蔵大臣の許可を要するものとしていた。平成9年の外為法の改正により特殊決済方法も廃止された。

輸出円貨代金払込依頼契約　輸出金融の方法の一つとして、輸出者が物品の供給者に支払うべき代金を輸出手形の買取代金から支払うことが行われ、そのために輸出者は手形の買取銀行に対して輸出手形の買取代金の一部を物品の供給者の指定した口座への振込を依頼し、輸出円貨代金振込承諾書が輸出者を経て物品の供給者に交付されるという方法が行われていた。この振込依頼契約が輸出者と銀行間の委任契約か、第三者のためにする契約かについては争いがあった。東京地判昭和47年4月7日金融法務660号24頁は、第三者のためにする契約が成立したとして、銀行による倒産した輸出者に対する相殺を認めず、物品供給者への代金額相当の金銭の支払請求の訴を認容した。その控訴審の東京高判昭和50年10月8日判タ

336 号 231 頁は、物品供給者による債権者代位権にもとづく手形買取代金の支払請求を排斥したうえで、第三者のためにする契約を否定したが、製品供給者は依頼書を信頼して取引に応じたものであるから、銀行が輸出者に対する債権で輸出手形の買取代金と相殺することは信義則に反し、権利濫用として許されないとして、代金支払請求を認容した。その上告審である最判昭和 54 年 3 月 16 日民集 33 巻 2 号 270 頁の多数意見は、物品供給者が輸出者に代わって右振込契約を解除し、銀行が輸出者に支払うべき債務について、供給者が輸出者の債権者としてその権利を代位行使することができるが、銀行の相殺の抗弁に対しては輸出者（債務者）の主張しうる抗弁に限られ、供給者独自の事情にもとづく再抗弁（本件では銀行の相殺は権利濫用との主張）は主張できないとして、控訴審判決を破棄し、差戻した（この判決には、振込依頼契約を第三者のためにする契約であるとする少数意見がある）。大阪地判昭和 53 年 5 月 30 日下民集 29 巻 5～8 号 349 頁は、振込依頼書の契約条項および注意書きからみて、担保的機能はなく、輸出手形の買取りを条件とする輸出者と銀行間の円貨代金の支払方法にすぎず、物品供給者が銀行にその払込を求める権利はないとした。東京高判昭和 58 年 4 月 18 日判時 1097 号 61 頁は、銀行が依頼人からの振込依頼の撤回に応じて代金を依頼人の口座に振り込んでも、振込指定先（物品供給者）に対する不法行為とはならないとした。

　仮想通貨　　仮想通貨とはインターネット上において通貨に似たような扱い方をされる電子的方法をいう。それには何種類かあり、それぞれビットとかネムなどの名称があるとのことである。仮想通貨は当該仮想通貨の取引所と称する者（仮想通貨交換業者）に財産的価値（代表的なものは通貨）を移転することによって取得するらしい。電子的方法によってその時々の換算率（価値基準は明らかではない）で移動、譲渡、通貨への払戻などをしているらしいが、仮想通貨そのものの発行体はなく、強制通用力はないので、法定通貨ではない。したがって、通貨の存在を前提とするクレジットカード、プリペイドカード、電子マネー、ポイントカード（代金の割引金の累計）でもない。仮想通貨は財産的価値はあるらしいので、貴金属、株式（いずれも価値は変動する）のごとくであるが、それは有体物ではない。電子的方法で移転、支払等が簡単なので、銀行を経由する必要はなく、為替管理の制約を受けないので国際的支払に利用されることはあろうといわれている。

　平成 29 年改正の資金決済に関する法律では、仮想通貨とは物品を購入し、若しくは借受け、又は役務の提供を受ける場合に、これらの代価の弁済のために不特定の者に対して使用することができ、かつ不特定の者を相手方として購入及び売却を行うことができる財産的価値（電子機器その他の物に電子的方法により記録されているものに限る）であって、電子的情報処理組織を用いて移動することのできるもの（2 条 5 項 1 号）、不特定の者を相手方として前号に掲げるものと相互に交換を行うことのできる財産的価値であって、電子情報処理組織を用いて移転することができるもの（同 2 号）をいう。同法では、仮想通貨という名称の章を設けて、その取引に関する規定をおいている（65 条の 21、同条の 22）。しかし、仮想通貨の不正移転（盗み、横領など）、仮想通貨による金銭債務の支払の効力、取引所での保持、管理の問題が解決されているわけではない。

金銭債務の弁済と準拠法　契約で定めた弁済の通貨を給付するかそれ以外の通貨によることもできるかについては、その債務の準拠法による。約定通貨以外の通貨による弁済が認められる場合に、債務者と債権者のいずれがその選択をなしうるか（債務者の場合は現実に通貨を給付することによって、債権者の場合は弁済の通貨を指定することによって、弁済の通貨がきまる。これを代用権または代用給付権という）、約定の通貨から弁済の通貨への換算時点と換算率についても債務の準拠法によるべきである（甲府地判大正8年3月2日新聞1557号20頁、大阪地判昭和37年11月16日判時339号36頁など、下級審裁判例は一貫して債務の準拠法によるとし、日本の民法403条は債務者に代用給付権を与えたと解していた）。しかし、履行地における外国為替管理により約定の通貨による支払が不可能な場合には債務の準拠法に従うことができず、履行地で可能な方法によらざるをえないこととなる（これは履行地公序法（強行法規）の適用であって、履行地法を補助準拠法（Nebenstatut）とするのではない）。このようなことは外国為替管理のなされている国との取引では往々にして生ずることであり、実際には、契約の際に履行地国における外国為替管理の規定を考慮に入れた措置（履行地国の通貨による支払等を可能とする条項を加える）を講じておく必要がある。

　日本法における代用給付権　わが国の民法403条は牴触規定ではなく、日本法が準拠法となった場合に適用される実体法の規定である。同条は代用権を債務者に与え、換算時期は現実の支払時としている（このような規定があるのは、内国では十分な量の外国通貨がないことを考慮したためであろう。ところが、最判昭和50年7月15日民集29巻6号1029頁は外貨で表示された債権を任意債権であるとし、債権者の代用権を認め、米ドルと円との換算時期を事実審の最終口頭弁論期日（昭和46年11月25日）としているが、この3点とも相当とはいい難い。しかも、この判決は事実審の最終口頭弁論期日の為替相場ではなく、固定相場制当時の1ドル360円に従った控訴審の結論を是認しているので、これも適当ではない。本件は債権者が固定相場制当時の契約による米貨25万ドルの支払を求め、控訴審係属中に変動相場制に移行し、円高ドル安となっていた事案であり、債権者の代用権を認めると本来の価値よりも多くのものを債権者が取得することになる）。

　東京高判平成元年2月6日判時1310号83頁は、船舶所有者が船舶の修繕費を外貨によって修繕業者に支払ったことによる加害者への円貨での求償について、外貨から円貨への換算は第三者への現実の支払時とした（本件では、債権者の債務者に対する求償権は外貨債権か円貨債権かという問題もある。最判平成5年3月25日民集47巻4号3079頁はこの点について判断していない）。民法403条に従えば、現実の支払時の換算率によって邦貨を供給することで足りる（東京高判平成12年9月14日高民集53巻2号124頁は、円貨への換算は現実の弁済時とする）。

　外貨債権にもとづく支払請求については、あえて判決で円貨に換算して支払を命ずる必要はない。外貨での支払を命ずる判決にもとづいて、現実の履行時（任意の履行でも、強制執行でもよい）の換算率によって内国通貨を交付することとなる。

　代用権に関する規定は手形法41条1項、小切手法36条1項にあり、そこでは、債権者

の選択により、履行期または請求時のいずれかの為替相場によるとしている（これは債務者の履行遅滞によって債権者に為替差損の生ずることを防ぐための規定である）。なお、諸外国におけるこの問題の扱い方は判例、学説とも必ずしも明確ではないし、その説明も必ずしも合理的であるとは限らないことに注意すべきである。

東京市発行の仏貨公債の弁済　　1912 年に東京市が電鉄会社の売収、電力事業の拡張のために日本政府から総額 917 万 5,000 英ポンドによる起債の許可をうけてロンドンで公債を発行する予定であったところ、起債市場の事情からロンドンのみで募集することは不可能であったので、ロンドン、ニューヨークおよびパリの 3 市場に分けて公債を発行した。そのうち、パリで発行した仏貨公債（全体で 1 億 88 万フラン。当時は英貨 400 万ポンドと等価と称していた）の償還について、いかなる通貨でいかなる金額を弁済すべきかがわが国で争われた訴訟事件がある（パリで発行された公債はフラン建であるが証券中には英貨との等価である旨の文言あり、英ポンドによる発行総額の表示などが記され、英文と仏文の公債約款が記載されているが、いずれにも準拠法条項はなかった）。公債の一部は第一次大戦前に償還されたが、第一次大戦後仏フランの価値が下落し、1928 年には平価切下げが行われ、発行当時の価値の約 5 分の 1 となった。公債の所持人（日本在住の日本人）は、この公債は公債発行の趣意書、告知書、公債の条項からみてロンドン、ニューヨークと同時に発行された単一の英貨公債であるとして、英ポンドまたはそれに相当する仏フランによる支払を求めた。学説は準拠法についてフランス法説（行為地または当事者の意思による発行地との理由による）、英法説（債券発行の経緯および約款による当事者の黙示の意思があるとする）、日本法説（日本の公法人による大量の附合契約を理由とする。この説はのちに撤回された）に分かれたが、大審院は明確な理由を示すことなく法例 7 条 2 項により行為地たるフランス法を準拠法とした（大判昭和 9 年 12 月 27 日民集 13 巻 2386 頁。これは当事者による準拠法の明示の指定のないかぎり、発行地法への客観的連結ということもできる）。そして、フランス民法の規定を適用して、支払時のフランスの通貨で債券額を支払うべきものとした。これに先立ち、フランスでは 1931 年（昭和 6 年）1 月 14 日の破毀院の判決がこの公債を単一の英ポンド公債とした。わが国の大審院は準拠法をフランス法としたものの、本件公債は仏貨公債か英貨公債かについては何ら触れることなく、仏フランによって支払うべきものとしたため、前記フランス破毀院判決に反するのでフランスの法令の適用を誤っているとの批判もある。本件での最も重要な問題は、当該契約にもとづく償還はいかなる通貨によるべきかにある。すなわち、公債の償還は仏貨でなさるべきか、英貨または英貨と同価値の仏貨によって支払わるべきかにある。これは当該公債についての準拠実体法のもとにおける契約の解釈の問題であり、それが分明でなければ、準拠法でどのように定めているかによる（もっとも、準拠法がフランス法であることによって、当然にフラン建の債券となるわけではない）。この大審院判決ではこの点についての検討がなされていない。

　なお、この問題は 1960 年に国際復興開発銀行総裁によって債権者と東京都との間の調停がなされ、その結果、1958 年 12 月の新たな仏フランによって金額を定めて支払うこととした支払協定が 1961 年 3 月に締結されて、1968 年 3 月から償還が開始され、1978 年に償還が終

了した。

任意債権と選択債権　任意債権とは、債務者が本来の給付に代えて他の給付をすることができ、または債権者が他の給付を求めることができるとされる債権をいう。他の給付をする権利、他の給付を求める権利を代用権という（古い例では、小作米による小作料の給付に代えて年末の米相場で換算した金銭による納付がある）。法令、慣習等で明確でなければ当事者間でいずれが代用権を有するかを決めておく必要がある。本来の給付が債務者の責に帰すべからざる事由で履行不能となれば、債務は消滅し、代用権もなくなる。

　選択債権は選択権者の選択に従い、一定の給付と他の給付のうち一の給付を求めることのできる債権であって、任意債権とは異なる。

第2節　送金（外国為替）

1　概　説
(1) 外国為替
　隔地者間における金銭または資金の移動を行う仕組みを為替という。これは中世後期から西ヨーロッパで隔地者間の取引が盛んになるにつれて、金融機関によって形成され、発達してきた仕組みである。金銭または資金の移動が二以上の国または通貨を異にする地域の間で行われる場合が外国為替である。為替に関する当事者間の取引（送金依頼人と送金銀行間、送金銀行と受取銀行間、受取銀行と受取人間の取引はそれぞれ独立した取引である）が為替取引である。内国為替取引と外国為替取引は基本的には同様の仕組みであるが、外国為替では異なる通貨の交換および異なる国にある者の間の取引という要素が加っている。

　国際商取引から生ずる金銭の移動には為替の仕組みによることが支払に要する費用も少なく、確実でもあるので、ほとんどの場合には為替の方法による。これが歴史的には金融業の重要な営業種目の一つであった。

(2) 送金為替
　金銭の送金方法には為替手形または小切手を用いる方法と、銀行にその支払を委託（指図）する方法とがある。

　為替手形または小切手を用いる場合は、送金依頼人が銀行に資金を提供し（この段階で支払をなすべき通貨の売買が行われる。この取引を銀行からみて売為替と

いう)、銀行振出の為替手形（一覧払）または小切手を依頼人が受取人に送付し、受取人はこれを支払人たる銀行に呈示して支払を受けることになる（送金為替、並為替）。これらの銀行間に為替取引契約（コルレス契約 correspondent agreement (arrangement)）がなければならず、両銀行間は通常貸借記帳の方法で決済する（これらも国際商取引である）。このような為替手形、小切手が送金手形、送金小切手である（本来は為替手形を Demand Draft, D/D といったが、現在は両者をいう）。これが為替手形および小切手の本来の用法の一つである。

　銀行に支払を委託（指図）する場合には、依頼人が取引銀行に送金額に相当する資金を提供し、手数料を支払い、その銀行（仕向銀行）から支払地の銀行（被仕向銀行）に受取人への支払の事務処理を委託する。支払地の銀行まで資金が移動する方法が送金であり、受取人の口座に直接入金することをも委託（payment order）しているときが振込である。送金、振込とも、その目的を達するために、依頼人と仕向銀行、仕向銀行と被仕向銀行（両行間に為替取引契約がない場合には、さらにその中間の銀行を経ることになる）、被仕向銀行と受取人のように、異なる当事者間の独立したいくつかの法律関係で構成されている。このような指図の伝達方法を郵便で行うか電信で行うかによって、郵便送金（Mail Transfer; M/T）と電信送金（Telegraphic Transfer; T/T）とがある。近時は電信によることが多い（電信送金は銀行間のデータ通信サービス機関たるスウィフト（Society for Worldwide Interbank Financial Telecommunication, SWIFT）のシステムを利用して行われている）。

　振替は自己の銀行口座から他人の口座への移転を指図して資金の移動を行う方法であり、債権者債務者間での振替による支払の合意をもとに、債務者が取引銀行との間に自己の口座から債権者の請求額を債権者の口座に移すことを依頼する契約にもとづいて行われる。振込は依頼人が受取人への送金を銀行に依頼し、依頼を受けた銀行が依頼人から資金（代り金）を受け取り、それを受取人の取引銀行に通知して、受取人に金銭の支払をする方法である。振込の場合でも銀行間での資金の移動は振替の方法による。

(3) 取立為替

　債権者が債務者を支払人とする為替手形を振り出し（債権者が振出人、債務者

が支払人)、銀行がこれを買い取り（手形割引）またはその取立委任を受け、これを債務者に呈示して、金銭債務の取立てを行う方法が取立為替（逆為替）である。これには専ら為替手形が用いられる。これも為替手形の本来の用法の一つである。この為替手形に船積書類を添付（取組み）したものが荷為替手形であり、D/P 条件（Document against Payment）のときは一覧払手形（sight bill）を、D/A 条件（Document against Acceptance）のときは、通例、期限付手形（usance bill）を用いる。これに信用状が加わったものが荷為替信用状（documentary credit）である。これについても送金為替の場合と同様に、異なる当事者間の独立した法律関係で構成されている。

2　資金移動の法律関係
(1) 資金移動の法律関係の規律

依頼人から受取人までの送金の過程は、送金にかかわる各当事者間の個別の法律関係の連なったものであって、全体が一つの法律関係を構成するものではない。送金依頼人と仕向銀行の関係、仕向銀行・被仕向銀行・第 3 の銀行の関係、被仕向銀行と受取人の関係はそれぞれ異なる法律関係であって、それぞれの準拠法も異なる。このことは、送金に関する事務処理が適正に行われなかったときに、どのような理由にもとづいて、いかなる者が損害の填補をすべきかという問題を生じ、当事者間ごとに準拠法が異なるとすれば、全体として統一的な解決が得られるとはかぎらない。これが一国の法律によって処理しうる内国為替と外国為替との異なるところである。

送金における当事者間の法律関係を一つの準拠法によらしめることが望ましいが、法を異にする国に住所、営業所を有する者の法律関係の連続する情況を一つの準拠法によらしめることは困難であり、そのためこのような法律関係については、牴触法による解決によるよりも、各国の実質法（実体法）または取引の規則を統一することが適当であろう。1992 年に国際商取引法委員会で作成した「国際的資金移動に関するモデル法」（UNCITRAL Model Law on International Credit Transfers）はそのような統一法の形成を目指したものである（もっとも、このモデル法には牴触法に関する規則もある）。しかし、条約またはモデル法による統一は必ずし

も容易ではなく、法の適用関係が複雑になるおそれもないわけではない。そうすると統一規則を作成し、あるいは銀行の取引約定書中の約款を利用し、依頼人から受取人までの当事者に同じ規則が適用される方法をとることのほうが適当と考えられる。

(2) 当事者間の関係
① 送金依頼人と仕向銀行の関係

両者の関係は、外国為替取引に関する約定（外国送金取引規定）と準拠法の規定による。支払指図は受取人に一定の金額を支払うことの指図であるが、支払方法の相違によって通知払（advice and pay）、要求払（pay on application）、入金払（advice and credit 受取人の口座への入金。振込）とがある。入金払（振込）の指図がある場合には、支払銀行は受取人の口座に入金しなければその義務を果たしたことにはならない（支払銀行が受取人の口座に入金したが、入金通知を怠ったときに、送金銀行はそれによって送金依頼人に生じた損害についての責任は負うかという問題がある。東京高判昭和59年2月14日金融法務1066号36頁は銀行に損害賠償責任は生じないとする）。送金とくに外貨送金については、外国為替管理上の制約がある国が少なくない。

② 銀行間の関係

銀行間では、送金銀行と受取（支払）銀行間の為替取引契約（コルレス契約）による。両行間に直接の取引関係がないときは、為替取引契約のある第三の銀行（中間銀行）を通じて支払指図を行うことになる。支払指図を受け取った銀行は送金銀行から授権をうけ、送金銀行の計算で受取人に対して支払をしまたはさらに支払指図をすることになるが、その際の確認義務と責任および免責事由は、両者の為替取引契約における約定と準拠法による。

③ 受取（支払）銀行と受取人の関係

受取（支払）銀行は、支払指図を送った銀行に対して、委任事務の処理として受取人に対して支払うべき義務を負う。受取人が受取（支払）銀行に対して直接支払を請求する権利を有するかどうかは、受取（支払）銀行と受取人間の取引約定と当該銀行の所在地法によるべきであろう（わが国では電信送金は第三者の

ためにする契約ではなく、受取人は銀行に対して請求権を有しないとされている。大判大正11年9月29日新聞2066号72頁、最判昭和43年12月5日民集22巻13号2876頁）。

補説

国際送金に関するモデル法　1992年に国際商取引法委員会で採択されたモデル法は、送金依頼者（originator）の支払指図（payment order）を受けた銀行から、直接あるいは他行を経て、受取人（beneficiary）の口座のある支払銀行への支払指図の伝達の方法と受取人への支払までの一連の法律関係における当事者の権利義務および責任を定めたものである。モデル法の前半では送金銀行、受取銀行、支払銀行等の間での指図に対する諾否とその間の権利義務について定め、後半では送金がなされなかった場合、誤って送金された場合および送金の遅延の場合の損害賠償責任について定めている。このモデル法の規定は原則として任意規定とされ、同法で特に強行規定とされていないかぎり、当事者はそれと異なる合意をすることができる（4条）。

　この法律は送金銀行（sending bank）と受取銀行（receiving bank）が異なる国にある場合（支店は独立の銀行とみなす）に適用される（1条(1)）。送金とは、送金依頼人の支払指図から、資金を受取人が支配しうる状況に置くまでの一連の過程をいう（2条a・10条(1)）。受取人が資金を支配しうる状態とは、受取人が支払銀行から支払をうけることができる状態をいう。一定の時までに送金が完了しなかったときは、支払指図を受け取った銀行は遅延利息を支払わなければならない（17条）。送金事務は支払銀行が支払指図を承諾したときに終了する（10条・19条）。送金事務が完了しなかったときは、銀行は送金依頼人に資金を返還し、銀行間で資金を返すことになる（14条）。支払銀行が一定の時までに受取人の支配に委ねなかったことについて責任を負うべき場合には、両者の法律関係に適用される準拠法の定めるところに従い責任を負う（10条(1)(5)・17条(6)）。銀行間の責任についてはその合意によって定めることもできるが、送金人と受取人に対する責任を軽減することはできない（17条(7)）。銀行間の送金は2行間または複数の銀行間での決済方法によることができる（6条）。

　なお、同法には牴触法に関する規則があり、そこでは支払指図にもとづく法律関係の準拠法は、当事者の指定したところにより、その指定のないときは支払指図の受取銀行（支店は独立の銀行とみなす）の属する国（一国内に異法地域のある場合はその銀行のある地域）の法とされている（Y条(1)）。この準拠法は支払指図の送信人の代理権の問題は扱わない（Y条(2)）としている。

　実質法の統一をはかる規定と牴触法の統一をはかる規定とがあることは、それぞれについてのモデル法があること（二つの異なる性質のモデル法のあること）を意味する。両者の関係についてはモデル法を採用する国の政策に委ねられていることになろう。

第 5 章　国際的支払　195

第 3 節　手　　形

1　国際商取引と手形・小切手
　振出人が支払人に宛てて一定の金額を受取人またはその正当な所持人に支払うべきことを委託する証券を為替手形（bill of exchange）、振出人が自ら一定の金額を支払うべきことを約束した証券を約束手形（promissory note）、振出人が支払人たる銀行に宛てて一定の金額を受取人またはその正当な所持人に支払うべきことを委託する証券を小切手（cheque, check）という。現在多くの国で用いられているこれらの証券は中世後期から隔地者間の取引で用いられ、近世以降西欧諸国で送金、取立て、信用供与のために用いられてきた。このうち、国際的な送金、取立てに用いられるのは為替手形である。小切手は為替手形と法的性質が類似し、国際的な送金のためにも用いられる。為替手形、小切手のいずれについても支払人が主たる債務者である。約束手形は振出人が手形上の主たる債務者となるため、国際的な送金、取立てには利用されにくい。
　手形および小切手にもとづく当事者の権利義務の規律は各国の実質法（手形法、小切手法）により、いずれの国の実質法を適用すべきかは法廷地の牴触規則による。

2　手形法・小切手法の統一
(1) 手形法・小切手法の統一
　手形法、小切手法についても、世界的な統一はなされていない。したがって、手形、小切手が異なる国もしくは地域に関係を有する場合には、それぞれの行為の効力は準拠法によって判断しなければならない。手形、小切手は一般に国境を越えて流通する可能性があり、とくに隔地者間の送金、売買代金の決済で為替手形が用いられることから、各国の手形法の統一が望ましいとされ、19 世紀後半からそのための努力がなされてきた（19 世紀には各国、西欧の各領邦の手形法（手形条例）は必ずしも同じではなかった）。1912 年の萬国手形法会議において統一手形法条約が作成されたが、英国、米国がこれを採用せず（両国は会議には非公式に参加した）、第一次世界大戦の影響もあり、ほとんどの国は批准せず、この条約

は発効しなかった。しかし、この条約による統一法の規定は、中南米諸国、第一次大戦後の新興国における立法を指導するモデル法の役割を果たした。

　第一次大戦後に私法統一国際協会が手形法、小切手法の統一のための作業を行い、そこで作成された条約案を国際連盟がとりあげ、1930年に手形法、1931年に小切手法について、統一法を定める条約が国際連盟によってジュネーヴで行われた外交会議で採択された。前者が「為替手形及約束手形ニ関シ統一法ヲ制定スル条約」(Convention Providing a Uniform Law for Bills of Exchange and Promissory Notes, 1930) であり、後者が「小切手ニ関シ統一法ヲ制定スル条約」(Convention Providing a Uniform Law for Cheques, 1931) である。これらの条約は手形および小切手に関する実質法を統一する条約であるが、これらの条約の実質法規定は手形、小切手が国内で流通する場合（国内的法律関係）と国境を越えて流通する場合（国際的法律関係）とを区別していない統一法（いわゆる世界法型の統一法）である。しかし、これらの条約の締約国でも若干の留保が可能であるため、締約国間でも完全な統一ではなく、また、これらの条約を採用しない国もあるので、手形法、小切手法に関する法の牴触を解決するための法則が必要であり、その統一も必要とされた。

　そのための条約が、実質法の統一の条約とあわせて採択された「為替手形及約束手形ニ関シ法律ノ或牴触ヲ解決スル為ノ条約」(Convention for the Settlement of Certain Conflicts of Laws in Connection with Bills of Exchange and Promissory Notes, 1930) と「小切手ニ関シ法律ノ或牴触ヲ解決スル為ノ条約」(Convention for the Settlement of Certain Conflicts of Laws in Connection with Cheques, 1931) である。これに加えて、印紙税法に関する「為替手形及約束手形ニ付テノ印紙法ニ関スル条約」、「小切手ニ付テノ印紙法ニ関スル条約」も採択された。これらの条約を総称してジュネーヴ条約という。

　ジュネーヴ条約は欧州の大陸法系諸国では順調に採択され（当時のソ連邦を含む）、統一の実を挙げたが、英国と英法系諸国、米国、中南米の多くの国はこの条約を採用していない。

　わが国は、これらの条約を批准して（1933年）、手形法（昭和7年）および小切手法（昭和8年）を制定し、牴触法の規則は手形法の附則（88条から94条ま

で）および小切手法の附則（76条から81条まで）で定めている。

(2) 新たな国際手形法条約

国際連合国際商取引法委員会では、ジュネーヴ条約と英法、米法との相違を克服することを主たる目的とし、国際商取引で用いるための新たな統一手形法の作成を1973年から始め、1988年に国際連合総会で「国際為替手形及び国際約束手形に関する国際連合条約」（United Nations Convention on International Bills of Exchange and International Promissory Notes. 未発効）が採択された。この条約は各国の国内法としての手形法の統一を目的とするものではなく、国際商取引で用いるための一定の要件を備えた「国際為替手形」および「国際約束手形」という概念を導入し、それについての実質法を定める条約であり、いわゆる万民法型の統一法を定めるものである。この条約の作成に際して、牴触法の立案はなされていない。

この条約の規定の大きな特色は、一定の国際的要素（手形上の国際手形の名称およびその記載事項中の地が二以上の国にあること）を含む手形に関するものであること（2条）、当事者がこのような手形を用いることによって統一法が適用されること（1条・2条）、実体法規定として英米法とジュネーヴ条約とを折衷した規定を設けていることである。この条約については、国際手形とする場合の要件は適当か、その実質規定が実用に堪えるものであるか、このような国際手形はいかなる取引に用いられるか、この条約の締約国となった場合に既存の手形法と新たな手形法の併用が妥当かなどの問題がある。

3 手形・小切手に関する牴触法
(1) 手形法・小切手法と法の牴触

手形、小切手に関する法制が各国で異なるため、手形、小切手の法律関係についても牴触法の規定が必要となる。わが国ではかつては商法施行法125条、126条で定めていたが、ジュネーヴ条約を採用するに際し、牴触法に関する条約を批准し、その規定を手形法88条から94条までおよび小切手法76条から81条までに置き、商法施行法中の規定を削除した。この後に手形、小切手に関す

る牴触法の統一のための条約は作成されていない。

(2) 手形・小切手に関する牴触法条約の規定

手形能力、小切手能力については手形または小切手により義務を負う者の本国法によるが、本国法で他の国の法律によることを定めているならばその法による（反致、転致をみとめる。手形法88条1項、小切手法77条1項）。また、その者が署名をした国の法で手形行為能力を有するとされるならば責任を負う（手形法88条2項、小切手法78条1項）。

手形行為の方式は署名をした地の属する国の法によるが（小切手は支払地の方式でもよい）、先の行為がその行為地法上有効でなくとも、先の行為が後の行為の行為地法上適式とされるのであれば、後の行為は方式上有効とされる。各締約国は、その国の国民が外国でした手形行為がその者の属する国の法に定める方式に適合しているならば、同国人に対しては有効と定めることができる（手形法89条、小切手法78条）。

為替手形の引受人、約束手形の支払人の義務については証券の支払地法による（手形法90条1項）。それ以外の当事者の義務についてはその署名をした地の属する国の法による（同法同条2項）。また、手形についての原因債権の取得については振出地法（手形法91条）、一部引受け、一部支払については支払地法（同法92条）、拒絶証書の作成その他権利の行使、保存に必要な行為の方式はその行為をなすべき地の属する法（同法93条）、手形の喪失、盗難の場合の手続は支払地法による（同法94条）。

小切手の支払人の資格については支払地法（小切手法77条）、小切手に関する義務については署名地法（同法79条。ただし遡求権行使期間はすべての者について振出地法）、小切手上の権利の行使、保存に必要な行為の方式はその行為を為すべき地の法（同法81条）、そのほか小切手に関する事項（一覧払、呈示期間、一部支払等）については支払地法による（同法80条）。

(3) 新たな国際手形法条約の適用

国際手形条約（未発効）の適用については必ずしも明らかではない。同条約で

は条約の規定の適用に関して、牴触法の適用を排除する旨の明文の規定はない。その規定（1条）からみると、同条約の規定は条約の定める国際為替手形と国際約束手形に直接に適用されるようにも解され、牴触法によってこの条約の締約国の法律が準拠法となる場合にこの条約の定める国際為替手形と国際約束手形については条約の規定が適用されるようにも解される。これに加えて、同条約における国際為替手形とは「国際為替手形（国際商取引法条約）」の名称が付され、かつ、手形上に記載された振出地、振出人の肩書地、支払人の肩書地、受取人の肩書地、支払地のうちの少なくとも二つが異なる国にあること、振出地または支払地が締約国にあることを要する（国際為替手形の名称が付されていても、必ずしもこの条約でいう国際為替手形に該当しないこともありうる。また、手形上のこれらの記載は事実に合致するとは限らない。国際約束手形の場合には、支払人の肩書地はない。2条）。これらの記載のうち、振出人の署名または支払人の引受以外の記載の欠けているときには、当事者はそれらを補充できるとされている（12条）。このことから、当事者は完成手形においても白地部分のある手形においても、手形上の地名を適宜に記載することによって国際為替手形とするかどうかを選択することができることになる（同条約1条・2条から、当事者による準拠法の選択の余地があると解する見解もある）。この国際為替手形に該当しない手形は、それが国際的に流通しても、同条約の適用はなく、準拠法となるいずれかの国のような法律によって規律されることとなる。そうすると、この条約の締約国ではこの国際手形を規律する法律とそれ以外の手形を規律する法律とが併存し、適用される法を当事者が選択できることになり、また、補充を要する部分のあるときは、そのいずれに属するかはただちには判明しないこともある。手形についての統一法について、このような立法の当否は疑問であろう。

4　手形に関する実質法
(1) 実質法の適用
　手形に関する実質法は未だに統一されてはいない。ジュネーヴ条約は手形法の統一をはかるものであるが、これは締約国の国内法として適用される。この条約を採用していない国も少なくない。英法系諸国においても、各国の手形法は全く

同じではない。

　手形の国際的取立てについて、1956年に国際商業会議所は「取立統一規則」（Uniform Rules for Collections）を作成し、現在はそれを修正した1995年規則が1996年から用いられている。

(2) ジュネーヴ条約と英米法

　欧州の多くの国の手形法・小切手法はジュネーヴ条約で定める手形法および小切手法である。わが国の手形法および小切手法もジュネーヴ条約の規定によるものである。英国および英法系諸国、米国、中南米諸国ではジュネーヴ条約を採用していない。英国の手形法は1882年に制定された手形法であり、英連邦諸国は1882年の英手形法にならった立法が多いが、同じ規定でないところもある。米国では私法は州の立法権に属するので、手形法についてはモデル法を作成し、各州がそれを採用する方法をとっている。1896年に作成された統一流通証券法は全ての州が採用した。その後1951年に統一商事法典（Uniform Commercial Code）第3編に流通証券（Negotiable Instruments）に関する規定が設けられ、ほとんどの州では流通証券法に代えて統一商事法典を採用している。英法と米法は基本的には似ているが、具体的な規定の内容には相当に異なるところもある。

　ジュネーヴ条約の手形法（統一手形法）と英国、米国の手形法との大きな相違は、手形上の記載についての効力と偽造裏書後の手形取得者の扱い方にある。英国、米国の手形法では、偽造裏書または無権代理人のした裏書の後に手形を取得した者は手形上の権利を取得できず、その者に支払をした引受人は真の権利者に対して支払を拒むことはできないとされている。手形上の記載については、手形文句は要件とはされず、振出地、支払地、振出日の記載が欠けていても手形は無効とならず、手形金額について分割払を認め、受取人の記載がなくとも差し支えないとしている。

(3) 新たな国際手形条約

　新たな国際手形条約作成の主たる目的は、ジュネーヴ条約と英国、米国の手形法とを折衷した実質法規定を作成することにあった。国際手形条約では、偽

造裏書および無権代理人による裏書の場合に、被裏書人（譲受人）は偽造裏書、無権代理人による裏書により損失を受けた者に対して、善意、無過失であっても、損害賠償責任を負い（遡求金額および再遡求金額を超えない）、偽造者、無権代理人に手形金の支払をした者は、そのことを知らなかった場合にも損害賠償責任を負うこととし（25条）、手形の所持人を保護される所持人（protected holder）とそれ以外の所持人とに分けて（いずれについても裏書の連続のある手形の所持人であることを要するが、所持人から手形の裏書譲渡を受ければ原則として善意取得に相当する保護が与えられ、手形債務者の所持人への支払は有効とされる）、保護される所持人には、手形の返還請求権と、人的抗弁については、英米の手形法における「正当な所持人」（holder in due course）に似た保護を与えている（29条・30条）。保護される所持人の概念は英米法上の正当な所持人の概念にならったものであり、英米法上の保護よりも厚いが、ジュネーヴ条約の善意の所持人の保護には及ばないと解されている。

補 説

為替手形と小切手の相違　両者は振出人が支払人に支払を委託することでは異ならないが、小切手では支払人は銀行に限られ、小切手の振出人と支払人との間で支払事務を委託する契約（小切手契約）がなければならず、一覧払であり、呈示期間が短く、引受けはなく（支払保証はある）、謄本も存在しない。

荷為替手形　荷為替手形（Documentary Bill）とは、売主が輸出代金の取立てのために振り出した為替手形に船荷証券とそれにともなう書類（船積書類 shipping documents）を添付した（荷為替の取組）ものをいう。この為替手形は取立為替（逆為替）である。船積書類の添付は物的担保のためである。荷為替手形には、売買契約における決済条件に従って、信用状の添付されているものと、信用状を伴わない引受渡条件（D/A 条件 documents against acceptance）、支払渡条件（D/P 条件 documents against payment）とがある。一覧払手形のときは D/P 条件である。支払期限（満期。usance）のある手形のときは、手形上に D/A 条件か D/P 条件かの記載があればそれにより、その記載がないときは D/P 条件として扱われる（取立統一規則 10 条 2 項）。

手形上の主たる債務の準拠法と準拠法の指定　手形、小切手は形式的、画一的かつ迅速に処理すべき性質の有価証券であるから、あえて当事者による準拠法の指定を認め、あるいは当事者の黙示の意思の探求を認めることはその性質上適当ではない。客観的連結によるが、事案ごとに準拠法を判断するのではなく、準拠法の決定も画一的である必要がある。

取立統一規則　外国で支払われる手形(荷為替手形を含む)および小切手による取立事務における関係当事者(取立依頼人、仕向銀行、取立銀行および呈示銀行)の義務と責任について定めた統一規則。1956年に「商業手形類の取立に関する統一規則」が作成され、67年、78年の改訂を経て(このときにICC Uniform Rules for Collectionという名称になる)、現在は1995年規則(URC 522)が用いられている。取立事務の委任を受けた銀行は善意かつ相応の注意を払って、取立指図書に掲げられた書類(金融書類と商業書類)を確認すること(1条・2条)、金融書類とは為替手形、約束手形、小切手、支払受領書その他金銭の支払を受けるために用いられる類似の手段をいい、商業書類とは送状、積出書類、権利証書等をいうこと(総則と定義)、取立てとはこれらの書類にもとづいて引受けあるいは支払を受けること(総則と定義)、仕向銀行は他の銀行を利用することができ、それは本人の負担と危険で行われること(3条)、銀行は通報、書信もしくは書類の送達中の遅延、紛失等による結果について何の義務も責任も負わないこと(4条)などを前提として、書類の呈示(7条—10条)、支払(11条—14条)、引受け(15条・16条)、拒絶証書(17条—19条)、取立経過の通知(20条)、利息、手数料および費用(21条—23条)について定めている。

第4節　信　用　状

1　信用状についての法規範

　信用状は隔地者間における金銭の支払を確実にする方法として商人間の実務から生じたが、とくに19世紀後半からの貿易の拡大により、広く用いられるようになった。各地の実務、慣習に違いがあったため、統一規則が作られ、現在の取引はそれによっている。制定法による規律は各国においてほとんどなされていない。

(1) 実質的法律関係についての法規範

　信用状の法律関係は実務の慣行、商慣習によっていたが、第一次世界大戦当時米国から欧州諸国への輸出の増加にともない、米国と西欧諸国実務の慣行、商慣習等の相違から、信用状取引をめぐる法律上の争いが著しく増加した。そこで米国および欧州で信用状の効力について国際的な統一の動きが生じ、1933年に国際商業会議所が「荷為替信用状に関する統一規則及び慣例」(Uniform Customs and Practice for Documentary Credits; UCP. 信用状統一規則。UCPと略称)を作成した。統一規則の作成は、各国の国内法の制定あるいは統一法の作成を待

つよりも、信用状取引の関係者の間で用いるべき規則を統一することが信用状に関する法律関係の規律として適切、有効であるとの考え方による。この統一規則は1951年、62年、74年、83年、93年、2006年に改訂された。改訂は運送手段と通信手段の変化、情報処理技術の発達などによって生じた取引実務における変化に対応してなされた。英国、英連邦諸国、米国の銀行は当初はこの統一規則を採用していなかったが、51年の改訂後に米国の銀行が採用し、62年の改訂後に英国および英連邦諸国の銀行が採用し、それ以後国際商取引における世界的な法規範として機能している。採用の仕方は各国の銀行協会が行うことも、個別の銀行ごとに行うこともある。

1993年統一規則（UCP500）は全文49条で、スタンドバイ信用状を含むすべての書類付信用状（documentary credits）を対象とし、統一規則の適用、信用状に関する総則と定義、信用状の形式と通知、義務と責任、書類、雑則、譲渡可能信用状、代り金の譲渡について定める。そこに定めていない事項については準拠法の定めるところ（制定法および商慣習）による。信用状の形式については国際商業会議所による標準書式（1993年、ICC publication No.516）がある。さらに国際商業会議所では2006年10月に新たな信用状統一規則（UCP600）を作成し、多くの銀行等の関係者によって2007年7月1日からこの規則が用いられている。このほか1997年には荷為替信用状紛争解決のための専門家鑑定規則（2002年改訂）、また2002年に電子呈示に関する補足が、2003年に荷為替信用状にもとづく書類点検に関する銀行実務の国際標準（International Standard Banking Procedure for the Examination of Documents under Documentary Credits, ICC Pub. No.645）が作成されている。以下の説明は主として2007年規則（UCP600）にもとづくものである。

2006年改訂の信用状統一規則（UCP600）は全文39条から成り、新たに定義規定を設け（2条）、条文の文言の解釈原則を示し（3条）、全体としてUCP500の条文の位置、文言とかなり異なっている。しかし、基本的な仕組みと概念は変わってはいない。主要な変更は、新たな規則では原則として信用状は取消不能とし（2条・3条）、取消可能信用状に関する規定がなくなったことと、後日払の場合（為替手形があるとは限らない）にも信用状を利用しうることを明確に

したこと（7条・8条・9条）、買取りには指定銀行による書類の買入れも含むこと（12条）、通知銀行の義務を明らかにしたこと（9条）、信用状条件の変更、発行銀行、確認銀行および受益者の同意がないかぎりなしえず、一定期間内に受益者の拒否がないときは変更されたものとみなす旨の記載は、その効果を生じないとする規定を設けたこと（10条）、銀行は書類の記載のみを点検することおよび銀行による書類点検・拒絶通知の日数を 5 営業日の終了までとしたこと（14条）、指定銀行のほか発行銀行も信用状の譲渡ができること（38条）などである。また電子呈示に関するUCPへの追補第一・一版（Supplement for Electronic Presentation Version 1.1 略称 "e UCP"）が 2006 年 11 月に作成された。

　信用状統一規則は実務の慣行、商慣習をそのまま明文化したものではなく、それらをもとに国際商業会議所が制定した統一規則である。信用状統一規則は、信用状で信用状統一規則に従う旨が表示され、明示の修正もしくは排除の記載のないかぎり、すべての関係者を拘束すると定めている（UCP600・1条1項）。したがって、信用状統一規則は当事者による援用が信用状に表示されていることによって適用される。そこで信用状統一規則による旨の文言がない信用状について、同規則を適用しうるかはこの規則をどのような性質のものと理解するかの問題である。当事者の援用によって適用される規範であるとすると、信用状統一規則によらないことが当事者の言動、一定の取引あるいは一定の地域の実務などから認められる場合には、統一規則を適用する理由はないと考えられる（しかし、このようなことは実際にはないであろう）。もっとも、統一規則が実務に定着し、その実務をとくに排除していないときには、統一規則によるとの商慣習を認めて、信用状統一規則を適用する立場もあろう（東京地判昭和 62 年 5 月 29 日金融法務 1186 号 84 頁は、信用状統一規則によるとの商慣習があるとする）。統一規則を商人法とする立場では、これは当然に適用されることとなる。

　信用状に関する制定法のある国は極めて少ない。多くの国では、信用状については商慣習、判例などによる。米国の統一商事法典第 5 編は信用状に関する規定であるが、ニューヨーク州法では、当事者の合意または取引慣行によって信用状統一規則が適用される場合には、統一商事法典の規定は適用されないとしている。

(2) 法の牴触に関する法規範

　信用状法律関係に関する法の牴触を解決するための条約はなく、法廷地の国際私法の指定する準拠法による（ほとんどの国では信用状法律関係の準拠法に関する明文の規定はない）。わが国では法適用通則法 7 条から 10 条までの規定によることとなろうが、信用状のような多数の関係者について統一的な処理の必要な法律関係について、当事者による準拠法の指定によらしめることには疑問があり、条理によって客観的な連結点を見出すべきである（東京地判平成 15 年 9 月 26 日金融法務 1706 号 40 頁およびその控訴審東京高判平成 16 年 3 月 30 日金融法務 1714 号 110 頁は信用状債務の履行地法によるとの黙示の合意があるとする）。信用状にもとづく債務は発行銀行が受益者に対して発行依頼人の債務の保証を行うことであるから、当該信用状を発行した営業所所在地法を信用状法律関係について最密接関係地法とみるべきであろう（法適用通則法 8 条 1 項）。発行銀行の債務を特徴的な給付とみる立場をとっても、推定規定によって同様の結論となろう（同条 2 項）。この準拠法は発行銀行と受益者のみならず、他の銀行との関係をも規律することになる。確認銀行の義務は独立の債務ではあるが、発行銀行の義務を前提とするので、信用状法律関係については発行銀行の営業所所在地法によるとすることが、法律関係の画一的処理からみて適当である。しかし発行銀行と確認銀行との関係については、委任類似の関係として、その間で別段の定めがなければ、受任者（確認銀行）の営業所所在地法によることが適当であろう。

2　信用状の意義、当事者および種類

(1) 意　義

　信用状（letter of credit, L/C）とは、金銭の支払義務を負う者の依頼にもとづいて、一定の条件を充足したときに、銀行が第三者またはその指図した者に一定の金銭の支払をすることまたは特定の者（受益者）の振出にかかる為替手形の引受け、支払をすることもしくはその為替手形の引受け、支払、買取りを他の銀行に授権することを確約した書面をいう（UCP600・7 条）。銀行に信用状の発行を求める者を依頼人（applicant）、それを発行する銀行を発行銀行（issuing bank）、信用状にもとづいて支払を受ける権利のある者を受益者（beneficiary）という。信用

状に記載された条件が信用状条件である。銀行の支払約束（undertaking）は依頼人の受益者に対する債務の支払についてであるけれども、依頼人の受益者に対する債務から独立した別の債務とされている（信用状取引の独立抽象性。付従性を有する保証と異なる）。

(2) 信用状取引の当事者

　信用状は、依頼人と受益者間の取引（売買契約等）における信用状開設の約定にもとづいて、依頼人の発行銀行に対する依頼にもとづいて発行されるものであるが、信用状における基本的な当事者は発行銀行と受益者である。

　信用状には、発行銀行のほかに、いくつかの銀行が関係する。発行銀行から信用状の通知を委任された銀行を通知銀行（advising bank）、信用状がそこで利用可能とされた銀行または利用された銀行を指定銀行（nominated bank. もっとも、任意の銀行で利用可能な信用状の場合には任意の銀行が指定銀行とされる。指定銀行は明示の合意があり、それが受益者に通知されているときは支払または買取りの義務を負う）、手形の買取り（通常は遡求権付 with recourse）をした銀行を買取銀行（negotiating bank）、受益者のいる国の通貨と決済の通貨が異なっている場合に信用状条件にもとづいて支払をする銀行を支払銀行（paying bank）、手形の引受けまたは買取りを行った銀行からの補償請求に対して、発行銀行に代わって補償を行った銀行を補償銀行（reimbursing bank）、発行銀行からの授権または依頼により信用状の確認を行った銀行を確認銀行（confirming bank）、本来の受益者の依頼により第2の受益者に対して信用状の譲渡通知を行う銀行を譲渡銀行（transferring bank）という（同2条、12条には発行銀行、確認銀行、指定銀行の定義がある）。一つの銀行が複数の役割をもつことも少なくない。

(3) 信用状の種類

　信用状は、その性質、機能、使用方法等によって、いくつかの種類に分けることができる。主なものは次のとおりである（UCP600ではとくに定義は設けていない）。

① 書類付信用状とクリーン信用状

　支払の条件として特定の取引に関する書類（商業書類 commercial docu-ments）

を必要とするものが書類付信用状であり、それを必要としない（為替手形または金銭受領書等の呈示でよい）ものがクリーン信用状（clean letter of credit）である。前者は商取引から生ずる代金、その他の債務の支払に用いられ（commercial letter of credit）、その代表的なものは荷為替信用状（documentary letter of credit）である。後者はそのような取引にもとづくことなく、金銭の支払を目的とする場合に用いられ、その例は旅行者信用状（traveller's credit）である。信用状に関する法律関係と信用状発行のもととなる法律関係とは別であるから、信用状の譲渡によって当然に売主の地位が移転するものではない（東京地判昭和47年3月11日判時679号26頁）。

スタンド・バイ信用状（stand-by letter of credit）は売買契約以外の債務の保証（入札保証、契約履行保証、前受金返還保証、子会社の債務保証等）のために、保証状ではなく信用状の形式をとるものであり、支払の条件として商業書類に相当する書類の呈示を必要とするものと、その必要のないものとがある。前者は書類付信用状であり、後者はクリーン信用状である（スタンド・バイ信用状にはクリーン信用状だけでなく、書類付信用状の場合も少なくない。信用状統一規則の適用されるスタンドバイ信用状は書類付信用状である）。

なお、Documentary Credit を荷為替信用状と訳すことが多いが、荷為替手形以外の書類の呈示を必要とすることもあるので、書類付信用状というべきであろう。

② **取消可能信用状と取消不能信用状**

取消可能信用状（revocable credit）とは、発行銀行が、事前に受益者に通知することなく、何時でも信用状条件を変更しあるいは信用状の発行を取り消すこと（撤回）のできる信用状をいい、取消不能信用状（irrevocable credit）とは、受益者が信用状の発行の通知を受けた場合には受益者の、さらに信用状に確認が加えられている場合には確認銀行の同意がなければ信用状条件の変更（amendment）または取消し（cancel）をなしえない信用状をいう。1993年規則では、取消可能か取消不能かは信用状に明示すべきであるとし、明示されていない場合には取消不能信用状とみなされるとしていたが、UCP600では永年にわたり取消不能信用状が使われてきたことを考慮して、とくにその記載がなくとも、取消不能信用状を原則とした（同3条）。

③ 確認信用状と無確認信用状

発行銀行以外の銀行が受益者に発行銀行と同様に支払義務を負うことを約したことを表示している信用状が確認信用状（confirmed credit）であり、そのような表示のない信用状が無確認信用状（unconfirmed credit）である。これは発行銀行以外の銀行による信用の補強の有無による区別であるが、発行銀行の信用の不足、発行銀行所在地の外国為替の管理、経済的、政治的不安を回避する必要のある場合に、それらのおそれのない銀行の確認を求めることになる。確認銀行による確認は発行銀行の授権または依頼にもとづいて行われる金銭支払の意思表示（支払約束）である（同2条・8条）。確認銀行は、確認の時から発行銀行から独立して取消不能の義務を負う（同10条）。

④ 譲渡可能信用状と譲渡不能信用状

本来の受益者（第一受益者）が第三者（第二受益者）に信用状の全部または一部を使用する権利を譲渡することを認めている信用状を譲渡可能信用状（transferable credit）といい、そうでないものを譲渡不能信用状という。譲渡可能とするためには、発行銀行によって"transferable"であることが明確に記載されていなければならない（同38条b）。発行銀行は譲渡銀行となることができる。指定銀行は譲渡について明確に授権があれば、譲渡銀行となりうる（同38条a・b）。譲渡は1回に限られ、第一受益者の依頼により、必ず譲渡銀行による通知を必要とする。信用状金額の範囲でこれを分割して譲渡することができる（同条d）。譲渡可能信用状は輸出者による仕入れ代金の決済等に用いられることが多い。

このほかにも、信用状の分類としては、信用状にもとづく支払の時期による、一覧払信用状（sight payment credit）と後日払信用状（deferred payment credit）、手形の買取りを前提とする買取信用状（negotiation credit）と買取りを予定していないストレート信用状（straight credit）、一定の期間内は一定の金額まで繰り返し使用できる回転信用状（revolving credit）、手形の買取銀行を指定した信用状、振出人の償還義務免除の手形の振出を認める信用状（without recourse L/C）とそれを認めない信用状（with recourse L/C）、受益者が別の信用状の通知銀行に依頼して新たに発行される信用状（見返り信用状）、発行銀行が受益者の取引銀行の有する輸出前貸に対する債務の支払を約する新たな信用状（輸出前貸信用状。red clause credit, anticipatory credit）などがある。

3　信用状取引の当事者間の法律関係
(1) 信用状の開設
①　開設義務

　契約における金銭の支払義務に関して、信用状開設の必要性、信用状の種類、金額、開設時期等は、それぞれの契約で当事者の定めるところによる。金銭支払義務を負う者は信用状の開設時期についてとくに定めがなければ、契約を締結したのち合理的な期間内に開設しなければならない。売買代金を信用状決済とした場合には、買主による信用状の開設は、FOB 条件でも CIF 条件でも積地条件であるから、売主による船積義務の履行の前提となると解すべきであるから（船積期間が到来しても信用状が発行されないときは、売主ははなはだ不安定な立場におかれる）、買主は船積期間の開始の日までに信用状を開設すべきである（神戸地判昭和 37 年 11 月 10 日下民集 13 巻 11 号 2293 頁は、信用状開設を船積みに対する先給付義務であるとしたにもかかわらず、船積期間の終了前までに開設することで足りるとしたが、それは妥当でない。最判平成 15 年 3 月 27 日金融法務 1677 号 54 頁は、売主は信用状の通知を受けるまでは船積みを拒むことができるとする）。

②　依頼人と発行銀行の関係

　発行依頼人と発行銀行の法律関係は信用状の発行を委託する契約（委任契約）にもとづく関係である。したがって、それは発行銀行との間の約定と準拠法によって規律される。依頼人と銀行との間には、その前提として銀行取引約定、信用状取引約定が存在する。依頼人は信用状発行依頼書において、信用状条件と信用状の金額、種類等を指定する。依頼書には、通常、信用状統一規則に従う旨の文言がある。これらで定めていないことについては準拠法による。わが国では信用状取引約定書において、発行銀行が相当の注意をもって、輸入為替手形および添付書類を点検し、それらが信用状条件を充足していると認めて手形の支払、引受等を行ったときは、依頼人はその取扱いを承認すること（信用状取引約定書のひな型 9 条）、依頼人の償還義務（同 11 条）、信用状条件との相違の場合の発行銀行の措置についての承認（同 10 条）、信用状の取消し・条件の変更（同 14 条）、

信用状統一規則に従うこと（同 21 条）などを定めている。

(2) 信用状取引の当事者間の法律関係
① 概　説
　信用状取引における最も重要な法律関係は、発行銀行と受益者の関係、すなわち発行銀行が受益者に対してどのような場合にいかなる義務を負うかにある。そのほかに、発行銀行以外にいくつかの銀行が信用状取引の当事者となるので、受益者とそれらの銀行との関係、銀行間の関係も生ずる。これらはそれぞれ異なる当事者間の法律関係であるが、それらを統一的に規律するために作成された規則が信用状統一規則である。

② 信用状取引の基本原則
　(a) 信用状取引の独立抽象性　　信用状にもとづく法律関係は、発行の原因となる法律関係から独立した法律関係であって、その影響を受けないものとされている。このことを信用状取引の独立抽象性という。統一規則では、信用状は、その性質上、そのもととなる売買契約その他の契約とは別の取引であって、銀行はその契約とは何らの関係もなく、それに拘束されるものではないとしている。したがって、信用状にもとづく支払、買取り、その他のいかなる義務を履行することについての銀行の約束（undertaking）は、依頼人と発行銀行または依頼人と受益者との関係から生ずる依頼人の権利または抗弁（claims or defences）によって影響を受けない。受益者はいかなる場合にも銀行間のまたは依頼人と発行銀行間の契約関係を援用することができない（UCP600・4 条 a）。具体的には次のとおりである。
　まず、信用状発行銀行は信用状債務について、所定の信用状条件に合致しているかぎり、発行依頼人に対する抗弁（信用状の発行を委託する契約における抗弁）をもって受益者に対抗することはできず、依頼人の受益者に対する抗弁（信用状決済とすることにした契約における抗弁）をもって対抗することもできない。発行銀行がその債務の支払を拒むことができるのは、提示された書類と信用状条件との不一致（同 16 条）および信用状自体に瑕疵のある場合（詐欺、偽造など）である。
　次に、発行銀行が信用状条件をみたしているため信用状債務を履行した場合には、受益者の債務不履行があったとしても、銀行は依頼人に補償（reimbursement）

を請求することができる。手形の買取り、引受け、支払をした銀行も、これらの原因関係に左右されることなく、発行銀行に対して補償を請求しうる（同7条c・13条）。信用状開設の原因となる契約上の争いはその契約の当事者間で解決すべきことになる。

(b) 書類取引および厳格一致の原則　信用状取引は信用状の記載に依拠する取引であり、信用状条件に合致する書類の呈示により支払がなされる。信用状取引においては、全ての当事者は書類（documents）を取り扱い、それらの書類が関係する物品、役務等を取り扱うものではない（同5条）。呈示される書類およびその記載は信用状条件と厳格に一致していることが必要とされる。これを厳格一致の原則という。このような取扱いは、信用状発行依頼の趣旨に従うこと、発行の原因となる法律関係についての実質的考慮をしないこと、信用状取引の迅速な処理の必要による。

UCP600・13条では、銀行は、書類が外見上規則に従った呈示となっているか否かを書類のみにもとづいて点検するとしている（同条a）。信用状の記載と他の書類の記載の一致については、書類中の記載は他の書類や信用状での記載と同一である必要はないが、それと異なるものではないこと（同条d）、商業送状以外の書類では物、サービスその他の給付が信用状中の記載と異ならない一般的用語で記載されていてもよいこと(e)、信用状で要求されていない書類は無視すること(g)、信用状条件に記載されていても、そのための書類が定めてないときは、その条件を無視すること(h)、などをも定めている。信用状で提示を求めている書類は、一通は原本でなければならないが（同17条a）、写しでよいとされているときは原本又は写しを提示する（同条d）。商業送状は受益者が信用状発行依頼人に宛てて発行し、信用状の通貨と同一の通貨によるものであって（同18条a）、物、サービス、給付についての記載は信用状の記載と合致していなければならない（同条c）。書類上の記載が信用状条件に一致しているか否かは具体的事案ごとに判断することとなる。

③　各銀行の義務と責任

発行銀行から信用状の通知を委任された銀行（通知銀行 advising bank）は信用状を通知するか否かを選択することができる（同9条e）。通知することを選択し

た場合には、信用状の外観上の正規性を点検しなければならず、それを確認できない場合には、発行銀行と受益者にそのことを通報しなければならない（9条d）。通知銀行が信用状を通知するに際して信用状の外観上の正当性の確認を怠ったとして、偽造の信用状によって買取銀行および受益者に生じた損害について通知銀行の賠償責任を認めた裁判例がある（大阪高判平成18年2月1日金融法務1798号45頁およびその第一審神戸地判平成16年8月13日金融法務1798号52頁）。通知銀行は通知を委任されただけでは、手形の買取り、引受け、支払をする義務はない（同条a。大阪地判平成12年9月25日金融法務1603号47頁、大阪高判平成13年6月12日金融商事1123号25頁は、売買契約の当事者間の追加船積の合意にもとづく信用状条件変更について、信用状の通知銀行の売主への通知（船条件変更の通知）が銀行内の事務処理の遅れにより、売主が商品追加船積みをしなかったところ、それを理由とする買主の関係会社からの苦情に対処するために、売主はその関係会社に商品を安く供給せざるをえず、売主に損害が生じた場合に、通知銀行は注意義務を怠ったとして、通知銀行に対する損害賠償請求を肯定した。その上告審最判平成15年3月27日金融法務1677号54頁は、信用状開設の通知があるまでは売主は船積みを拒否することができるところ、通知銀行から条件変更の通知を受け、これを承諾するまでは条件変更にかかる債務の履行を拒むことができるのであるから、通知銀行が条件変更を適時に通知しなかったことと、買主の関係会社との取引で売主が被った損害との間には相当因果関係はないとした）。

　発行銀行から信用状を確認することを委任された銀行（確認銀行 confirming bank）は、発行銀行と同様の義務を負う（同8条b）。確認銀行の義務は発行銀行の義務とは別の独立した義務であるので、発行銀行の倒産があった場合でも支払をしなければならない。

　発行銀行から手形の買取り（negotiation）、引受け（acceptance）または支払（payment）を委任された銀行（指定銀行 nominated bank. 2条）がそれらの行為をした場合には、発行銀行に対してその補償を請求することができる（同7条c・8条c）。自由に買取可能な信用状では、いずれの銀行も指定銀行となる（同10条b）。荷為替信用状の買取銀行は買取りに際して添付書類の形式および記載文言が信用状条件と形式的および文面上一致しているか、外観上、文書の真正性、常態性を具備しているかについて相応の注意を払って点検確認の調査を行うこと

で足りる。荷為替手形の買取りの際の買取銀行による信用状条件と船積書類上の記載との形式上の齟齬の有無の点検は、自行の荷為替手形の買取りの危険の有無を確めるために行うのであり、買取依頼人のために信用状条件と船積書類上の記載の不一致の有無を点検する義務はない。荷為替手形の買取りは手形の買取りであって、それによって買取依頼人に対して信用状条件と船積書類上の記載との不一致の有無の点検を受任したものではない（東京高判平成3年8月26日金融法務1300号25頁）。

　買取銀行は、発行銀行が信用状債務の履行をしなかった場合には、受益者に対して為替手形の遡求権を行使することになる。わが国の銀行が買取りをした場合には、外国向為替手形取引約定書において、受益者による手形の買戻義務を定めている。外国向為替手形取引約定書15条2項2号による手形の買戻請求権は、手形の再買取銀行から手形の代り金の償還を請求された場合に生ずる権利であり（これは銀行の意思表示のみで効力を生ずるとされている）、それは再買取銀行の償還請求の理由の有無にかかわらないと解されている（東京高判平成3年8月26日金融法務1300号25頁）。

　UCP600で書類点検の基準についての具体的な規定のないのは、国際標準銀行実務（International Standard Banking Practice, ISBP）によることを前提としているためである。

　発行銀行および確認銀行は信用状と船積書類の呈示から長くとも5銀行営業日内にその点検を行い（UCP600・14条b。なお、信用状に定めのない書類を点検する必要はない）、信用状条件に合致した書類が呈示された場合には、受益者に対して支払をする義務を負い（同15条a）、書類が信用状条件に合致していないと認められるときは、書類の取引を拒絶することができる（同16条a）。発行銀行は信用状条件との不一致を許容するか否かについて発行依頼人に照会することはできる（同条b）。発行銀行または確認銀行が信用状にもとづく支払を拒否するときは、書類を送付した銀行または受益者に、呈示者からの指図を待つために保管中または呈示者への返送を通知しなければならない（同条c）。発行銀行がこの通知を怠ると信用状条件に合致していないことを主張できない（同条f）。

　手形の買取り、引受け、支払を行った銀行の発行銀行に対する補償請求を、

発行銀行に代わって履行する銀行が補償銀行であり、発行銀行は補償銀行のほか補償請求権を有する銀行に対して補償義務を負う。発行銀行は、補償を請求する銀行に信用状条件に合致している旨の証明書の提出を求めてはならず、補償銀行による補償がないときは、発行銀行は金利を含めて、補償請求銀行に対する自らの責任を免れない（同 13 条 a―e）。

　なお、1996 年から「銀行間補償に関する統一規則」（ICC Uniform Rules for Bank-to-Bank Reimbursement Rules, ICC Publication No.525）が用いられてきたが、改訂されて、2008 年 10 月から同じ名称のまま、URR725（ICC Publication No.725）として用いられている。これは信用状統一規則を補足するとともに、銀行間の補償関係について定めるものである。

④ 商業送状

　商業送状（commercial invoice）は信用状受益者から発行依頼人宛に発行されたものでなければならないが、署名は必要ではない（UCP600・18 条 a）。銀行は信用状が許容する金額を超えた金額の商業送状の受取りを拒否することができる。そのような商業送状を受け取った場合であっても、その受取りは許容金額を超える金額について支払、手形の引受け、買取りを行わないことを条件とする（同上 b）。送状における物品の記載は信用状の記載と一致していなければならないが（同上 c）、その記述は信用状における物品の記載と矛盾しない一般的用語で示すことができる（同 14 条 e）。

⑤ 運送書類

　信用状に添付する書類のなかで商業送状とともに重要なものは運送書類（transport document）である。それは担保の対象となる貨物の確保のためである。運送書類に関する信用状条件とは、信用状に記載された運送書類の種類、通数、荷受人、船積期限、船積港、陸揚港などである。したがって、まず、信用状取引（買取等）を行う銀行は運送書類がこれらの条件に合致しているか否かを点検することになる。次に、信用状において特に異なる定めをしていないときは、添付されている運送書類が統一規則の定めている条件を充たしている場合に、銀行は荷為替手形を受理する（同 19 条―27 条）。UCP600 は運送証券の種類ごとに許容される記載について定めている。もとは海上船荷証券についての規定だけであっ

たが、海上運送状、航空運送状、複合運送書類等が用いられることが多くなったため、1983年規則以来各種の運送書類に関する規定が設けられた。

(a) 海上船荷証券（marine bill of lading）　運送人または運送人の指定した代理人、船長または船長の指定した代理人の署名のある船荷証券で（同20条aⅰ）、船積みの証明があり（同条aⅱ）、船積港および陸揚港の明示されているもの（同条aⅲ）。これらの船荷証券は運送契約全部の記載があるか、または他の書類によって示しているとみられるものであることを要する（同条aⅴ）。ただし、傭船契約に従う旨の記載があるものは受理されない（同条aⅵ）。積替えの記載がある場合は、全ての海上運送が一つの船荷証券によって表示されているならば、受理される（同条c）。

(b) 流通性のない海上運送状（non-negotiable sea waybill）　海上船荷証券とほぼ同様の扱いをされる（同21条a-d）。

(c) 傭船契約船荷証券（charterparty bill of lading）　信用状で傭船契約船荷証券（航海傭船の場合に発行される船荷証券。裏面約款の記載のないshort-form B/Lが多い）を要求または許容している場合には（同20条aⅵでは傭船契約船荷証券は除外している）、傭船契約に従う旨の記載があり、船長もしくはその指定した代理人、船舶所有者もしくはその指定した代理人の署名のある船荷証券で（運送人の名称の記載は問わない）、船積みの記載および船積港の記載のあるものでなければならない（同22条aⅰ-ⅲ）。信用状で傭船契約書の呈示を要求していても、銀行はその内容についての点検義務はない（同条b）。

(d) 航空運送状（air waybill）　航空運送の運送人またはその指定した代理人の署名した航空運送状で、物品を受領した旨の記載および出発空港と仕向空港の記載があるものでなければならない。その他は海上船荷証券の場合とほぼ同様である（同23条a）。積替えのあるものも受領する（同条b・c）。

(e) 道路、鉄道または内陸水路の運送書類（road, rail or inland waterway transport document）　運送人の受領または積出し・発送の表示がなされているもので（運送人のために署名または認証する者は運送人の名称と資格をも表示しなければならない）、信用状に定められた積出地および仕向地を表示し、その他すべての点で信用状条件を充足していなければならない（同24条a）。積替えが信用状で禁じられてい

も、全運送が一つの運送書類で表示され、同一の運送方法によるときは、銀行は運送書類を受理する（同条e）。

(f) 複合運送書類（multimodal transport document）　複合運送人、発送・受取り・積込み、積出地、荷揚地等についての記載は海上船荷証券、航空運送状とほぼ同じである（同19条a ⅰ- ⅲ）。傭船契約に従うものである旨の表示のないことを要し（同a ⅵ）、積替えの可能性があってもよい（同b・c）。

(g) クーリエ業者および郵便小包の受領書（courier and post receipt）　小包郵便、受領証または郵送証明書（25条a・c）およびクーリエ業者の発行する受領証（同条a・b）も運送書類として受理する。

　フレイト・フォワーダー発行の運送書類については、フレイト・フォワーダーが契約上運送人または複合運送人のいずれかになるので、とくに規定は設けられていない。貨物が甲板積であることの記載のある運送書類は受理されない（ただし、その旨の記載がなければ、甲板積で運送される可能性があってもよい。例えばコンテナ貨物。同26条a）。不知約款（"Shipper's load and count", "Said by shipper to contain"）のある運送証券は受理される（同条b）。受益者以外の者が荷送人となっている書類も受理される（同14条k）。運賃、荷役費用等の未払である旨の記載があっても、その書類は受理される（同26条c）。運送証券に物品または包装に瑕疵のある状態の記載のあるものは受理されない（同27条）。

⑥　保険書類

　保険書類（insurance document）はCIF条件の場合に添付書類となる（FOB、FCAでは輸入者が付保するので、保険書類は信用状で必要とする書類とはされない）。保険書類は保険者によって事前に署名された保険証券、保険承認状または予定保険通知書であり、カバー・ノート（cover note）は認められない。包括予定保険契約の場合は保険承認状または予定保険通知書による（同28条a-d）。保険で塡補される金額は信用状記載の通貨と同一でなければならず、最低付保金額は、送状にCIF価額が示されている場合には、それに10%を加えた金額とし、CIF金額が確定できない場合には、信用状にもとづいて支払うべき金額または送状に記載された金額のいずれか大きい金額に10%を加えたものとされる（同条f）。保険で担保される危険に関しては、信用状で保険条件、付保すべき追加危険が

定めてあればそのような保険書類を必要とするが、明確な定めがないときは、添付されたとおりの保険書類を受理する（同条 g）。単に全危険担保（All Risks）とある場合も同じである（同条 h）。

補説

貿易決済と信用状　わが国の輸出産業は永年にわたって貿易代金の決済について信用状を利用してきたが、20 世紀末になって、通信手段等の発達により、取引先の企業について精度の高い情報が得られるようになったこと、投資の自由化で別会社である現地法人との取引が多くなったことなどによって、取引先の信用危険を担保するための信用状に対する必要性が少なくなり、これに代わって送金決済が多くなった（とくに日本への輸入代金の支払）。しかし、新たな取引先との取引である場合、取引先の信用状態が明白でない場合、取引金額が大きい場合などでは信用状が使われている。

米国の統一商事法典の適用　米国の統一商事法典第 5 編は信用状（Letter of Credit）について定めている。これが州法として採用された場合の適用については、発行銀行、指定銀行、通知銀行の責任は、当事者が合意または信用状で指定した州の法律により、それがないときは責任を問われている者の住所地（支払約束の中で示した地）のある州の法律によるとされている（5—116 条(a)(b)）。ただし、信用状において信用状統一規則のような慣習もしくは慣例に従うことを明示しているときは、それによる（同条(c)前段）。統一商事法典の規定と慣習・慣例間に齟齬のあるときは、5—103 条(c)で指定した強行規定を除き、慣習・慣例の定めが適用される（5—116 条(c)後段）。

保証に関する統一規則　ICC の契約保証に関する統一規則（ICC Uniform Rules for Contractual Guarantees 1978 年）では、原則として、債務者の承認または裁判等により債務不履行が確定しなければ保証人に支払義務なしとしていたが、1992 年に請求払保証に関する統一規則を作成し、原則として債権者から債務不履行を理由に支払の請求があれば保証人はその支払をしなければならないとした。損害保険会社の発行する保証証券（契約違反による損失の補償を約束する保証状）に関する統一規則として、契約保証証券統一規則（Uniform Rules for Contract Bonds（URCB）1992）がある。

請求払保証状　請求払保証状（Demand Guarantee）は銀行が債務の保証のために発行する保証状の一つで、債権者は債務不履行の事実を証明することを必要とせず、保証状で定めた書類の呈示等によって保証債務の履行を請求することができる旨を約した保証状である。債務不履行の立証を要しないことで通常の保証（surety, suretyship, surety bond, guarantee）と異なり、スタンド・バイ信用状と同様の機能を有する。請求払保証には「請求払保証に関する統一規則」（ICC Uniform Rules for Demand Guarantees,（URDG）1992）がある。

スタンド・バイ信用状に関する国際連合条約　国連国際商取引法委員会では 1995 年に

独立保証状及びスタンド・バイ信用状に関する国際連合条約（United Nations Convention on Independent Guarantees and Stand-by Letters of Credit, 1995. 2000 年 1 月 1 日発効）を採択した。この条約は銀行保証とスタンド・バイ信用状とについてその効力を定めているが、ICC の作成した信用状統一規則および請求払保証に関する統一規則による実務を前提としている。ただし、この条約の規定は任意規定であり、当事者はその適用を排除しうる。また、この条約には牴触規則に関する規定があるが、それとこの統一法との関係は必ずしも明らかではない。

信用状条件の変更に関する受益者の同意　取消不能信用状については、発行銀行、確認銀行および受益者の同意がなければ、発行を取り消すことも、条件を変更することもできない（同 10 条 a）。一定期間中に受益者が条件変更を拒否しないときには条件変更に同意したものとみなす旨の文言が信用状にあっても、それは無視される（同条 f）。

なお、信用状条件の変更の同意については、わが国の商法 509 条の適用または準用はないと解されている。東京地判昭和 52 年 4 月 18 日判時 850 号 3 頁は、依頼人が日本に営業所を有する発行銀行およびそれを通じて在エジプトの受益者に対して条件変更（船積期間の延長等）の通知をしたところ、それに対してとくに応答がなかったため、依頼人は商法 509 条によって条件変更の同意があったと主張した事案である。裁判所は信用状条件の変更は商人の通常の営業の部類に属するものではないから同条の適用はなく、また、諾否の応答がない場合に承諾とみなす商慣習もないとして、発行当時の条件で発行銀行による通知銀行への補償金の支払および依頼人口座からの引落しを適法とした。

信用状条件との一致　船積書類の記載が信用状条件に一致するかについて判断した裁判例はわが国では多くはない。到着した商品が契約と異なるため、外国の輸入業者が日本の買取銀行に対して、信用状条件の不一致を見過した過失があるとして損害賠償請求をした事案で、商業送状（commercial invoice）上の「スエード……」との記載と輸出申告書（export declaration）上の「ポリエステル製染・白トリコット織物……」との記載の相違について、輸出申告書の商品名の表示は輸出統計品目表に準拠するため、送状の表示とは異なることが多いとして、外国の輸入業者の損害賠償請求を認めなかった判決がある（大阪高判昭和 60 年 7 月 31 日判時 1177 号 64 頁）。その上告審判決は、外為法上の確認義務は公法上のものであって、仮にその違反があっても直ちに信用状取引当事者に対する関係で違法となるものではなく、契約違反の船積みを知っていた場合や輸出申告書の記載から一見して別個の取引であることが明らかである場合には格別、輸出申告書の呈示が信用状条件とされていない以上、銀行に責任なしとした（最判平成 2 年 3 月 20 日金融法務 1259 号 36 頁）。これら第一審から上告審までのそれぞれの判旨には大いに疑問がある。東京地判平成 15 年 9 月 26 日金融法務 1706 号 40 頁は、信用状の機能が国際取引の迅速かつ安全な決済にあたることから、添付書物が信用状条件と一字一句相違ないことまで要求する趣旨とは考えられず、その照合も実務的かつ合理的であればよいとする。しかし、これも不一致の程度によるであろう。

船積書類　貿易取引において輸出者（売主）が輸入者（買主）に引き渡すべき書類を一般に船積書類（shipping documents）という。それらは一般に商業送状（commercial invoice）、

船荷証券（bill of lading）または海上運送状（sea waybill）、海上保険証券（insurance policy）または保険承認状（insurance certificate）、容積重量明細書（measurement and weight list）、包装明細書（packing list）であり、一定の輸入地での課税に関する書類として税関送状（customs invoice）、領事送状（consular invoice）、原産地証明書（certificate of origin）、特定の商品についての検査証明書（inspection certificate）、衛生証明書（sanitary certificate）がある。荷為替手形の取組みに必要な書類は、FOBでは船荷証券と商業送状であり、CIFではそれに海上保険証券が加わる。他の書類は輸入のための通関手続に必要な書類である。

輸出手形の買戻し　信用状の発行銀行等から信用状にもとづく支払が拒否された場合に（その理由は書類の記載上の不一致が多い）、わが国の銀行取引実務では、外国向為替手形取引約定書の条項（外国向為替手形約定書15条）にもとづいて、買取銀行が取引先（受益者）に対して手形の買戻しを請求することが多い（近時の裁判例として、東京高判平成3年8月26日金融法務1300号25頁、東京地判平成4年4月22日金融法務1349号54頁など）。輸出手形の買戻請求それ自体についての批判もないではないが、このような約定が、不合理不当とはいえない。わが国における輸出手形の買戻しの商慣習は、外国銀行の在日支店の取引をも拘束する（大阪地判平成2年2月8日判時1351号144頁）。

　また、外国の銀行とコルレス契約のある日本の銀行が信用状の通知を受け、その後の信用状条件の変更とあわせて真偽の確認につき照会し、それについての回答から問題ないものと考えて受益者に通知し、受益者の取引銀行は輸出手形の買取りをしたところ、信用状の発行銀行が実在しないことが判明したので、外国為替手形約定にもとづく買取銀行の受益者に対する輸出手形の買戻請求を認めた事例がある（大阪高判平成18年2月1日金融法務1798号45頁。なお、第一審の神戸地判平成16年8月13日金融法務1798号52頁は、このほかに、テレックスによる通知における発行銀行名と通知についてのテストキーによる確認のないまま正規のものを軽信した通知銀行の行為について、信用状が外観上正規に発行されたものと認められるかどうか点検するための相応の注意を欠くものとした）。

非指定銀行による荷為替手形の買取り　非指定銀行による信用状付荷為替手形の買取りは可能であるが、非指定銀行はその買取りに際して発行銀行または依頼人のために書類点検義務を負わないとする裁判例がある（大阪地判昭和51年12月17日判時859号91頁）。

第5節　貿易保険

1　序　説

　貿易その他の渉外的取引・企業活動における危険から生ずる経済的損失にはさまざまなものがあり（例えば、取引の相手の債務不履行による損害、第三者の不法行

為による損害、天災地変、戦争などによる損害、為替の変動、政府による取引の規制による損失等)、当事者がそれらをどのようにして避けるか、損失をどのようにして補うかについては、個別の契約条項での取極、担保・保証となるものの取得、為替取引の利用、損害保険・責任保険の利用などさまざまである。

　それらの損失のうち、その原因となる危険の性質から、損害保険その他通常の保険等の方法によって引き受けることの困難なもののいくつかについて、特別な保険の方法で塡補することが各国で行われている。それは国によって異なるが、多くは信用危険または非常危険から生ずる損失の塡補であり、政府の運営する公的保険の方法によることが多い。

　わが国では輸出信用保険法(昭和25年法律第67号)によってこれらの危険から生ずる損失の塡補が制度化された。その後、この法律の名称は輸出保険法となり、さらに昭和62年(1987年)以降は貿易保険法となった。

2　わが国の貿易保険
(1) 貿易保険の仕組み

　貿易保険(trade insurance)は、一定の渉外的取引について、信用危険または非常危険から生ずる損失を塡補することを目的とする。信用危険(credit risk)とは取引の相手方の一定期間以上の債務の履行遅滞など、倒産、支払能力が十分でないことをいい、非常危険(emergency risk)とは外国における為替取引の制限・禁止、輸出入の制限・禁止、戦争、内乱、革命等による取引の途絶・履行不能等をいう。

　貿易保険事業はかつては政府が行っていたが、平成13年4月からは独立行政法人日本貿易保険が行い、平成17年から、損害保険業者も貿易保険事業を行うことができるようになり、日本貿易保険の組織も株式会社となった。以下では便宜上日本貿易保険による貿易保険の仕組を述べる。

　日本貿易保険は貿易保険の保険料率その他引受けに関する条件を定めて、経済産業大臣に届け出なければならず、これを変更しようとするときも同様とされている(貿易保険法40条1項)。保険関係は、付保を求める者と日本貿易保険との間の保険契約によって生ずる。その成立、塡補危険、塡補事由、塡補責任額の

限度は日本貿易保険の保険約款の定めるところによる。そのほか貿易保険法の定めるところによる。保険価額は取引金額（例えば、輸出契約額）であり（契約締結日の換算率による円貨建）、保険金は塡補責任限度の範囲内で支払われることとなる。取引の類型に従って付保すべき保険の種類、保険条件、塡補限度額も異なってくる。

　付保の仕方としては、個別の契約ごとに保険契約の申込みをする個別保険と、一定期間における複数の取引についての保険契約の申込みをする包括保険がある。包括保険には、商品別に組織された輸出組合が組合員企業の行う取引を付保する商品別包括保険と（平成19年から輸出組合の付保義務はなくなった）、各企業が自らの将来の取引をも付保する企業別包括保険とがある。

　なお、日本貿易保険は貿易保険法により塡補される損失と同種の損失についての保険事業を行う国際機関、外国政府等または外国人を相手方として自己の保険責任について再保険に付し、それらの者から再保険を引き受けることができる（同法12条・13条。政府の再保険の章は削除）。

(2) 貿易保険法の定める保険の種類

① 普通貿易保険

　外国における非常危険によって生じた貨物の輸出不能または代金回収不能によって輸出者（技術提供者を含む）に生じた損害、輸出者のこれらの損失によって生産者に生じた供給代金回収不能による損失、航路の変更による海上運賃の負担を塡補する。被保険者は輸出者、生産者、技術提供者である（同法44条―47条）。

② 出資外国法人等貿易保険

　本邦法人又は本邦法人の出資にかかる外国法人による貨物の販売、賃貸が、一定の事由によって、できなくなったこと（著しく困難となったことを含む）により受ける損失を塡補する（同法48条―50条）。

③ 貿易代金貸付保険

　本邦法人もしくは本邦法人又は外国法人もしくは外国人が行う外国政府等、外国法人もしくは外国人に対する貸付金、公債、社債など（輸出契約、仲介貿易契

約にもとづく貨物の代金・賃貸料、技術提供契約にもとづく技術又は労務の対価に充てられるもの）の回収できないことにより受ける損失を塡補する（同法51条—53条）。

④ **為替変動保険**

設備等の外貨建輸出契約または外貨建による技術提供契約であって、対価の決済が保険申込みの日から2年を超え15年未満のものについて、回収時の外国為替相場が3%を超えて低落したため、受取価格が減少することによる損失（為替差損）を塡補する。受け取る本邦通貨が多くなるとき（為替差益）は、3%を超える部分を政府に納付しなければならない。被保険者は輸出者、技術提供者である（同法54条—56条）。

⑤ **輸出手形保険**

輸出貨物代金の回収のための為替手形（信用状付手形を含む）が満期に支払われないことおよび遡求を受けて支払をしたことによる損失を塡補する保険であって、被保険者は銀行その他政令で定める者（銀行等）である。輸出手形保険は銀行等と日本貿易保険との間で会計年度またはその半期ごとに締結し、海外商社名簿に登載され、一定の格付を得ている者を支払人とする手形債権を対象とする。銀行等が荷為替手形を受け取ったことを通知することによって保険関係が成立する。荷為替手形の振出人の責めに帰すべき事由によって支払を受けることができなかった場合には、銀行等は保険金請求権を有しない。保険金の給付を受けた銀行等は手形上の遡求権を行使することはできない（同法57条—61条）。

⑥ **輸出保証保険**

設備等の輸出または技術の提供に際し、銀行、損害保険会社が輸出者または技術提供者のために発行した保証状（bond）が発注者から不当に没収されたことによる損失を塡補する。対象となる保証は入札保証（bid bond）、契約履行保証（performance bond）、前受金返還保証（refund bond）である。被保険者は銀行その他政令で定める者（保証者）である（同法62条—65条）。

⑦ **前払輸入保険**

輸入貨物代金等の全部または一部を前払する輸入取引において、一定の事由により、貨物を輸入できなくなった場合に、相手方からの前払金の返還が履行されないことによる損失を塡補する。被保険者は前払輸入者である（同法66条—68条）。

⑧　海外投資保険

　海外投資を行った者が、一定の事由により、株式等の出資、貸付け、保証債務、不動産に関する権利および原材料等に関する権利、鉱業権、工業所有権等の権利を外国政府等により奪われ、あるいは喪失したことによって生じた損失を塡補する。被保険者は海外投資を行った者である。保険金額の算定は、損失の生じた事由によって異なり、複雑である（同法 69 条・70 条）。

⑨　海外事業資金貸付保険

　海外事業に対する長期資金の貸付けの元本もしくは利子の償還、保証債務の履行、求償権にもとづく回収が不能となったことによる損失を塡補する。保険金額は、当該外国の対外取引の発達に著しく寄与する事業に対する貸付金等とその他の事業とで異なる。被保険者は海外事業資金貸付けを行った者である（同法 71 条—73 条）。

補　説

　累積債務圏に対する債務返還額の繰延べと貿易保険　　政府借款、貿易保険に付された債権について、債権国が債務の返済について繰延べを認めた場合または債務の削減措置を行った場合には、貿易保険契約においては代金回収不能として、保険金の支払がなされることになる。

第6章　国際的企業活動

第1節　序　　説

　企業の活動はその本拠地のある国内にとどまらない。本拠地が異なる国にある者の間の取引のほか、外国で行われる自らの企業活動も、国内取引とは異なる法の適用の問題を生ずる。そのような企業活動としては、異なる国に事務所、営業所を有する企業間における物品の供給もしくは役務の提供、または物品の販売契約、商事代理、ファクタリング、リース、土木建設、コンサルティング、エンジニアリング、技術供与、投資、金融業務、保険、開発契約・外国政府とのコンセッション、合弁事業のなどの形態による企業間の協力または業務提携、航空機・船舶・鉄道または道路による物品もしくは旅客の運送などがある。このほかに、外国における支店・営業所・工場等の設置、全額出資の子会社の設立なども、国際的企業活動ということができよう。

　これらの商取引、企業活動の分野は貿易およびそれにともなう運送、送金・支払などの取引よりも遅れて発達したため、国際的な法律問題の解決のための仕組みには不十分なところがある。それは、これらの取引の内容が多様な事項を含み、複雑であるため、売買、運送、送金・支払というような取引とは異なり、法規範の統一が容易ではないことにもあるといえよう。したがって、これらの取引は当事者間の個別の契約と準拠法によって規律されることになる。しかし、準拠法国の国内法が十分でなく、それがあっても必ずしも国際取引に適した規定であるとはかぎらないので、当事者は個別の契約において詳細な定めを設けて対処することになる。契約で定めておくべき事項が多く、しかも、取引のなかには相当期間継続

的な法律関係が生ずるものが少なくない。これらの取引でも、実務にもとづく慣行が形成され、契約において定型的条項が用いられ、さらには標準契約条件が作成されているものもある。また、これらの契約にも、不可抗力条項、ハードシップ条項、秘密保持条項、契約上の地位の譲渡に関する条項、準拠法条項、紛争処理条項など各種の契約に共通する条項がある。

　本章では、これらの取引のうち、多く行われあるいは重要であるとされている販売店・代理店契約、技術移転契約、投資および共同事業契約、プラント輸出および大規模工事契約と金融取引のうちのいくつかについて、そこでの契約条項や標準契約条件について、法的に留意すべき事項を説明することとする。

　ここで扱う国際商取引のかなりのものは各国の経済政策の影響をうけることが多い。例えば、技術移転、直接投資、プラント建設などは受入国にとっては経済上大きな意味をもつので、それぞれの国の政治的、経済的制約をうけ、さまざまな規制のもとに行われることになる。また、当事者の属する国の法制の相違、とくに資本や技術の受入国の法制も、具体的な契約の内容に影響を及ぼし、先進資本主義国の企業間の取引の場合と先進資本主義国の企業と発展途上国または社会主義国の企業との取引の場合で契約内容が異なることもある。

補説

独占禁止法の域外適用　　独占禁止法等の競争法は国家の経済政策に関する公法である。したがって、自国の領域内で行われた競争制限的行為に適用されるが、外国でなされた行為には適用されないのが原則である（属地的適用）。そこで自国の政策を行うために、自国の領域外でなされた競争制限行為にも自国の法律を適用することができるか（事物管轄権）、外国にある事業者に対して自国における手続（審判、訴訟）を適用できるか（対人管轄権）が問題となる。これが独占禁止法の域外適用の問題である。

　米国の裁判所はアルコア事件において、米国外でカルテルの合意等の行為がなされた場合でも、それによって米国の市場に実質的な効果が及ぶ場合には、米国の裁判所が管轄権を有し（事物管轄権）、自国法（米国連邦法）を適用することができるとした（U.S. v. Aluminium Co. of America (Alcoa) 148 F. 2d, 416 (2d cir, 1945)）。その後、いくつかの判例において考慮すべき基準に若干の変化はあるが、これと同様の効果理論をとっている。米国の裁判所は対人管轄権について、自国事業者のほか、外国事業者が米国内に支店、営業所、事務所などの事業拠点を有して事業活動を行っている場合、親会社たる外国事業者が子会社の営業活

動を支配している場合にも認めている。

　欧州共同体においても、欧州裁判所の判決で、競争制限をする行為を域外で行い、それを域内で実行した場合には、域外企業に対しても共同体の競争法（ローマ条約 81 条・82 条（旧 85 条・86 条））が適用されるとしている（EC では「実行理論」（implementation doctrine）をとっていたが、1988 年のウッドパルプ事件以来実質的には「効果理論」（effect doctrine）と同様の考え方をとっているとされ、1999 年のジェンコー事件では、域内に直接的かつ実質的な影響を及ぼすことが予見可能な場合には EC 合併規則を適用しうるとし、効果理論をとるものとみられている（Gencor Limited v. E. C. Commission, [1999] 4 C. M. L. R. 971））。EU 裁判所では事物管轄権、対人管轄権は実質的には米国よりも広く認めているのではないかともいわれている。

　わが国の独占禁止法 6 条は不当な取引制限（カルテル）または不公正な取引方法に該当する事項を内容とする国際的協定または国際的契約をしてはならないとしているが、ここでいう国際的とは当事者の一方が外国にある事業者であること、契約等の内容に渉外的要素があること（商品、役務、資本、技術などの国境を越えた取引）とされている。また、会社の株式の保有、合併、分割および営業譲渡による事業支配力の過度集中に関する同法 9 条以下の規定は外国会社にも適用される。しかし、わが国の独占禁止法の国際商取引、企業活動への適用はこのような規定がある場合に限られない。

　わが国の公正取引委員会では独占禁止法の運用についての「ガイドライン」を公表している。国際取引に関連するものとしては、技術移転と不公正な取引方法についての「知的財産の利用に関する独占禁止法上の指針」（平成 19 年）、輸入総代理店契約および並行輸入の不当阻害についての「輸入総代理店に関する独占禁止法上の指針」（平成 3 年の「流通・取引慣行に関する独占禁止法上の指針」第 3 部）がある。しかし、国際取引を直接の対象としたものでなくとも、不当な取引制限等についての「公共的な入札に係る事業者および事業団体の活動に関する独占禁止法上の指針」（平成 6 年）、「不当廉売に関する独占禁止法上の考え方」（平成 21）、「フランチャイズ・システムに関する独占禁止法上の考え方について」（昭和 58 年）、「排除型私的独占に係る独禁法の指針」（平成 21 年）企業結合等についての「企業結合審査に関する独占禁止法の運用指針」（平成 16 年）なども国際取引に影響がある。

　そこで問題になるのはいかなる行為、いかなる者に規律を及ぼすことができるかであり、それに付随して、その者に対する審判手続のための呼出状の送達方法である。かつてロンドンで行われた欧州極東海運同盟の運賃協定については、日本にある海運業者が日本で荷主と結んだ契約を独占禁止法 19 条（不公正な取引方法）に該当するとした例がある（3 重運賃事件。公取委決定昭和 47 年 8 月 18 日審決集 19 巻 197 頁）。デンマークの企業と日本の企業間の化学製品（アルカラーゼ）販売契約終了後の競争品の製造、販売および取扱いの禁止を定めた条項について、公正取引委員会は日本の企業のみを被審人として右条項の削除を命じた例がある（公取委勧告審決昭和 45 年 1 月 12 日審決集 16 巻 134 頁）。デンマークの企業がこの審決の取消しを求めたところ、東京高裁および最高裁は、デンマークの企業は審決の当事者（被審人）では

なく、契約上の権利または法律上の利益の侵害がないので、審決取消訴訟の原告適格を有しないとした（ノボ事件。最判昭和 50 年 11 月 28 日民集 29 巻 10 号 1592 頁。この事件については対人管轄権、送達手続、審決の内容、審決の法律上の効果、審決取消訴訟の原告適格などさまざまな疑問がある。なお、この事案の審決、判決は何のためになされたのか、それにいかなる意味があるかという疑問がある）。その後、モリブデン 79 を製造し、販売するカナダ企業とそれを日本で販売する日本の企業との間で日本で締結した 10 年間の排他的購入契約は、他の供給者を日本市場から排除することになる競争の実質的制限であって、私的独占に該当するとして、両者を被審人として排除措置を命じた審決がある（ノーディオン事件。公取委勧告審決平成 10 年 9 月 3 日審決集 45 巻 148 頁）。この事案では外国の事業者にも対人管轄権を及ぼし、送達は日本にいる代理人に対して行っている。対象となる行為については日本における契約締結行為としている。これは外国人・外国法人にも管轄権を及ぼしているが、外国での行為に内国法を適用したものではない。送達についても、外国にいる者に送達をしてはいない。

なお、平成 14 年の独占禁止法の改正により、民事訴訟法 108 条を準用し、外国にある者にも送達できることとなった（独禁法 70 条の 17、70 条の 18）。

その後、公正取引委員会は平成 20 年 9 月に、鉄鉱石の生産業者でオーストラリアの BHP ビリトンと英国のリオ・ティント両者の合併について、これらはわが国で事業活動をしてはいないが、国内の製鉄事業者に原料を供給しているので、鉄鉱石供給の寡占が進むとわが国の市場に影響を与えるとしてその中止を命じた。BHP ビリトンは外交経路による命令書の受取りを拒否した。

競争政策の実施に関する国際協力　各国の競争政策および競争法の実施によって生ずる管轄権の牴触の回避、証拠収集、情報収集における協力等のために、各国で二国間の協力協定が締結されている（例えば、米国とドイツ、米国とカナダ、米国と EU、ドイツとフランス、カナダと EU など）。わが国は 1999 年に「反競争的行為に係る協力に関する日本政府とアメリカ政府との間の協定」を締結した。そこでは、自国の執行活動について相手国に対する通報、協力および調整、相手国内における自国の重要な利益に悪影響を及ぼす反競争的行為に対する適切な執行活動の要請、相手国の重要な利益に対する慎重な考慮を定めている。わが国はその後 2002 年に EU と 2005 年にカナダと協力協定を締結している。

第 2 節　販売店・代理店

1　概　説

特定の商人・企業が製造し、または販売する商品を第三者に供給する中間の商人・企業（intermediary, intermédiaire）を一般に販売店（distributor）、代理店（agent）といい、これらの者と商品の製造者、販売者との間の契約を販売店契約

（distributorship agreement）あるいは代理店契約（agency agreement）という。これは自ら製造しまたは販売する商品を自己の営業所のある地域以外で販売するために用いられる方法であって、当事者の営業所が異なる国にある場合には国際商取引となる。そこで用いられている販売店、代理店などの用語の内容は必ずしも明確ではないし、その使い方も一定してはいない。代理店と称しても、法律上の代理行為の権限（代理権）を有しないものが少なくない。しかし、販売店・代理店が代理権を有するか、これらの者と売主（輸出者）との関係が独立した売買であるか販売の委託のごとき性質の取引であるかにかかわらず、一定の者に特定の商品あるいは特定の者の商品を供給し、販売権を与えることがこの種の契約の特色である。これらの中間の商人がいかなる立場にあるかは、その名称ではなく、それぞれの契約の内容と準拠法にもとづいて判断しなければならない。

　このような中間の商人の類型とそれについての規律は各国でかなり異なっているので、いずれの国の法律が準拠法となるかによって当事者の権利義務も異なることになる。実際の契約ではかなり詳細な取極をし、準拠法を指定することによって、当事者の権利義務は相当に明確になっている。しかし、多くの国には販売店・代理店を経済的弱者として保護する立法（強行法規）があり、当事者の特約、準拠法の指定によってそのような法律の適用を回避することができるとはかぎらない。法廷地の国際私法によっては、法廷地以外の国のそのような法規の介入をも認めることがある。また、このような契約は、競業避止義務の問題、競争法上の不公正な取引方法の問題なども生ずる。

　販売店・代理店契約に関する法の統一は未だ行われていないが、契約を作成するに当たっての手引書とモデル契約を作成する試みはなされている。前者としては国際商業会議所による1983年の代理店に関する手引書（ICC Guide of Commercial Agency 1983）および1988年の国際的販売店契約の作成に関する手引書（ICC Guide to Drafting International Distributorship Agreement 1988）があり、後者としては国際商業会議所作成のモデル代理店契約（ICC Model Commercial Agency Contract 1991）がある。これに対して狭義の代理（法律行為の代理）については、ハーグ国際私法会議による1978年の代理の準拠法に関する条約（Convention on the Law Applicable to Agency. 1992年5月1日発効）と私法統一国際協会による1983

年の国際物品売買契約における代理に関する条約（Convention on Agency in the International Sale of Goods, 1983。未発効）がある。前者は代理についての内部関係および外部関係それぞれの準拠法に関する条約であり、後者は売買における代理の効力に関する実体法について定める条約である。

2 主要な契約条項

(1) 概　説

　販売店・代理店契約の内容は、販売の目的とする商品またはサービスの種類と性質、各当事者の営業の形態、当事者間での取引の目的など、当事者間の関係によって異なるが、継続的取引から生ずる当事者間の権利義務については、ある程度まで定型化されている。

　販売店・代理店契約の条項には、一般に次のようなものがある。契約の目的（一定商品の一定地域における販売等）と代理権の有無、販売権の賦与、販売商品、販売地域、売主（輸出者）と販売店（輸入者）との売買契約（売買に関する諸条件、瑕疵担保責任の処理など）、販売店契約における販売店の義務（最低購入量、最低販売量、再販売の態様と価格、競合商品の取扱い、販売活動および宣伝広告、報告義務、営業に関する秘密保持、競業避止、商標権等の使用、在庫の保持など）と売主の義務（商品の供給、販売店への協力、商標権等の使用許諾、製造物についての保証・瑕疵担保責任、報酬の支払など）、契約期間、契約の更新・延長、契約の終了（解除、更新の拒否、解約）、契約終了後の措置（秘密の保持、競業避止など）、そのほかに準拠法、紛争解決方法、契約の改訂、契約上の権利・義務または契約当事者としての地位の譲渡の禁止等の条項がある。以下に、若干の条項について説明を加える。

(2) 代理権

　販売店契約、代理店契約等の名称にかかわらず、販売店・代理店が商品・サービスの供給者のために第三者（顧客）と契約を締結するのか、独立した当事者として行動するかにかかわる条項である。代理権を与える契約では、代理権の内容とその範囲に関する取極をするほか、報酬、顧客の倒産のときの代理店の責

任、顧客からの苦情等の処理などをも取り極めることになる。

(3) 販売権

販売店契約においては、販売店のなしうる行為の範囲、すなわち販売店の扱う商品の種類、販売地域、販売方法、売主（商品の供給者）による直接販売の可否などについての取極をする。

販売地域の指定は、それが一国内の地域であっても国際的な地域であっても、独占禁止法上の問題が生ずる可能性がある。一定地域について独占的（排他的）・販売権（exclusive distributorship）を認められた場合には、売主はその商品、その地域において他に販売店、代理店を指定することはできず、販売権付与条項の内容いかんによっては、売主は自ら販売することもできないこともある。販売店の独占的販売権は売主に他の販売店、代理店の指定をしないことを求めることができる。売主から販売店への商品の供給については、売主からの商品の給付の方法、再販売価格の取極などが不公正な取引方法とされることもある。

販売店が売主以外の者の商品（競合商品）を扱うことの可否について特に契約で明示していない場合には、その可否は販売店契約の準拠法による。競合商品の取扱いを禁ずる条項については、不公正な取引方法の問題が生ずることがある。

わが国の独占禁止法では国際取引（国際契約）が不当な取引制限または不公正な取引方法になるときは許されないとしているが（独禁法6条）、その認定基準として公正取引委員会事務局による「流通・取引慣行に関する独占禁止法上の指針」（「流通・取引慣行ガイドライン」平成3年（平成23年改正））がある。

(4) 商標権の使用

売主が商標、サービスマーク等の使用を許諾する場合と、販売店にその使用を義務づける場合とがある。これには売主の商標の効用を販売店が利用する場合と、販売店の活動を通じて売主が商品の販売の拡大をはかる場合とがある。いずれにしても販売店は商標等を使用しうる。ただし、販売店の営業所所在地でその商標について登録等の手続がなされていない場合には、その国ではその商標は知的財産権として保護されないことになる。

なお、わが国では販売店・代理店が使用の許諾をうけた商標権によって真正な商品の並行輸入を差し止めることはできない。商標の機能は製造者の表示と品質の保証にあり、並行輸入によって商標の機能がそこなわれるわけではなく、輸入国の市場での一般人の利益よりも販売店の利益を護らなければならない理由はないからである。

(5) 継続的売買に関する取極

個別の売買における諸条件（品質、数量、価格、支払、船積等）のほかに、売主の商品供給義務、売主の瑕疵担保責任、買主たる販売店の修繕・アフターサービスの責任、為替変動への対応、契約関係の継続、契約条件の改訂などについて取り極めることもある。また、販売店には競業避止義務等を課すことも少なくない。これらの条項は、取引の内容と当事者間の取極によって異なる。

(6) 契約関係の終了

継続的取引における契約の終了事由に関する取極は重要な条項である。売主と販売店・代理店のそれぞれについて、それまでの投資と経営努力にもとづく有形・無形の商業上の利益があり、両者間に利害の対立を生ずることになるからである。多くの契約では契約期間を定めるほか、契約の更新、解約に関する条項を定めている。実際には契約期間、契約の更新拒否事由、解約事由、予告期間、損失の塡補などについて争いが生ずることが少なくない。

これらは個別の販売店・代理店契約とその準拠法によって判断されることになる。販売店・代理店を経済的に弱い立場にあるとして、解約、契約の終了についてこれらの者を保護する立法措置を講じている国も多い。販売店・代理店保護立法の重点は売主による契約関係終了の制限にある。販売店・代理店の営業所のある国の法律が強行法規として、販売店・代理店契約の準拠法に加えて適用されることもある（強行法規の特別連結）。

(7) 契約終了後の措置

契約終了後の措置についての取極とは、取引の終了にともなう精算、見本や関

係書類等の返還などのほかに、未履行取引の解約、販売店・代理店の在庫品の売却、修繕・アフターサービスに関する取極（商標権の使用に関する事項を含む）、秘密の保持、競業避止などについての取極である。ただし、一方当事者のみに有利な取極は販売店・代理店契約の準拠法でその効力を認められないこともありうる。

補説

販売店・代理店　販売店と代理店の相違は、顧客に対する商品の売主としての地位の有無（代理権の有無）すなわちいずれが売主か、修繕義務とアフターサービス、物品の供給者との関係での収入の形態（売買利益か手数料収入か）、広告・宣伝活動等にあるとされている。販売店、代理店と称していても、顧客たる第三者との関係では独立の売主であることが非常に多い。独立の売主であって特定の商品、特定の者の商品を独占的に扱う者を一手販売店（exclusive distributor, sole distributor）、総代理店（exclusive agent, sole agent）などと称している。地域ごとに一定の者を指定して、それに販売権（franchise）を与える販売方法がフランチャイズ・システムである。本人（商品の製造者、販売者）に代わって顧客と契約を締結する代理店（締約代理商）、本人と顧客の契約の仲立をする代理店（媒介代理商）は商品・サービスの供給に関する国際取引では少ない。これらの代理店のうち、顧客の代金の支払を保証することをも約した代理店を支払保証代理店（del credere agent）というが、いまではこれははなはだ少ない。

　なお、外国会社の日本で総代理店と称する会社が、その外国会社と日本の他の会社との契約を仲介した事案について、代金支払や商品引渡しは外国会社と顧客の間で行われ、この総代理店はこれに関与せず、売上額に応じた手数料を受け取るだけであることからみて（この総代理店が外国会社から物品を輸入して転売する取引では自ら代金支払と商品引渡しのほかに手数料の支払を受けることはない）、この総代理店は外国会社の側に立って日本の他の会社との間で取引の媒介をしたものであって、この総代理店が外国会社のために日本の他の会社との間の契約の当事者となったものではないとする裁判例がある（大阪地判昭和 59 年 5 月 11 日判時 1140 号 144 頁）。

フランチャイズ契約　フランチャイズ契約は、一定の者が製造または販売する商品について小売店に地域的独占権を与えるとともに、再販売価格を維持させる契約であった。ところが、近時、供給者（franchiser）が販売店（franchisee）にそこで販売する商品を供給し、一定の商標・サービスマーク、屋号・店名等を使用させて、一定の事業経営を行わせ、その対価を支払わせる契約をもいうようになり、これは国際的にも行われている。商品供給者の経営支配的性格の強い販売店契約の一種ともいいうるが、知的財産権の使用許諾、営業上の秘訣（ノウ・ハウ）の供与、経営の指導とそれによる統一的な営業の実施に関する条項を主たる

契約内容とする技術移転契約ともいいうる。

　物品の国際的売買における代理に関する条約　1983年2月17日にジュネーヴで採択された条約（Convention on Agency in the International Sale of Goods. 未発効）（私法統一国際協会の草案にもとづくもの）。この条約は通常の物品売買における代理に関する最初の多数国間条約であって、その規定の中心は代理人の行為の法律上の効果（無権代理、表見代理および追認を含む）にある。この条約は本人または代理人と第三者との関係（外部関係）に適用される（1条。本人と代理人の関係についての規定はない）。この条約は、本人と第三者が異なる国に営業所を有し、かつ、代理人が締約国に営業所を有する場合、または国際私法の規則によって締約国の法律が適用される場合に適用される（2条）。その内容はおおよそ次のとおり。代理人がその代理権の範囲内で本人に代わって行為をし、第三者が代理人としての行動であることを知りまたは知ることができた場合には、代理人の行為は本人および第三者を拘束する（12条）。第三者が、代理人として行為していることを知らず、かつ、それを知りえない場合および具体的な状況からみて代理人が自己のみが拘束されることを意図した場合には、本人には効果を生じない（ただし、本人が介入権を行使したときを除く。13条）。無権代理の場合は本人および第三者を拘束しないが、本人の言動によって、第三者が善意で代理人の権限と代理行為の範囲を信じて行動した場合には、本人は第三者に対して無権代理であることを主張しえない（14条）。本人の追認は可能である（15条）。無権代理の場合には、代理人は補償義務を負う（16条）。

　独占禁止法における不公正な取引方法　多くの国では、販売店の独占的権利の有無にかかわらず、販売権の賦与、販売方法その他の取引方法に関する取極が不公正な取引方法とされることがある。例えば、地域割当（唯一の販売店とする場合が独占的（排他的）販売契約）、競合商品取扱いの禁止、小売業者の選別、再販売価格の維持、特定の販売方法、一定数量購入の義務づけ、抱き合わせ販売などがある。これは各国の競争政策にもとづく規律であるから、取引の行われた地の法令による。もっとも、行為地以外の土地の法令の適用（域外適用）もありうる。

　商標権と並行輸入　輸入国において一定の商品の一手販売権を有する販売店・代理店が、商品の製造者または供給者から商標権の譲渡または専用実施権の設定を受けていることによって、他の業者による真正商品の輸入（並行輸入 parallel import）の差止めをなしうるか。これは各国の知的財産権法と通商法の定めるところによる。

　わが国では、単に使用許諾を受けていること（通常実施権）だけではその権利に排他性がないので差し止めることはできないが、商標権の譲渡または専用実施権の設定を受けている場合には他人の商標権の使用を差し止めることができるので、並行輸入について専用実施権者が商品の輸入の差止めをなしうるかが問題となった。大阪地判昭和45年2月27日無体例集2巻1号71頁は、商標権の機能が製造者表示と品質の保証にあること、それは商標権者の利益のみならず社会一般の利益をあわせて保護するものであり、真正商品の輸入、販売行為が商標権を侵害するものでないとして（知的財産権を侵害する物品の輸入の差止めは関税

定率法21条による)、真正商品の輸入差止請求を認めなかった(パーカー万年筆事件)。この判決にもとづいて、大蔵省通達では「申立に係る商標と同一の商標を付した物品が当該申立人以外の者によって輸入される場合において、当該物品が当該標章を適法に付されて拡布されたものであって、真正商品と認められるときは、商標権を侵害しないものとして取扱うものとする」として、並行輸入を認めることに改めた(昭和47年8月25日蔵関1443号・平成6年蔵関1192号)。これによって、わが国においては商標権者も商標権の使用許諾を得ている者も、商標権によって真正な商品の並行輸入の差止めを求めることはできないこととなった。これらの者が真正商品の並行輸入を妨害する行為(競争者に対する取引妨害行為、不当な拘束条件付取引)は独占禁止法上の不公正な取引に該当する(流通・取引慣行ガイドライン)。最判平成15年2月27日民集57巻2号125頁は、わが国における商標権の指定商品と同一の商品について、その登録商標と同一の商標を付したものを輸入する行為は、許諾を受けないかぎり商標権侵害となるが、そのような商品の輸入であっても、(1)その商標が外国における権利者により適法に付されたものであり、(2)外国における商標権者とわが国の商標権者が同一人か、または法律的もしくは経済的に同視しうる関係にあること、(3)わが国の商標権者が直接または間接に商品の品質管理を行いうる立場にある場合には真正商品の並行輸入は許されるが、商標権の使用許諾を受けた者が、商標権者の同意なく、契約地域外で製造した商品の輸入は真正商品の並行輸入とは認められず、商標権の侵害となるとした(フレッド・ペリー事件)。並行輸入の行われる原因は第三国での価格と内国での価格の差にある。

　著作物の並行輸入　　著作権者から著作物の輸入、頒布についての許諾を得ている者以外の者による真正な著作物(複製を含む)の輸入が著作物の並行輸入である。1996年のWIPO著作権条約では、著作権の消尽は頒布された国に限るか国際的にも生ずるかについては、各国の国内法に委ねている。わが国では著作権者の許諾を得て外国で複製された著作物については内国での頒布が禁止されていないならば、その並行輸入により公衆に譲渡しても著作権侵害にはならないと解されている。しかし、映画の著作物については著作権者のみに頒布権を認めている(著作権法26条2項)。また、国内において頒布する商業用レコードと同一のものを国外での製造、頒布する権利を有する者の製造した商業用レコードを専ら国外頒布目的であることを知って輸入、頒布または頒布目的で所持する行為は著作権または著作隣接権の侵害とみなされるとしている(著作権法113条5項)。後者は内外価格差のとくに著しい場合に、内国権利者を保護するための政策によるものである。もっとも、TRIPs協定に最恵国待遇があるので、一定の国からの並行輸入を禁止することはできない。東京地判平成6年7月1日判時1501号78頁は、外国で著作権者の許諾を得て製造販売されていた劇場用映画のヴィデオ・カセットを並行輸入し、著作権者の許諾をえないで日本で頒布する行為は、日本での頒布を予測した対価が支払われているとはいえないとして、日本では著作権者の頒布権を侵害するとする(国際的消尽を認めない)。公衆に提示することを目的としない家庭用テレビゲーム機に用いられる映画の著作物の複製物の譲渡については、当該著作物の複製物を公衆に譲渡する権利は、いったん適法に譲渡されたことにより、その目的を達成したものとして消

尽し、もはや著作権の効力は当該複製物を公衆に再譲渡する行為に及ばないとする判例がある（最判平成 14 年 4 月 25 日民集 56 巻 4 号 808 頁。中古ゲームソフト事件）。

第 3 節　技術移転

1　概　　説

　産業上利用しうる技術、知識・経験を外国の企業に利用させ、あるいはこれを譲渡する契約を、技術移転契約（transfer of technology agreement）という。産業上利用しうる技術、知識・経験は特許権、商標権等の産業財産権、商号、サービス・マーク、著作権（半導体回路配置、コンピューター・プログラムを含む）のように各国の法律で知的財産権として認められているもののほかに、法律上の権利の形をとってはいないが、産業上有益な知識・経験（トレード・シークレットあるいはノウ・ハウ）があり、その範囲は相当に広い。実際にはこれらの権利と知識・経験（本書ではこれらをまとめて技術ということにする）の譲渡よりも、その使用を承認すること（実施許諾）のほうが多い。技術移転とは通例、特許、商標、意匠、サービス・マーク等の実施（使用）許諾と、設計図、仕様書、手引書、従業員の訓練等を通じての技術的、専門的知識、ノウ・ハウの供与（使用の承認）をいう。大規模工業施設の建設・運転、機械・設備の供与はもとより、合弁企業への参加等の場合にも、あわせて技術移転契約が締結されることが少なくない。

　技術移転のうち、活動する国を異にする企業間の技術移転契約を国際的技術移転契約と称している。ここでの国際性は、知的財産権の性質上、これらの技術を使用する場所がそれまでの国と異なる国にあることによる。国際的技術移転の特色は、これらの技術の法律上の保護の方法と内容が国によって異なり、また、外国への技術供与、外国からの技術導入についての規律が国によって異なるところにある。

　技術移転契約を締結する意図と目的は、企業の経営の観点からすれば、技術を供与する者、技術を導入する者のいずれの側においても各企業ごとにさまざまである。契約の内容は当事者の意図、目的、経済的力関係によっても異なる。国際的技術移転契約には、大別すれば、技術の使用を認めるにすぎないものと

技術を導入する側の経営に参加するものとがある。前者には単なる使用許諾から販売店・代理店契約にともなうものまであり、後者は技術移転契約に加えて資本参加（株式、出資持分の取得）、役員の派遣をするものもあり、あらたに合弁企業を設立し、これと技術移転契約を締結する方法が用いられることもある。

技術移転は、その性質上、技術の供与も技術の導入も、それぞれの国の経済政策の影響を受けるので、技術供与国における輸出管理があり（例えば、特定技術の輸出についての許可）、技術導入国における選別の要件、手続等の規制がある（例えば、技術導入についての許認可、為替管理等。かつてのわが国の外資に関する法律（外資法）のごときもの）。また、それぞれの国の競争法の適用もありうる（例えば、私的独占、不公正な取引方法に対する規制）。

2　知的財産権の保護

(1) 国際的法制

技術移転の対象となる技術の保護は各国で異なる。それは産業財産権、著作権のごとく権利として認められたものについても、権利として認められていないものについても同様である。同じ技術であっても、国ごとに個別の独立した権利が生じ、その権利の内容、保護の程度は国によって異なる。このような各国間の不統一を調整するために、工業所有権については1883年のパリ条約およびそれを修正するためのいくつかの条約があり、著作権については1886年のベルヌ条約とそれを修正するためのいくつかの条約ならびに関連する協定のほか、万国著作権条約、著作隣接権等に関する条約がある。これらの条約の規定は公法的性格のものであり（例えば、産業財産権については内国民待遇、出願における優先権、産業財産権独立の原則、内国民待遇および同盟国民待遇、保護の対象となる著作物の範囲など）、私法上の権利義務について統一した規定ではない。

1994年の世界貿易機関を設立する条約における「知的所有権の貿易関連の側面に関する協定」（Agreement on Trade-Related Aspects of Intellectual Property Rights, TRIPs）では、パリ条約およびベルヌ条約の規定をもとにしたうえで、半導体集積回路の回路配置、非公開情報（トレード・シークレット）、地理的表示、コンピューター・プログラム等をも保護の対象に加え、最恵国待遇、保護期間、強制実施

権の要件のほか、権利の保護のための不正行為の差止等の民事上および行政上の救済措置、関税による国境措置等について詳細な規定を設けている。

　国際的な動きとしては、開発途上国への技術移転を促進するための方策が国際機関によって試みられている。国際連合貿易開発会議では1970年代はじめから国際的技術移転契約の内容の改革の検討をはじめ、1985年にようやく発展途上国の企業のための「国際的技術移転に関する行動指針」（An International Code of Conduct on Transfer of Technology）を作成した。その内容は、技術は人類共通の財産であり、これを独占的に利用することを制限し、技術を供与する者と供与される者の双方に公平かつ合理的な契約条件でなければならないとの原則により、技術の供与を受ける者に不利益な条項を禁止しまたは制限するものとなっている。これに先立って1980年には「制限的取引慣行に関する行動指針」が作成されている（技術移転に関する定めはないが技術移転契約もこの指針の対象とはされている）。これらは法的な拘束力は有しない。国際連合工業開発機構（UNIDO）では「技術移転契約の評価のためのガイドライン」（1989年）を作成している。

(2) 公法上の規律

　技術移転は技術供与国、技術導入国のいずれにおいても経済法、通商法その他の公法的規律をうける。技術移転そのものに関する規制としては、技術供与国の輸出等の管理に関する法令（例えば、かつてのココム（COCOM）、1996年のワッセナール協定 Wassenaar Arrangement にもとづく各国の国内法令）、技術導入国の対内直接投資に関する法令（例えば、かつてのわが国の外資に関する法律）、また、両者について外国為替の管理に関する法令がある。これらの規律は自国の技術の保存と開発、国際的安全への配慮（航空機、武器、原子力、宇宙開発、半導体技術等の指定技術の供与の制限）、為替管理、自国の産業の保護、育成等の目的による。

　技術移転契約の内容によっては市場の支配、競争の制限を生ずることもあるので、その場合には独占禁止法などの競争法上の問題を生ずる。これは技術導入国の法令のみならず、技術供与国の法令上の問題となることもある。独占禁止法・競争法がその領域を超えて、他国における行為（契約、それ以外の行為等）に適用されることがある。これらについては、国家の対人管轄権、事物管轄権の問題も生ずる。

わが国では、技術の供与、導入のいずれについても、外国為替及び外国貿易法とその附属法令が適用され（外為法 25 条・30 条）、主務大臣の許可にかかる場合がある。知的財産権の行使については、独占禁止法を適用しないとされているが（独禁法 21 条）、その実施許諾等に関する契約については、事業者は不当な取引制限または不公正な取引方法に該当する事項を内容とする国際的協定または国際的契約をしてはならないとの規定の適用はある（同法 6 条）。わが国では、公正取引委員会による「知的財産の利用に関する独占禁止法の指針」（平成 19 年）がある。

(3) 私法上の規律

技術移転の私法上の問題についての統一法はなく、準拠法たる各国の国内法によることになるが、各国の国内法にはこのような法律関係を直接規律する規定がなく、契約一般に関する規定およびそれぞれの知的財産権を規律する法律の規定と、当事者間の契約における具体的な条項によって規律することとなる。

3　技術移転契約における主要な事項

技術移転契約の多くは特許等の権利または営業上の秘密の実施許諾契約（licensing agreement）である。技術を供与する者が実施許諾者（licensor）であり、技術を使用する者が実施権者（licensee）である。技術移転の他の方法はこれらの権利を譲渡する契約である。実施許諾契約の主な事項には次のようなものがある。

(1) 許諾の対象となる技術

実施契約の対象は特許権等の産業財産権、これらの出願中の権利もしくはノウハウまたはこれらをあわせたものである。特許権等は付与された国とその特許権等の番号によって特定されるが、ノウ・ハウはその内容を具体的に表示するとともに、文書、図面など有形のものによって表示することが多い。特許権、ノウ・ハウのいずれについても、その技術的効果を保証する旨の条項を加えることも少なくない。

技術の供与と受入れに関する契約は、その対象となる技術が特許権等の権利として認められているか否かにかかわりなく成立する。産業財産権は国ごとに独立した権利であるから、その権利が実施される国で権利として存在する場合には、その国の法制に従った手続をとることによって、権利として保護・救済の対象となる。実施の対象となる産業財産権が他の国における産業財産権である場合には、それが実施される国ではその国で権利として認められるための手続をしていないかぎり、保護・救済の対象とはならない（産業財産権独立の原則）。したがって、対象となる技術が受入国で権利として認められていないならば、供与した者も受け入れた者もその国では権利として第三者の行為について差止め、製品の廃棄等の請求をなしえないが、当事者間における技術移転契約の対象にはなりうる。

(2) 実　施　権
①　実施権の種類
　実施権には、契約で定めた範囲で実施権者に独占的に当該技術を使用する権利を与える独占的（排他的）実施権（exclusive licence）と、他の者にも実施権を与えることのできる非独占的（非排他的）実施権（non-exclusive licence）とがある。一般に、独占的実施権を設定した場合には、他の者に実施権を与えることはできず、契約で特別の定めをしていないかぎり、実施許諾者も当該技術を実施することができないことがある。なお、実施権の法的性質、効力は実施の対象となる権利の準拠法によることとなる。
　わが国の特許法では専用実施権と通常実施権の区別がある。専用実施権は契約にもとづいて設定され、これを登録することによって生じ、重ねて同様の権利を設定することはできず、実施権者は独占的に権利を実施することができ（実施許諾者も実施することができない）、特許権侵害の場合には第三者に対して自ら差止めを求めることができる権利である（特許法77条・98条・100条）。これに対して通常実施権はとくに登録を必要とせず（登録があれば第三者に対抗することはできる）、特許権侵害に対して自ら差止めを求めることはできない（同法78条・99条）。独占的実施権は日本法における専用実施権ではないが、通常実施権ではない。
　実施権者が技術をさらに他の者に使用させる（sublicense）ことができるかは、

実施許諾契約の定めによる。技術情報の流出を防ぐために、再実施をなしうる場合を限定し、いくつかの条件を付することもある（実施権者を実質的支配すること、製品を全て納入させることなど）。とくに定めがない場合は、一般に、実施権者がさらに第三者に実施を許諾することは認められていない。下請業者による技術の使用の可否について、契約で明示していない場合は、実施許諾契約の準拠法による。一般に、秘密保持の義務との関連で下請企業に技術を実施させることには制限を加えることが多い。

② **実施権の範囲**

実施権の内容は、制限なしの使用か、特定の種類の製品の製造のための使用か、製造した商品の販売も可能かなどは、契約で定めたところによる。また、契約において実施する地域を限り（最判平成15年2月27日民集57巻2号125頁、フレッド・ペリー事件。特許権等を権利として保護することは特許権を付与した国に限定されるが、権利者がそれ以外の国での使用を認めることはできる）、製造した製品の販売地域、輸出地域等を限定することもある。これらの限定の仕方、内容によっては私的独占あるいは不公正な取引方法に該当することがある。商品の販売に関連して、その商標の使用許諾契約をも締結することもある。

(3) 実施許諾者の義務

実施権の許諾には、その権利の使用を認めることに加え、必要な場合にはその使用のための知識・経験を伝授することも含まれる。ノウ・ハウの許諾の実現のためには、許諾者はノウ・ハウとなっている知識・経験を教示するに必要な文書、図面、情報等を開示、交付することのほかに、技術的指導のための具体的な行為（例えば、技術者の派遣等）を必要とすることがあり、そのため、これらのことを契約で明確にしておく必要も生ずる。権利の実施許諾については、許諾者はその有効性の保証、第三者の権利を侵害しないことの保証、第三者が権利を侵害した場合の措置等についても義務を負う。もっとも、契約のなかには権利の有効性を保証しない旨の条項を定めたものもある。ノウ・ハウの実施許諾については許諾者はその技術的効果の保証の義務を負うこともある。

許諾者から示された権利またはノウ・ハウの効用が十分でなく、あるいは他の

者の権利に妨げられている場合の実施権者の救済については、契約でとくに定めがない場合には、瑕疵担保責任の問題として実施許諾契約の準拠法によることとなる。

(4) 実施権者の義務
① 実施料の支払
　技術の実施許諾の対価としての実施料（royalty）の算出、支払方法等は、当事者間の取極による。実施料の算出については一定額とするもの、製品の量などによる方法、その両者の併用などがある。それとともに、支払方法（一括払、分割払）、支払時期、送金方法、実施料の源泉地国で生ずる租税の支払などについても定める。実施料の算出に関連して、実施権者が実施許諾者に帳簿その他の会計書類の提示、計算報告の義務を負うことが多い。

② 秘密保持の義務
　ノウ・ハウはその性質上第三者に知られてはならないので、実施権者は秘密を保持する義務を負い、そのために必要な措置、とくに実施権者の従業員、下請業者等からの漏洩を防ぐための措置を講ずる義務を負うこととなる。実施契約の期間中のみならず、契約終了後も一定期間は秘密の保持を義務づけることが行われている。秘密保持の義務に反した場合には、実施権者は損害賠償義務を負うことになる。これらについても準拠法を前提に、契約中で定めておくことが多い。供与された技術がとくに秘密とすべき性質のものでなくなった場合には、秘密保持義務を負わない。その場合には、実施契約が終了することもある。

　このほかに、実施権者は許諾された技術を用いて製造する商品の品質の維持、向上についての義務を負うこともある（とくに商標の使用許諾のある場合）。

(5) 改良技術
　許諾の対象となった技術について改良特許、改良技術が生じたときに、許諾者または実施権者は相互にその特許または技術を利用できることを契約で定めているときは、一方の当事者は他方の当事者に改良技術を提供する義務を負うことになる（改良技術の相互付与）。このような条項をクロス・ライセンス条項（cross

licence clause）という。さらに、実施権者の改良技術を実施許諾者に譲渡（assign back）したり、独占的な実施権を与えることを定めた条項がグラント・バック条項（grant back clause）である。これは本来の実施権者に不利益な条項として、不公正な取引方法に該当する場合がある。本来の技術の改良技術か新たな技術かの判定は容易でないことが少なくないからである。また、改良特許の出願の範囲、地域、改良特許の実施許諾等の取極は、その内容いかんによっては、独占禁止法上の問題となることもある。

(6) その他の主要な約定

技術移転契約では技術移転にともなって生ずる当事者間の関係についても定めておくことがある。これらの規定も一方の当事者に有利に過ぎ、合理性を欠く場合には不公正な取引方法とされることになる。かつて存在した不争条項（許諾の対象となる権利、技術の有効性を実施権者が争わないことを約する条項）は米国の判例で効力を否定されてから、次第に用いられなくなっている。

① **競合製品の取扱いの制限条項**

実施権者に対して、許諾にかかる技術を用いた製品と同種または類似の製品の製造、販売を禁止しまたは制限する条項をいう。製品の種類、範囲、製造販売期間を定めておくこともある。これらの規定の内容によっては不当な取引制限となる可能性もある。

② **製品の種類、販売地域、販売価格に関する条項**

実施権によって製造する製品の種類、その販売地域、価額等について協定する場合には独占禁止法上の問題を生ずることがある。

③ **技術移転契約と政府の許可・承認の取得**

当該契約について関係国の政府の許可・承認が必要な場合には、それを必要とする当事者がそのための手続をすべきこと、契約はそれらの許可・承認があった場合に効力を生ずることなどを定めておくこともある。

(7) 契約関係の終了

いかなる場合に契約を解除しうるか、契約関係が終了するかは、当事者の経済

的・経営的事情の変化、当事者間の信頼関係の破綻、秘密技術義務違反などさまざまなものがありうる。契約期間の終了、合意による解約、一方の当事者による契約解除のいずれの場合であっても、契約関係解消後における秘密保持の義務のほか、帳簿、記録の保管義務、製造した製品の販売、改良技術の措置等について定めておくことが多い。

4　技術移転契約の準拠法

　技術移転契約の準拠法は、多くの国では、契約の準拠法決定の法則による。当事者による準拠法の指定（契約中の準拠法条項）があればそれによる（法適用通則法7条）。当事者による明示の準拠法指定のない場合は、当事者の黙示の指定の有無を検討し、それが明らかでなければ、密接な関係のある地の法による（同法8条1項2項）。法適用通則法8条2項によると実施許諾者の常居所地法または営業所所在地法（特徴的給付義務者の本拠地法）となろう。この準拠法は技術移転契約の成立、有効性、当事者の権利義務、契約の終了等について規律する。技術移転契約の方式については契約の方式の準拠法決定の法則による（同法10条1項・2項・4項）。

　知的財産権の譲渡、実施許諾の要件および手続、対抗要件、それによって生ずる効力はそれぞれの権利の属する国の実質法（特許法、著作権法等）による。

補　説

（知的財産権）

　産業財産権　わが国における"propriété industrielle""industrial property"の訳語としては「工業所有権」であったが、かねて誤訳に近い不適訳との批判もあり、2002年の知的財産戦略会議『知的財産戦略大綱』において「産業財産権」ということとなった。もっとも、本書では、条約名中の「工業所有権」の語はそのままにしている。

　トレード・シークレットとノウ・ハウ　トレード・シークレット（trade secret）とノウ・ハウ（know-how）は、いずれも産業財産権または著作権の形をとってはいないものであって、産業上役に立ちうる知識・経験、すなわち技術上の秘密と営業上の秘密をいうが、言葉の使い方に若干の相違がある。ノウ・ハウはそのような知識・経験そのものをいい（ノウ・ハウは元来特許権に関する明細書の記載を補うための技術情報の意味に用いられていたようであるが、広く産業上有用な技術情報、実際的知識の意味に用いられている）、トレード・シークレット

はそのような知識・経験であって秘密として保護されるべきものをいうと一般に説明されている（「トレード・シークレット」のほうが「ノウ・ハウ」より早く米国の判例で用いられたとのことである）。これには有形のもの（例えば、設計図等）もあり、無形のもの（例えば、知識、経験）もある。このような知識・経験の財産的価値を認めるか、それはいかなる場合か、法律上いかなる保護を与えるかは各国で同じではない。産業財産権法だけでなく、契約法、不法行為法、不正競争防止法等によっても保護の対象となるが、それも国によって同じではない。米国では統一トレード・シークレット法（1979年）があり、かなりの州で採択され、使用の差止め、損害賠償（懲罰的損害賠償を含む）が認められている。刑事罰の科される場合もある。

（知的財産権に関する国際的統一）
　産業財産権に関する条約　　1883年の「工業所有権の保護に関するパリ条約」は各国の産業財産権制度の不統一をなくすための条約ではあるが、権利の保護に関する枠組みを定めた条約である。その後数次の改正条約がある（最近のものは1967年のストックホルム条約である。なお、その際に世界知的財産権機構（WIPO）を設立する条約が採択された）。パリ条約以来の基本的な枠組みは変わっていない。このほかに、原産地表示に関するマドリッド協定（1891年）、特許協力条約（1970年）、国際特許分類に関するストラスブール協定（1971年）がある。これらは普遍的条約（地域を限らず、世界中で適用されるための条約）である。これに対して欧州地域では、欧州地域の国（欧州共同体構成国に限らない）の間では統一的な特許付与手続に関する欧州特許条約（1972年）と、欧州共同体構成国で同一の効力を有する単一の特許を認めるための欧州共同体特許条約（1975年）がある。これらの条約はパリ条約19条にいう加盟国間における特別の取極ということになる。

　著作権に関する条約　　1886年の「文学的及び美術的著作物の保護に関するベルヌ条約」は各国における著作権の保護のための基本的規定を統一した条約であり、数次の改正条約を経ている（最近のものは1971年のパリ条約）。近時ベルヌ条約の改正条約の作成が困難になったので、同条約の締約国のうち、保護水準の高い国の間の条約として、1996年にWIPO著作権条約が採択された。この条約はコンピューター・プログラムの保護、著作物以外で構成される編集物・データベースの保護、著作物の頒布権（輸入権は含まれない）、貸与権、公衆への伝達権、コピー・プロテクションの解除等の禁止などについて定めている（2002年3月6日発効。わが国は著作権法26条の2第2項5号の譲渡の承認で対応済。映画の著作物を除いて並行輸入は可能）。米国は著作権について方式主義をとり、永くベルヌ条約に加盟していなかったので（1989年に加盟）、無方式主義の国の著作物を方式主義の国で保護するために、ユネスコ（UNESCO）において、1952年に万国著作権条約（Universal Copyright Convention）が作成された（ただし、両条約国の締約国間ではベルヌ条約が適用される）。このほかに著作隣接権の保護のために、実演家、レコード製作者および放送機関の保護に関する国際条約（1961年）、許諾を得ないレコードの複製からのレコード製作者の保

護に関する条約（1971 年）がある。米国のベルヌ条約への加盟によって、著作物における著作権表示を必要とせず、著作権侵害に対する訴訟で著作物の登録を必要としなくなった。しかし、米国での登録制度は存続している。1978 年以降の著作権の保護は連邦法による。

なお、わが国についてわが国について既に効力を生じている条約（ベルヌ条約）に、わが国が国家承認をしていない国が事後に加入した場合において、その国との間ではこの条約にもとづく権利義務は発生しないという立場をとっているので、わが国は北朝鮮の国民の著作物を保護する義務を負うことはなく、その著作物は著作権法 6 条 3 号所定の著作物に該らないとした裁判例がある（最判平成 23 年 12 月 8 日民集 65 巻 9 号 3275 頁）。

（産業財産権の実施）

産業財産権独立の原則　技術移転契約の対象となる技術が特許権、商標権のごとく産業財産権である場合には、その技術がそれを実施する国（技術受入国）において産業財産権として認められていないと、その国では排他性のある権利の実施許諾とはならない。同一の発明について特許権を付与した国ごとに特許権が成立し、これらの特許権はそれぞれ独立した権利とされている（特許独立の原則）。A 国に在る甲が B 国に在る乙に、A 国で特許権を付与された技術の実施を許諾する場合に、B 国での特許権がなければ、B 国での第三者の行為を排除することができない。また、乙が B 国でこの実施許諾（排他性のある権利の設定）にもとづいて製造した物品を C 国に輸出し、そこで排他的な権利を主張するためには、同一の発明について甲から C 国における特許権の実施許諾を得ておく必要がある。したがって、本来の特許権と外国のそれに対応する特許権（対応特許権）とをあわせて許諾の対象とすることが多い。しかし、ある国では特許権が与えられていても他の国で特許権をえていないこともあり、また、出願中のこともある。実施国での特許権がなければ、権利侵害に対する差止請求等の請求はなしえないが、出願中であれば、その国の法律による一定の保護、救済はありうる。

産業財産権侵害と法の抵触の問題　産業財産権に関する伝統的な考え方では、それが特定国の公法によって付与されたものであり、産業財産権の属地性を理由に、産業財産権の侵害に対する救済について牴触法的解決はありえない、あるいはそのような考え方は適当でないとする。しかし、産業財産権の付与が特定国の公法にもとづく国家行為によるものであるとしても、成立した権利は私人の享有する財産上の権利であるから、二以上の国に関係のある私法上の法律問題については牴触法によって定まる準拠法による解決をすべきであると考えられる。

日本において米国の特許権を侵害する製品を製造し、これを米国に輸出して第三者に販売させていた者に対して、米国特許権を有する者が製造と製品の輸出の差止め、製品の廃棄、損害賠償の支払を求める訴えを日本の裁判所に提起した事案で、最判平成 14 年 9 月 26 日民集 56 巻 7 号 1551 頁（FM カードリーダー事件）は、特許権にもとづく製造差止め・廃棄請求については、特許権の効力の問題であるとして、特許権を付与した米国法によることとしたが、損害賠償請求については、不法行為の準拠法の問題であるとした。多数意見は（原因

たる事実の発生地を米国とする意見と日本とする意見とがある)、法例11条2項では日本法が累積的に適用されるところ、特許法の属地的適用の原則によって、米国法による特許権は日本法上の権利とは認められないので、米国特許権の侵害およびその教唆は日本で行われたとしても、それは日本法上不法行為とはならず、製造差止め、廃棄請求も損害賠償請求も認められないとした。少数意見(原因たる事実の発生地を米国とする)は同項「外国ニ於テ発生シタル事実カ日本ノ法律ニ依レハ不法ナラサルトキ」とはその種の権利侵害がわが国で不法行為とは認められない場合をいうとし、米国の特許権がわが国においては特許権としての効力を有しないからといって、そのような利益が保護されないものとみなして判断すべきではなく、財産的利益の侵害として日本法においても不法行為が成立する場合に当たるとする。そののちに法例は改正されたが、法適用通則法22条1項・2項は法例11条2項・3項と同趣旨の規定と解されるので、この判例は引き続き意味を有することとなろう(なお、特許法の属地的適用の原則を維持するかぎり、法適用通則法20条による密接関係地法の適用も同法21条の当事者による準拠法の変更も解釈上認められないこととなろう)。不法行為の準拠法で損害賠償請求のみならず侵害行為の差止め(停止、予防措置)、侵害行為を組成する物(製品等)の廃棄、設備の除却等が認められていても、侵害の対象となる権利が外国で賦与された産業財産権であるときは内国裁判所はそれらを命ずることはできない。それは外国の産業財産権の効力を内国で認めることになるからであり、産業財産権についての属地主義の原則に牴触し、法例33条(法適用通則法42条)にいう、外国法適用の結果が「公序」に反するとの理由による(前掲最判もこの立場をとる。米国特許法の規定の適用は同国以外の地域にも及ぶ(域外適用)とする。なお、米国では外国の産業財産権の侵害行為がその外国でなされたとしても、特許権の成否、有効性の判断を求める訴えでなければ(例えば、単なる特許権侵害による損害賠償請求訴訟)、内国に被告の住所、主たる事務所がある場合には、内国の裁判管轄権を認めることができる。

パテント・プール協定 実施許諾の方法としてパテント・プール協定がある。パテント・プール(patent pool)とは特許権者、実用新案権者、ノウ・ハウを有する者などの複数の権利者が、それらの権利を許諾する権限を一定の者(一定の企業、組織等)に移転し、それを通してその構成員、第三者に許諾する仕組みをいう(実際にはこれらの者の間で他の者の権利を相互に利用することが多い)。このような仕組みを合意すること(パテント・プール協定)それ自体は競争法上違法ではないが、協定に参加した者の間で差別的な扱いがなされるときは不当な取引制限になることがあり、また、この協定によって価格設定、市場分割等が行われ、あるいは他の事業者の参入、活動を妨げるときは私的独占に該当することになる(東京高判平成15年6月4日)米法では当然違法とされる。

包括許諾契約 これは一定の知的財産権の実施の許諾に際して、他の知的財産権の実施契約をも締結する合意(package licensing)をいう。製品、サービス等の購入を条件とすることもある(この場合は抱き合わせ契約となる)。このような合意は不当な取引制限となることがある。

特許権と並行輸入　外国特許権の実施にもとづいて外国で製造販売された製品を輸入することを、その特許権に対応する内国における対応特許権の権利者が差し止めることができるかについて立場が分かれているが（内国の特許権者は差し止めることができるとするのが伝統的な考え方であるが、同一発明であれば外国の特許権で外国で製造、販売した商品については国際的消尽を認める考え方もある。前者をとるものとして大阪地判昭和44年6月9日無体集1巻160頁、東京地判平成6年7月22日判時1501号70頁、後者をとるものとして東京高判平成7年3月23日判時1524号3頁）、最判平成9年7月1日民集51巻6号2299頁（BBS事件）は、国際的消尽論によって特許権が既にその目的を達しているとの立場を採らず、「我が国の特許権者又はこれと同視し得る者が国外において特許製品を譲渡した場合においては、特許権者は、譲受人に対しては、当該製品について販売先ないし使用地域から我が国を除外する旨を譲受人との間で合意した場合を除き、譲受人から特許製品を譲り受けた第三者及びその後の転得者に対しては、譲受人との間での右の旨の合意をした上特許製品にこれを明確に表示した場合を除いて、当該製品について我が国において特許権を使用することは許されないものと解するのが相当である」として、特許権者が一定の地域での製品の販売を禁じているかどうかとの基準を用い、それが明示されていない場合には並行輸入を承認した（黙示の許諾理論）。この判旨に対しては、当事者間の合意と製品上の表示という基準が合理的、実際的かという疑問があり、権利の濫用の場合を除き、特許権の行使を認むべしとの批判が多い。

権利の消滅　知的財産権の消滅とは、工業所有権または著作権は、それらにもとづく物品を商業的流通におくことによって、その独占的権利の対価に相当するものを取得し、それ以後の物品の取得者に対して、その販売を差し止める権利が消滅することをいう。一定の物品が外国で流通過程におかれた場合に、その内国での流入を差し止めることができないとするのが、国際的消尽を認める考え方である。

第4節　投資および共同事業

1　概　説

　企業がその本拠地以外の地（便宜上外国という表現を用いる）で活動する方法としては、自らそのための拠点（支店、事務所、営業所、工場など）を設けるものと、現地で独自にまたは他の企業と共同して、新たな企業の形をとって活動するものとがある（販売店・代理店契約や技術移転契約も外国での企業活動といいうるが、これらは他の企業を介してなされるので、間接的である）。前者の場合は現地における外国企業として活動し、後者の場合は現地における内国企業として活動する。現地法

人の形態をとる場合には既存の法人の経営に参加する方法と新たに法人を設立する場合とがある。

　これらは企業の国際投資活動の一つでもある。したがって、投資国と投資受入国すなわち企業の本拠地のある国と新たに進出する国の経済政策に影響されるところが大きく、それぞれの国の為替管理法、外国への投資および外国からの投資に関する法律の規制をうける。現地で外国企業として活動する場合には、その国の産業分野における通常の規制と外国企業としての規制とを受けることになる。現地法人の形をとる場合にはその国の内国法人として扱われる。しかし、現地法人に外国人または外国法人が相当程度に関与している場合には、それぞれの国の外国人政策、産業政策によって、必ずしもその国の通常の内国法人と同様の扱いを受けるとはかぎらない。それは現地法人の資本構成、役員構成等による。

　共同事業契約の内容それ自体は、国内企業間における共同事業体による活動、新会社の設立、既存会社への資本参加などと基本的に異なるところはない。

　いかなる法人の設立を認めるか、それをどのように規律・監督するか、外国法人を承認するか、国家を越えた企業の買収・合併などをどのように規律するかは各国の国内事項である。

2　共同事業契約
(1) 概　説

　2以上の企業が共同して一定の企業活動をすることを約し、そのために必要な事項を取り極める合意が共同事業契約（joint venture agreement）である。この種の契約を締結するに当たっての各当事者の商業上、経営上の意図・目的はさまざまである。その形態としては、共同して自ら事業を行うものと、共同事業のため別の法人によるものとがある。

　本拠地、営業所が異なる国にある企業の間での共同事業契約を従来から、合弁事業契約、そのための法人を合弁企業（joint venture, joint management）という。これらは国を異にする企業間の契約であるため、合弁事業の実施、合弁企業の管理・運営等について共同事業者間で取極をしておくことが多い。

　合弁事業契約に関する交渉は細部にわたり、長い時間を要することもあるので、

交渉の都度それを確認する文書を作成し、覚書（memorandum）、レター・オブ・インテント（letter of intent）を交換することも少なくない（その合意の全部または一部についての拘束力の有無について記載することもある）。

(2) 独立した企業形態をとらない場合

　当事者は合弁事業契約において事業の目的とその内容、出資の方法と比率、事業の執行方法と当事者間での分担、損益の配分、契約の変更、契約の終了等について定める。この種の契約は、わが国では民法上の組合契約に似ている。外国では全員が責任を負うパートナーシップ（partnership）、一部の者が有限責任となるパートナーシップ（limited partnership）、単なる共同事業（joint venture, consortium）などの形態がある。このような契約における当事者間の法律関係は当該共同事業契約の規定とその準拠法の定めるところによる。法人格の有無は、準拠法の定めによる（多くの国の実質法では共同事業契約のみによって法人格を認めることはしていない）。

　共同事業体の訴訟上の当事者能力は法廷地訴訟法の定めるところによる。単なる共同事業でなく、両当事者から独立し、代表者または管理人の定めのある場合には、法人格がなくとも訴訟上の当事者能力を認める国もある（例えば、英米法におけるパートナーシップ）。

　共同事業体の名による契約において相手方に対していかなる者が責任を負うべきかは、共同事業契約の準拠法ではなく、当該契約の準拠法または密接関係地法としての当該共同事業の本拠地法によると考えられる。

　共同事業契約の終了は、契約で定めた終了事由（目的の達成または達成不能、解除権の発生など）、合意による解除、準拠法で定める解約事由の発生による。共同事業契約では事業の運営、継続について当事者間で対立があるときは合意による終了が実際上困難なこともある。その場合は共同事業契約の準拠法の定めるところによることになる。当事者による準拠法の選択がないときは、共同事業の本拠地法を準拠法とすべきであろう。本拠地が明らかでなければ、業務執行地とすべきであろう。

(3) 独立した企業形態をとる場合

合弁事業の場合には、単なる共同事業体よりも法人格のある企業によるほうが、共同事業者間の法律関係を処理するうえで適当なことが多く、第三者との法律関係も明確になる。また、有限責任の法人とすることによって、損失を一定の限度にとどめることもできる。

法人形態をとる場合には、外国法人として活動する場合とその国の内国法人として活動する場合とがある。いかなる法人の形態をとるか、いずれの国で法人を設立するか、どのような法人とするかなどについては、具体的な状況によって利害得失があるが、その選択は経営上の判断による。法人格の有無、法人の形態、会社等の法人の規律に関する規定はそれぞれの国または地域でかなり異なっている。

外国法人として活動する場合は、支店、営業所、工場等を設けて活動することが多い。この場合には、その国では外国法人、外国会社としての規律に従うだけでなく、事業活動、税制等で内国企業と異なる扱いをうけることが少なくない（内国企業のほうが有利なことが多いが、外資導入のために、税法等で外国企業に優遇措置の講ぜられていることもある）。

現地の内国法人として活動する形としては、自らが支配する企業とするか、現地の企業との共同事業としての合弁企業によるかの選択がある。前者には新たに会社を設立する方法と既存の会社を買収する方法（株式・持分の取得）とがあり、後者にも新たな会社を設立する方法と相手の会社の株式・持分を取得して経営に参加する方法とがある。自ら支配する会社（例えば、全額出資の子会社）も現地の内国企業として原則として当該国の法令の適用を受けるが、それとともに親会社の本拠地の会社法の適用もありうる（例えば、親会社との連結決算、親会社の監査役による調査等）。また、合弁企業の場合には、その国の法令で設立された法人であっても、外国資本の参加を理由に、通常の内国企業と異なる扱いをうけることがある（外国人法の適用）。

合弁事業契約では事業の目的と内容、出資の方法と比率、秘密保持、競業避止、資金の調達、利益処分、契約の変更、契約関係の終了事由等について定めるほか、法人格のある企業によって行う場合には、事業の管理・運営、利益

の配分等の事業の遂行にかかる事項を合弁企業を通じて行うことから、共同事業者（出資者）間でその合弁企業の形態、資本金、出資比率、株式の種類、株式の譲渡制限、新株引受権、株主総会の決議事項、決議方法、事前協議事項、取締役等の役員の数、その選任方法と権限、取締役会の権限と決議方法、取締役会の決議と株主の同意、業務の執行、株式買取請求権、解散事由等についても定めておくことが多い。関連する契約として、技術移転契約、商標権等の使用許諾に関する契約を締結することもある。

　合弁会社はいずれかの国の法律によって設立され、その管理・運営はその属人法（従属法ともいう。設立準拠法主義の国と本拠地法主義の国とがある）と定款の定めによる。合弁事業契約は当事者間の契約にすぎないので、その内容に実効性をもたせるためには、会社の定款または附属定款（memorandum of association, articles of association［英］。articles of incorporation, by-laws［米］）でそれを定めておくことになる。株主間の取極で、会社の定款または会社の属人法に反するところはその効力は認められないことになろう。合弁会社の設立、出資、機関、管理・運営、計算、組織変更、解散、清算等の会社そのものに関する事項は、会社の属人法の定めるところによる。

3　独立した企業形態をとる場合の主要な法律問題

　合弁企業は、新たに設立する場合も既存の会社による場合も、その設立手続がなされ、主たる事務所の登記がなされている国の会社（内国会社。いわゆる現地法人）として、その国で内国会社に適用される法令はすべて適用される。外国系資本による会社であることによって影響を受けるのは、外国からの直接投資の受入れ（出資と技術導入）、内国でなしうる事業活動（事業・取引の種類）、不動産の取得、利益の外国への送金などについてであり、各国の対外政策、経済政策、産業政策にかかわるところである。

　会社組織に関する法律問題は、複数の者による共同事業において生ずる法律問題すなわち企業組織、企業の運営方法、出資者間の利害の調整であり、それは内国会社の場合と異ならない。合弁企業の多くは株式会社の形態をとる（通常は閉鎖会社、非公開会社）。株主間で、発行する株式の種類、株式の譲渡制限

（取締役会での承認の要件の加重など）、株式の質入れ・担保提供の禁止、株式譲渡の場合における株主の先買権、株券の不発行、新株引受権、株主総会の付託事項、決議の要件（少数株主保護のための加重要件）、取締役会の人数、構成、決議要件、共同事業を行う者の競業避止義務、秘密の保持、会社の解散、共同事業契約終了後の措置などについて取り極めておくこともある（株主間契約）。ただし、これらの取極が会社の属人法と定款に反しているならば、その効力は生じない。

わが国の企業が外国で他の企業の経営に参加し、あるいは現地法人を設立した場合には、それが外国子会社に該当し、わが国の法律が適用されることがある（親会社監査役の子会社に対する調査権、連結財務諸表規則（財務諸表の作成）など）。

4 国際投資に関する法

(1) 概　説

国際投資（対外投資）とは国境を越える資本の移動である。その形態としては、外国で直接に事業活動その他の企業活動を行う場合（対外直接投資）と、外国の株式、債券などの有価証券に投資する場合（対外間接投資）とがある。外国での支店、営業所、工場等の設置、外国での子会社、合弁会社の設立、外国の事業への参加（一定割合以上の株式、出資持分の取得）は前者の例であり、金銭の貸付け、証券の取得（事業に参加するための証券の取得の場合を除く）、技術の供与等は後者の例である。いかなる投資を直接投資とするかは各国の経済政策、産業政策による。投資する者の属する国（投資国）と投資を受け入れる国（投資受入国）とで同様の基準、同じような扱いをするとは限らない。外国からの直接投資に対する規制としては、多くの国では、国内の一定の業種への参入の禁止・制限、内国資本と外国資本の出資比率、国産品使用要求、輸出要求、国内販売の制限、内国民の雇用等がある。もっとも、外国からの直接投資については制限だけではなく、外国からの投資促進のための措置（投資誘致法、投資奨励法）を国内法で定めていることも少なくない。投資した元本、利益などの外国送金についての制限の有無と、国有化その他による資産の損失の場合の措置も外国投資家にとって重要である。

(2) わが国の法制

わが国では、昭和24年の外国為替及び外国貿易管理法（外為法）によって、外国への資金移動（対外直接投資）および外国からの資金移動（対内直接投資）について厳しい制限がなされた。とくに外国からの対内直接投資については、わが国の経済発展に有用な外国資本の導入を可能とするために、昭和25年の外資に関する法律（外資法）によって、技術援助契約、株式（持分）の取得、社債または貸付金債権の取得に関しては、外資委員会（その後は大蔵省）の認可を要するとされていた。昭和39年にわが国がIMF協定8条国となって、外資法の改正により制限が緩和され、さらに昭和54年の外為法の改正にともない、資本の移動も原則として自由となり、外資法は廃止された。

平成9年に改正された外為法（名称は外国為替及び外国貿易法となる）において直接投資について全く規定がないわけではなく、対外直接投資および対内直接投資のいずれについても一定のものには予め届出をし、前者については財務大臣が、後者については財務大臣および事業を主管する大臣が、これに対して変更、中止等の勧告をなしうるとされている（外為法23条・27条）。

わが国の貿易保険法では外国への投資については海外投資保険と海外事業資金貸付保険とがある（貿易保険法69条、71条）。また、中小企業信用保険法では海外投資関係保険の制度を設けている（中信保法3条の6）。

企業の国際的投資に関するわが国の税制は租税特別措置法に定められている（税特法66条の6—66条の9の5）。

(3) 国際的取極

国際投資に関する国際的な取極としては、二国間の通商航海条約、投資協定、投資保護協定（投資保証協定ともいう）、租税条約などがあり、多数国間では、国家と他の国家の国民との間の投資紛争の解決に関する条約（投資紛争解決条約。Convention on the Settlement of Investment Disputes between States and Nationals of Other States, 1965. 1966年10月14日発効）、多数国間投資保証機関を設立する条約（MIGA, 1985）、OECDにおける国際投資及び多国籍企業に関する宣言（1976年）がある。

(4) 投資保護協定

二国間の協定としては、通商条約のほかに、投資についての保証を目的とする投資保護協定または投資奨励保護協定がある。これは、相手国からの投資について最恵国待遇を与えること、投資に関する事業活動、資産・収益について内国民待遇または最恵国待遇を与えること、資産・収益についての保護、国有化などの場合の補償の方法等を定めている（日本はエジプト、スリランカ、中華人民共和国、トルコ、バングラデシュ、ロシア、香港、パキスタン、大韓民国、モンゴル、ヴェトナム、カンボジア、ラオス、ウズベキスタン、ペルーなどとの間に投資保護協定を締結している）。また、地域的、経済的に近い関係にある数ヵ国の間での投資保護のための協定もある。

多数国間条約としては、1985年に作成された多数国間投資保証機関（Multilateral Investment Guarantee Agency. MIGA）を設立する条約がある（1988年4月12日発効）。この条約は加盟国で国際投資保証機構を設立し、開発途上国向けの投資を奨励するために、加盟国の自然人および法人の出資、貸付け、債務保証等について保険および再保険の引受けをする仕組みとなっている。1994年のWTO協定では、貿易に関連する投資措置に関する協定で、1947年GATTに反する措置（国産品の使用要求、輸出入の均衡、為替規制等）を禁じている。これは外国資本の事業活動を保障するための規定といってよい。

なお、1998年に交渉の打ち切られた多数国間投資協定案は、経済協力開発機構（OECD）において、二国間投資保護協定、WTO協定よりも広範囲にして包括的な、多数国間での投資保護に関する協定（紛争解決方法に関する規定を含む）の作成を目指したものであった。

(5) 国際投資と紛争解決方法

外国投資家と投資受入国との紛争の解決方法としては、投資受入国の国内手続による方法もあるが、それは実際に必ずしも適切に機能し、実効性があるとはいい難いこともある。従来は投資家の属する国の政府が、自国民あるいは自国の権益の保護を理由に、投資受入国の政府と外交交渉を行うという方法がとられていた（外交的保護。なお、中南米諸国で外国人に外交的保護を求めない旨を約束させた

条項がカルボ条項（Calvo Clause）である。しかし、現在カルボ条項の国際法上の効力は否定されている。中南米諸国もカルボ条項に依らず、二国間投資保護協定を締結する傾向にあるといわれている（外交的保護不行使条項を入れることが多い）。また、現在では外交的保護権が使われることは稀である）。

　このような状況を改善するために、投資家と投資受入国との間の紛争について1965年の「国家と他の国家の国民との間の投資紛争の解決に関する条約」（投資紛争解決条約）では国際復興開発銀行に附置された投資紛争解決国際センター（International Center for Settlement of Investment Disputes）における仲裁手続によって（調停も可能）、外国投資家と投資受入国内の投資紛争を解決しうる仕組みを設けた。ただし、これによるためには、投資家と投資受入国間における合意（紛争発生の前後を問わない）を必要とする（同条約25条(1)）。

補説

（共同事業）

設立準拠法を異にする会社間での買収・合併　　内国会社と外国会社間における企業買収、合併等については、それぞれについて、その属人法上必要とされる要件および手続に従うことになる。設立準拠法国または本店所在地法国が異なることによって当然に会社間の買収、合併ができないわけではない。買収の方法は株式の取得であるが、株式取得の対価として金銭の交付によるもの、金銭ではなく、子会社の株式の交付によるもの、親会社の株式の交付によるものなどがあり、当事者となる各会社の属人法たる会社法で認容される方法による。わが国の会社法の規定（合併、会社分割、株式交換、株式移転など）は日本法にもとづいて設立された会社に適用され（属人法の適用）、外国法にもとづいて設立された会社には適用されない。

レター・オブ・インテント（letter of intent）　　取引交渉の途中で当事者の意思、意向、一応の合意等を記載した当事者間の文書であって、企業提携、技術移転、開発契約等の複雑な契約の交渉の際に作成されることが多い。これらの文書が拘束力を有するかは当然には明らかではなく、一般に当事者を拘束するものではないとされているが、交渉の経過、記載の内容等から、拘束力のある合意とされる場合もある。拘束力の有無については、それについての記載があれば、疑義を避けることができる。結局、拘束力のある合意かどうかは準拠法によって判断することになる。しかし、この段階ではその準拠法を確定することが困難な場合が少なくない。

共同事業の得失　　経営的な面から、一般に、共同事業の利点としては資金力の増加、

技術力の強化、参加企業の能力の活用、危険の分散などが挙げられ、欠点としては意思決定の遅延、経営方針の対立、技術・情報の漏洩などがいわれている。これは法人形態によると否とにかかわらない。

ジョイント・ヴェンチュアとコンソーシアム　ジョイント・ヴェンチュア（joint venture）は1930年代に米国でフーヴァーダムの建設に際して行われたのがはじまりであるといわれている。ジョイント・ヴェンチュアは、各国の土木、建設工事では広く行われており、企業の国際的活動に特有のものではない。共同事業体、別法人のいかんを問わず、ジョイント・ヴェンチュアということもある。複数の企業が一時的に一定の事業を遂行するための連合を形成した場合に、それをコンソーシアム（consortium）という。ジョイント・ヴェンチュアもコンソーシアムも注文者、第三者に対しては連帯して責任を負うが、コンソーシアムでは内部関係（費用、責任分担等）は区分されているといわれている。それぞれについてモデル・フォームも作成されている。

合弁事業・合弁企業　合弁事業契約、合弁企業の渉外的性格が表面に出てくるのは、外国からの資金の送付と受入れの手続（投資国では対外直接投資、投資受入国では対内直接投資）、技術等による出資、株式・持分の取得（外貨証券の取得）、利益の償還等における外国為替の管理、外国からの投資の規制、事業の許認可、事業活動等における外国人の取扱い、事業活動に関する課税など公法的な規律の面においてである。また、競争法上の問題も生ずる。さらに、外国からの投資についての保証に関する政府間協定の有無、投資紛争の解決方法などの問題もある。

（外国投資）

開発輸入　資源保有国に資本、技術を提供して資源の開発に協力し、そこで得た資源の供給を受けることをいう。一定量の資源または生産物を一定期間にわたって取得するもの、一定量の資源、生産物を一定の対価で取得するもの、資本、技術を提供して新たな事業に参加するものなどがある。法的形式と契約の内容は個別に取極がなされる。

国家と私企業間のコンセッション契約（Concession Agreement）　国家と私企業との契約において、一方の当事者である国家が契約を一方的に破棄または準拠法とする自国内法を変更することから私企業を保護する方法としていくつか方法が主張されている。契約の準拠法を国内法に限らず、国際法や法の一般原則も適用されるとするもの、契約当時の準拠法国の実質法に固定するもの（安定化条項を加えておくもの）、事情に応じて仲裁人の適切な法則の適用に期待するもの、契約違反を国際法違反とするものなどがあるが、いずれについても実際に期待された効果を生ずるかどうかという問題はある。

投資紛争の解決のための法的手続　外国投資家と投資受入国との間の投資および投資関連事業活動に関する最恵国待遇・内国民待遇、投資財産と収益の保護、送金・資本移転の自由の保証、収用、緊急事態による投資財産の保護などに関する紛争については、1965年の投資紛争解決条約の手続のほか、多くの国では、投資受入国との間の二国間投資保護協定において、投資家と投資受入国間の仲裁手続によることとしている。二国間協定で一般的

に投資家が仲裁手続を申し立てることができるとした場合には、あらためて投資家と相手国との仲裁契約を必要としないといわれている。

1994年のWTO協定ではサービス貿易に関する一般協定と貿易関連投資措置で投資の問題を扱っているが、この協定での紛争解決手続の当事者は国家であって、投資家・企業ではない。

なお、近時、投資紛争に関する仲裁手続について透明化（第三者も仲裁手続に提出された文書、仲裁手続の状況を知ることができること）が議論されている。

外国投資と国有化　国内にある私人の財産を国家が強制的に取得することを国有化（nationalization）という。国有化にはその対象となる者、財産、その程度、方法等においてさまざまであるが、外国人の財産、投資についても生ずる。その場合に、外国投資家はいかにして十分な補償を得ることができるかが国際的に大きな問題となる。企業、資産の国有化に関しては、第一次大戦後のソ連邦、第二次大戦後の東欧諸国、発展途上国など、その例は少なくない。投資紛争解決条約は私人が国家を相手方とする手続を定めたものであるが、国有化の場合のみを対象としたものではない。ただし、この条約が効果を生ずるのは、当事者が締約国と他の締約国の国民の場合である。

国有化によって利権を奪われた者が当該国家または第三者に対して、他の国で財産権を主張することがある。わが国では、1951年のイランでの石油国有化措置の後、イランにおいて石油採掘権を有していた者が、国営石油採掘会社から日本の会社が買い受け、日本に輸送した石油について自己の所有であると主張して、わが国の裁判所に船積されてきた石油の占有移転禁止、処分禁止の仮処分を申し立てた事件がある。第一審では主権国家相互間における主権の尊重、わが国の秩序を現実に侵害するものでないことを理由に、外国の法令の効力およびそれによってその外国国内で発生した効果を否定しえないとし（東京地判昭和28年5月27日下民集4巻5号755頁）、控訴審では外国の法律の有効性を第三国の裁判所が判定しうるとの国際法上の原則は確立されていないとして、法例10条を適用し、原因たる事実の完成した当時（石油の受渡当時）のイランの法律によれば国営石油採掘会社に本件石油の所有権があり、申立人はその権利を有していないとして、仮処分申請を却下した（東京高判昭和28年9月11日高民集6巻11号702頁。アングロ・イラニアン石油会社事件）。外国での国有化措置の結果をわが国でどのように扱うかについては、外国国家によるその領域内での行為について他国は司法審査を行わないとする考え方（act of state doctrine）、国家の公法的性質の行為の効力についてはその国家の法を適用すべきであるとの考え方、国有化に関しては属地法によるとの考え方、外国国家行為の承認の問題として外国判決の承認に類似する要件によって判断するとの考え方などがある。各国の国内裁判所による救済には限界があり（この問題は国際法上の問題であり、第三国の国内裁判所としては、前記控訴審判決のいうようになろう）、そのために投資紛争解決条約、投資保護協定が締結されているが、結局は、当該外国と利権や財産を奪われた者の本国との間での外交交渉によることとなろう。

なお、経済政策の変更、課税、為替管理等の規制によって外国資本を不利益な状況にし、

事業の継続を困難にして、国有化と同じ効果を生じさせることもある（「忍び寄る国有化」）。

（国際課税）

国際課税の仕組み　国家は自国内で所得が生じた場合もしくは自国内に経済活動の拠点がある場合または自国とつながりのある場合に租税を課すことが、国際的に認められている。一般に国家の課税権の行使の基準としては人的基準と物的基準とがある。人的基準としては自然人については国籍または住所・居所、法人については設立準拠法または本拠地がある。法人の本拠地については登記上の本店、管理統括地、主たる営業所所在地等の基準がありうるが、管理統括地を採用する国も少なくない。わが国の税法では内国に住所・居所を有する者を居住者、それ以外の者を非居住者とし（所得税法5条）、内国に本店または主たる事務所を有する者を内国法人、それ以外の者を外国法人とし（法人税法4条）、居住者および内国法人と非居住者および外国法人とを課税において異なる取扱いをしている。国籍と設立準拠法による区別をする国もある（例えば、米国）。物的基準は支店、工場等の恒久的施設（permanent establishment）を有するか、いかなる性質の所得かによる。わが国では居住者および内国法人については、国内源泉所得のみならず、国外源泉所得にも課税する。非居住者および外国法人については、国内に恒久的施設を有する場合は、原則として全ての国内源泉所得に課税し、国内に恒久的施設のない場合には、各所得（例えば、利子所得、配当所得）ごとに源泉徴収所得税が課される（所得税法161条以下、法人税法138条以下）。

二重課税の回避　国によって課税の仕方が異なるため、同一の所得に対して複数の国で課税されることがある（典型的なものは、源泉地国でのその所得についての課税と本拠地での総合課税）。各国では二重課税を回避し、調整するための措置をとることが多い。その一つの方法として、外国で生じた所得に課税しないことにすれば、外国源泉所得の免除（foreign tax exemption）となる（この方法をとる国は少なくない。例えば、欧州諸国など）。これに対して、外国で生じた所得をも合わせて課税するとすれば（この方法をとる国も少なくない。例えば、米国、日本など）、外国所得税額の損金算入（deductions）、外国所得税額控除（foreign tax credit）またはこれらの選択と併用がありうる。わが国では、外国で生じた所得を合わせて課税し、損金算入と税額控除の選択を認めている。外国税額控除の場合には控除限度額があるが、限度を超える部分には繰越控除（carry-over of foreign tax credit limit）、損金算入の方法が残されている（所得税法46条・95条、法人税法41条・69条）。このような措置が国ごとに異なることは適当でないので、国家間での取極をしておくことが好ましい。そのための取極が租税条約であり、現在は二国間条約によっている（わが国は米国をはじめ50数ヵ国との間で租税条約を締結している）。租税条約については経済開発協力機構（OECD, 1977年）および国際連合（ECOSOC, 1979年）でそれぞれモデル条約を作成しているが、実際の二国間条約の内容が統一されているわけではない。条約の内容は他方の締約国の居住者等に対する減免措置、二重課税の回避、第三国居住者等による国際的租税回避の防止、税務上の協議、情報の交換等である。

外国での所得と内国での課税　日本と外国とで事業活動を行い、それぞれの地で1年のうちの相当な期間居住している者が、居住日数等によって日本では非居住者と扱われると所得税額が変るだけでなく、かつては贈与税は課されなかったことがある（しかも、その居住する外国には贈与税、相続税のないことが多い）。いわゆる武富士事件は改正前の相続税法の規定を利用した租税回避（tax avoidance）の例である（最判平成23年2月18日判時2111号3頁は租税法律主義からみて「やむをえない結論であるとしたが、判決自らそのなかで結果の公平性、具体的妥当性に疑問ありとしている）。しかし、相続税法の改正でこの抜け穴はふさがれた。この頃から居住者か非居住者か、外国法人の意義、外国投資（リースによる減価償却）などに関する訴訟が目につくようになった。

国際的租税回避のために利用される国地域をタックス・ヘイヴン（tax haven）というが、それらは軽課税国であるだけでなく（旧植民地、椰子の茂る南の島だけではなく歴とした先進資本主義国のこともある）、むしろその特色は情報の不透明なことにあり、そのことによって犯罪の収益、テロ資金などの隠匿、移送等に用いられる弊害があるといわれている。

国際的租税回避に対する税制　国際的租税回避の手段としては、軽課税国（tax haven）に子会社を設立してそこに国外で得た所得を留保する方法、内国の親会社と外国の子会社間の取引を行い、その際に価格を操作して利益を外国の子会社に留保する方法（transfer pricing 移転価格操作）、外国の子会社の資本の額を小さくし、親会社等からの借入金の利息を多くして、これを損金とし、課税の額を軽減する方法（thin capitalization 過小資本）がある。これらについては各国でそれぞれの対策がとられている（わが国では租税特別措置法66条の4―66条の9の5）。

わが国のタックス・ヘイヴン税制は、極めて簡単にいえば、次のとおりである。一定の要件をみたしている軽課税国の子会社（適用除外あり）の所得については、親会社の出資の割合に応じた部分を親会社の所得に合算して課税する。移転価格操作の場合は、独立企業間の取引に直したうえで課税する。過少資本の場合は、借入金利子のうち一定の部分を超過した部分について、損金算入を否認することにしている。タックス・ヘイヴン税制を定めた租税特別措置法の規定は外国との租税条約に反しないとした判例がある（最判平成21年10月9日判タ1311号77頁など）。

第5節　大規模建設工事・プラント輸出

1　概　　説

(1) 大規模工事契約

建物、工場等の建設、機械、設備の供給・設置・稼働、道路、橋梁、港湾、鉄道等の建設・修繕等においても国際的取引がある。このような工事では、そ

れぞれの工事ごとに物品の供給、役務および技術の提供の度合もさまざまである。このうち、機械・設備等によって構成される生産設備を従来からプラント（plant. 重電機、化学、鉄鋼、セメント、紙・パルプ、繊維、通信などの設備をいう）と呼び、これを外国で建設することをプラント輸出という。それは施設の建設のみではなく、物品の供給、役務・技術の提供の混合したものであり、設備の完成と稼働を契約の目的としているので、請負契約である。外国企業がわが国で自らまたは子会社等によってこのような工事を行うこともありうるが、ここでは内国企業の外国での活動に関してのみ述べることとする。

(2) 大規模工事契約の特色

工事請負契約の当事者の特色としては、まず、注文者（発注者、所有者）は大企業のほか、政府関係の機関（公社、公団）等であることが少なくない。これは資源開発、政府調達などの場合と同様である。請負人（contractor）は供給する設備、工事の内容にもより、単独の場合もあるが、複数の企業が共同して受注する（コンソーシアム consortium）か、共同事業体（ジョイント・ヴェンチュア joint venture）を形成して受注し、工事を行うことが多い。これは資金の負担、危険の分散、技術、労働力等の相互補完などの理由による。コンソーシアム、ジョイント・ヴェンチュアのいずれであっても、特定のプロジェクトのために法人形態をとることは少ない。いずれも注文者（発注者）に対しては共同受注者（共同事業者）が連帯して注文者に責任を負う。責任の主たるものは工事の完成であり、その遅れについての責任および工事の瑕疵による瑕疵修補責任と損害賠償責任である。共同受注者には国を異にする企業が参加することがあり、その場合のコンソーシアム契約、ジョイント・ヴェンチュア契約も国際商取引である。請負人の側には下請企業、部品供給者等が連なるが、これは共同事業契約の当事者ではなく、注文者との間の直接の契約関係はない。

注文者に代わって工事の設計をし、施工について具体的に指示し、監督する技術者（エンジニア engineer）があり、これが技術的事項の紛争についての裁定もする。これは当事者間の合意にもとづく。これらの者は、注文者から工事の設計、施行についての代理権を与えられている場合が多い。

注文者、請負人とも多額の資金を必要とするので、融資に関する契約も必要となり、輸出国または輸入国の政府系金融機関の融資を利用し、政府間の借款によることもある。また、入札保証金の納付、契約締結後の履行保証、瑕疵修補の保証のために、保証状（bond）を必要とし、それを銀行、保険会社等が工事を請負った企業の求めに応じて発行することもある。これも、国際商取引の一つである。

(3) 大規模工事契約の構成
　この分野の契約を規律する法的枠組みは、個別の契約における当事者の取極（特約）と標準契約条件および準拠法の規定である。法の統一は未だなされていない。準拠法となる各国の請負契約に関する規定は、本来国内取引に適用するための規定であって、国際的な取引であるプラント輸出や大規模工事を規律するには適当でないところもあるので、国際的な工事請負契約のために作成された標準契約条件が統一法に代わる役割を果たしている。もっとも、そこで定めていない事項については準拠法の規定によることになる。
　国際的工事請負契約の仕組みは国内での同種の契約と基本的に異なるところはないが、設計、資材・機械設備の調達、施設の建設と機械設備の設置など、稼働まで多くの工程と段階があるので、いくつかの仕様書と図面の添付された詳細な契約書を作成するのが通例である。契約における基本的条件は国際的に用いられている標準契約条件、各国の業界団体の作成した約款、注文者の作成した約款あるいは請負人（general contractor）の作成した標準契約条件などを用いることが多く、これを一般条件とし、それぞれの契約で具体的な目的や情況に応じた条項を特別条件として加え、あるいは特別条件で一般条件の一部を修正することになる。当事者間での契約の締結についての交渉は、主としてこの特別条件をめぐる交渉となる（いかなる標準契約条件を用いるかについても交渉の余地はある。入札方式をとる場合には、注文者がその契約条件または約款を指定することが多い）。工事請負契約は契約の成立から工事の完成までに長期間にわたるため、その間の物価騰貴、金利の変動、為替の変動に対処するための取極も必要となることがある。
　請負人は工事にともなう物的損害、人身事故その他の災害による損失、損害

に対処するための保険契約を締結することを義務づけられることがある。工事代金の支払保証のために、注文者は銀行その他の金融機関の発行する保証状を得る義務を負うこともある。工事にともなう危険に対処するために、請負人の側で保険契約を締結して、特別の危険（戦争、内乱、ストライキ等）となる場合の損失を塡補するための特別約款を加え、第三者賠償責任保険等を手配し、また、輸出代金保険に付保する必要のあることもある。

大規模工事契約・プラント輸出契約について注意すべきことは、いわゆる輸出国および輸入国の政府の許可、承認等が必要とされることが多いことである。輸出国で必要とされるのは特殊技術に関する物品の供給および技術の提供についての許可、特定の国向けの物品・技術の提供・工事の許可、為替管理における代金受領方法についての許可または承認などであり、輸入国で必要とされるものは物品の輸入、技術導入、代金の支払等についての許可または承認である。

2　主要な法律問題
(1) 契約の成立

工事請負契約には工事の規模において大小さまざまなものがあり、私企業間の契約のほかに、私企業と政府機関、公共団体、公的企業との契約もある。契約の成立に至るまでには、事前に注文者の説明、現地調査、交渉等があり、そのために相当の期間と費用を要することが多い。契約締結の方法として、任意の交渉のほかに、入札によることも少なくない。政府機関、公共団体、公的企業が注文者になる場合には競争入札の方法が用いられることが多い。

①　入　札

注文者が入札（bid）によることとした場合には、通常、注文者の属する国（主たる事務所・営業所所在地）の法令が適用され、そこで一般に行われている入札の方法による。注文者が国家・政府機関、公共団体、公的企業の場合にはその国の会計法上の規定、官公庁の用いる入札の方法によることになる。政府等による入札では入札参加者の適格性を審査し、入札について資格を認めた者に参加させる方法（指名競争入札）をとることが多い。政府調達では、契約の手続についてその国の法律によらなければならないだけでなく、自国製品の優先等を定め

た法律のあることが少なくない。

　入札の方法による場合には、入札公告、資格審査、入札参加者の決定、入札、落札者を決定するための交渉（入札金額の最も低い者が当然に落札者になるとはかぎらない）、落札者の決定、契約の締結という過程を経る。落札通知がなされた後に、契約書を作成する作業が行われることとなる。

　入札に際しては入札者の契約への意思と能力、資力等を確める必要もあって、入札者に対して入札保証金の提供を要求することが多い。通常は銀行等の金融機関の発行する保証状を提出する。入札保証状（bid bond）は入札保証金に代えて差し入れるものであって、一定の事由（落札者が契約の締結を拒否したり、履行保証書の手配を怠った場合など）によって入札保証金が没収されるときに、発行者が一定の金額の支払をすることを約した書面（letter of guarantee）である。入札者と金融機関の間における保証状の発行依頼契約も国際商取引になることがある。

　政府による調達手続の公平性、透明性を確保し、あわせて国際的にその統一された手続によることを目的とするものとして、1993年に国際商取引法委員会の作成した物品、建設および役務についての政府調達に関するモデル法（UNCITRAL Model Law on Procurement of Goods, Construction and Services, 1993）がある（ただし、これを採用している国はほとんどない）。1947年の関税及び貿易に関する一般協定（GATT）の締結国間においては、1979年に東京ラウンドで「政府調達に関する国際協定」が締結され、1994年のWTO協定においても物品のほかにサービスの調達もその対象とされ、それが附属書四の「政府調達に関する協定」にひきつがれている（もっとも、この協定は一括受諾の範囲に含まれていないので、個別の締結を要するとともに、締約国の国内法にとり入れられることによって適用されることになる）。

② 契約交渉

　当事者間の交渉による場合には（国や公共団体では随意契約）、交渉に相当の時間を要し、その交渉に伴い出費もあるので、交渉記録（議事録等）を作成し、適当な段階で覚書（letter of intent）を作成することも少なくない。この覚書の法的拘束力については、そのことについての記載の有無、交渉経過と合意内容による。このような覚書の法的拘束力の問題が生ずるのは最終的に当事者間で合意に至らなかった場合である。すなわち、その合意の拘束力があるか、あるいはそれに

よって契約の成立が認められるか、契約の成立に至らなかったときに、当事者は相手方に損害賠償を請求しうるかという問題が生ずる。この問題は実体法上は契約（契約締結上の過失、信義則違反）または不法行為等の問題とされるであろうが、その前に、それはいかなる国の法律によるかという問題がある。政府等の調達において随意契約による場合には、特別の事情がないかぎり、その国の法律によることになる。

(2) 主な契約条項
① 概　説

契約の内容は一般条件、特別条件、具体的な仕様書（specification(s) 一般仕様書と技術仕様書）および図面から成る。一般条件は契約全般に及ぶ一般的条項であり、これに標準契約条件、各種の約款が用いられる（このように詳細な約款が作成されるのは、契約の性質上定めておくべ事項が多いためであるが、各国の契約法にこれらの契約を規律するに足る適切かつ十分な規定が存在しないためでもある）。これらは多数の条項から成る。特別条件は個別の契約における当事者間の具体的な取極である。例えば、請負人による機械・設備などの供給、それにともなう役務の範囲、対価についての取極、支払条件、具体的な工事の方法と内容、技術の提供、工事についての保証、損害賠償義務、賠償金額などである。仕様書、図面は特別条件の内容をさらに技術的な面から詳しく、具体的にしたものである。

これらの契約条項の適用の順序、優劣については、とくに定まった原則はないといわれているが、事柄の性質上、特別条件は一般条件に優先するとみるべきである。工事の内容、方法については、仕様書、図面により、また、請負人と注文者の技師とがその都度合意し、あるいは注文者の技師の指示に従う方法をとることもある。これらの原則については一般条件で規定していることが多い（特別条件にそれと異なる条項があればそれによる）。

② 請負人の義務の範囲

請負人は工事の完成と引渡しまでの責任を負う。いわゆる FOB 型契約では工事そのものの完成、機器の供給、据付と付随する役務の提供によって工事が完成する。これに加えて、工場、設備等が稼働する状態にしたうえで引渡しをすべ

きことになる。そのうちの一部の工事（機器の供給、据付など）を他の者が行う場合（セミ・ターン・キー型）と、すべてを請負人が行う場合（フル・ターン・キー型）とがある。いずれにおいても請負人は工事の完成のために必要な資材、労力等を供給する。工事の瑕疵については、請負人は一定の期間は修補義務を負う。ターン・キー型契約では、契約で定めた保障期間中は機械、設備そのものの保証のほかに、その施設の性能についても保証責任を負い、性能が十分でない場合には修補義務と約定の損害賠償金（liquidated damages）の支払義務を負うことがある。

③ 注文者の代金の支払義務

代金の金額、支払方法等については、定額方式、単価方式、実費補償方式およびこれらの組合せがある。貨幣価値の変動（通常は貨幣価値の下落）に備えてエスカレーション条項を設けておくこともある。支払時期は工事の完成時、すなわちFOB型の契約では建設と据付の完了時、ターン・キー型の契約では稼働性能を確かめたうえでの引渡の時であるが、代金の支払方法は分割払によることが多く、延払の約定もある。

④ 請負人の履行（工事の完成と引渡し）の遅延

工期の変更・延長、追加費用等については契約において定めるか、あるいは必要に応じて合意で定める。請負人の履行遅延については、契約において遅延の日数に応じて一定の割合による損害金の支払義務を定めているのが通例である。

⑤ 危険の負担

工事の完成、引渡前に建物、機器等が滅失しまたは損傷を受けた場合であっても、工事の完成、引渡しまでは請負人がその危険を負担する旨の取極をしているのが通例である。

⑥ 履行保証

注文者の代金支払義務については金融機関の発行する保証状（letter of guarantee）による（信用状によることもある）。請負人の履行義務についても金融機関（銀行、保険会社、保証会社等）の発行する保証状、スタンド・バイ信用状、独立保証状（independent guarantee）、請求払保証状（demand guarantee）などの差入れを定めていることもある。これらを履行保証書（performance bond）という。また、

前渡金の返還を確保するための保証状（refund bond）もある。

⑦ **守秘義務**

請負人の履行に付随して、技術資料の中にノウ・ハウが含まれている場合には、注文者も請負人も守秘義務を負うべきことを定めることが多い。下請負人、使用人等にも守秘義務を負わせることを合意する。また、契約交渉に当たって、まず守秘義務について合意することが多い。

補 説

工事請負契約の約款　工事請負約款の多くは土木工事、建築工事、プラント建設工事に関するものである。概していえば国際契約を対象としたものと、国内契約と国際契約のいずれにも用いられるものとがある。広く用いられているものとしては、国際連合欧州経済委員会（ECE）の作成した輸出用プラントおよび機械の供給に関する一般条件（これには一般用と社会主義圏用とがあり、それぞれ FOB 型、フル・ターン・キー（full turnkey）型、セミ・ターン・キー（semi turnkey）型がある）、国際コンサルタント技術者協会（Fédération Internationale des Ingénieurs-Conseils, FIDIC）の電気機械工事約款および土木工事用標準約款、建設型プラント輸出用約款、電気機械工事約款や、英国機械技師協会（The Institution of Mechanical Engineers, I. Mech. E.）、英国化学技師協会（The Institution of Chemical Engineers, I. Chem. E.）の作成したそれぞれの約款などのほかいくつかの標準契約条件があり、これらが広く利用されている。また、政府発注の工事については、各国の政府の作成した約款が用いられている。

なお、標準契約条件のほかに、国際連合工業開発機関（UNIDO）の作成したモデル・フォーム、国際連合国際商取引法委員会（UNCITRAL）で作成した「大規模工業施設建設契約に関するリーガル・ガイド」がある。後者はこの分野の契約についての手引と解説である。

プラント輸出の類型　請負工事の範囲によって、機械・設備の供給のみのもの（FOB 型）、機械・設備の供給からその稼働までの全過程とするもの（フル・ターン・キー型）、全過程ではなく、機器の調達、据付等の工事の一部を第三者に行わせるもの（セミ・ターン・キー型）とがある。フル・ターン・キー型の契約からさらに一歩すすめて、実際に工場、施設を稼動して実績をあげたうえで注文者に譲渡する契約（build-operate-transfer-contract. BOT 契約）もある。また、工事代金の決定方法によって、固定金額とするランプ・サム（lump-sum）方式、実費に一定の報酬を加算した方式、工事の数量に単価を乗ずる方式の三つに大別されているが、その組合せや変形もある。代金の支払は分割払とすることが多い。これらの相違によって契約の法的性格が異なってくるわけではない。

契約の不履行による損害賠償の違約金についての統一規則　国際的な契約の不履行

による損害賠償について、国連国際商取引法委員会で作成した「国際商取引法委員会による損害賠償の予定及び違約金に関する条項」(UNCITRAL Liquidated Damages and Penalty Clause-Uniform Rules on Contract Clauses for an Agreed Sum upon Failure of Performance, 1983）がある。これは当事者の援用を必要とする統一規則である。それによれば、債権者は履行遅滞の場合には債務の履行に加えて約定の金額の支払を請求することができる（6条(1)）。それ以外の債務不履行については、債務の履行か約定の金額のいずれかを請求することができる（ただし、約定の金額が少額なときは両者を請求しうる。6条(2)）、損害が約定の金額を実質的に超えるときは、その差額を請求しうる（7条）、裁判所および仲裁人は約定の金額を減額できない（ただし、損害との関係で実質的な均衡を欠く場合を除く。8条）。当事者は以上の規定を変更することができる（9条）。

第6節 金融取引

1 概　　説

　銀行その他の金融機関と顧客との渉外的金融取引には、貸付等の融資、通貨・債権・金融商品などの売買などがある。外貨の売買、外貨貸付け、輸出手形の買取り、輸出・輸入における信用の供与、信用状・保証書の発行、外国送金の引受等は国際取引に関連して行われる取引であるが、それ自体としては国内取引である。異なる国の銀行間の取引（コルレス契約、資金の調達や資金移動に関する取引）は国際取引である。

　わが国の企業の外国における債券の発行、外国企業のわが国での債券発行は、銀行、証券業者の関与する国際的な契約と、それぞれの国における国内法上の契約とによって構成されている（なお、公債、社債における契約の準拠法には発行地法が指定されることが多い）。金銭貸付契約のうち、中長期の貸付契約（loan agreement）は企業の資金調達方法の一つであり、プロジェクト・ファイナンス（project finance）は特定の施設、工場等の建設、資源の開発等の資金を得る方法である。ファイナンス・リース（financial lease）は特定の機械、設備等を入手するための資金の供与である。

　国際的金融取引には各国の為替管理等の法令の適用がある。国際的金融取引における当事者の権利義務については、取引の性質上、定型化されているものもあり、それらは契約条件として明記され、通例、英法またはニューヨーク州法

が準拠法として指定されている。

2　貸付契約

(1) 概　説

　当事者の住所、主たる事務所、支店その他の事務所が異なる国にある者の間の金銭貸付契約、国境を越えて資金の移動の生ずる金銭貸付契約などが国際的貸付契約である。企業が銀行から資金を借り入れる場合には、国内市場によるか国際市場（とくにユーロ市場）によるかによって、契約の内容も適用される法規範も異なる。

　国内市場による場合は、その国の法および商慣習と実務に従うことになる。当事者の国籍、住所、営業所等の所在地が異なる国にあること、外国通貨であることによって当然には国際金融取引とはされていない（居住者と非居住者間の貸借）。

　国際市場から資金を借り入れる場合（その多くはユーロ市場からのユーロ・ドルの借入れ）には、その貸付契約の内容は国内市場からの借入れの場合とかなり異なっている。その特色は、借主は大企業または政府その他の公的機関（通常信用力があるとされている）であること、借入れ金額が大きいため貸主が数行でシンディケート（組合）を組むことが多いこと、貸付契約は諾成契約であること、通貨はユーロ・カレンシー（主としてユーロ・ドル）であること、原則として担保を設定しない貸付けであること、債権の保全のための措置が講じられていること、準拠法は指定されているが（多くは英法またはニューヨーク州法）、債権の保全、弁済の確保をはかるために契約条項が詳細に定められていることなどである。また、契約書の構成およびその条項は英法または米法の原則とその概念に従っている（準拠法の役割は具体的な法令の規定よりも、契約条項の意味、解釈のためにある）。

(2) 主な契約条項

①　貸付約定

　貸主は、借主が契約で定めている貸出前提条件（condition precedent）を充足した場合（②で述べる書類を提出した場合）に、貸出しの義務を負う。貸出しは、借主が一定の期間内に、予め数営業日前に借入れの通知をすることによって行わ

れる（借入れの通知は撤回できない）。これは諾成契約であり、貸出しの実行に一定の条件が課せられたものである。貸主が貸出しに応じなかった場合に、貸主の責任が生ずる。貸主に責任がある場合に、借主はどのような救済を得られるかは、準拠法の定めるところによる（米法の州法では貸主責任はかなり広範囲に及ぶことがある）。借主が借入れの通知をしながらそれを実行しなかった場合にも、同様である（借主の負うべき損害賠償の範囲を契約条項中で明示しておくこともある）。

② 貸出前提条件

　貸出しの前提として、借主の権利能力（法人格）、借主の代表者の権限および借主の内部手続（取締役会の決議等）を証明する文書、政府の許可・承認等に関する文書、債務不履行の状態にないことを示す文書、これらについての弁護士の意見書等の提出を必要とする。これは貸出しの前にできるだけ手続上の不備をなくすためである。

③ 貸出しおよび返済

　貸出しは一時に全額を貸し出すか、借主の必要とするときに必要な金額ごとに分割して貸すか、事前の通知等の手続、返済については分割返済か一括返済か、期限前返済の可否および弁済についての手続などについて定める。

④ 利　率

　固定金利による場合と変動金利による場合がある。変動金利の場合はロンドンにおける銀行間出し手金利（London Interbank Offered Rate. LIBOR）に一定の幅（スプレッド）を加えたものが貸付利率となる。この場合は3ヵ月または6ヵ月ごとの見直しがなされる。

⑤ 税金の負担

　借主の居住地で貸主に支払うべき利息に対する税額の源泉徴収がなされた場合に、その部分をも加えて借主に支払わせることを目的とする条項がある。

⑥ 事実の表示および保証

　借主が権利能力（法人格）を有すること、企業活動上の資格を有すること、借主の借入手続が正当であること、貸付契約が適法、有効であること、貸主の財務状況およびそれが悪化していないこと、財務状態に影響のある訴訟手続等の存在しないこと、借主の他の債務について不履行が生じていないことなどの事実を

表示し、それを保証するという条項である。この条項の意味は、貸出後もこの状態を保証させること、それと異なる事実が判明したときは借主の債務不履行とすることにある。

⑦ 誓約

誓約（covenants）という表現のもとに、借入期間中に債務者に一定の義務を課し、それに反した場合には債務不履行となる条項である。その主な内容としては、貸主からの求めに応じて財務に関する書類の閲覧・開示に応ずること、財務状況を一定の範囲に保つこと、貸主の事前の同意なくして借主はその財産上に他の者のための担保権を設定しないこと（negative pledge clause. ただし、一定の金額以下の債権についての担保権、法定担保権は除外される）、貸主の債権が他の無担保債権と同等に扱われるべきこと（pari passu clause）、借主は貸主の同意なしに重要な財産の処分、事業の変更、合併等を行わないことなどである。ネガティヴ・プレッジ条項、パリ・パス条項は貸主と借主間の約束であって、この条項によって他の債権者に対抗することはできず、また、執行、倒産の際にはその手続に従わざるをえない。

⑧ 債務不履行

債務者に一定の事由が生じたときは、債務不履行として、貸主は借主の期限の利益を失わせ、貸付金の返還を請求することができる。その事由は利息または元本の不払、事実の表示および保証で定めたところについての違反、他の債権者に対する債務不履行（cross default）、破産手続の開始等、貸主の支払能力の不足を意味する事態の発生、そのほかの重大な事態の変化である。

⑨ 債権譲渡

借主が貸付契約上の権利（借入れの権利）を他に譲渡することは禁じられているが、貸主が自己の権利を譲渡することは認められている。

⑩ その他

そのほかに、契約にともなう費用負担、追加費用、準拠法、裁判管轄権、通知方法、送達についての代理人の指定などの条項がある。借主が政府また公営企業などである場合は、裁判権免除の特権を放棄する旨の条項が加わる。

3 プロジェクト・ファイナンス

(1) 概　説

プロジェクト・ファイナンス（project finance）とは、一定の事業を行うに当たり、実質的にその事業に当たる者（スポンサー sponsor）が別会社を設立し（法人格のない共同事業体のこともある）、その会社が銀行から貸付けを受け、その事業からの収益で銀行に元利金の返済をする仕組みによる融資形態である。スポンサーは資金を借り入れた会社の生産物等の購入、販売等に当たることとなる。これは石油資源の開発から始まり、天然ガス、鉱物資源の開発、その精製・加工、発電所、パイプ・ライン、道路、トンネル等の建設などの大規模工事、それにともなう共同事業体に対する融資に利用されている。

プロジェクト・ファイナンスの実行に当たっては、融資契約、債権担保のための契約および出資者との間の保証契約と、当該プロジェクト事業の成立のための契約とがある。プロジェクト事業の成立のための契約とは共同事業契約と、それを建設し、稼動させるための諸契約である。プロジェクト・ファイナンスに直接関係のあるのはプロジェクト事業の成立のための契約以外の前記3種類の契約である。

(2) プロジェクト・ファイナンスの仕組み

①　融資契約

プロジェクトの遂行に当たる事業体に対する金融機関からの資金の貸付けが融資契約であり、これがプロジェクト・ファイナンスの本体である。この融資契約の条項は通常の中長期間の貸付契約と同様である。

②　債権担保のための契約

プロジェクト・ファイナンスでは、事業からの収益をもって返済に充てることとなるが、そのほかに事業に用いる資産に抵当権等の担保物権を設定することが行われる。その目的は土地、施設、機械等の有体物や鉱業権等の権利の交換価値の把握ではなく、債務者の事業が悪化した場合に、第三者の介入を防いで、事業を継続することができるようにすることにある。これは物件所在地の国内法による担保権の設定契約である。このほかに、債務者の事業から生ずる収益の権利（債権）を貸主に譲渡する契約を締結する。プロジェクト事業にかけられた保険

金請求権および受領権も貸主に譲渡する。

③ 出資者との間の保証契約

プロジェクト事業への出資者（スポンサー）によるプロジェクト完成保証契約（completion guarantee）、超過費用および元利金返済不足資金補塡契約（cash deficiency agreement）があり、債務者の義務について出資者による義務の履行を保証する契約である。

なお、レター・オブ・コンフォート（letter of comfort, comfort letter）はスポンサーの債務者に対する出資比率を変えないこと、その経営を支援すること等を内容とする文書で、債務者の債務を保証するものではないとされている。

4　ファイナンス・リース契約

ファイナンス・リース（financial lease）は、機械、設備等の物品（動産）を貸主たるリース業者（lessor）が製造者または販売者（supplier）から買い取り、これを借主（lessee）に一定期間賃貸し（lease）、その使用料（リース料）によって物品の購入代金、諸費用に充てる仕組みの取引であり、物品の賃貸借の形式をとって、借主がその物品の購入のための借入れをしたと同様の経済的効果を生ぜしめる取引である。この契約の特色は、物品の所有権は貸主にあること、契約期間中に借主からの解約はできないこと、物品の修繕、保守は借主が負うこと、貸主は瑕疵担保責任を負わないことなどである。これに対してオペレーティング・リース（operating lease）といわれるものは通常の物品の賃貸借である。

国際的リース契約は資金の調達方法、税務対策、為替管理等によって左右されるが、機械、航空機等を使用するために用いられている。リース契約の内容はリース業者の約款による。統一法として、私法統一国際協会による国際ファイナンス・リースに関するユニドロワ条約（1988年）がある。

5　債権譲渡

金銭債権の譲渡も国際金融取引となることがある。これには、通常の債権譲渡のほかに、隔地者間の売買における売掛債権を譲渡するファクタリング（factoring）がある（ファクタリングは英国および米国で遠隔の地にある債務者に対する売掛金の回収

の方法として用いられてきた）。債権譲渡人と譲受人間の法律関係は当該取引の準拠法（通常は準拠法の指定がなされる）によるが、債務者または第三者（他の譲受人、質権者、差押債権者）との関係（対抗要件）、執行および倒産手続における取扱いなどがいかなる法によるかは、多くの国で必ずしも明らかとはいい難い。

ファクタリングについては私法統一国際協会による 1988 年の「国際ファクタリングに関するユニドロワ条約」がある。これは実体法を統一する条約である。

国際商取引法委員会では債権譲渡についての実体規定および牴触規定の統一をはかる条約を作成し、2001 年 12 月に条約として採択された。

補 説

オフ・ショア市場　非居住者との資本取引について、国内における取引に適用される外国為替管理法と税法上の制約のない金融市場をいう。非居住者との資本取引について、とくに内国取引と区別していない国もあるが、非居住者の外国取引に限定している国が多い（日本では非居住者間の取引のみ）。この市場での取引がオフ・ショア取引（offshore trasaction）であり、そのための資金がオフ・ショア勘定（offshore account）である。

ユーロ市場　通貨発行国以外の国にある通貨をユーロ・カレンシー（euro currency）という（ユーロ・ドルなど。ユーロ・カレンシーが生じたのは第二次大戦後冷戦によって、東欧諸国の銀行が米ドル資産を米国の銀行から欧州の銀行に預替えをしたことによる）。ユーロ・カレンシーを対象とする取引の行われる市場がユーロ市場である。通常の国内取引とは異なる取引の規則（商慣習）が適用される。これに対して、1991 年 1 月に発足して資本市場で使われ、2002 年 1 月からは一般の取引でも用いられている欧州通貨単位（European Currency Unit. ECU）の略称である「ユーロ」（EURO. €）は、発行国外で取引される資金をいうユーロ資産（ユーロ・マネー Euro Money, Euro Currency. ユーロ・ドル、ユーロ円、ユーロ・ポンドなど）とは異なる。

債権譲渡の準拠法　債権譲渡について牴触法上生ずる問題は、債権譲渡の成立および効力（目的となる債権（将来の債権を含む）の譲渡可能性、譲渡禁止特約の有効性、複数債権の一括譲渡等）、債権譲渡の方式、譲受人の債務者に対する対抗要件（対債務者対抗要件）、譲受人の他の譲受人、質権者、差押債権者および倒産手続の管財人に対する対抗要件（対第三者対抗要件）である。法例に明文の定めがなかったため、わが国の通説は、債権譲渡の原因行為の準拠法とは別に、債権譲渡そのものの準拠法が存在し（これは譲渡人と譲受人間での譲渡の成否にかかわる）、債権譲渡は債権者の交替であるから、その債権を支配する法律すなわち当該債権の準拠法により（東京地判昭和 42 年 7 月 11 日判タ 210 号 206 頁）、債権の譲渡可能性、債権譲渡の要件と効力および第三者に対する効力は当該債

権の準拠法によるとし、方式については法律行為一般の方式によるとしていた（債務者への通知・承諾は方式ではない）。法例12条は第三者に対する効力を債務者の住所地法によるとしていたが、法適用通則法23条では譲渡にかかる債権（譲渡される債権）に適用すべき法によることに改め、この問題は立法によって解決した。しかし、ファクタリングや近時行われている企業の資金調達のための資産の流動化などによる複数債権（将来の債権を含む）の一括譲渡の場合には、債権の準拠法主義も適切に機能しえないであろう。国際連合国際商取引法委員会の作成した「債権譲渡に関する条約」では、譲受人と債務者との関係については譲渡される債権の準拠法によるとし、譲受人の債務者以外の者に対する関係については譲渡人の所在地法によるとしている。これは一つの合理的な解決方法であろう。

債権質の準拠法　債権質の準拠法については、質権の目的となる債権の所在地法（法例10条。債務者の住所地法）とする説、債権質を物権としながら法例10条によらず、その目的となる債権の準拠法によるとの説、債権質は債権譲渡に類似するとして債権譲渡と同様に扱い、第三者に対する効力については法例12条（債務者の住所地法）によるが、それ以外は質権の目的となる債権の準拠法によるとの説があった。外国銀行の香港支店と日本在住の顧客間の当座貸越契約の担保として、同行東京支店の口座にある顧客の定期預金に同行香港支店が質権を設定したところ（定期預金証書の交付を受けたが、確定日付のある通知・承諾はなかった）、他の債権者がこの定期預金について転付命令を得て定期預金の支払を求めてきた事案において、債権質の成立および効力の準拠法はその客体たる債権の準拠法によるべきであり、債権質の対抗要件は債権の効力の問題であるとした判例がある（最判昭和53年4月20日民集32巻3号616頁。本件では定期預金の準拠法はその預金のある銀行の支店所在地法を当事者が黙示的に指定したと解した。そうすると、本件はいずれの説でも結果は異ならない）。法例12条のもとでは、債権譲渡の第三者に対する効力は債務者の住所地法であり、債権質の対抗要件は目的となる債権の準拠法と解されていたが（前掲最判）、債権についての質権者と債権の譲受人、差押債権者等との間の優劣の問題と、債権譲渡における譲受人の債務者に対する対抗要件と他の譲受人、差押債権者等に対する対抗要件の問題とは同じ基準によるべきである。法適用通則法23条は債権譲渡の第三者に対する効力については譲渡にかかる債権に適用すべき法によることとしたので、同法のもとでは異なるところはなくなった。

債券の発行　内国法人（私企業、公法人）が外国で債券を発行する場合は、それぞれの法人の組織に関する法令と為替管理に関する法令の必要とする措置、手続を経なければならないとともに、債券を発行する地における関係法令（証券取引、為替管理に関する法令）の必要とする要件を充し、必要な手続をとらなければならない。外国法人がわが国で債券を発行する場合は、この逆になる。

債券の発行体と受託会社間の信託契約（受託者は受益者たる債券所持人のために権利行使をする旨の合意）は発行地法によることとなる。発行体と債券売捌きのための引受人（複数の証券会社から成る引受団）と投資家販売するため販売人との間の売買契約は発行地法によることとなろう（引受人、販売人がいわゆるシンジケート）。その際、引受人（Underwriters）、

販売人 (selling group) から成る引受シンジケートの合意は英法、ニューヨーク州法または発行地法のいずれかが準拠法に指定される。販売人と投資家 (Investor) 間の債券売買契約は、発行地法による。債券の利払、償還等の投資家の発行体に対する権利は、債券上の合意で準拠法が指定されていればそれによる。そして、発行地法における投資家保護の規定 (例えば、会社法上の社債権者集会の規定など) も適用されることとなろう。

2001 年にアルゼンチン共和国の財政状態悪化のため、米ドル建で発行した国債の償還が困難になった (発行地ニューヨーク市、準拠法ニューヨーク州法、裁判管轄権はニューヨーク南部地区連邦地裁)。償還の訴を起した投資家の一部は 2005 年、2010 年にそれぞれ債券額の減額と利払の継続で合意した。しかし、債券を安値で買受けた米国の投資ファンドが 2014 年に額面金額どおりの償還を請求する訴を起し、裁判所は全額の返済をするまで他の投資家への利払を禁じた。アルゼンチン政府、投資ファンドの両者とも容易に話し合いに応じなかった。当時、同国政府は主要先進国の主要な新聞に事態の説明と同国の主張を掲載し (広告)、話題になったが、2016 年に和解が成立したとのこと (新たな米ドル建国債を発行し、それによって調達した資金でもとの国債を償還するとのことである)。

（金融関係の条約）

　国際ファイナンス・リースに関するユニドロワ条約　　私法統一国際協会で条約案を作成し、1988 年 5 月にオタワの外交会議で採択された条約 (1995 年 5 月発効)。国際的に行われるファイナンス・リースの当事者間の権利義務を定める。この条約はリース貸主 (lessor) とリース借主 (lessee) が異なる国に営業所を有する場合に適用される (3 条)。この条約の特色は次の点にあるとされている。リース物件 (equipment) の選択は借主による、リース物件の瑕疵については貸主は責任を負わず (8 条)、物件の売主 (supplier) が借主に対して直接責任を負う (10 条)。貸主は借主の平穏な占有が他の権利によって侵されないことを保証しなければならない (8 条)。このほかに貸主のリース物件に関する権利 (7 条)、借主の物件の保管および返済義務、貸主の債務不履行に対する借主の救済 (12 条)、借主の債務不履行に対する貸主の救済 (13 条)、リース契約にもとづく権利の譲渡 (14 条) について定めている。なお、同協会は 2008 年にリース契約モデル法を作成した。

　可動物件の国際的担保権に関する条約　　私法統一国際協会で原案を作成し、2001 年 11 月の南アフリカ共和国ケープ・タウンにおける外交会議で採択された条約 (Convention on International Interests in Mobile Equipment and Aircraft Protocol thereto, 2001. 2004 年 4 月 1 日発効)。これは、国際間を移動する物件の取得のための融資 (担保権設定、所有権留保売買等) に関して、この条約で国際的な担保権の概念を創設し、その国際的登録の制度を設けるとともに、これに優先権を与えるという仕組みを作る条約である。国際的可動物件とは航空機、鉄道車両および宇宙衛星であり、とくに航空機の取得にはリース契約が多く用いられているため、航空機に関する議定書が作成された。この条約は、国際的可動物件についての担保権の設定、所有権留保付売買における売主の権利およびリースにおける貸主の権利に関し (2

条)、債務者の住所地が締約国に存在し（3条)、航空機の登録国がこの条約の締約国である場合（議定書4条）に適用される。国内取引とされる場合には適用除外にしうる（50条)。債務不履行の場合の担保権者の救済方法としては、物件の占有権・支配権の取得、物件の売却・リース、物件からの収益の取得である（8条)。所有権留保付売買の売主およびリースの貸主は契約を解除し、占有権・支配権を取得できる（10条)。これらはその救済方法を行う地の手続法によって行う（14条)。加えて物件の国際登録制度（16条―26条)、競合する権利の優先順位の定め（29条)、倒産処理手続への適用の可能性（30条)、債権譲渡およびその方式、対債務者対抗要件（通知)、債権譲渡の競合の場合の措置（31条―38条)、裁判管轄権（42条―45条）についても規定する。航空機に関する議定書（2006年3月1日発効）では、航空機についての物権、保証金差押えに関する諸条約、国際ファイナンス・リースに関する条約に優先し、前記2条の担保権等については債権譲渡に関する国際連合条約に優先するとしている。

国際債権譲渡条約　　国際連合国際商取引法委員会で作成され、2001年12月の国際連合総会で条約として採択された条約（United Nations Convention on Assignment of Receivables in International Trade, 2001. 2018年3月末未発効)。この条約は資金調達のための債権の流動化を国際的に容易にすることを目的として、主として実体法の規定を統一するための条約である。この条約では、条約の適用範囲を国際性のある債権譲渡とし（第1章)、債権譲渡に関する実体規定と譲渡された債権について競合する権利者間の優劣に関する規定が中心となっているが、債権譲渡に関する牴触法の規則をも設けている。附属書は債権の二重譲渡等の場合に締約国の採りうる方式を掲げたものである（これは国際的登録制度が採られなかったことによる)。

この条約では第5章に牴触法の規則を設けているが、この規則はこの条約の実体規定の適用範囲（1条1項および2項）から独立して適用されるとしているので（同条4項)、この条約の締約国では、条約の適用範囲とされる債権譲渡については条約の実体規定（第2章―第4章）が適用され、そこで定めていない事項およびこの条約の適用範囲とされていない債権譲渡については、牴触法の規則によって定まる準拠法が適用されることになると解される。締約国は第5章の規定を適用しない旨の宣言をすることもできる。そのほかに、実体規定のなかで統一することなく、牴触法によって指定される解決に委ねているところもあり（譲渡の方式、競合する権利の優劣)、それについては第5章の規定が適用される。実質法の統一のための条約に牴触法の規則を設けることは適用関係をわかりにくくするので、適当とはいえない。

本条約の対象となる債権譲渡は、債権者と債務者の営業所が国を異にする場合の債権（国際債権）の異なる国に営業所を有する者の間での譲渡（国際債権の国際譲渡)、債権者と債務者の営業所が同一の国にある債権（国内債権）の異なる国に営業所を有する者の間での譲渡（国内債権の国際譲渡）および国際債権を一国内で譲渡する場合（国際債権の国内譲渡）である（1条―4条)。国内債権の国内譲渡には国内法の規定が適用される。個別の債権譲渡のみならず、複数の債権の一括譲渡、将来の債権の譲渡、債権の部分的譲渡を認める。

譲渡制限・譲渡禁止の特約のある債権の譲渡も効力を有する（この特約は第三者たる譲受人には対抗できない）。担保権は新たな行為なくして移転するが、その担保権の準拠法が移転行為を必要とするときは、譲受人は定められた移転行為をする義務を負う（10 条）。

債務者に対する対抗要件は債権譲渡の通知による。連鎖的債権譲渡があった場合に、後の通知は前の通知を兼ねることとされているが、異なる 2 以上の通知があっても、それらの先後は債務者には必ずしも明らかでないこともあり、二重譲渡も生じうる。これらの問題は解決されていない。

譲受人間の関係、譲受人と譲渡人の債権者等との優先劣後の関係は譲渡人の所在地法によるとされているが（24 条）、これについては各国が他の方法を選択することもできるとされた（その選択がないときは同条による）。その方法は附属書第一部で定められ、登録によるもの、譲渡契約時とするもの、譲渡通知時によるものの 3 種を選択でき、その結果、国際登録システムによるもの、譲渡契約時によるもの、通知到達時によるもの、譲受人間では通知到達時により、差押債権者・倒産管財人については譲渡契約時によるもの、一定の譲渡・一定の債権について以上の規定を適用しないことを宣言しうるものに分かれている。

牴触法の規定は次のとおりである。譲渡人と譲受人の関係は譲渡契約の準拠法により（29 条）、譲渡契約の方式については、同一国にある者の間では譲渡契約の準拠法または譲渡契約締結地法により、異なる国にある者の間では譲渡契約の準拠法または譲受人の所在地法による（28 条）。債権の譲渡可能性、譲受人の対債務者対抗要件、債務者の義務の消滅は譲渡の目的となる債権の準拠法による（30 条）。譲受人間の対抗要件ならびに譲渡人および譲受人の債権者間の優劣は譲渡人の所在地法（31 条）による。

国際ファクタリングに関するユニドロワ条約　私法統一国際協会が条約案を作成し、1988 年にオタワでの外交会議で採択された条約（UNIDROIT Convention on International Factoring, 1988. 1995 年 5 月 1 日発効）。この条約は、異なる国に営業所を有する売主と買主間の物品売買契約から生じた売掛金債権であって、両者の営業所所在地およびファクターの営業所所在地がこの条約の締約国にあるとき、または、売買契約の準拠法とファクタリング契約の準拠法が同一の締約国法であるときに適用される（2 条）。その対象となるファクタリング契約は、売主による売掛金債権の譲渡と、ファクターによる売掛金の回収、買主の債務不履行の場合における保証、売主に対する金融等のサービスを提供する契約である（1 条）。この条約では売掛金債権（将来の債権を含む）の集合的譲渡の合意を有効とし（5 条）、譲渡禁止特約のある債権の譲渡も原則として有効としている（6 条。このような債権譲渡を国内法で禁じている国では、本条の適用除外の宣言をなしうる）。このほかに、売主の権利の譲渡、買主の支払義務および抗弁、売主の債務不履行の場合の買主の救済等についても定めている（7 条—10 条）。

国際的証券取引に関する法の統一　ハーグ国際私法会議は 2006 年に「口座管理機関の保有する証券についての権利の準拠法に関する条約」（Convention on the Law Applicable to Certain Rights in Respect of Securities Held with an Intermediary, 2006）を作成し、株式、

社債その他の証券の保管者、保有者の営業所にその口座を有する者、そのほかの要素が国を異にする場合に、口座所有者と口座管理機関および第三者との関係、証券に関する権利の処分等に適用される（1条―3条）。準拠法の決定は、関係する要素が多く、複雑であるが、口座管理契約で明示的に合意された法（4条）が適用され、そこで準拠法が定められていないときは、口座管理契約において口座管理機関（特定口座名義人のための口座管理機関）の特定の事務所を通じて当該口座管理契約を締結したことが明示され、契約内容が明らかであれば、その事務所の所在地法とされ（5条1項）、この規定で準拠法が特定されない場合には口座管理機関が設立の際に準拠した法が、それでも決らない場合には口座管理機関の営業所所在地法による（同条2項3項）。倒産前にはこれらの準拠法が適用されるが、倒産手続が開始したならば適用されない（8条）。準拠法が締約国以外であっても適用される（9条）。この条約は締約国が3箇国で発効する（2017年4月1日未発効）。

　私法統一国際協会は2009年に「保管されている証券についての実質規則に関する条約」(UNIDROIT Convention on Substantive Rules for Intermediated Securities) を作成した。これは証券の保管者（証券の引受人および顧客と取引する証券会社等）の口座にある株式、社債その他の証券についての実体法規範を統一するための条約であり、口座所有者の権利（9条―20条）、保管中の証券の譲渡（21条―30条）、担保権設定についての特則（31条―38条）、現存する権利・利益の保護（39条。経過規定）について相当に詳しい規定を定めている。この条約は法廷地牴触法の規則によって締約国で効力を有する法が準拠法に指定された場合（2条(a)）、または、諸事情から、締約国で効力を有する法以外の法が適用されない場合に適用される（2条(b)）としている。そして、法廷地国法が準拠法でないときは、法廷地国は準拠法国の法と、各条における宣言があるときはその宣言を、自国の宣言にかかわらず適用するとしている。（3条）。この条約は3箇国の批准、受諾、承認または加入があれば発効する（2017年4月1日発効）。

第7章　外国為替管理と貿易管理

第1節　国際商取引の国家法による管理

　国際商取引は国際的な物品の供給、役務の提供、技術移転等とその対価である金銭の支払であるから、そのいずれについても各国の経済政策とくに対外経済政策によって影響を受ける。渉外的取引についての規制が貿易管理であり、対外的支払・資金移動についての規制が外国為替管理である。これらは国家の経済政策と産業政策によるのであって、国によって異なるとともに、各国においても政策が整合的でないこともある。

　第二次大戦後は国家間の経済関係が従来よりも密になったため、貿易管理についても、外国為替管理についても国際的枠組みが存在する。1944年の国際通貨基金協定（IMF協定）および国際復興開発銀行協定（IBRD協定、世界銀行協定）で、両者を合わせてブレトン・ウッヅ協定（Bretton Woods Agreement）という。正式文書の名称は連合国通貨金融会の議最終議定書（Protocol of the United Nations Monetary and Financial Conference）であって、IMF協定とIBRD協定はこれに付随する文書である。これと1947年の関税及び貿易に関する一般協定（General Agreement on Tariffs and Trade. GATT）が第二次大戦後の自由貿易体制の基礎となった。これらの協定の加盟国はそれによって自国の経済政策について制約を受けることになる。しかし、各国の政策の内容、具体的な法規がそれらによる国際的枠組みをそのまま実施し、あるいはそれに従っているとはいえないところもある。

　貿易管理については各国で通商法を制定していることが少なくない。通商法は関税の賦課、輸出入の規制が本来の目的であるが、不公正貿易および知的財産

権侵害への対抗措置、相手国の貿易自由化の促進などについても定めることがあり、規定の内容は多岐にわたる。具体的な規定は個別の法律の中に分かれて存在することもあり、特定の目的のための法律が制定されることもある。通商法はこれらの法令の規定の総称である。したがって、実際の国際商取引に当たっては、関係国の具体的な法規を調査し、それを前提とした措置をとることが必要となる。

　本章では、外国為替管理と貿易管理に関する国際的法制とわが国の法令について、その要点を述べる。わが国では外国為替及び外国貿易法とその実施のための政令、省令および関税定率法がこの分野の基本法であるが、それ以外の法令で定めていることもある。わが国では国際協定をそのままあるいはそれに近い形で国内法として立法する措置は採らず、国内の法令の中に国際協定のために必要な規定を設ける方法で対応している。

第2節　外国為替管理

1　国際通貨基金協定

　外国為替の管理に関する現在の国際的枠組みは1944年のブレトン・ウッヅ会議で採択された国際通貨基金協定（IMF協定。1945年12月27日発効）による。外国為替管理に関する同協定の原則は為替制限の撤廃、すなわち経常的支払に対する制限の回避、差別的通貨措置の回避、外国保有残高の交換可能性にあるが（8条2項─4項）、国内の経済事情から国際収支の均衡を維持し難い加盟国については、過渡的取極を利用して為替制限を行うことができるとする（14条。為替制限をしない国を8条国、為替制限をする国を14条国という。1960年に国際通貨基金が為替規制廃止のガイドラインを発表し、西ヨーロッパの多くの国は1961年に8条国となった。わが国は1952年に加盟したときは14条国であったが、1964年4月から8条国となった）。

　為替の管理、制限の方法としては、輸入許可、輸入外貨割当、外国通貨の国外への持出の制限、外国向送金の制限、資本取引等についての許可、外貨の集中などである。

　同協定4条（為替取極に関する義務）において、当初は加盟国通貨の平価を定

める固定相場制を採っていたが、1973年2月14日から現実には変動相場制となった。1978年の同協定の改正により、各加盟国は自国の為替取極（国内での為替相場制）を国際通貨基金に通告することで足りることとなったので（4条2項）、各国は為替相場制を選択することができる（固定相場制、変動相場制、自国通貨の平価と特定国の通貨との連動制、共同変動相場制など）。

2　わが国の外国為替管理法

(1) 沿　革

外国為替管理は、世界的不況となった1930年代に、資本逃避の防止、為替投機を規制する目的で主要国で行われるようになった。当初はこれらの資本取引を規制するための部分的管理であったが、貿易等の経常取引をも含めないとその目的を達しえないとして、のちに全面的管理となった。外貨集中制、外貨割当、外貨予算、外国為替銀行の公認、為替相場の公定などは直接的管理であり、為替平衡操作（いわゆる公的介入）は間接的管理である。

わが国においても、昭和6年の満州事変と金輸出再禁止（金本位制の停止）を原因とする資本の海外流出を防ぐために、昭和7年に資本逃避防止法を制定した。しかし、それによって十分な効果がえられなかったために、経常取引も管理の対象とすることとし、昭和8年に同法を廃止して外国為替管理法を制定した。さらに戦時経済統制が行われ、昭和16年には貿易統制令が制定され、外国為替管理法も非常に厳しい内容のものとなった。

第二次大戦後のわが国の対外取引は連合国の管理のもとにおかれていたが（連合国軍最高司令官の覚書にもとづく勅令による。為替レートは単一でなく、対象となる品目によって異なっていた）、昭和24年に民間貿易が再開になり、同年4月に1米ドルを360円とする単一為替レートが設定され、同年12月に外国為替及び外国貿易管理法（外為法）が制定された。これは当時のわが国の経済状況、外貨事情を前提とし、為替管理の厳しいものであった。同法はわが国の国際収支に影響のある全ての取引および行為について、原則として禁止または制限を加え（原則禁止）、政令、省令等によって禁止の例外を設けたり、制限の解除という方法をとっていた。昭和25年には、外国資本の導入による国内経済の発展のために、外

資に関する法律（外資法）が制定された。この二法を基本法として外国為替管理の法制が形成され、この状態はわが国が IMF 協定の 8 条国に移った昭和 39 年（1964 年）以後も大きくは変わらなかった。

わが国は昭和 30 年代から経済的に高度の成長を遂げ、外貨事情が好転したため、昭和 54 年に外為法が大きく改正された（昭和 54 年法律第 65 号。昭和 55 年 12 月 1 日から施行）。この改正では対外取引についてはとくに規制を加えないことを原則とし（原則自由）、例外的にわが国の国際収支、円相場の変動、金融市場・資本市場に悪影響を及ぼす事態が生じたときに規制をすること（有事規制）とした。また、外資法を廃止した。これによって外貨預金、外貨による貸借、外貨証券の取得および譲渡、外貨証券の発行・募集などの資本取引は基本的には自由となったが、事前の届出等の手続は必要とされており、外国為替公認銀行制度も存続した。

1990 年代後半にわが国は金融制度の改革と国際金融市場としての発展をはかるために関係法令の改正を行い、平成 9 年（1997 年）に外国為替及び外国貿易管理法が改正され（平成 10 年 4 月 1 日から施行）、外国為替公認銀行制度の廃止、対外支払、支払の受領および資本取引に関する規制を廃止した。これにより外国為替業務および両替業務は自由化され、対外支払方法に制限はなくなり（特殊決済方法の廃止）、資本取引は手続面での制約もなく、居住者間での取引も自由となり、また、為替銀行による輸入承認、輸出および輸入についての報告も廃止された（この一連の改革がいわゆるビッグ・バン）。法律の名称も外国為替及び外国貿易法と改められた。

現在のわが国の外国為替と外国貿易に関する法体系は外国為替及び外国貿易法（外為法）を基本法とし、そのもとに主務大臣を定める政令、輸出貿易管理令、輸入貿易管理令、外国為替令、対内直接投資等に関する政令があり、さらに各政令の実施のための省令および規則から成っている。

(2) 外国為替管理の概要

① 基本原則

平成 9 年の改正により、政府対外取引について最少限度の管理、調整を行う

に止め、国際経済の事情に急激な変化があった場合において、緊急の必要があると認めるときは、政令で定めるところにより、政令で定める期間内において、この法律の適用を受ける取引、行為または支払等の停止を命ずることができることとなった（外為法9条1項。有事規制）。これに伴い従来の規制が廃止されたり、大きく改められた。

　(a) 外国為替公認銀行制度の廃止　　外国為替業務は銀行に限らず、それ以外の者もこれを行うことができ、当局の許可、事前届出、報告等の手続も要しない。ただし、銀行以外の者は預金の受入れ、外国にある銀行その他の機関との間での為替取引（資金の送金、振込、取立て）を締結することはできない（銀行法2条・10条・61条）。銀行が為替取引に関する契約を締結することにはとくに制限はない。外国為替公認銀行制の廃止により、外国為替持高規制は廃止された。

　(b) 両替商制度の廃止　　外国通貨または旅行者小切手の本邦通貨を対価とする売買を営む者が両替商であるが、その許可、店舗の新設等に関する一切の規制が廃止された。したがって、両替業務を営むことにとくに制限はない。

　(c) 指定証券会社制度の廃止　　居住者と非居住者との間の証券の売買にかかる媒介、取次または代理を業とする者は大蔵大臣の指定を受けた証券会社に限られ、それ以外の者が非居住者から証券を取得または非居住者に証券を譲渡する場合には事前の届出を必要とされていたが、この指定制度が廃止されたので、証券会社についてはこのような制限はなくなった。

　今次の改正では為替取引を原則として自由とはしたが、取引の実態の把握と悪用を防止するために、外為法および外為令において、支払等の報告、銀行等による本人確認実施状況報告、資本取引等の報告、外国為替業務に関する報告に関する規定が整備された（外為法55条―55条の8、外為令18条の4―18条の8）。

　国外への送金および国外からの送金等の受領が自由となったので、納税義務者の対外取引および国外にある資産の国税当局による把握に資するため、平成9年の「内国税の適正な課税の確保を図るための国外送金等に係る調書の提出等に関する法律」によって、金融機関または郵政官署は国外に送金する者または国外からの送金の受領をする者の氏名、住所等を記載した告知書を提出させ、これを一定の書類で確認しなければならない（同法3条）。また、一定金額を超え

る場合には国外送金等調書を作成して所轄税務署に提出しなければならない（同法4条）。対象となる者が居住者か非居住者かは問わないが、一定の法人、金融機関等は除かれている。同法の適用の対象となる行為は国外への送金と国外からの送金等の受領であるが、これには輸入貨物または輸出貨物に係る荷為替手形その他財務省令で定める書類にもとづく取立てによるものは除かれている（同法2条4号・5号。小切手等による国外への送金および国外からの送金の受領は対象となる）。

② **適用範囲**

外為法はわが国の領域内においてなされた取引または行為に適用されるほか、本邦に主たる事務所を有する法人の代表者、本邦内に住所を有する者、これらの者の代理人、使用人その他の従業者が外国においてその法人の財産または業務についてした行為についても適用される（外為法5条。外為法の域外適用）。適用の対象として、支払手段に電磁的方法により入力された財産的価値のある通貨に近似したもの（いわゆる仮想通貨）を加え（同法6条1項7号ハ）、証券と金融指標等先物契約の範囲を拡大した（同法同項11号・14号）。

③ **対外支払**

本邦から外国へ向けた支払、外国から本邦へ向けた支払の受領および居住者と非居住者との間の支払もしくは支払の受領については、昭和59年の改正では輸出入にかかる支払の特殊決済方法（標準決済方法の廃止にともない、標準外決済を特殊決済ということになった）、経済制裁等による支払、平時から事前の許可もしくは承認または事前の届出の義務のある取引についての支払を除いて自由に行いうるとされていたが、平成9年の改正により、特殊決済方法も廃止された。これによって、借記貸記による決済、居住者間の支払と支払の受領によって非居住者に対する債権債務を消滅させること（非居住者のために支払うこと。「ため払い」）、相殺およびネッティングが可能となった。

支払についての制限としては、経済制裁の場合（外為法16条1項）、国際収支に関する有事規制の場合（同法同条2項）、資本取引、対内直接投資および外国貿易に関して法の規定の確実な実施のために政令で主務大臣が許可、承認の義務を課している場合（同法同条3項）および平時から許可もしくは承認義務の課さ

れている場合（同法同条5項）がある。

　銀行等は外為法16条1項から3項までの支払、同法21条に定める資本取引、外為法で許可、承認、届出の義務の課されている取引または行為であるかどうか、それに該当する場合はその手続をしているかどうかについて確認の義務を負い（同法17条）、外国へ向けた支払について顧客の真偽の確認の義務を負う（同法18条）。

④　**資本取引**

　外為法上の資本取引とは20条の1号から12号に列挙された取引、すなわち、①居住者と非居住者間の預金契約、信託契約、②居住者と非居住者間の金銭貸借契約、債務保証契約、③居住者と非居住者間の対外支払手段または債権の売買契約、④居住者と他の居住間の預金契約、信託契約、金銭の貸借契約、債務保証契約、対外支払手段もしくは債権の売買契約にもとづく、外国通貨をもって支払を受けることができる債権の発生等に係る取引、⑤居住者の非居住者からの証券の取得、居住者の非居住者に対する証券の譲渡、⑥居住者の外国における証券の発行・募集もしくは本邦における外貨証券の発行・募集または非居住者の本邦における証券の発行・募集、⑦非居住者の本邦通貨で表示されまたは支払われる証券の外国における発行・募集、⑧居住者と非居住者間の金融指標等先物契約、⑨居住者間の外国通貨をもって支払を受けうる外国通貨の金融指標にかかる金融指標等先物契約、⑩居住者による外国にある不動産もしくはこれに関する権利の取得、非居住者による本邦にある不動産もしくはこれに関する権利の取得、⑪①と②のほか、法人の本邦にある事務所と当該法人の外国にある事務所との間の資金の授受（当該事務所の運営に必要な経常的経費および経営的取引に係る資金の授受で政令で定めるものを除く）、⑫①から⑪までの取引のいずれかに準ずる取引または行為として政令で定めるものをいう。

　これらは資本または資本の国際的移動を生ずる取引であって、物品、役務等の対価としての支払すなわち貿易および貿易外取引（運賃、保険料、工業所有権実施許諾の対価など）によらない資金の移動である。資本取引については昭和54年の改正によって事前の許可から原則として事前の届出に改められたが、事前の届出を必要とすることも取引上の障害となるので、平成9年の改正によって原則として事前の許可および事前の届出は廃止され（許可を受ける資本取引については外為

法21条、22条、24条および24条の二に規定がある)、必要な場合に事後の報告を求めることとした（外国為替の取引等の報告に関する省令に詳細な規定がある）。

このうち、外国法人との永続的な経済関係を形成するための証券の取得、金銭の貸付け、自ら外国で支店、工場その他の事務所を設立または拡張のための資金の支払を対外直接投資というが、そのうちの一定のものについては、その内容、実行の時期等を財務大臣に届け出なければならず、財務大臣は一定の場合（経済の運営に著しい悪影響を及ぼす場合、国際的な平和、安全を害する場合等）にはその変更または中止を勧告することができ、勧告を応諾しない場合には内容の変更または中止を命ずることができる（同法23条）。

⑤ **対内直接投資**

外国投資家（非居住者たる個人、外国の法令にもとづいて設立された法人その他の団体、非居住者、外国法人等の出資比率が50％以上であり、又はこれらの者の有する代表権が過半数を占めるもの）による本邦の会社の株式・持分の取得、会社の事業目的の変更に関する同意、本邦における支店等の設置もしくはその事業目的の変更、非居住者の居住者に対する一定の金銭の貸付等を対内直接投資という（外為法26条）。対内直接投資については昭和25年の外資法で定めていたが、昭和54年の改正で、外資法の廃止に伴い、外為法で定められ、平成3年の改正により、原則として事後の報告でよいとされたが、国の安全を損ない、公の秩序の維持を妨げまたは公衆の安全の保護に支障を来す事態、または、わが国経済の円滑な運営に著しく悪影響を及ぼす事態を生ずるおそれのある対内投資等については、政令で定めるところにより、予め事業目的、金額、実行の時期その他政令で定める事項を財務大臣および事業所管大臣に届け出なければならず、それについて変更または中止の勧告をすることもできるとされている（同法27条）。

⑥ **技術導入契約**

居住者が非居住者との間で非居住者の行う工業所有権その他の技術に関する権利の譲渡、これらに関する使用権の設定または事業の経営に係る技術の指導に係る契約の締結または変更その他当該契約の条項の変更については、対内直接投資の場合と同様、指定技術（航空機、武器、火薬、原子力、宇宙開発）に関するもの、国家の安全、公の秩序維持、公衆の安全、国内経済の円滑な運営へ

の悪影響等のある場合には事前の届出義務を課し、その変更または中止を勧告することができる（同法 30 条）。これは平成 3 年の改正による。

⑦ **外国貿易**

外国貿易については、昭和 54 年の改正により、原則として自由とされたので、契約締結の段階での規制は極めて少ない。ただし、国際的な平和および安全の維持を妨げることと認められる、特定地域を仕向地とする特定の種類の貨物の輸出については、許可にかかるもの、許可を受ける義務を課することができるものがある（外為法 48 条 1 項・2 項）。また、国際収支の均衡の維持ならびに外国貿易および国民経済の健全な発展に必要な場合には、特定の地域を仕向地とする貨物または特定の取引により貨物を輸出しようとする者に、経済産業大臣の承認を受ける義務を課することができる（同法同条 3 項）。特に緊急の必要があるときは、経済産業大臣は、1 ヵ月以内の期限を限り、貨物の船積みを差し止めることができる（同法 51 条）。

輸入については、外国貿易および国民経済の健全な発展を図るため、政令で定めるところにより、輸入の承認を受ける義務を課することができるとされている（同法 52 条）。これを承けて輸入貿易管理令では経済産業大臣の公表する一定の品目の輸入には輸入割当を、特定の地域からの輸入には承認を要するとしている（同令 3 条・4 条・9 条）。

国際的平和および安全を妨げるものとして政令で定める特定技術を特定の地域において提供する取引およびそのようなものとして政令で定める外国相互間の貨物の移動を伴う貨物の売買に関する取引については、経済産業大臣の許可を必要とする（外為法 25 条・48 条）。これは、かつては 1949 年のココム（Coordinating Committee for Export Control to Commuinist Area, COCOM）、現在は 1996 年のワッセナール協定（Wassenaar Arrangement）に対応するための規定である。

外国貿易に関しては輸入にかかる支払方法の証明および担保提供、特殊決済方法についての承認、外国為替公認銀行による輸入承認、輸出報告、輸入報告および貿易関係貿易外取引等に関する報告は廃止された。しかし、通関手続においては輸出申告書および輸入申告書を提出し、税関長の許可を必要とする（関税法 67 条）。

> 補説

国際通貨基金協定 8 条 2 項 b 前段の意味　国際通貨基金協定 8 条 2 項(b)前段は「いずれかの加盟国の通貨に関する為替契約で、この協定の規定に合致して存続し又は設定されるその加盟国の為替管理に関する規制に違反するものは、いずれの加盟国の領域においても強制力を有しない」と定めている。これは為替取引が、その取引が行われた国における為替管理法規に反する場合には、他の加盟国においてもその取引を強制することができないという趣旨のごとくであるが、為替契約の概念、規定の全体について従来からいかなる意味を有するかについては明らかではないといわれている。

国際通貨基金協定における為替取極の変遷　同協定は当初固定相場制をとり、加盟国は金または米ドル（米国は 1934 年の平価の切下げにより金 1 オンスを 35 ドルと定めた。兌換可能）によって表示された自国通貨の平価を維持すべきものとされた（平価の上下 1 ％以内の変動は許容される。いわゆる金・ドル本位制）。1969 年 7 月にドルの国際流動性の不足に対処するため、金およびドルを補完する目的で「特別引出権」（Special Drawing Right, SDR）が創設された（第一次改正）。その後、米国の国際収支の悪化と米ドルの金への交換が増加したため、1971 年 8 月 15 日に米ドルの金との兌換が停止され、これによって固定相場制は事実上崩れたが、同年 12 月 18 日のスミソニアン協定（Smithsonian Agreements）で新たな水準での米ドルに対する固定相場制（金と結びついていない米ドルの平価を切り下げ（金 1 オンスを 38 ドル）、これに対して各国通貨の平価を設置する。外国為替相場の変動幅は 4.5 ％）への復帰がはかられた（スミソニアン体制（Smithsonian Monetary System, Smithsonian Regime））。これも投機的資金移動、主要国の国際収支の悪化等のために維持することができず、1973 年 2 月 12 日に金 1 オンスを 42.22 ドルとする平価切下げをしたのち、各国が変動相場制に移行した。これによってスミソニアン体制は崩壊した。固定相場制を定めていた IMF 協定 4 条は 1978 年 4 月 1 日から現在の規定に改められた（第二次改正）。これは現状の追認である。

わが国は 1952 年（昭和 27 年）に 1 ドルを 360 円とする平価で IMF 協定に加盟し、それが 1971 年（昭和 46 年）8 月 15 日まで続いた。スミソニアン協定では同年 12 月 20 日から 1 ドルは 308 円とされた。わが国では政府が積極的対策を講じなかったため、同年 8 月 28 日から同協定成立までの間は変動相場制である（なお、最判昭和 50 年 7 月 15 日民集 29 巻 6 号 1029 頁は、外貨債権の邦貨への換算は事実審の口頭弁論終結時の換算率によるとし、昭和 46 年（1971 年）11 月 25 日に口頭弁論を終結しながら、同日の換算率ではなく、1 ドルを 360 円で換算した控訴審判決を是認しているが、これは明らかに妥当ではない）。1973 年 2 月 14 日以降は、わが国も変動相場制に移行した。

外為法の役割と名称　平成 9 年の改正によって外国為替及び外国貿易管理法の名称から「管理」の語が削除された理由は、「管理」には規制を加えるとの意味があるところ、この改正によって多くの規制を廃止したので、「管理」の実が消滅したことにあるとされている。しかし、対外取引をどのように規律するかは国家の重要な経済政策であり、外国為替に関する政策は

その一つである。経済情勢の好転によって為替規制のほとんどが廃止されたとしても、それはそのときの政策（為替管理を寛くするという政策）によるのであるから、これも広い意味での国家による管理といえよう。したがって、あえて法律の題名から「管理」の語を削除するまでもなかったのではなかろうか。

なお、最判昭和 40 年 12 月 23 日民集 19 巻 9 号 2306 頁の多数意見は、外為法上の許可を得ないでなされた取引を私法上有効とするに当たって、外為法を「本来自由であるべき対外取引を国民経済の復興と発展に寄与する見地から過渡期的に制限する取締法規であると解せられるのである」と述べているが、前述のような理由で、外為法を過渡期的な取締法規とする見解の当否は疑問である。外為法上の許可なくしてなされた私人間の契約の有効性を認めるとしても、外為法の性格、位置づけは同法違反の取引の私法上の有効性の問題とは別の角度から検討すべきであろう。

第 3 節　貿易管理

1　貿易管理に関する国際法制

(1) 1947 年 GATT と WTO 協定

1945 年 11 月に米国は「世界貿易及び雇傭の拡大に関する提案」を発表した。その内容は、自由、無差別、多角的な国際貿易が行われる仕組みを作ること、具体的には国際貿易機関（International Trade Organization）を設置し、関税その他の貿易障壁を軽減または撤廃するための交渉によって、これを実現しようというものであった。それにもとづいて 1947 年には「関税及び貿易に関する一般協定案」が作成された。しかし、世界情勢の変化（冷戦）と米国内の政治的事情のため、1948 年 3 月に採択された国際貿易機関を設立する憲章（ハヴァナ憲章 Havana Charter）は発効するに至らなかった。しかし、貿易秩序の必要から、1948 年 1 月 1 日に発効した関税及び貿易に関する一般協定（General Agreement on Tariffs and Trade; GATT）の加盟国間で、同協定を国際貿易機関の設立まで暫定的に適用することとした（暫定適用議定書 Protocol of Provisional Application）。この 1947 年 GATT の適用は 1994 年 4 月に採択された世界貿易機関を設立するマラケシュ協定（The Marrakesh Agreement Establishing the World Trade Organization, 1994）が 1995 年 1 月 1 日に発効するまで続いた。

1947 年 GATT の目的は各国の貿易障碍を除き、貿易を拡大することにあ

り、そのための基準と規範を多数国間の多角的交渉で作成することを行ってきた。1947年の第1回から1961—2年の第5回までは関税の引下げ交渉にもとづく関税譲許表（Schedule of Concession）の作成であったが、第6回（1963年—67年。ケネディ・ラウンド）は関税一括引下げ交渉を行い、反ダンピング協定をまとめた。第7回（1973年—79年。東京ラウンド）は関税引下げと非関税障壁（non-tariff barriers）の撤廃の交渉を行い、それとともに補助金および相殺措置に関する協定、貿易の技術的障害に関する協定、輸入許可手続に関する協定、政府調査に関する協定、関税評価に関する協定、民間航空機貿易に関する協定、国際酪農品協定、国際牛肉協定等の個別の協定も締結された。第8回（1986—93年。ウルグァイ・ラウンド）では関税引下げ、反ダンピング、補助金・相殺措置、緊急輸入制限、農業等の従来からの物品の貿易に関する分野に加えて、サービス貿易、知的財産権、貿易関連投資措置等の新しい分野についての交渉が行われ、さらに紛争解決に係る規則及び手続に関する了解、貿易審査制度並びに複数国間貿易協定を作成し、1994年4月に世界貿易機関（World Trade Organization; WTO）を設立するマラケシュ協定を採択し（これは独立した条約であって、1947年GATT30条の改正手続によるものではない）、それまでに成立した交渉の結果を附属書としてとり入れる形式をとった（附属書1から4まで。**図表1**参照）。この結果、従来のGATTとは別に附属書1Aで「1994年の関税及び貿易に関する一般協定」（1994年GATT）が定められ、これは1947年GATTとは別の協定として取り扱われる。しかし、同協定は1947年GATTおよびその後の改正ならびに世界貿易機関協定の発効の日以前に1947年GATTのもとで効力を生じた一定の文書（例えば関税譲許表）により構成されるとしているので（同協定1）、内容的にはそれまでの成果を承継していることになる。

　2001年からの交渉（ドーハ開発ラウンド）における主要交渉項目は農業、物およびサービスの市場アクセス、途上国問題、労働および環境問題、競争政策、投資、政府調達、紛争解決方法などである。

　世界貿易機関の加盟国は附属書1から同3までに含まれている協定および関係文書（「多角的貿易協定」）に拘束され（WTOに加盟するには附属書4を除くすべての協定の締約国とならなければならない（WTO協定2条2）。一括受諾方式）、附属

図表1　WTO協定の内容

世界貿易機関を設立するマラケシュ協定〔WTO設立協定〕
　附属書1
　　附属書1A　物品の貿易に関する多角的協定
　　　1　1994年の関税及び貿易に関する一般協定〔GATT1994〕（譲許表等を含む）
　　　2　農業に関する協定〔農業協定〕
　　　3　衛生植物検疫措置の適用に関する協定〔SPS協定〕
　　　4　繊維及び繊維製品（衣類を含む）に関する協定〔繊維協定〕（2005年1月に失効）
　　　5　貿易の技術的障害に関する協定〔TBT協定〕
　　　6　貿易に関する投資措置に関する協定〔TRIMs協定〕
　　　7　1994年の関税及び貿易に関する一般協定第6条の実施に関する協定〔反ダンピング協定〕
　　　8　1994年の関税及び貿易に関する一般協定第7条の実施に関する協定〔関税評価協定〕
　　　9　船積み前検査に関する協定
　　　10　原産地規則に関する協定
　　　11　輸入許可手続に関する協定
　　　12　補助金及び相殺措置に関する協定〔補助金協定〕
　　　13　セーフガードに関する協定
　　附属書1B　サービスの貿易に関する一般協定〔GATS〕
　　附属書1C　知的所有権の貿易関連の側面に関する協定〔TRIPs協定〕
　附属書2
　　紛争解決に係る規則及び手続に関する了解〔DSU〕
　附属書3
　　貿易政策検討制度〔TPRM〕
　附属書4　複数国間貿易協定
　　民間航空機貿易に関する協定
　　政府調達に関する協定〔政府調達協定〕
　　国際酪農品協定（1997年末に終了）
　　国際牛肉協定（1997年末に終了）
　　情報技術協定（1997年に発効）

書 4 に含まれている協定および関係文書（「複数国間貿易協定」）を受諾したときはそれらにも拘束される（同協定同条 3）。1947 年 GATT の締約国および欧州共同体であって、この協定および多角的貿易協定を受諾し、かつ、1994 年 GATT に譲許表およびサービス貿易一般協定に関する自己の約束の附属している国は、原加盟国とされる（同協定 11 条）。それ以外の国は世界貿易機関との間において合意した条件により、この協定に加入することができる（同協定 12 条）。WTO 加盟国間では WTO 協定が適用されるが（ただし、特定の加盟国における多角的貿易協定の不適用の例外はある。同協定 13 条）、加盟国が 1947 年 GATT を脱退しないかぎり、1947 年 GATT が効力を失うことにはならない（1947 年 GATT の加盟国であるが、WTO 協定に加盟していない国との間では、GATT から脱退していないかぎり、1947 年 GATT の規定が適用されることとなる）。

わが国は 1955 年 9 月から 1947 年 GATT の加盟国であり、WTO 協定は 1995 年 1 月 1 日から効力を生じている。

WTO 協定およびその附属書と WTO の機構は図表 1 および**図表 2** のとおりである。

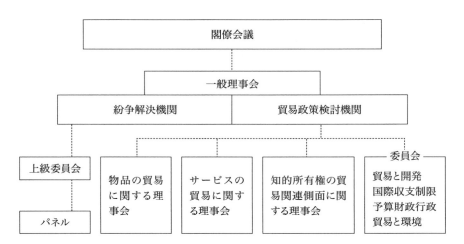

図表 2　WTO の機構

さらに 1996 年の閣僚会議で複数国間貿易協定として「情報技術協定」（情報技術製品についての関税を廃止する協定）が合意され、1997 年 7 月から効力が生じている。

(2) 地域的条約

一定の地域の国の間で貿易についての条約として、関税同盟と自由貿易地域協定がある。

関税同盟は古くから存在したが、これは条約にもとづき、同盟国において相互に関税を軽減または廃止するとともに、同盟国以外の国に対して共通の関税を課すことを目的とする。1958 年の欧州経済共同体（EEC）を設立するためのローマ条約では共同体構成国間の取引に関し、関税またはこれらと同等の効果を有するすべての課徴金を禁止するとともに、第三国に対しては共通関税を課すこととしている。1969 年のカルタヘナ協定にもとづくアンデス共同市場も関税同盟の形成を目指したものである。

自由貿易地域協定は、それに属する国の間における取引に関税その他の障害を設けずあるいはこれを軽減することとするが、域外国に対しては各国が独立して関税を課し、通商政策をとることができるとする協定である。欧州経済共同体に対抗して、英国の主唱によって 1960 年に設立された欧州自由貿易連合協定（EFTA）、1960 年のラテン・アメリカ自由貿易連合協定（LAFTA）、1989 年の北米自由貿易地域協定（NAFTA）がある。わが国は 2002 年のシンガポールをはじめとし、いくつかの国と貿易以外での自由化の合意を含む地域貿易協定を締結した。

1947 年および 1994 年の GATT24 条では地域的統合による貿易創出の効果が差別による不利益よりも大きいことを条件に、関税同盟の組織および自由貿易地域の設定を認めている（同条 5）。

(3) 二国間条約

二国間の通商航海条約、通商協定、貿易協定等の名称の条約で二国間の貿易、通商に関する諸事項が取り極められていることも多い。その内容は貿易と関税あるいは通商一般に限らず、相手国内での自国民の活動についての保障と保護、

待遇についても定める。

2　WTO 協定とわが国の貿易管理法
(1) 概　説
　WTO 協定における実質的な規定は、物品の貿易に関する多角的協定（GATT 1994）に加えて、サービス貿易に関する一般協定（General Agreement on Trade in Services; GATS）および知的所有権の貿易関連の側面に関する協定（Agreement on Trade-Related Aspects of Intellectual Property Rights; TRIPs）である。物品の貿易に関する多角的協定は 1947 年 GATT に由来するが、その内容にも修正が加えられ、新たな協定も加わっている。加盟国はこれらの協定の定めるところを実施しなければならない。WTO 協定の規定は完全に適用されなければならず、1947 年 GATT の暫定的適用に関する議定書に存在した条項、すなわち GATT の第 2 部（内国民待遇、数量制限の禁止、補助金、ダンピングの規制等）は GATT 加盟時の各国の国内法令に反しない最大限度において適用する旨の条項（祖父条項 Grandfather Clause）は存在しない。

　WTO 協定の規定は批准、加入等によって当然に国内法的効力を生ずるとはいえないものもあるから、各国はその実施のための国内法を定めることになる。わが国では GATT および WTO 協定のいずれについても、その実施のための特別の国内法は制定せず、関税定率法等の既存の国内法の一部改正の形で必要な規定をおく方法をとっている。

　WTO になって以来紛争解決機関（パネルおよび上級委員会）に申立てられた件数は数百件に達しているとのことである（GATT の 46 年間で 314 件）。そこでの紛争は主として私企業の活動に関するものとはいえ、国家間の紛争であり、その判断の対象は各国政府の具体的な措置の当否である。

(2) 物品の貿易に関する1994年GATTの構成と主要原則
　1994 年 GATT は、その構成と主要原則については 1947 年 GATT およびその後に効力を生じた修正から成り、その構成は第 1 部で一般的最恵国待遇と譲許表について定め（GATT 1 条・2 条）、第 2 部で内国民待遇（3 条）、関税等に

関する措置および手続（5条―10条）、数量制限の禁止（11条―14条）、補助金（16条）、経済開発への政府の援助（18条）、緊急輸入制限（19条）、一般的および安全保障のための例外（20条・21条）、締約国の協定違反の場合の措置（22条・23条）を定め、第3部では適用地域、関税同盟、自由貿易地域（24条）と協定の効力に関する規定をおき、第4部（1966年に加えられた）では発展途上国の貿易と開発に関する規定（36条―38条）をおいている。そして、1947年のGATT協定に加えて、さらに附属書1Aの諸協定がある。以下の説明は1994年GATTについてである。

GATTにおける大原則は、最恵国待遇（most favoured nation treatment）と内国民待遇（national treatment）であるとする見解が多い。この二つの原則は物品の貿易に関する協定だけでなく、他の協定においても原則とされている。WTO協定の規定は原則として無差別に適用されなければならない。

① 最恵国待遇（1条）

加盟国は、物品についての輸出入にかかる関税・課徴金、関税等の徴収方法、輸出入関連規則とその手続、内国税その他内国における課徴金、輸入品の国内での販売・輸送・使用等に関する法令に関し許与する利益、特典、特権または免除は、同種の産品に対して、即時かつ無条件に、許与しなければならないとされている（最恵国待遇。事実上の扱いでもよい。二国間の交渉で合意したところは他の加盟国にも適用される。第三国によるいわゆるフリー・ライド）。ただし、例外としていわゆる歴史的特恵（1条）、緊急輸入制限（19条）、地域経済統合（関税同盟、自由貿易地域、国境貿易）（24条）、開発途上国の産品に対する特恵関税（25条5）、特定締約国における協定の不適用（35条）がある。最恵国待遇の原則はサービス貿易に関する一般協定（GATS 2条）、知的所有権の貿易関連側面に関する協定（TRIPs 4条）にも存在する。

② 内国民待遇（3条）

加盟国は輸入産品について、内国税、課徴金、産品の国内における販売、購入、輸送、使用等に関する法令、特定の数量または割合による産品の混合、加工または使用を要求する数量規制等において、自国または自国民の同種の産品に与えるよりも不利でない待遇を与えなければならない（輸入関税の賦課は内国民待

遇の問題ではない)。ただし、政府調達（産品のほかにサービスを含む)、国内生産者への補助金は例外とされている（3条8）。

③ **関税に関する原則**

(a) **原則** 関税については多角的交渉によって作成された譲許表に定める待遇より不利でない待遇を許与するとしている（2条。関税定率法3条の別表)。すなわち、そこに定める範囲内で関税を課することができることになる。また産品の関税上の分類、評価、輸出入の手数料と手続、貿易規制の公表など、関税の賦課についても一定の原則を設けている（2条、7条―10条。関税定率法4条―4条の8）。

(b) **例外** この原則の例外として、ダンピング防止税（不当廉売関税）および相殺関税（6条。関税定率法8条および7条)、報復関税（同法6条）ならびに緊急関税（19条。関税定率法9条）がある。前2者は不公正貿易に対処するためであり、緊急関税は緊急輸入制限等の緊急事態に対処するためのものであるが、報復関税は外国の不法な措置、WTO協定に反する行為に対処するための措置である。

④ **数量制限の一般的廃止**

締約国は産品の輸入、産品の輸出もしくは輸出のための販売について、割当によると輸出入の許可その他いかなる措置によるかを問わず、関税その他の課徴金以外の禁止、制限をすることができない（11条1）。この例外として、農水産物に関する輸出入の数量の制限（11条2)、国際収支擁護のための制限（12条・18条B)、国家貿易（17条)、緊急輸入制限（19条。いわゆるセーフ・ガード。外為法52条、関税定率法9条)、一般的例外（20条）の場合には数量制限が可能であるが、それは無差別に（特定国を対象としないで）行われなければならない（13条）。

緊急輸入制限は、予見しえなかった経済事情の変化および関税譲許の実施の効果によって、特定の産品の輸入が増加し、それによって自国内における同種の産品または直接的競争産品の国内生産者に重大な損害を与え、または与えるおそれが生じたときは、その産品について損害を防止しまたは救済するために必要な限度および期間において、その義務の全部もしくは一部を停止し、またはその譲許を撤回し、もしくは修正することができるとする規定である（関税率の引上げまたは数量制限。19条1、関税定率法9条）。

(3) 物品の貿易に関する個別の協定

貿易の対象となる物品は多様であり、物品の生産、流通等について各国の規制が異なるため、従来から、一般協定のほかに、個別の協定が締結されてきた。これらについてもWTO協定で承継するとともに、新たな協定をも加えた（図表1参照）。

① 農業に関する協定

農業に関する協定（附属書1A2）は1947年GATT 11条における数量制限の一般的廃止の例外という位置づけであり、その重点は市場参入（市場アクセス。同協定4条）、国内助成（同協定5条）、輸出補助金（同協定9条）についての規定にある。市場参入としては、非関税国境措置を廃して、すべてを関税に転換し、関税率の設定とその順次引下げが原則であるが、最低輸入量の設定（ミニマム・アクセス）、関税化の例外（包括的な関税化を回避しても、関税率の引下げと最低輸入量の適用はある。7年目以降については再交渉の余地はある）、GATT 19条とは別の緊急輸入制限がある。国内助成については国内助成の削除対象となるものとそうでないものを区別し、前者については、各国について一定の割合で削減し、輸出補助金についてもその割合を削減する（いずれについてもGATT 6条の相殺関税の例外）。また、食料の安全性、動植物検疫上の措置についても定めている。

② 衛生植物検疫措置

人間と動植物の生命と健康に関する各国の措置については、衛生と植物検疫に関する協定において、貿易に対する悪影響を最小限度とするための規定が定められている。各国の措置はそのために必要な限度においてのみ適用すること、科学的な原則にもとづいていること（2条2）、国際的基準がある場合にはそれに沿ったものであること（3条1・2）、その措置が恣意的または不当な区別であって国際貿易に対する差別、制限とならないことが要求されている（2条3・5条5）。もっとも、科学的に正当な理由がある場合、危険性評価規定にもとづく場合には国際標準よりも高い保護水準の措置をとることができる（3条3）。

③ 技術的障害

各国で物品について、一定の規格および技術を定める制度（基準認証制度）を設けた場合には、貿易の技術的障害に関する協定（いわゆるスタンダード協定。

TBT協定）に適合しなければならない。各国が強制規格を定めるに当たっては、輸入品に対する最恵国待遇と内国民待遇とを確保すること（2条1）、国際貿易に不必要な障害を与えないこと（2条2）、国際任意規格に従った国内基準を定めること（ただし、それが加盟国の追求する正当な目的を達成する方法として適当でないときは、国際基準と異なる国内基準を定めることができる。2条4）。他の加盟国の規格が自国の規格と異なっていても、自国の規格に合致する場合には、これを承認すること、などが要求される（2条7）。相手国の国内規格を相互に承認する協定（相互承認協定）を結ぶことはさしつかえない。強制力のない規格（任意規格）を定め、これを適用するに当たっても無差別義務、必要以上に貿易制限的でないこと、国際規格に合うことが義務づけられている（4条）。

④ **貿易関連投資措置協定**

産品の販売には、貿易によって産品を相手国で販売することのほかに、相手国に直接に投資し（対外直接投資）、そこで生産した産品を販売する方法もある。これによって物品の貿易と類似の効果を生ずるとともに、受入国の経済、産業を発達させる面もあるところ、このような活動に不当な制限を加えないことが経済の発展、貿易の拡大および漸進的自由化に役立つとの考え方から、物品の貿易に関連する投資措置についての協定（Agreement on Trade-Related Aspects of Investment Measures; TRIM. 附属書1A6）を作成した。その内容は国内産品の購入と使用要求（いわゆるローカル・コンテンツ（local contents）要求）、輸出要請、輸出入の均衡の要求の禁止、為替制限、国内販売要請、技術移転要請等の禁止である（TRIM 2条）。GATT 3条（内国民待遇）に反することとなるものは国内産品購入・使用の要請、輸出入の均衡の要請であり、GATT 11条（数量制限）に反するものは輸出入の均衡の要請、為替制限、国内販売の要請などである。これらのことについて加盟国は国内において適切な措置を講ずる必要がある。

⑤ **反ダンピング協定**

1947年GATTでは、ある国の産品をその正常の価額（関税定率法8条でも「正常価格」の語を用いている）より低い価額で他国の商業に導入すること（輸出）をダンピングとしている（GATT 6条）。ダンピングについては、GATTではこれを不公正な貿易として、その効果をなくすために、輸入国に通常の関税率を超えた

特別の関税を課することができるとした（ダンピング防止税。もっとも、原価より低い価格の販売が常に不合理、不公正ということにはならない）。その要件は、ダンピングの存在することならびにそれによって、輸入国の確立した国内産業に実質的な損害を与えもしくは与えるおそれがあり、または国内産業の確立を実質的に遅延させることである。その実施は各国の国内法に委ねられてきたが、この協定（附属書1A7）ではダンピングの認定方法（反ダンピング協定2条）、損害の認定（同協定3条）、国内産業の定義（同協定4条）、調査手続（同協定5条）、証拠（同協定6条）、暫定措置（同協定7条）、価格に関する約束（同協定8条）、ダンピング防止税の付加・徴収（同協定9条）等について定めている（関税定率法8条に不当廉売関税に関する規定がある）。WTO協定ではいわゆる迂回防止措置に関する明示の規定はない。

⑥ 補助金および相殺措置協定

原産国または輸出国において、特定の地域、産業、企業に対して、一定の産品の製造、生産または輸出について直接または間接に与えられている（事実上の効果をも含む）と認められる奨励金または補助金がある場合には、輸入国の国内産業に影響を与え、第三国の市場において競争上有利となり、原産国または輸出国における同種の産品の輸入が減少するなどの効果を生ずることになるので、1947年GATTでは不公正な貿易として、奨励金、補助金の効果を相殺するために、その推定額に等しい特別の関税を課することができるものとした（GATT6条3。相殺関税）。その要件は、奨励金もしくは補助金が交付されたことならびに輸入国の国内産業に実質的な損害を与えもしくは与えるおそれのあること、または自国の国内産業の確立を実質的に遅延させることである。ダンピング防止税と相殺関税は併課されることはない。補助金及び相殺措置に関する協定（附属書1A12）では補助金の定義を明確にし、禁止されるべき補助金、禁止の対象ではないが相殺措置の対象となりうる補助金、相殺措置の対象とならない補助金に分類し、相殺措置を行うについては、損害の意義、損害の調査手続、証拠、暫定措置、輸出国の約束、相殺関税の賦課等について定めている（関税定率法7条で相殺関税について定めている）。

(4) サービス貿易に関する一般協定

サービス貿易に関する一般協定（General Agreements on Trade in Services; GATS. 附属書1B）における「サービス」は政府の権限の行使として提供されるサービス以外のすべてのサービスをいうものとされ（1条3b）、運輸、通信、建設、金融等も含まれ、その範囲は著しく広い。サービスの態様としては越境取引（国境を越えたサービスの提供）、消費者の移動（他の国民に対するサービスの提供）、商業拠点の設置（他の国における商業拠点によるサービスの提供）、労働の移動（他の国民を通じてのサービスの提供）の4種類である。物品の貿易にとどまらず、これらの分野における国際取引、企業活動に関する政策をも国際的な法的枠組みの中にとり込むことを目的としたのが、ウルグァイ・ラウンドにおけるサービス貿易についての協定である（直接投資の自由化は協定の対象には含まれないが、投資後の問題については協定の対象となる）。この協定は協定本文、附属書および加盟国の特定の約束についての表（約束表）から成る。その目標はサービスについても、物品の貿易におけると同様に国内規制の自由化であり、最恵国待遇（2条）と透明性（3条）、市場参入（市場アクセス）の保証（16条）と内国民待遇（17条）である。サービス貿易の自由化は一挙には進まないので、自由化交渉を継続し、その交渉の成果は国ごとの約束表に記載されることになる（19条―21条）。

この協定には、公衆の道徳の保護または公の秩序維持のために必要な措置、人、動物または植物の生命または健康の保護のために必要な措置、この協定の規定に反しない法令の遵守を確保するための措置等の一般的例外と安全保障のための例外とがある。また、労働の移動、金融サービス、電気通信、航空機輸送等については附属書に特別の定めがある（いわゆる分野別合意）。

(5) 知的所有権の貿易関連の側面に関する協定

産業財産権については1883年の工業所有権の保護に関する国際条約（パリ条約）およびこれを修正しまたは補足する諸条約、著作権については1886年の文学的及び美術的著作物の保護に関する国際条約（ベルヌ条約）およびこれを修正しまたは補足する諸条約が存在するが、これらはいくつかの原則について国際的な統一をはかっているにすぎず（例えば、産業財産権に関する内国民待遇、優先権

制度、産業財産権独立の原則、著作権に関する内国民待遇と同盟国民待遇、無方式主義)、そのほかのことは各国の国内法によることとなる。また、これらの条約に多くの国が加盟しているとは限らない。ところが、物品の貿易には知的財産権の対象となっている物や知的財産権によって生じた物が少なくない。産業財産権等を盗用した不正商品の横行すること、権利の保護と救済に薄いこと、また、権利の保護が国によって異なることは貿易の発展を阻害する。知的財産権の保護と救済についても貿易関係の国際条約で定めておくことが適当であり、必要である。加えて、世界知的財産権機構（World Intellectual Property Organization; WIPO）においてこの種の条約の採択が容易でなくなったという情況もあり、知的財産権の面で有利な国（とくに米国）は一括受諾方式をとるWTO協定の中でそれに関する規定を設けることを主張した。これに対して、発展途上国は知的所有権の保護の強化は、先進国による産業支配が生ずることになるので、それは好ましくなく、知的財産権の問題は世界知的財産権機構によるべきであると主張したが、さまざまな妥協、とくに他の協定との包括的交渉の結果、現在の協定（知的所有権の貿易関連の側面に関する協定。Agreement on Trade-Related Aspects of Intellectual Property Rights; TRIPs. 附属書1C）が成立した。TRIPs協定の内容は多量かつ多岐にわたるが、ごく簡略に述べると次のとおりである。

① 協定の適用範囲

この協定は著作権および関連する権利、商標権、地理的表示、意匠権、特許権、集積回路の回路配置利用権および開示されていない情報の保護である（1条2）。

② 加盟国による保護

加盟国はこの協定の規定に反しないことを条件として、国内法においてこの協定において要求されるよりも広い保護を実施することができるが、そのような義務を負うわけではない。加盟国はそれぞれの国の方法で、この協定を実施するために必要な方法を決定することができる（1条4）。この協定の定めるところは最低限度の要求である。ただし、加盟国はその前提としてパリ条約、ベルヌ条約等で定める基準を遵守しなければならない（2条）。その内容は、既存の条約で定めていない事項についての規定、既存の条約よりも保護を厚くした規定などである。

③ 基本原則

この協定の基本的原則は内国民待遇（3条）と最恵国待遇（4条）であるが、これらについてはいくつかの例外がある。また、加盟国は権利者による知的財産権の濫用防止または貿易を不当に制限し、技術の国際的移転に悪影響を及ぼす慣行の利用の防止のための措置をとり（8条）、実施許諾等における行為または条件で市場における競争に悪影響を及ぼすような濫用行為（排他的グラント・バック条件、権利の有効性を争わない条件、強制的な一括実施許諾等）を防止しまたは規律するために、自国の関連法令を考慮して、適当な措置をとることができる（40条1・2）。

④ 知的財産権の行使

加盟国は、一般的義務として、知的財産権の侵害行為に対して、効果的な措置をとることができるような国内法にしなければならない（41条）。また、民事上および行政上の手続および救済措置を提供しなければならず、公正かつ公平な手続、差止命令、損害賠償、その他の救済措置等についての規定を設けている（42条—49条）。知的財産権侵害の防止、証拠保全のために暫定措置をとることができ（50条）、不正商標商品、著作権侵害物品の輸入の停止のために、国境措置として税関による物品の解放の停止等に関する定めがあり（51条—60条）、刑事上の手続および刑罰を定めることに関する規定（61条）もある。

⑤ 紛争の防止および解決

各国の法令、決定等は各国政府および権利者に公表されていなければならず（63条）、加盟国間の紛争は1994年GATTの手続による（64条）。

なお、この協定は新たな協定であるため、各国で国内法整備の必要もあり、先進国はWTO協定発効後1年間は適用の義務を負わず、発展途上国等は5年間その適用を延期することができる（65条・66条）。わが国ではこの協定の実施のために特許法、商標法の一部改正を行い、関税定率法で著作隣接権、回路配置利用権についての規定を加え、侵害物品の認定、輸入禁制品についての申立手続についての規定を設けた（関税定率法21条—21条の3。なお、各国の立法措置は必ずしも同じではない）。

(6) 紛争処理に係る規則及び手続に関する了解

　GATT および WTO 協定に関する紛争は加盟国間の紛争である。1947 年 GATT においては加盟国間の協議、締約国団と加盟国の協議、調整、締約国団への付託の手続があった。締約国団の裁定はいずれの加盟国も反対しない場合に決定したものとする方法であった。WTO 協定では、紛争処理を効果的にするために、紛争処理のための協定において手続の改善をはかった（附属書 2）。

　この協定による手続の概略は次のとおりである。対象となる紛争は WTO 協定のすべての協定に関する事項である。紛争解決の方法は加盟国間の協議のほかに、当事国の合意があれば斡旋、調停、仲裁によることもできる。これに加えて常設の紛争解決機関を設置し（2 条）、これに 3 名または 5 名から成る小委員会（panel）の設置を申し立てることができる。小委員会は紛争解決機関の会合で一致して反対しないかぎり、設置される（6 条）。小委員会は 3 人ないし 5 人の委員で構成し、一定の手続によって事案を検討し、報告を提出する。この報告は加盟国に送付の後 60 日以内に紛争解決機関の会合で採択されることとなる。ただし、同機関が上級委員会（Appellate Body. 7 人の委員のうちから 3 人で構成し、パネルの判断を審査する）による検討の結果までその報告を採択しないことを全会一致で決定したときはこの限りではない（16 条）。上級委員会の報告（法律問題に限られる）は加盟国に送付後 30 日以内に全会一致の反対がないかぎり採択される（17 条）。

　紛争解決の実現のためには、報告の採択後に履行期間を決めて実施を求め、それが十分でないときには勧告し、遵守しない国に対して代償を求める交渉をし、それが成立しないときは対抗措置をとることができる（例えば、関税の譲許停止、他の産品の輸入制限など。この紛争処理協定によらないで一方的措置をとることは禁じられている。21 条・22 条）。

　なお、協定違反ではないが、他国に改善措置を求める申立て（non-violation complaint）をすることは可能である（26 条）。

(7) 複数国間貿易協定

　附属書 4 では民間航空機の貿易、政府調達、国際酪農製品および牛肉について個別の協定または取極がある（後 2 者は 1997 年末に終了）。これらは個別に締

約国となることができ（一括受諾方式の例外）、締約国となった国のみを拘束する。

補説

（WTO関連事項の開設）

WTOドーハラウンド　2001年秋に始まったWTOドーハラウンド（Doha Round）は交渉が難航したが、その中心は農業補助金の削減、先進国の農産物関税における高関税品目の関税引下げと重要品目の数、途上国の農産物関税における特別品目の削減、関税削減免除の割合、途上国における緊急輸入制限の発動の要件となる輸入量と緊急輸入制限をなしうる品目の割合、先進国における緊急輸入制限をなしうる品目の割合、先進国および途上国それぞれにおける鉱工業品の関税率、関税削減の例外扱いを制限する割合などであった。2008年7月の交渉で途上国における農産物の緊急輸入制限の発動の要件で合意できず、多数国間協定は成立していない。

GATT協定の規定の国内的効力　GATTやWTO協定を構成する各協定は、加盟国がその規定に従うことを義務づけるものではあるが、その規定が直ちに加盟国の国内において適用されることを目的とするものとは一般に解されていない。わが国の先例ではこのことを明らかに述べていない（西陣ネクタイ訴訟。京都西陣のネクタイ製造業者が、繭糸価格安定法による外国産生糸の一元的輸入とそれによる価格安定制度によって国内絹織物業者が国際価格よりも高い原料を使うことになり、安い原料を使った外国製品に押されるのは憲法で保障する営業の自由の侵害であり、かつ、憲法98条2項を根拠にGATT規定に反すると主張して、国に損害賠償などを請求した事案において、京都地判昭和59年6月29日判タ530号265頁および大阪高判昭和61年11月25日判タ634号186頁はGATT規定の国内における直接適用を否定した。最判平成2年2月6日訟務月報36巻12号2242頁は、この点にふれることなく、社会経済的政策の実施のための一定の合理的規制措置は、政府がその裁量権を逸脱し、当該規制措置が著しく不合理でなければ憲法に反しないとした）。

特恵・特恵関税　最恵国待遇の例外として、政治的、歴史的理由（例えば、旧植民地）にもとづいて特定の国に与えられる特別に有利な待遇を特恵または特恵待遇（preference）といい、そのような関税を特恵関税（preferential tariff）という。最恵国待遇に対する例外である。一般特恵、開発途上国向特恵、国境貿易にもとづく特恵、関税同盟・自由貿易地域にもとづく特恵などがある。特恵待遇は1947年GATTの最恵国待遇の原則に反することにはなるが、国際連合貿易開発会議の決議をうけて、1947年GATTの締約国団では1971年に一括して10年間の最恵国待遇条項遵守の義務の免除（waiver）を認め、さらに東京ラウンドでこれを永続的に認めることにした。

原産地規制に関する協定　最恵国待遇の例外となる特恵関税（一般特恵関税から自由貿易地域にもとづく特恵までのすべて）、ダンピング（不当廉売）、関税相殺問題など産品の原産地が問題となる場合に関して、原産地を決定するための基準を定める協定。原産地とは、

当該産品が完全に生産された国または二国以上の国が関与している場合には、最後の実質的な変更が行われた国をいう（同協定3条(b)）。

同種の産品　最恵国待遇における「同種の産品」とは何かは条文の解釈の問題であるが、これまでのパネルおよび上級委員会の判断の事例からみると、産品の特性を品質、用途、消費者選好および関税分類によって判断するというのが一般的な理解である。

輸出自主規制　一定の産品の輸入国の政府または関係業界から輸出国の政府または関係業界に対して、輸出数量等の制限を求め、輸出国側において自ら輸出を制限する措置を輸出自主規制（voluntary export restraint）という。政府間の合意による場合、政府間の非公式合意による場合、輸入国政府と輸出国関係業界の取極による場合、輸出国と輸入国の関係業界の取極による場合などがある。輸出自主規制は自由貿易の原則に反し、それによって輸入国でそれを必要とする者（消費者等）がその影響を受けることになる。輸出自主規制は数量制限の一般的禁止の規定に牴触する。これはGATTによらない措置であり、セーフガードに関する協定では「灰色措置」の原則的禁止とその措置の段階的廃止を義務づけている。

その他の協定　このほかに企業活動に影響のある協定としては次のものがある。

貿易の技術的障碍に関する協定　産品の基準規格および適合性評価手続（これらを基準認証制度という）は各国で異なるとともに、強制規格だけでなく、任意規格であっても、また、それが政府によると民間団体によるとにかかわらず、輸出入に事実上強い影響がある（非関税障壁）。この協定では、強制規格については、国際規格がある場合はそれにより、それ以外の場合には必要以上に貿易制限的でないものとし、最恵国待遇と内国民待遇を守り、他国の規格の承認にも考慮すること、任意規格についても強制規格とほぼ同じような扱いとすべきことを定めている。

衛生及び植物検疫措置の適用に関する協定　衛生および植物検疫については貿易の技術的障碍に関する協定によらずこの協定によること、輸入制限には科学的根拠を示すこと、基準は協定に定める国際基準に合わせるとともに、各国の措置は必要以上に貿易制限的でないことを定める。

政府調達に関する協定　政府調達とは各国の中央政府および地方政府ならびにその機関、その他の公共機関による物品またはサービス（それらの組合せを含む）の購入、借入れをいう。政府調達は少ない数量ではなく、しかも、その代金はそれが国庫から支出されるため、内国の産品、内国の産業の保護に傾くことが少なくなく、それによって自由な貿易、企業活動が妨げられる要因となることもある。この協定は、開発途上国についての例外はあるが、内国民待遇により、調達方法は原則として公開入札（一般競争入札）または選択入札（指名競争入札）によるものとし、随意契約は協定の定める場合に限り、供給者の資格審査は内外無差別としなければならない。そして契約手続について詳細に定めるとともに、苦情申立て、協議、紛争解決についても定める（附属書4b）。このほかに、政府調達の手続等については、国際連合国際商取引法委員会の作成したモデル法（UNCITRAL Model Law on Procurement of Goods, Construction and Services, 1993）があり、これも国内手続の整備のためのものである。

このモデル法は 2011 年に改訂された。

わが国は WTO の政府調達に関する協定を受諾している。わが国の法令は会計法と予算決算及び会計令である。

（経済連携協定）

 EPA 経済連携協定（Economic Partnership Agreement）の略称。二国間または多数国間で関税その他貿易に関する障害を撤廃し、自由貿易を促進する協定が自由貿易協定（Free Trade Agreement）である。経済連携協定は自由貿易協定にとどまらず、二国間の対等な経済連携を目指すもので、人、物品、サービス、資本等の自由な移動、金融、情報、技術などの自由化をも含むものである。日本はシンガポール、メキシコ、マレーシア、ブルネイ、チリ、タイ、インドネシア、フィリピン、ベトナム、スイス、ASEAN、インドとの間で経済連携協定を締結している（2018 年 8 月末現在）。

 環太平洋経済連携協定（Trans-Pacific Partnership Agreement TPP） アジア太平洋地域において物品及びサービスの貿易並びに投資の自由化及び円滑化をすすめること、知的財産、電子商取引、国有企業、環境等の分野での規律を作るための法的枠組について定めた多数国間の経済連携協定。2010 年にニュージーランド、シンガポール、チリ、ブルネイの 4 国の交渉で始り、その後米国がアジア太平洋地域で中国の進出前に多数国間の国際協定を作るべく、参加して主導し、オーストラリア、ペルー、ヴェトナム、マレーシア、メキシコ、カナダと日本が交渉に加わり、2015 年 10 月に大筋の合意に達し、2016 年に協定文が作成され、2018 年 3 月にチリのサンティアゴで米国を除く前記 11 ヵ国が署名した（米国は政権交代により 2017 年に交渉から脱退）。2018 年 10 月末日現在で国内手続を済ませた国はニュージーランド、カナダ、メキシコ、日本、シンガポール、オーストラリアの 6 ヵ国で、協定は 2018 年 12 月 30 日に発効する見込である。米国は今後二国間協定を原則としたいという。

 その内容は、物品の貿易に関する関税撤廃・非関税障壁の除去、投資の自由化、サービス貿易の自由化だけでなく、金融サービス、電気通信、電子商取引、政府調達、競争政策、知的財産の保護、労働基準等の広い範囲に及び、国家間のみならず国家と外国人間の紛争の解決についても定めている。この協定が発効すると、わが国と相手国（国民を含む）との間の投資協定、経済連携協定に優先して適用されることになろう。紛争解決の手続はその都度の仲裁（非機関仲裁）が予定されている。

 この協定は、WTO での交渉が進展しない情況のもとで、東南アジアと環太平洋地域（世界の生産量の約 40％といわれている）で米国主導の通商の規則を形成しておくことを目的としたものである。

第4節　通　商　法

　各国の通商法は自国における関税の賦課、輸出入の規制、不公正貿易および国際取引における知的財産権の侵害への対抗措置、相手国の貿易自由化の促進などを定めたさまざまな目的を押し進めるためにその都度制定された法規の総称であるが、貿易管理に関する規定が多い。

　これらの法規は各国が加盟する国際的取極（多数国間および二国間の取極）と整合的な関係にあることが望ましい。しかし、1947年GATTの暫定的適用に関する議定書のように、それ以前から存在する国内法の効力を認める場合もあり（祖父条項）、国際的取極と異なる措置をとる場合もある（例えば、輸出自主規制の要求）。しかし、WTO協定には祖父条項はないから、WTO協定の加盟国との間では協定に反する国内法、国内措置をとることはできないこととなろう。

補説

　米国の通商法　　米国通商法の問題を扱うに際して留意すべきことは、米国政府の締結した条約は合衆国憲法の下において連邦法と同等の効力を有するものであって、条約と異なる連邦法が制定されたときは、後法優先の原則によって条約の規定を覆すこともありうること、1947年GATTなどの協定は行政協定であって、国内法として当然には適用されるものではなく、しかも連邦法の下に位置する法規と解されていることである。米国は1994年のWTO協定を実施するための国内法を制定した。もっとも、今後の米国政府の政策の方向は明らかではないし、急変することもある。

　ダンピングについては、まず1916年の歳入法（Revenue Act of 1916）で定め、輸出者または輸入者により、米国の国内産業に損害を与える意図をもってダンピング価格による輸入がなされたときは行為者に刑罰を科し、被害者に三倍賠償を請求できることとし、次いで1921年法で輸入者から特別関税を徴収できることとした（1921年法は1979年通商競争法によって廃止された。1916年法は2004年末に廃止された）。1930年関税法（Tariff Act of 1930）でダンピングの要件、国内産業の損害、それらを認定する手続、課税手続、反ダンピング課税を回避するための迂回防止措置等を定める。その後1930年関税法を1979年、1984年、1988年に改正している。

　補助金については、1930年関税法で補助金の要件、補助金額の算定、国内産業の損害、それらを認定する手続、相殺関税（countervailing duty）の賦課、課税手続等を定めている。

　緊急輸入制限については、1974年通商法（Trade Act of 1974）201条以下においてその発

動の要件（国内産業の損害等）、調査手続、救済措置（関税割当、数量制限、市場維持協定の締結等）等を定める（エスケープ・クローズ Escape Clause）。

不公正な輸出については、1930年関税法337条で不正商品の輸入防止、不公正な方法での競争、不公正な行為、知的財産権の侵害を理由に救済措置（輸入の一般的排除命令、限定的排除命令、暫定的排除命令、停止命令等）をとることができるとし、そのための要件、手続（私人も申立可能）を定める。

外国政府等による不公正貿易慣行については、1974年通商法301条において通商協定違反のある場合ならびに不正行為、差別的行為、不合理な行為がある場合には、通商代表部（USTR）が調査し、相手国との協議等で解決するか、一定の措置（輸入制限、課徴金の付加など）をとることができるとする。さらに1988年の包括通商競争法（Omnibus Trade and Competitive Act of 1988）におけるスーパー301条では特定国についての調査ができるものとし、これと同時に、知的財産権の保護の不十分な国、貿易自由化、直接投資についての障壁のある国に対抗するための特別の規定も設けられた。

米国からの輸出については、輸出管理法（Export Administration Act）があり、米国からの商品、技術、技術情報の輸出および仕向国からの再輸出等に制限を加えている（商品別、仕向地別にこまかく規定され、禁止あるいは許可、承認を要するとされている）。その対象となる商品等はかなり広い範囲にわたり、国家の安全保障、外交政策、国内での供給不足の物資の確保等の理由による（かつてのココム規制もこの中に含まれていた）。米国外での行為も対象となることがあり、外国企業に対しても罰則の制裁がありうる。1982年に、西欧諸国の企業によるパイプライン用機器のソ連への輸出契約について、米国は輸出管理規則を改正し、米国企業のみならず米国系企業および米国特許の実施権者に対して輸出を禁じ、その適用を遡及させた（シベリア・パイプライン事件）。カナダ、英国、フランス、ドイツはこれを不当とし対抗措置をとったが、米国はこれに参加した企業に対する米国製品および技術の供与を禁止した（のちにこれらの措置は解除された）。1996年のキューバへの投資等の規制に関する法律も米国外での行為にも適用される。

欧州共同体の通商法　欧州経済共同体の通商法は1957年の欧州共同体を設立する条約（ローマ条約）3条、113条とそれにもとづく理事会規則による（理事会規則は個別の事項ごとに数次に及ぶので、ここではとくに引用することはしない）。欧州共同体の通商に関する法制度は、共同体構成国間における通商と共同体構成国とそれ以外の国（域外国）との間の通商とで異なる。前者では人、産物、サービス、資本の移動の自由が認められ、関税およびこれと同等の効果を有する課徴金の禁止、数量制限およびこれと同等の効果を有する措置の撤廃（産業財産権の保護を理由とする制限はある）など、域内における単一の市場の形成のための措置がとられている。域外国との間については共通の通商政策がとられており、共同体構成国はこれに従わなくてはならない。共通の通商政策としては、域外通商における共通関税、反ダンピング措置および補助金相殺措置、緊急輸入制限措置、不公正な貿易慣行に対する報復措置がある。

反ダンピングおよび補助金相殺措置では、共同体内の利害関係者または共同体構成国政府の通報にもとづいて、一定の手続のもとに、ダンピングまたは補助金交付の事実が認められると、反ダンピング関税（ダンピング防止税）または相殺関税が課せられる。

　緊急輸入制限については、共同体構成国政府からの通報によりまたは共同体委員会自らにより、域内の産業に損害を発生させるおそれがあり、共同体の利益のために必要と認める場合には、共同体は監視措置、次いで輸入制限措置を取ることができる。

　不公正な通商慣行（域外国に帰せらるべき国際貿易慣行で、国際的または一般に受け入れられた原則に反する通商慣行）によって共同体内の産業における実質的損害が発生し、あるいは共同体の利益のための措置の必要性がある場合には、国際的協議、紛争解決手段、対抗措置などがとられることになる。

　米国の反不当廉売法に対するわが国の対抗立法　わが国は「アメリカ合衆国の千九百十六年の反不当廉売法にもとづき受けた利益の返還義務等に関する特別法」（平成16年法律第162号）において、米国の反ダンピング法にもとづく外国裁判所の確定判決（この判決はわが国ではその効力を有しないとされる）によって利益を受け、そのために本邦法人等（日本法で設立された法人・団体または日本国籍を有する者）に損失を及ぼした者（その者の全額出資の親会社も連帯責任）に対して、利益の返還、裁判手続の準備・追行のための費用、代理人の報酬等の損害の賠償を請求できる（3年の消滅時効）、原告はその普通裁判籍所在地に訴えを提起できることとした。この法律は平成17年6月8日に失効したが、同日以前に提起された訴えについては効力を有する。この法律は2004年に日本の企業が米国の訴訟で1916年の反ダンピング法にもとづいて三倍賠償の支払を命ぜられたことに対抗するためのものである。なお、米国の1916年反ダンピング法はWTOの紛争解決手続においてWTO協定に違反するとされ、2004年12月に廃止された。しかし、構造的にこのような問題が生じなくなったとはいえないであろう。

第 8 章　紛争解決手続法

第 1 節　国際商取引と紛争の解決

1　国際商取引と紛争解決方法
(1) 序　説
　国際商取引から生ずる紛争の多くは、私人（私企業）間の権利義務についての紛争であるが、外国の政府、公共団体、公企業等との間で紛争の生ずることもある。貿易管理、為替管理、通商、投資に関しては、公法上の争訟の形をとることもあり、多くの場合は各国の国内手続によらざるをえないが、常に適当な紛争解決手続があるとはかぎらず、その手続も国によって異なる。また、紛争の解決方法について、二国間あるいは多数国間の条約や取極等のある場合もある（例えば、二国間投資保証協定、国家と他国民間の投資紛争解決条約）。直接的には私企業の利害の問題であっても、国家間の交渉によって解決することもある。ここでは多くの紛争で用いられる通常の民事手続による場合について、要点を述べることとする。

(2) 私人間の渉外的紛争の解決方法
　私人間の渉外的法律関係から生ずる紛争を解決するための国家を超えた、あるいは国家の枠の外にある紛争解決機関も手続も未だ存在しない。また、近い将来にそのような機関、手続が実現する見込みにも乏しい。したがって、そのような紛争の解決は各国の裁判所において、その国の紛争解決手続によらざるをえない。私人間の紛争の終局的な解決は公権力による強制的解決であり、それは各

国の裁判所における民事訴訟である。民事訴訟では、訴えが適法であれば、相手方となる当事者の意思にかかわらず手続が行われ、当事者は手続の結果に拘束される。

民事訴訟以外の紛争解決方法には、当事者間の話合いによる和解、第三者を介して当事者が協議する調停と第三者の判断に従う仲裁がある。和解、調停では、当事者は話合いに応じなければならないものではなく、解決案に合意しなければならないものでもない。仲裁は当事者が第三者の判断に服することを合意して行われる紛争解決手続であって、当事者が仲裁による解決を合意するか否かの自由はあるが、仲裁によることを合意したときは訴訟によらず仲裁の方法によることとなり、仲裁人の判断にも拘束されることになる。これらの手続はいずれも当事者の合意によりまたは合意を基礎とする紛争解決方法であるから、各国の国家法がそのような解決方法を認める場合に効力を有することになる。これらの解決方法の執行力も各国の国内法による。

2　国際民事手続法

国際商取引から生ずる紛争の解決のために通常用いられるのは当事者間での交渉のほかに、民事訴訟と仲裁（国際商事仲裁）である。これらの手続は通常の国内的紛争を前提として組み立てられているので、渉外的要素のある紛争にはそのための特則が必要となるところがある。また、二以上の国に事務所、営業所または財産を有する企業が倒産した場合にも、いずれかの国で倒産処理手続を行うことになるが、その場合にも渉外的要素を考慮した特則が必要となる。これらを国際民事手続法という。

紛争解決手続において、いかなる要素を渉外的要素というかはその事項によって異なる。例えば、民事訴訟において、国際裁判管轄権の問題が生ずる場合の渉外的要素は当事者の住所、事務所、営業所等が異なる国にあることであるが、送達、証拠調べにおける渉外的要素は、それらが内国手続のために外国で行われること（例、外国での文書の送達）、および外国手続のために内国で行われることである（例、内国での証拠調）。

紛争解決手続はそれが行われる地の手続法による。これが「手続は法廷地法

による」との原則である。渉外的手続に関する特則が各国で異なることは好ましいことではないので、各国の法の差異を克服するための試みがなされてきた。その一つの方法は各国の手続法の内容を統一することであり、他は各国の手続の間のつながりをつけることである。前者の例としては国際裁判管轄権に関する規定、外国判決の承認・執行および外国仲裁判断の承認・執行に関する要件と手続があり、後者の例としては送達、証拠調べにおける国家間の協力（司法共助）の仕組みがある。各国の手続法の内容を統一する場合には多数国間条約によることが必要である。各国の手続の間のつながりをつけるための方法としては特定の国家間における慣行、相手国とのその都度の合意、二国間での取極によることもあるが、結局は多数国間条約によることが好ましい。このような理由で、19世紀末から、一定の地域的条約あるいは一般的条約の形で、民事訴訟手続に関する条約の作成がなされてきた。

　なお、2004年に米国法律協会（ALI）と私法統一国際協会（UNIDROIT）の共同作業によって「国際民事手続に関する諸原則」（ALI/UNIDROIT Principles of Transnational Civil Procedure, 2004）が作成された。作成の理由はこれは新たな立法の指針としてのみならず既存の立法の改正のために役立つだけでなく（モデル・ロー）、国際商事仲裁においても類推適用が可能であるということにある。

第2節　民事訴訟

1　国際民事訴訟法

　民事訴訟は私人間の紛争の公権力による強制的解決方法である。仲裁によるためには当事者の合意（仲裁契約）を必要とするので、仲裁は強制的解決方法ではない。民事訴訟手続は各国で異なるところが少なくないが、それを運営する司法制度にもかなりの相違がある。渉外的訴訟における主な事項は裁判権免除、国際裁判管轄権、当事者能力、訴訟能力、当事者適格、送達および証拠調べについての裁判所間の協力（司法共助）、国際的訴訟競合についての措置、外国判決の承認および執行である。これらの事項に関する法則が国際民事訴訟法である（各国の国内法）。

2 民事裁判権免除

(1) 概 説

　裁判は国家主権の行使であるから、外国国家、外国国家の長、外交官・領事官、国際機関および国際機関職員については一定の場合には国家の裁判権を行使できない。外国国家に対する裁判権免除は元来国内法における国王の無答責（法的責任を認めないこと。「王は悪をなさず」）の原則に由来し、それが主権国家の独立と国家間の平等の観念と結びついたものであるといわれ、かつては一切の行為について裁判権を行使しえないとされていた（絶対免除主義）。しかし、近時は国家の取引行為、経済活動について裁判権免除を認めない考え方（制限免除主義）をとる国が多いが（もっとも、外国の主権的行為については裁判権を行使することはできず、そのための財産についても強制執行などの措置は認められていない）、必ずしも各国で同じではない。国内法で裁判権免除について具体的に定めている国もある（例えば、米国の1976年主権免除法、英国の1978年国家免除法）。わが国では従来から一般的に国内における外国国家等の裁判権免除の措置は慣習国際法にもとづくと説明されてきたが、実際には各国における裁判例や制定法によるのであり、国家間での慣習が形成されたのではない（外交使節についてはかなりの程度に慣習国際法が形成されていたとはいいうるが、外国国家については疑わしい。絶対免除主義から制限免除主義に変わってきたのは、各国政府の見解や裁判例の変更によるのであり、慣習国際法が明確でないので条約（1972年欧州条約、2005年国際連合条約）を作成したのである）。この問題は外国国家との個別の契約、外国国家による債券発行、外国国家との間の開発契約あるいは外国国家の不法行為などから生ずる紛争が裁判所に提起されたときに生ずる。

　外国国家および国家機関の商取引について、制限免除主義をとる国では、それから生じた私法上の紛争について自国の裁判権からの免除を認めていないが（制限免除主義といってもいかなることについて裁判権免除の特権を認めないかについては各国で異なる）、そのことを二国間通商協定において（例えば、日米友好通商航海条約18条2では政府機関の行う事業活動について相手国で訴えられまたは裁判の執行を受けることについて免除を享有しないとし、日ソ通商条約附属書4条では日本国の領域でソ連邦の通商代表部が締結し、保証した商事契約に関する紛争は、仲裁または他の裁判

管轄に関する留保がない限り、日本国の裁判所の管轄に属するものとしている）、あるいは個別に明示することもある（例えば、外国政府の発行する債券の裏面約款で債券発行地国の裁判所の裁判権に服することを明示する。東京地判平成12年11月30日判時1740号54頁の事案では、政府保証債において管轄裁判所を定め、司法手続からの免除の特権の放棄が債券に記載されている）。わが国はかつては外国国家について絶対免除主義をとり（大決昭和3年12月28日民集7巻1128頁）、訴状の送達、免除特権放棄の表示についても厳格な立場をとっていたが、最判平成18年7月21日民集60巻6号2542頁は外国国家に対して電算機器の売買代金を請求した事案において、行為の性質を基準とする制限免除主義を採ることを明らかにした（この事案では、裁判所は外国国家が私人との間の書面で免除の特権の放棄の意思が示されていればよいとしたうえ、物品の購入契約およびその代金についての準消費貸借契約において、外国政府を代理した企業との間の売買契約書には売買契約に関して生じた紛争についてはわが国の裁判所で裁判手続を行う旨の条項があるが、準消費貸借契約書中にはそれがないので、この私企業が外国国家を代理したとすれば、わが国の裁判権に服する旨の意を明確に表明したものとみる余地があるとして、原審に差し戻した。この判決はどのような類型の行為について制限免除主義をとるかは示していない。新聞報道によれば本件について、差戻後の東京高判は外国政府を代理した訴外企業に代理権が認められず、被告である外国国家の私法的ないし業務管理的行為に該当するとは認められないので、わが国の民事裁判権からの免除が認められるべきであるとして却下した。東京高判平成22年12月22日）。米国の州については、その独立性や権能において国家と比肩しうる地位にあることを理由に裁判権免除の特権の主体となりうることを認めたが（欧州国家免除条約では連邦国の支分国は原則として免除を享有しないとするが、米国の外国主権免除法および国際連合条約では主権的権限の行使の権限を有する連邦国の支分国は免除を享有しうるとする）、その職員の雇用契約については裁判権免除を認めないとした裁判例がある（最判平成21年10月16日民集63巻8号1799頁）。また、この判決では訴状および期日呼出状の送達について事前の応訴の意思を確める必要はなく、民事訴訟法の規定または外交上の経路に従って送達することで足りるとしている。

　外国国家が裁判権からの免除の特権を放棄した場合、あるいは裁判権免除の特権の対象とならない行為の場合であっても、そのことによって当然に外国国家に

対する強制執行が可能になるわけではない（裁判権に服しても、強制執行にはあらためて当該国家の同意が必要とされている。近時はそのような場合には強制執行も可能とする見解もある。しかし、主権的活動のために使用する財産に対する強制執行は許されない）。

外国国家の長についてはその立場から裁判権免除を認め、外交官・領事官、国際機構とその職員についてはそれぞれの任務の遂行の必要のために裁判権免除が認められている。その根拠は従来は慣習国際法にあるとされていたが（それぞれの任務遂行の保障のため）、近時は外交関係、領事関係についての二国間条約（例えば、日米領事条約）または多国間条約（外交関係に関するウィーン条約（1961年）、領事関係に関するウィーン条約（1963年）、特別使節団条約（1969年））、普遍的性格を有する国際機構における国家代表に関する条約（1975年）においても明示している。

(2) 外国等に対する我が国の民事裁判権に関する法律

この法律は、2005年の国連国家免除条約を国内で実施するために、平成21年4月に制定され（平成21年法律第24号）、同22年4月1日から施行されている。その概要は次のとおりである。

① 本法が適用される手続

この法律はわが国で行われる民事の裁判手続（裁判権のうち刑事に係るもの以外のものをいう）に適用される（1条）。

② この法律の適用される当事者

この法律は、国およびその政府の機関（2条1号）、連邦国家の州その他これに準ずる国の行政区画であって主権的な権能を行使する権限を有するもの（同条2号）、前2号に掲げるもののほか、主権的な権能を行使する権限を与えられた団体（当該権能の行使の場合に限る）（同条3号）、前3号に掲げるものの代表者であってその資格にもとづき行動する者（同条4号）である。米国の各州、中国の香港は2号の例であり、各国の中央銀行（主権的機能の行使の場合に限る）は3号の例である。

③ この法律と条約・慣習国際法の関係

国家の裁判権免除に関し、わが国が締約した条約または確立した国際法規（慣

習国際法）があるときは、それらがこの法律に優先して適用される（3条。憲法98条2項）。

④ 外国等の内国手続免除の原則

この法律の適用される者（前出②。以下「外国等」という）については、この法律で定める場合を除き、日本の裁判権（民事裁判権）から免除される（4条）。これが原則であり、「我が国の民事裁判権」との文言からみて、この原則は裁判（訴訟）手続、保全処分、民事執行・担保権の実行等、裁判所の行う民事手続の全てに及ぶことになる。

⑤ 裁判権免除の原則が適用されない裁判手続

(i) **外国等の同意がある場合（5条）**　この同意は訴訟手続等の裁判手続について、条約その他の国際約束（1号）、書面による契約（2号）、当該裁判手続での陳述書もしくは書面による通知（3号）によって明示的であることが必要であり、特定の事項または特定の事件に限られる。裁判手続における同意は保全処分および民事執行の手続には及ばない。

(ii) **外国等の同意があったとみなされる場合（6条・7条）**　外国等による訴えの提起その他の裁判手続開始の申立て、裁判手続への参加（裁判権免除を主張する場合を除く）および異議を述べることなく本案について弁論、申述がある場合には同意があるものとみなされ（ただし、裁判権免除の原因事実を知らなかったことにつきやむをえない事情があるときは、それを証明すれば本条の適用を免れ、期日への不出頭等は同意とはみなさない。6条）、外国等が提起または参加した訴えについて反訴が提起されたときの反訴について、外国等が反訴を提起したときは本訴について、同意があるものとみなされる（7条）。

(iii) **商業的取引に関する裁判手続（8条）**　商業的取引とは民事または商事に係る物品の売買、役務の調達、金銭の貸借その他の事項についての契約（労働契約を除く）をいう。ただし、その取引は外国等とその外国等以外の国の国民との取引またはその外国等の法令で設立されたものでない法人・団体との取引であることを要する。もっとも、外国間の商業取引の場合と、取引の当事者間で明示的に裁判権免除の合意をした場合には、本条は適用されない。

(iv) **労働契約に関する裁判手続（9条）**　個人を雇用する契約で労務の全部ま

たは一部が日本国内で提供される場合がこれに当たる（同条1項）。ただし、その個人が外交官、領事官など外交上の免除権を有する者であるとき、その他外国等の安全、外交上の秘密に関係のある任務を行う者であるとき（同条2項1号・2号）、裁判手続が採用・再雇用の契約の成否に関するとき（同項3号。損害賠償請求は除く）、解雇その他労働契約の終了の効力に関するものであって（損害賠償請求は除く）外国等から裁判手続が安全保障上の利益を害するおそれがあるとされているとき（同項4号）、その個人が訴え提起の時に当該外国等の国民であるとき（同項5号。その者が日本に通常居住する者のときを除く）、書面による特段の合意があるとき（それが無効とされる場合を除く。同項6号）には、当該外国等は日本の裁判権には服さない。条約のこの規定は各国の在外公館の現地雇の職員から雇傭に関する訴を抑えるための規定である。

(v) **人の死傷または有体物の滅失等に関する裁判手続（10条）**　その原因となる行為の全部または一部が日本国内で行われ、かつ、当該行為をした者が行為の時に日本国内に所在していたことを要する。外国等の公務員、使用人等による交通事故による損害賠償請求訴訟がその例である。

(vi) **日本にある不動産等についての権利利益等に関する裁判手続（11条）**　日本にある不動産の所有、使用、占有等に関する権利義務に関する裁判手続、相続、贈与、無主物として取得した動産または不動産の帰属、使用等に関する裁判手続をいう。これらについて免除を認めることは国内の物権に関する秩序（これは国内における基本的法秩序）に差支えが生ずるからである。

(vii) **裁判所の行う財産の管理、処分手続（12条）**　外国等の権利、利益にかかわる財産が裁判所等の管理、処分手続（例えば、破産手続）の対象となっている場合に、裁判権免除を認めると当事者、利害関係人の公平を害し、手続の運用に支障が生ずるためである。

(viii) **日本の法令によって保護される知的財産権に関する裁判手続および日本における知的財産権の侵害に関する裁判手続（13条）**　日本の法令によって生ずる知的財産権、日本で保護の対象となる知的財産権に限定しているのは、知的財産権の成立と効力が国ごとに異なるためである。

(ix) **国家および国際機関以外をその構成員とする団体であって、日本の法令で設立さ

れた団体もしくは日本に主たる事務所を有する団体またはそれらの団体の他の構成員との間における構成員としての資格に関する裁判手続（14条）　ここにいう団体には法人格を有しないものも含まれる。ただし、書面による合意、定款、規約等に裁判権免除の定めがあれば、外国等はそのことを主張することができる（同条2項）。

　(x)　**外国等の所有または運航する船舶の運航に関する裁判手続およびそれらの船舶上の貨物に関する裁判手続（15条）**　船舶は裁判手続の原因発生時に政府の非商業的業務以外のために用いられていたことを要する（同条1項・3項）。ただし、その船舶が軍艦、支援船または政府の非商業的業務のみに用いられている船舶の場合には、これらの規定は適用されない（同条2項・4項）。

　(xi)　**仲裁合意および仲裁手続に関する裁判手続（16条）**　外国等はその外国等以外の国に属する国民、その外国等以外の国の法令で設立された法人との間に商業的取引にかかる書面による仲裁合意（仲裁契約）の存否もしくはその効力、それにもとづく仲裁手続に関する裁判手続からの免除を主張しえない。ただし、書面による合意のある場合を除く。

⑥　保全処分および執行手続等が可能な場合

　外国等は日本にあるその財産に関し、その同意がある場合を除き、保全処分または民事執行、担保権の実行などの手続について日本の裁判権から免れる（17条）。日本国以外の国の中央銀行またはこれに準ずる金融当局の有する財産は、その当局の同意がないかぎり、保全処分または民事執行の対象とすることはできない（19条）。その例外となるのは次の場合である。

　(i)　**保全処分、民事執行について外国等の同意ある場合（17条・18条3項）**　この同意は条約その他の国際約束、仲裁に関する合意、書面による契約、保全処分または民事執行の手続における陳述または裁判所・相手方への書面での通知による明示の同意である（17条1項）。訴訟手続についての同意は保全処分、民事執行の同意とはされない（同条3項）。ただし、保全処分、民事執行のために外国等が一定の財産を担保として提供した場合には、その財産については日本の裁判権が及ぶ（同条2項）。

　(ii)　**民事執行の対象が政府の非商業的目的以外のみに使用される財産の場合（18条）**　日本において外国等の有する財産が非商業的目的以外のみに使われ、または使

われる予定となっている財産でないときは、外国等の同意を要せずに、民事執行をなしうることになる（1項）。外国使節団等がその任務の遂行に当たって使用される財産、軍事的な性質を有する財産または軍事的な任務の遂行に当たって使用される財産、外国等にかかる文化遺産、公文書その他の記録、科学的・文化的・歴史的意義のある展示物も、外国等の同意があるときを除き、裁判権から免除される（2項・3項）。

⑦ **民事裁判手続についての特則**

(ⅰ) **訴状等の送達**　訴状、期日呼出状の送達はそのための条約等の国際約束があればその定める方法により（20条1項1号）、そのような国際約束がないときは外交上の経路を通じてする方法（同項2号イ）または民事訴訟法に規定する方法であって当該外国等が受け入れる方法（同項2号ロ）による。制限免除主義をとる国では被告に訴状等の送達をなすべきことは当然であり、その方法は法廷地国と被告となる外国等との関係により、必ずしも一様ではない。外交上の経路による場合は外国等の外交機関が受領したときに送達があったものとみなされる（同条2項）。外国等が異議を述べないで本案について弁論、申述をしたときは、送達の方法についての異議を述べることはできない（同条3項）。訴状等の送達および判決文の送達には、当該外国等の属する国の公用語による翻訳文を添付する。訴状を提出した当事者はその翻訳文を提出しなければならない（最高裁規則13号1条および2条）。

(ⅱ) **被告不出頭の場合の措置**　被告が口頭弁論期日に出頭せず、答弁書その他の準備書面を提出しない場合には、原告の請求を認容する判決をなしうるが、訴状等の送達の日または送達のあったとみなされる日から4ヵ月を経過した後でなければならない（21条1項）。判決またはそれに代わる調書の送達については(ⅰ)の定めに従い（同条2項）、それに対する不服申立ては送達後4ヵ月以内にしなければならない（同条4項）。

(ⅲ) **勾引、過料の規定の不適用**　外国等については、文書その他物件の提出命令、証人の呼出その他手続上の命令に従わないことを理由とする勾引、過料を課すことはできない（22条）。

3 国際裁判管轄権

(1) 意 義

二以上の国または地域にかかわりのある私人間の民事訴訟について裁判をなしうる国家の権限を、国際裁判管轄権（international jurisdiction）という。これは国内裁判所の土地管轄（裁判官庁の権限の分掌）とは異なり、国際的にみて、国家がその裁判権を行使しうるかという、国家の管轄権である。

当事者はいかなる国で訴えを提起すべきか、訴えが提起された国の裁判所で審理し、判断することができるかという場合の管轄権を直接管轄権といい、既に他の国でなされた裁判の承認、執行の場合に、その承認または執行を求められた国で裁判をした国に国際裁判管轄権を認めるかどうかというときの管轄権を間接管轄権という。直接管轄権と間接管轄権は同一の原則に従うというのが一般的な理解であるが、各国で必ずしも実際に同じ原則で扱っているとは限らない。

(2) 管轄原因

国際裁判管轄権に関する規則は自国の裁判権行使に関することであるから各国の国内法による。これまで国際裁判管轄権についての明文の規定を有する国は極く少なく（渉外的訴訟案件が少なかったからである）、自国内における土地管轄の原則、自国民保護、訴訟提起の便宜などを理由にして、裁判例を通じて国際管轄権についての法則を形成している国が多い。

国際裁判管轄権には、一般に被告に対するすべての訴えが可能な管轄原因と、一定の訴えについてのみ可能な管轄原因とがある。一般的管轄原因は被告の住所、主たる事務所・営業所等の所在地である。もっとも、被告が法人の場合には、主たる事務所の所在地がその本店所在地、管理統括地、主たる業務の行われている地のいずれであるかは、国によって異なることもある。訴の種類、性質による管轄原因は財産所在地、義務履行地、不法行為地、不動産所在地、知的財産権の登録地などのほかに、特定の業務や取引に関する支店、営業所、子会社の所在地などである。国によっては原告または被告の国籍、被告の財産の存在、自国または自州内における訴状の送達の事実などを管轄原因とするものもあるが、これは当事者間の公平に反し、事案との結びつきに乏しいこともあるので、適当で

ないとされている（いわゆる過剰管轄 exorbitant jurisdiction）。過剰管轄をなくするには、そのほかの国がそれにもとづく外国判決を承認しないことである。

　各国における国際裁判管轄権に関する規則の相違から生ずる不明確、不安定な状況、管轄権の競合等を克服するためには、多数国間条約によって各国の直接管轄権に関する規則を統一し、訴訟競合の生ずる場合の措置を定めるとともに、管轄権の規則に反する外国判決の承認、執行を認めないことにするのが適当であろう。

　国際裁判管轄権について当事者間で争われることが多いのは、法廷地の遠近、言語や手続の相違、手続の公平と迅速や準拠法の決定と実体法の適用などについての不安があるためである。このような争いと各国の国際裁判管轄権に関する規則の不明確とを避けるために、当事者が裁判管轄権または管轄裁判所について予め合意をすることが多い。多くの国では当事者間の合意による管轄権（合意管轄）を認めているからである。しかし、合意による管轄が常に他の原因による管轄に優先するとは限らない。管轄裁判所を合意することによって強行法規の適用を免れることになる場合には、合意による管轄権を認めないこともありうるからである（国際航空運送に関するワルソー条約32条、モントリオール条約49条）。

(3) わが国における国際裁判管轄権に関する法則

　平成23年の民事訴訟法改正前には、わが国では国際裁判管轄権について定めた国内法はなく、わが国が締約国となっている若干の多数国間条約（ワルソー条約、モントリオール条約、油濁民事責任条約など）に規定があったにすぎない。そこで条理によることとなるが、大別して四つの立場があった。

　第一はわが国の民事訴訟法の国内土地管轄に関する規定による管轄原因があれば、わが国の国際裁判管轄権を認めるという立場（逆推知説）である。第二は民事訴訟法の土地管轄の規定は本来国内における管轄の分配に関するものであるが、管轄の場所的配分の法則を示したものとみることもできるので、国際的な配慮によってこれに修正を加えて国際裁判管轄権についての規則を見出すべきであるとする立場（管轄配分説、修正類推説）である。第三は具体的事案ごとに諸要素を比較較量して国際裁判管轄権の有無を決定すべしとする立場（利益較

量説）である。第四は紛争の類型に応じた管轄原因を見出すべきであるとする立場（類型説）である。第一の立場については国内の土地管轄を国際裁判管轄権とでは考慮すべき要素が異なるし、具体的な事案と関係のない管轄原因の存在によって国際裁判管轄権を認める結果も生ずることは適当でないとの批判がある。第二の立場については、国際的配慮にもとづいて民事訴訟法の規定に修正を加えるにしても、その基準は何か、明文の規定がない場合に管轄権を認める基準が明らかでないとの批判がある。第三の立場については、基本的原則がないに等しいことになるとの批判がある。第四の立場については紛争の類型化も管轄原因も未だ十分でないとの批判があった。

わが国の判例は第一の立場をとり、建前としては、国際裁判管轄権を直接規定する法規もなく、条約も国際法上の原則も確立していない現状のもとにおいては、当事者間の公平、裁判の適正・迅速を期するという理念により、条理にしたがって決定するのが相当であるとしながら、法人その他の団体の事務所または営業所（大正15年民事訴訟法4条）、義務履行地（同5条）、被告の財産所在地（同8条）、不法行為地（同15条）、その他民事訴訟法の規定する裁判籍のいずれかがわが国にあるときは、被告をわが国の裁判権に服させるのが条理に適うものというべきであるとした（最判昭和56年10月16日民集35巻7号1224頁。マレーシア航空機事件。マレーシアに出張中の日本人が現地で購入した航空券で搭乗した国内線旅客機の事故で死亡し、日本在住の遺族がマレーシア航空に損害賠償を請求した訴訟事件。本判決は同法4条3項によって日本における営業所所在地をもって外国法人の普通裁判籍所在地とし、あわせて義務履行地として日本の管轄権を認めた控訴審判決を是認した）。これ以後、下級審のほとんどの裁判例ではこれに従うとともに、それによって民事訴訟法の基本理念に著しく反する結果をもたらすであろう特段の事情がないかぎり、わが国の裁判所に管轄権を認めるのが右条理に適うとの立場をとるに至った。最高裁も昭和56年の判例を維持しながら、義務履行地にもとづく裁判管轄権を認めることが被告の予測を超える場合には、このような「特段の事情」があるとして、わが国の裁判管轄権を否定すべき場合もあることを認めた（最判平成9年11月11日民集51巻10号4055頁）。これは下級審裁判例の立場を追認したものである。このような「特段の事情」による裁判管轄権の否定の余地を認め

ることは「特段の事情」の有無についての争いを生ぜしめ、そこに利益較量説と同様の問題を持ち込むこととなるとの批判がある。

　なお、管轄原因となる事実については一応の証明で足りるとするのが従来からの多数説であったが、裁判所の立場は管轄原因の有無の判断のために客観的な事実については証明を要するとする（最判平成13年6月8日民集55巻4号727頁は、著作権侵害にもとづく訴えに被告を日本で応訴させるには、被告のわが国における行為によって原告の法益が侵害された事実を証明すべきであるとした）。また、義務履行地の管轄権を肯定するには当該債務の発生原因である契約を締結した事実の証明を要するとする裁判例もある（東京地判平成21年11月17日判タ1321号267頁）。

　これまで裁判例で扱われ、学説で論じられてきたのはいかなる土地的管轄原因があれば内国に裁判管轄権を認めるかという問題であった。前記マレーシア航空機事件の判決は国際的土地管轄権に関する原則と理解すべきであろう。

　国際的合意管轄については、船荷証券中の裁判管轄条項について、特定の外国の裁判所を第一審裁判所とする合意が書面上明らかであること、船荷証券においては作成者の署名があれば足り、当事者双方の署名は必要ではないこと、当該訴訟事件がわが国の裁判所に専属的に服する事件でないこと、指定された外国の裁判所がその国の法令により管轄権を有すること、管轄の合意がはなはだしく不合理で公序法に反するものでないことを要するとしたが、当該外国の判決の承認における相互の保証は必要ではないとした（最判昭和50年11月28日民集29巻10号1554頁）。この判例の趣旨は、国際海上運送業者による運送契約上の紛争の判断を一定の裁判所に集中させるとの経営政策は、このような要件をみたせば保護されるということであろう。

　訴えの客観的併合については、内国に管轄権のある請求と密接な関係を要するする判例がある（最判平成13年6月8日民集55巻4号727頁）。訴えの主観的併合については、下級審裁判例では共同訴訟の要件に関する民事訴訟法38条の規定を用い、訴訟の目的物たる権利または義務が共通であるとき、または、同一の事実上および法律上の原因にもとづくときであって、当事者間の公平、裁判の適正・迅速を期する理念に合致する場合には併合することを認めるとしてこれを肯定するものが多い。

(4) 国際民事裁判管轄権に関する規定

① 立法の経緯

　平成23年4月に成立した民事訴訟法及び民事保全法の一部を改正する法律によって、日本の裁判所の直接管轄権を定める規定が民事訴訟法（3条の2から3条の12まで）と民事保全法（11条）に設けられた（平成24年4月1日から施行）。この立法に至った理由は渉外的訴訟事件の増加によりこれまでのように裁判例、学説に依存するのでなく、法律上一定の明確な基準を設ける必要があり、これにより個別の訴訟事件における当事者および裁判所の負担（ことに管轄権の有無に関する中間判決の負担）を軽減しようということにある。当時はハーグ国際私法会議における国際民事訴訟事件の管轄に関する条約案がまとまらず、近い将来に国際民事裁判管轄権に関する多数国間条約の作成の見込みがなかったこともその背景にある。

② 新たな規定の概要

　国際裁判管轄権に関する規定は、被告の住所地を原則的な管轄原因とするとともに、一定の場合には義務履行地、財産所在地、営業所所在地、継続して行われる業務行為地、不法行為地、船舶所在地などにも管轄原因を認め、いくつかの訴えの類型（手形・小切手による金銭の支払を求める訴え、会社その他の団体の構成員間の訴え、不動産に関する訴え、船舶衝突・海難救助に関する訴え、相続に関する訴え、登記・登録に関する訴えなど）についても管轄地を定めている。合意による管轄権、応訴による管轄権、併合請求の管轄権等についても明文の規定がおかれ、消費者契約、労働契約に関する裁判管轄権の規定が加えられた。当事者の国籍、常居所地は管轄原因とはされていない。この立法のもととなった考え方はかつての第二の立場であろう。

　これらの規定のいずれかに該当するときは日本の裁判所の管轄権が認められる。しかし、日本の管轄権が認められる場合であっても、事案の性質などの事情を考慮して、当事者間の衡平を害し、または適正、迅速な審理を妨げる「特別の事情」があるときは、訴えの全部または一部を却下することができるとの規定が設けられた。これらの規定は日本の裁判所に提起された裁判事件について日本に裁判管轄権のある場合（直接管轄）を定める規定であるから、外国判決の承認・執

行に際して外国の裁判所の管轄権（間接管轄）の有無の判断については、これを一般的な形の規定の形に直して適用することとなる。

③　各規定の内容

具体的な規定は次のとおりである（引用条文は法令名のないものは民事訴訟法の条文）。改正前の法令のもとでの裁判例で、改正後にも妥当するものは多いであろうが、とくに掲げることはしない。

(a) 被告の住所地にもとづく管轄権　被告の住所地にもとづく管轄権は訴えの種類、内容のいかんにかかわらない原則的管轄権（一般的管轄権。普通裁判籍）である。

(i) 被告が個人（自然人）の場合　個人に対する訴えについては、その住所が日本国内にあるときは、日本の裁判所はその者に対する訴えについて管轄権を有する（3条の2第1項前段）。被告の住所がない場合または住所が知れない場合には、被告の居所が日本にあるとき、居所がない場合または居所が知れない場合には、訴え提起前に被告が日本国内に住所を有していたとき（日本国内に最後の住所を有していた後に外国に住所を有していたときを除く）は、日本の裁判所はその者に対する訴えについて管轄権を有する（同条同項後段）。住所の有無はこの法律の解釈による（住所と主張される地の法（領土法）によるのではない）。外国に住所、居所のある者のうち、その外国の裁判権からの免除を享有する日本人（外交官、領事官など）に対してはその住所地に訴えの提起ができないことになるので、それらの者に対する訴えについては、日本の裁判所が管轄権を有する（同条第2項）。

(ii) 被告が法人その他の社団、財団の場合　法人その他の社団または財団に対する訴えについては、「その主たる事務所又は営業所が日本国内にあるとき、事務所若しくは営業所がない場合又はその所在地が知れない場合には代表者その他の主たる業務担当者の住所が日本国内にあるときは」日本の裁判所が管轄権を有する（3条の2第3項）。ここでいう「法人」とはわが国において法人格を認められた社団または財団と解すべきであって、日本法によって成立した法人（日本法人。民法33条1項）のほかに、外国法によって成立した法人（外国法人）であって、日本において法人格を認められた法人（認許外国法人。民法35条1項）

をいう。これら以外の社団または財団が「その他の社団又は財団」である。「主たる事務所又は営業所」とは、社団または財団の運営、活動の中心地をいい、それが事務所のことも営業所のこともあるとの趣旨であろう。

㋑　法　人　　法人の主たる事務所または営業所の所在地はその法人の設立準拠法による本拠地、すなわち登記上の本店所在地をいうと解すべきであろう（法人の管理統括地、営業活動の中心地は管轄権の決定基準としては必ずしも明確ではないからである）。

日本法人は主たる事務所または営業所が日本国内にあるので、日本法人に対する訴えについては、その訴えの種類、内容にかかわらず、日本の裁判所が一般的管轄権を有する。

外国法人の主たる事務所または営業所は日本国内にはないので、外国法人について日本の裁判所は一般的管轄権を有しない。しかし、日本の裁判所は外国法人に対する訴えについて全く管轄権を有しないのではなく、一定の管轄原因（義務履行地、財産所在地、事務所・営業所所在地、事業行為地、不法行為地など）、一定の類型の訴え（不動産に関する訴え、登記・登録に関する訴えなど）については、それらの管轄原因が日本にあれば、日本の裁判所が管轄権を有する。したがって、日本に営業所があることによって、その営業所の業務と関係のない事案についてわが国の管轄権を認めた最判昭和56年10月16日民集35巻7号1224頁（マレーシア航空機事件）は判例としての役割を終えたことになろう。

擬似外国会社については、会社法上日本における取引についてはその取引をした者と連帯して債務を弁済する責任を負うとされているので（会社法821条）、その日本における業務に関する訴えについては、営業所所在地または事業行為地として日本の裁判所が管轄権を有すると解すべきである（3条の3第5号）。

㋺　その他の社団または財団　　日本で法人格を認められない社団または財団に対する訴えについては、その社団または財団の主たる事務所または営業所が日本国内にあるとき、事務所または営業所がない場合またはその所在地が知れない場合であって、代表者その他業務担当者の住所が日本にあるときは、日本の裁判所はその社団または財団に対して管轄権を有する（3条の2第3項）。この社団、財団には日本で認許されない外国法人（不認許外国法人）も含まれるが、その実

態は外国法によって成立した法人であるから、事務所・営業所がない場合またはその所在地が知れない場合に該当するとはいえず、認許外国法人の場合と同様に、日本の裁判所は不認許外国法人に対する一般的管轄権を有しないことになる。

(b) 被告の住所地以外の管轄原因

(i) 契約上の債務履行地　　義務履行地に管轄権を認めるかに関しては、財産上の請求一般についてか契約上の請求に限るか、契約上の請求に限るとしても、契約上の本来の債務の請求に限るか債務不履行によって生じた損害賠償請求にも認めるか、契約上複数の義務があるときには当該義務の履行地に限るか、相手方の反対給付の履行地をも含むか、消極的確認の訴えが可能かなどの問題があり、義務履行地の決定についても、法廷地国際私法によって定まる準拠実体法上の履行地に認めるか、当事者が合意した履行地および契約内容から確定することが可能な履行地に限るかという問題があった。

この法律では、義務履行地の管轄権は契約上の債務の履行に係る請求に限定するとともに（3条の3第1号前段）、契約上の債務に関連して生じた不当利得、事務管理に係る請求、契約上の債務の不履行によって生じた損害賠償請求の履行その他契約上の債務に関連する請求については、それらの履行地が日本国内にあるときに日本の裁判所の管轄権を認めることにした（同号後段）。その履行地は契約で定めてある場合はそれにより、契約で定めていない場合は、当事者が契約で選択した準拠法によって定まる履行地である。契約で定めてある場合とは、契約上明示されている場合のほか契約条項から明らかに導き出しうる場合である。それ以外の場合は準拠法によって定まることとなるが、当事者の合意で選択した準拠法によって定まる履行地に限っている（当事者の予測可能性）。しかし、一つの契約であっても個別の義務ごとにその履行地は異なる。また、いわゆる客観的連結によって定まる準拠法によって履行地を決定することは除外されたが、黙示の準拠法の指定をどのように扱うかについては争いは残るであろう。「その他契約上の債務に関連する請求」とは損害賠償請求のほかに何を意味するかも必ずしも明らかではない。

(ii) 財産所在地　　民事訴訟法3条の3第3号でいう「財産権上の訴え」とは何かは必ずしも明らかではないが（人格権、親族・相続関係の訴えは含まれない

であろう）、訴えの種類、内容にかかわらず、財産権に関する訴えをいうと解される。このような訴えについては、被告の財産が日本国内にあれば、その価値が著しく低くないかぎり、日本の裁判所が管轄権を有することになる。請求の趣旨および原因から原告の訴えが日本に所在する特定の物または権利を目的とするときは、その所在地である日本の裁判所に裁判管轄権を認めてよい。原告の訴えが特定の物または権利を目的とするものではなく、金銭の支払を求める場合には、被告の財産が日本にあることを理由に日本の管轄権を認めてよいかについては、請求と財産の関連性、請求金額と財産の価額、動産（船舶など）についての仮差押えの要否などの問題があった（それは僅かな財産の存在によって管轄権を認めること（過剰管轄）は適当でないことにある）。財産所在地に管轄権を認める大きな理由は法廷地（内国）の判決によって執行が容易にできることにあるとすれば、財産の価値が著しく低くないかぎり管轄権を認めてよいであろう（実際には船舶、航空機、債権などについては国外への移動を防ぐために原告が仮差押えをする必要のあることもあろうが、仮差押えを管轄権の前提とする必要はない）。保証書の差入れによって船舶の差押え、仮差押えが解かれた後も、引き続き日本の管轄権を認めてよい。僅かな財産の存在を理由に裁判管轄権を認めた外国判決については、その判決の内国での承認、執行に際して、過剰管轄としてその管轄権の有無が問題となろう。

　(ⅲ) 事務所・営業所所在地　　日本国内に事務所または営業所を有する者に対する訴えは、それが日本にある事務所または営業所における業務に関するものであるときは、日本の裁判所に管轄権がある（3条の3第4号）。日本に住所・居所、主たる事務所または営業所を有する者に対しては、被告の住所地主義の原則によって日本に一般的管轄権があるので（3条の2）、事務所・営業所所在地であることによる管轄権の定めは外国で成立した法人（認許外国法人か否かを問わない）、法人格なき社団または財団に対する管轄権の根拠を定めたものとして重要である。この規定によって日本での事務所、営業所に関して生ずる紛争について、外国で成立した法人、主として外国で活動する法人格なき社団または財団に対して日本の裁判所に訴えを提起できることとなる。

　(ⅳ) 事業行為地　　日本において事業を行う者については、その訴えがその者の日本における業務に関するものであるときは、日本の裁判所が管轄権を有する

（3条の3第5号）。日本において事業を行う者とは個人、法人またはその他の社団、財団を問わず、日本においてその事業として取引、企業活動を行う者をいう。その者の日本における業務に関する訴えについても、事務所・営業所の有無にかかわらず、日本の裁判所が管轄権を有する。この規定は、日本に事務所・営業所を有していないが、事業を行う者（擬似外国会社を含む）に対する訴えを可能にするためのものであり、米国の事業行為地（doing business）の管轄権に類似し（日本の国内の管轄の規定にはない。また、本号は普通裁判籍の規定ではない）、その者と法律関係が生じた者の紛争の解決のために必要と考えられる。事業とはその活動の内容、期間、継続性などを総合して判断することとなろうが、1回の取引であっても日本において事業を行う者とされることはありえよう。

(c) 訴えの類型による管轄権

（i）手形または小切手による金銭の支払を目的とする訴え　手形または小切手の支払地が日本国内にあるときは、日本の裁判所に提起することができる（3条の3第2号）。この規定では支払地が外国にある手形については、裏書のみの者に対する訴えを日本で提起できないことになろう。

（ii）船舶債権その他船舶を担保とする債権に基づく訴え　この訴えは法律上船舶が担保となる債権（船舶先取特権および船舶抵当権者の債権）にもとづく訴えをいうと解され、そのような訴えについては当該船舶が日本国内にあるときに、日本の裁判所は管轄権を有する（3条の3第6号）。このほかにも、船舶が日本国内にあるときには、財産所在地としての管轄権も認められる。船舶は移動する動産であるから、いずれの場合も訴えを提起するには、実際上は船舶に対する差押えまたは仮差押えを必要とすることが多いであろう。差押えまたは仮差押えのなされた船舶について、保証書の交付等でそれが解放された場合でも、既に訴えが提起されている場合には、わが国の管轄権は消滅しないと解釈すべきである（当事者間で別の合意をすることは可能であろう）。

（iii）会社その他の社団または財団の社員、役員、発起人、検査役に関する訴え　日本の法令によって設立された㋑会社、社団から社員に対する訴え、㋺社員の資格による社員間の訴え、社団、財団から役員に対する訴え、㋩会社から発起人、検査役に対する訴え、㋥会社、社団の債権者から社員に対する訴え

については（㈠―㈢について社員等であった者を含む）、その主たる事務所または営業所が日本国内にあるときは、日本の裁判所が管轄権を有する（3条の5第7号）。これは専属管轄ではない。しかし、立法としては専属管轄権としたほうがよいであろう。ここで外国法人が除かれているのは法人の組織の問題については内国法人と異なり、あえて日本に管轄権を認める必要がないからである。

　(iv) 不法行為に関する訴え　　不法行為があった地が日本国内にあるときは、日本に管轄権がある（3条の3第8号本文）。不法行為があった地とは、従来から加害行為地、結果発生地のいずれをもいうと解されていた。結果発生地とは加害行為による直接の結果の発生した地をいうのであって、それによって生じた経済的損害、派生的損害の生じた地ではない。ただし、加害行為の結果が発生した地が日本国内にある場合において、日本国内におけるその結果（直接の結果）の発生が通常予見することのできないものであったときは、日本の管轄権は認められない（同括弧書）。ここにいう「通常予見することのできない」とは、当該加害行為からみて一般的に結果発生地での結果の発生を予見しえないとの趣旨と解される。結果発生地についてこのような限定を加えた理由は、結果発生地は原告の住所地と重なることが多いので、原告被告間の公平をはかるためであろう。不法行為に関する訴えには生産物責任に関する訴えを含む。なお、加害行為地とされるためには、原則として被告がわが国においてした行為により原告の法益に損害が生じたとの客観的事実関係が証明されれば足りるとした判例（最判平成13年6月8日民集55巻4号727頁）は、新たな規定のもとでも意味があると考えられる。

　(v) 船舶の衝突その他海上の事故に基づく損害賠償の訴え　　このような訴えについて損害を受けた船舶が事故後最初に到達した地の管轄権を認めている（3条の3第9号）。これは証拠の保全と証拠調べの便宜によるものであろう。この規定は不法行為に関する訴えの管轄権を排除するものではない。

　(vi) 海難救助に関する訴え　　海難救助に関する訴えについては海難救助地または救助された船舶がその後に最初に到達した地の管轄権を認めている（3条の3第10号）。これも前号と同じ理由による。海難救助には救助契約にもとづくものが少なくないが、その場合にも当事者間に管轄裁判所についての約定がなければ、この規定が適用される。救助契約中には通常仲裁約款（仲裁地、仲裁機関）がある。

(ⅶ) 不動産に関する訴え　　不動産の所在地が日本国内にあるときは、日本の裁判所に管轄権がある（3条の3第11号）。これは専属的管轄権とはされていないが、不動産物権、利用権は不動産所在地の一般の利害にも関係するので、日本の裁判所の専属管轄権とすべきである（なお、東京地判平成25年2月25日ジュリスト1466号298頁は、中国上海にある建物の共有物分割の訴について、準拠法は中国法であり、判決の主文、その執行も中国法によるので、日本に裁判管轄権はあるものの、物権所在地の管轄権が適当であるとして、3条の9の「特別事情」によって訴を却下した）。

(ⅷ) 相続に関する訴え　　相続権もしくは遺留分に関する訴えまたは遺贈その他死亡によって効力を生ずべき行為に関する訴えは、相続開始時の被相続人の住所が日本国内にあるとき、相続開始時に被相続人の住所がない場合または住所が知れない場合において、被相続人の居所が日本国内にあるとき、相続開始時に被相続人の居所がない場合または居所が知れない場合において、被相続人が相続開始前に日本に住所を有していたとき（日本国内に最後の住所を有していた後に外国に住所を有していたときを除く）には日本の裁判所に管轄権がある（3条の3第12号）。

(ⅸ) 相続債権その他の相続財産の負担に関するその他の訴え　　前号と同様である（3条の3第13号）。

　前号と本号は相続権、遺留分、遺贈等に関する訴えおよび相続財産上の担保権、相続財産から支払われるべき債権などにもとづく訴えを被相続人についての相続開始時の住所地またはそれに代わるべきところに集中させるための規定である。したがって、いずれについても、日本の裁判所の専属管轄権としたほうがよい。

(ⅹ) 日本の法令にもとづいて設立された会社、社団または財団の組織に関する訴え等　　日本の法令にもとづいて設立された、会社の組織に関する訴え、責任追及等の訴え、役員の解任の訴え、社員の除名の訴えおよび社債発行会社の弁済等の取消しの訴え（会社法第7章中第2節、第6節を除く）、一般社団法人等の組織に関する訴えおよび責任追求の訴え、その他の社団、財団に関する訴えでこれらに準ずる訴えについては、日本の裁判所が専属管轄権を有する（3条の5第1項）。これらは法人または社団、財団の住所地の管轄権（普通裁判籍）であるが、それを専属管轄権としたところに本条の意味がある。これに対して、日

本法以外で設立された会社、社団または財団等に対する同種の訴えについては、日本の裁判所は管轄権を有しないことになる。

　(xi) 登記、登録に関する訴え　　登記または登録をすべき地が日本国内にあるときは、その訴えについては日本の裁判所が専属管轄権を有するとされている（3条の5第2項）。登記、登録の対象のいかんにかかわらない。

　(xii) 知的財産権の存否、効力に関する訴え　　知的財産権のうち、設定の登録により発生する権利の存否またはその効力に関する訴えは、その登録が日本でなされたときは、日本が専属的管轄権を有する（3条の5第3項）。知的財産権は歴史的に各国ごとに権利が独立であり、その多くは登録がその効力の発生要件とされているためである。ただし、著作権について登録を要するとする国はごく少数であり、わが国は著作権について登録を要しないので、このような規定を必要としない（間接管轄権の規定としては意味がある）。知的財産権の侵害、不正競争を原因とする損害賠償請求、差止等の訴えは不法行為に関する訴えであり（最判平成16年4月8日民集58巻4号835頁）、不法行為訴訟の管轄権による。被告が知的財産権の存否、有効性を争う場合に、あらためて登録国でそれについての判断を要するか、損害賠償請求、差止等の訴えでも無効を主張しうるか（いわゆる無効の抗弁の主張）はその権利が付与された法令上の問題であって、知的財産権の存否、有効性に関する訴訟の管轄権の問題ではない。登録国以外で無効の抗弁を主張することが可能であって、仮にそれが容れられたとしても登録国では当然には認められることにはならない。したがって、知的財産権の侵害を原因とする訴えについて登録国以外の国の管轄権を合意しうるとしても、そこでの裁判が登録国では効力を生ずるとはかぎらない。

　(xiii) 消費者契約に関する訴え　　消費者契約とは事業者でない個人と事業者（法人その他の社団、財団および事業を行う個人）との間の契約をいう。消費者から事業者に対する訴えは、訴え提起の時または契約締結の時の消費者の住所が日本国内にあるときは、日本の裁判所に提起することができる（3条の4第1項）。事業者から消費者に対する訴えについては、3条の3の規定の適用はないので（同3項）、被告の住所地に訴えを提起することになる。このほかに消費者は事業者に対して3条の3の規定で訴えを提起することができる。

(ⅳ) **個別労働関係に関する訴え**　労働契約の存否その他の個別労働関係紛争に関する労働者から事業主に対する訴えは、当該紛争に係る労働契約における労務供給地（それが定まっていない場合にあっては雇入れた事業所所在地）が日本国内にあるときは、日本の裁判所に提起することができる（3条の4第2項）。事業主から労働者に対する訴えについては、3条の3の規定の適用はないので（同3項）、被告の住所地に訴えを提起することになる。

(d) 合意による管轄権

(ⅰ) 当事者は、書面による合意によって、訴えをいずれの外国の裁判所に提起できるかについて定めることができる（3条の7第1項第2項）。ただし、外国の裁判所にのみ訴えを提起することができる旨の合意は、その国の裁判所が法律上又は事実上裁判管轄権を行使することができないときは、それを援用することができない（同第4項）。管轄の合意は、内国、外国を問わず、一定の国の裁判所に限定することのできる専属管轄権の合意とそれ以外の管轄原因を否定しない附加的管轄権とがあり、この規定ではそのいずれも可能である。外国の裁判所の専属管轄権の合意は、日本に専属管轄権がある場合はその効力を有しない。管轄の合意がその効力を有しない場合は管轄違いの抗弁は容れられず、あらためて日本の管轄権の有無を検討することになる。管轄権の合意の成否はこの法律（法廷地手続法）の解釈の問題であり、いわゆる主たる契約の準拠法によるとすることは適当ではない。この合意が専属管轄権についての合意か否かは合意の解釈の問題であるが、事業者間の取引については専属管轄権の合意とみるべき場合が多いであろう。外国裁判所についての専属管轄権の合意がはなはだしく不合理であり、それが内国の公序に反するときは、その効力（内国の管轄権を排除する妨訴抗弁）は認められないこととなろう（最判昭和50年11月28日民集29巻10号1593頁）。

そこで問題となるのは、その合意がはなはだしく不合理であって、内国の公序に反するかが本条の解釈問題となろう。近時、金融業者、投資勧誘業者等がわが国在住者（法人を含む）に勧めて金銭を外国にある銀行の口座に預託させ、その契約関係から生ずる紛争について外国の裁判所の専属管轄とする合意がみられるが（東京地判平成26年1月14日判時2217号68頁、大阪高判平成26年2月20日判時2225号77頁など）、これらの事案における金融商品販売契約での専属的管轄の合

意は、顧客にとってはなはだしく不合理であるから、公序に反するというべきであろう。

外国の裁判所に専属管轄権がある場合には、他に日本の裁判所の管轄権を認めうる管轄原因があっても、日本の裁判所の管轄権を認めることはできない。数人からの又は数人に対する訴についての管轄権（3条の6但書）が認められたとしても、それは専属管轄の合意に優先しないと解すべきであろう。

(ii) 管轄権に関する合意は一定の法律関係にもとづく訴えに関し、かつ、書面または電磁的記録によってしなければその効力を生じない（3条の7第2項・3項）。ここで必要とされる方式は、書面または電磁的記録であり、そこでは合意の対象となる法律関係を明示しておかなければならない。その合意の方式としては、当事者の作成した書面によることで足り（例えば売買契約中の裁判管轄条項）、その性質上他方当事者の署名をとくに要しないものもある（例えば、船荷証券。最判昭和50年11月28日民集29巻10号1554頁）。電磁的記録についても同様であろう。

(iii) 将来において生ずる消費者契約に関する訴えにおける特則　消費者契約に関する訴えの管轄の合意については、将来に生ずる紛争を対象とする管轄の合意であって、消費者の契約締結時の住所地国の裁判所に訴えを提起できる旨の合意であるとき（3条の7第5項1号）、消費者が合意された他の国の裁判所に訴えを提起したとき、または、事業者が日本もしくは外国裁判所に訴えを提起した場合において、消費者が管轄の合意を援用したときに有効とされる（同2号）。ただし、1号の合意は、それが専属管轄権の合意であっても、2号の場合を除き、契約締結時の消費者の住所地国以外の国の裁判所にも訴えを提起することを妨げない旨の合意とみなされる。

(iv) 将来において生ずる個別労働関係紛争に関する訴えにおける特則　労働契約の終了時になされた（終了時に効力を有していたとの意味であろう）管轄権の合意であって、その時における労務提供地国の裁判所に訴えを提起できる旨の合意は有効とされる（3条の7第6項1号）。労働者が合意された国の裁判所に訴えを提起したとき、または、事業主が日本もしくは外国の裁判所に訴えを提起した場合において、労働者が管轄権の合意を援用したときにも、管轄権の合意は有効とされる（同2号）。ただし、1号の合意は、それが専属管轄権の合意であっても、2号の場合を除き、労務提供地国以外の国の裁判所にも訴えを提起すること

を妨げない旨の合意とみなされる。この規定によると通常の雇用契約上の権利義務の問題だけでなく、企業秘密の保持義務、競業避止義務に関する問題についてもこのような管轄権の合意は効力を有することになる。類似のことは委任契約上の権利義務についても生ずるであろう。

(e) 応訴による管轄権

被告が第一審の裁判所において日本の裁判所が管轄権を有しないとの抗弁を提出しないで本案について弁論等をしたときは、日本に管轄権があるものとされる（3条の8）。被告が日本の管轄権を争えば、応訴による管轄権は生じない。

(f) 併合請求における管轄権

(i) 同一当事者間において一の訴えで数個の請求をする場合　日本の裁判所が一の請求について管轄権を有し、他の請求について管轄権を有しないときは、両請求の間に密接な関連があるときに限り、他の請求についても日本に訴えを提起することができる（3条の6本文）。渉外的性質を有する2以上の訴えで管轄原因が異なる場合には、国内事件の場合と異なり、同一当事者間であっても他国の管轄権に服すべき請求を内国での訴えによって審理することは適当ではないので、内国に管轄権のある請求との間に密接な関係を要するとした（最判平成13年6月8日民集55巻4号727頁と同趣旨）。

(ii) 数人からのまたは数人に対する訴えの場合　日本の裁判所が一の請求について管轄権を有し、他の請求について管轄権を有しないときは、訴訟の目的である権利または義務が数人について共通であるとき、または同一の事実上および法律上の原因にもとづくときに限り、日本の裁判所にその訴えを提起できる（3条の6但書）。この規定は共同訴訟の要件に関する民事訴訟法38条前段と同様であり、これまで下級審の裁判例で用いられてきたところと同じである。

② 訴訟手続上の処理

(a) 国際裁判管轄権の判断　国際裁判管轄権がない場合には、裁判所は訴えを却下する。管轄原因の有無は職権で判断するが、管轄原因を構成する事実は証明されることを要する（最判平成13年6月8日民集55巻4号727頁）。管轄権に関する事項については職権で証拠調べをすることができる（3条の11）。管轄原因が認められる場合には、審理が行われるが、この法律ではいくつかの特則を設け

ている（(b)―(f)）。しかし、特に定めていない事項もある（(g)―(i)）。

(b) 中間確認の訴え　日本の裁判所が専属管轄権を有する場合には、当事者は訴訟の進行中の争いとして日本の裁判所の管轄権の有無についての中間確認の訴えを提起することはできない（145条2項）。

(c) 反訴の提起　日本の裁判所が管轄権を有する本訴の目的である請求または防御の方法と密接に関係を有する請求を目的とするときに限り、日本で反訴を提起できる。ただし、反訴の請求が専属管轄の規定によって日本の裁判所の管轄権に属しないときは、その反訴は提起できない（146条3項）。どのような関連があれば密接な関連があるかは裁判例にまつこととなろう。

(d) 特別の事情による日本の裁判管轄権の否定　法律に定める管轄原因があっても、事案の性質、当事者および尋問を受けるべき証人の住所、使用すべき検証物の所在地その他の事情を考慮して、当事者間の衡平を害し、適正かつ迅速な審理の実現を妨げることとなる特別の事情があると認めるときは、訴えの全部または一部を却下することができる（3条の9）。法文で挙げられている事由は例示である。最判平成28年3月10日民集70巻3号846頁は、原告の日本法人が被告のネヴァダ州法人のインターネット上での名誉毀損にもとづく損害賠償請求の訴について、結果発生地たる日本の裁判所の管轄権を認めたが（民訴法3条の3第8号）、それ以前にネヴァダ州で被告の原告に対する訴訟が係属し（原告は反訴も提起）、双方で約100人の証人、約9,500点の文書の開示があり、証人の大半が米国等に居住し、文書の大部分が英語で作成されている事案では、民訴法3条の9にいう「特別の事情」があるとして、訴を却下した東京高判平成26年6月12日（前掲民集913頁）の判断を是認した。

(e) 日本の専属管轄権と外国の裁判管轄権の否定　日本に専属管轄権があるとの定めがある場合には、他の管轄原因の有無にかかわらず日本に管轄権があることは当然である。日本の法令に日本の裁判所のみが管轄権を行使する旨の定めがある訴えについてこの法律において他の管轄原因を定める規定を適用しないものとするとの規定（同法3条の10）は、そのような訴えについての外国裁判所の判決の承認、執行に当たって、その管轄権（間接管轄権）を否定することを示した趣旨である。本条がなくとも内国に専属管轄権がある場合には、外国裁判所の管轄

権は解釈上当然に否定される。

　(f) 保全命令の管轄権　日本の裁判所が本案の訴えについて管轄権を有するとき、または仮差押えの目的物もしくは係争物が日本国内にあるときに限り、日本の裁判所が管轄権を有する（民事保全法11条）。

　(g) 債務不存在確認の訴え　これまで原告の住所地または損害発生地などを理由に外国で損害賠償請求訴訟が提起され、それに対抗するためもあって、内国（日本）で、外国訴訟の被告（多くは内国に住所を有する）から外国訴訟の原告の請求にかかる債務の不存在の確認を求める訴えが提起されることが少なからずあった。これは原告被告の逆転した二重訴訟であり、国際的訴訟競合の問題を生ずるが、それに先立って国際管轄権の有無の問題がある。これはそれぞれの訴えにおける債務の性質と具体的な事案における管轄原因の有無によるであろう（不法行為、生産物責任等の事案で、設計、製造地を不法行為地とし、不法行為地の管轄原因にもとづいて訴えを提起することが多い。学説では訴えの利益があれば、可能とされている）。本法ではとくに債務不存在確認の訴えについての規定は設けていない。

　(h) 緊急管轄　緊急管轄は、通常の法則では国際的に管轄権を有する国（地域）がないことになる場合に、当事者を救済するための例外であるから（例えば、最判平成8年6月24日民集5巻7号1451頁は外国判決の不承認による跛行的法律関係の発生を防ぐために日本の管轄権を認めた。）、直接管轄権、間接管轄権のいずれについても、その性質上明文の規定はない。この事案は、欧州に住所地のある原告（日本人）の住所地国ドイツでは公示送達によってなされた離婚判決が確定したが、原告が現在居る日本ではこの判決は承認の要件をみたさず（民事訴訟法118条2号）、日本であらためて離婚訴訟を提起するには直接裁判管轄権がない場合に、この訴訟の原告についてはその住所地国では離婚が成立し、日本では婚姻が継続しているという跛行的法律関係が生ずる。

　(i) 国際的訴訟競合に関する規律　とくに規定を設けてない。日本に管轄権がある場合には、外国において先に訴訟が係属していても、その法律上の効果は日本の訴訟手続には及ばず、日本で訴えの却下、訴訟手続の中止の措置をとることにはならない（もっとも、裁判所の訴訟の進行上の配慮はありうるであろう）。国際的訴訟競合の結果は外国判決の承認、執行の段階で処理することになる。

4 当事者

(1) 当事者能力

当事者能力とは訴訟における当事者となることのできる地位、すなわち自己の名において訴えまたは訴えられることのできることをいう。多くの国では権利能力（法人格）を認められている者には裁判上の当事者の地位を認めているが、権利能力を認められていなくとも一定の者（例えば、英米法におけるパートナーシップ）に当事者能力を与えていることもある。そのようなことは法廷地訴訟法によって定めるべきである。

わが国では当事者能力の有無は民事訴訟法で特別の定めのある場合以外は民法その他の法令に従うこととし（民事訴訟法 28 条）、実体法に委ねている。したがって、外国人および外国の社団、財団の当事者能力はその属人法国の実体法によることとなる。わが国では外国人の一般的権利能力を認め（民法 3 条）、外国法人は一定範囲の法人（国、国の行政区画および外国会社）についてのみ内国での法人格を認めているので（同法 35 条 1 項）、これらについては民事訴訟法 28 条による。認許されない外国法人および法人でない社団、財団については同法 29 条が適用される。したがって、外国人および外国法人その他の社団、財団であって、代表者の定めのあるものについてはわが国では当事者能力が認められることになる。裁判例は英法または英法系の法のもとで設立されたパートナーシップの当事者能力について、属人法上の訴訟法によるものもあるが（東京地判昭和 35 年 8 月 9 日下民集 11 巻 8 号 1647 頁）、属人法上の実体法によるものが多い（東京高判昭和 43 年 6 月 28 日高民集 21 巻 4 号 353 頁）。また、わが国で認許されない外国法人については、法人でない社団または財団で代表者、管理人の定めあるものとして当事者能力を認めている。

(2) 訴訟能力

訴訟能力は訴訟手続を有効になしうる能力である。これも法廷地訴訟法がどのように定めているかによる。わが国では民事訴訟法 28 条で民法その他の法令に従うと定めているため、属人法上の実体法によるべきである。民事訴訟法 33 条で外国人はその本国法で訴訟能力を有しない場合であっても、日本法上訴訟能

力を有すべきときは訴訟能力者とみなされるとしたのは、外国人について内国人以上の保護は与えないとの趣旨である。裁判例では属人法上の実体法説をとるものがある（最判昭和34年12月22日家月12巻2号105頁）。法人その他の社団または財団の訴訟能力は、いかなる者が訴訟手続上の行為をなしうるかということであるから、法人等の代理権（代表権）の問題である（東京地判昭和43年12月20日労民集19巻6号1610頁は外国法人の訴訟能力と捉えているが、これは適当でない）。これは法人の属人法上の実体法によるべきである。

(3) 当事者適格

　当事者適格は、特定の請求に関して、いかなる者が原告または被告となりうるかということであるので、紛争の対象となる実体的法律関係をどのように考慮すべきかという問題がある。わが国の学説は、実体関係の準拠法によるとする説、手続法上の問題であるが実体関係の準拠法をも考慮すべきであるとの説、手続か実体かの問題ではなく、個別の場合ごとに検討すべきであるとの説に分かれている。

　正当な当事者であるかどうか（当事者適格）は訴訟を利用することのできる制度上の利益であるから、法廷地の手続法によるべきである。本人以外の者が当事者となる場合（訴訟担当）も、いかなる者が当事者となりうるかは本人と訴訟担当者の実体的法律関係によると考えられるので（例えば、債権者代位、保険代位による請求、倒産手続の管財人など）、その準拠法により権限の有無を判断し、そのうえで法廷地手続法で当事者適格について判断することとなろう。

　実体的法律関係にもとづかない場合には法廷地手続法によることとなる（例えば、選定当事者、米国におけるクラス・アクション）。裁判例としては、ロイヅ・シンディケートのメンバーが引き受けた損害保険契約にもとづく保険代位を原因とする加害者に対する損害賠償請求訴訟において、保険者のうちの一名が他の保険者から訴訟追行権を授権されているかについて、英国の慣習では訴訟の提起が認められるとしたうえで、わが国の任意的訴訟担当の禁止の原則を潜脱するおそれがなく、これを認めるべき合理的な必要性がある場合には、これを許容することができるとしたものがある（保険者間（シンディケート）で実体法上の利害関係が一致していること、保険者全員が英国の慣習に従う旨を表明しており、特段の弊害が認められないこと

を前提としている。東京地判平成3年8月27日判時1425号100頁)。

5　国際的訴訟競合

　国際的訴訟競合の生ずる原因は、各国の管轄権についての規則が異なること、当事者間で訴訟競合は争い方として戦術上効果があると思われることにあろう。

　同一の当事者間における同一の紛争が二以上の国の裁判所に係属している状態を国際的訴訟競合という。原告が被告に同じ請求をする場合もあり、当事者の立場が逆になることもある。ここでの問題は、係属する複数の訴訟の審理をいかにすべきか、複数の判決の牴触をいかに処理すべきかにある。これについては各国の立場は分かれており、外国訴訟には干渉できず、内国訴訟についてはとくに制限する必要はないとする国と、両者の関係によっては内国訴訟を制限する国とがある。後者には、最初に提起された訴訟を優先させて後の訴訟を制限する国、外国判決の承認、執行との関係を考慮して内国での承認が予測される場合には内国訴訟を制限（訴えの却下、手続の中止等）する国、国際裁判管轄権、当事者の利害等を考慮して、内国の裁判管轄権を否定し、あるいは管轄権の行使を差し控えるとする国もある。いずれの場合でも外国での訴訟係属が内国の訴訟係属よりも早い場合とその逆の場合があり、いかなる理由でいずれを優先させるかの議論は複雑になる（先後を問わず内国訴訟を優先させ、或は訴えの係属の早いものを優先させて、その後の訴えを却下し、あるいは外国判決の承認可否の予測にもとづいて内国訴訟手続を停止するとの立場をとるものが多い）。

　内国訴訟を制限しない場合および2以上の判決がある場合（内国判決と外国判決の場合といずれも外国判決の場合とがある）には、判決の承認の段階でこの問題を処理しなければならなくなる。判決の牴触を処理する場合には、内国判決を外国判決に優先させる説、両者を区別せず訴え係属の先後による説、判決の確定の先後による説がある。これは各国の民事訴訟政策の問題である。

　わが国の裁判例の多くは国際的二重訴訟であっても内国訴訟を制限していないが（大阪地中間判昭和48年10月9日判時728号76頁、東京地中間判平成元年5月30日判時1348号91頁、東京地中間判昭和62年6月23日判時1240号27頁）、内国訴訟が後訴であることを理由に却下したものもある（東京地判平成11年1月28

日判タ 1046 号 273 頁)。

平成 23 年の改正ではこの問題に関する規定はない。

6 国際司法共助
(1) 概　説

　内国の裁判上または裁判外の文書の外国での送達、外国での証拠調べの必要のある場合、外国での民事訴訟事件について内国での送達、証拠調べの必要のある場合には、いずれも他国で自国の手続上の行為を実施することはできないので、相手国に必要な措置をとることを要請することになる。このような異なる国の裁判所間の協力を国際司法共助という。国際司法共助には、送達、証拠調べのように裁判権の行使に関するもののほかに、外国の法律の内容についての照会、倒産処理手続における情報の交換等も含まれる。

　多くの国では外国での送達、証拠調べ、外国からの送達、証拠調べについて国内法に多少の規定はある（わが国では前者については民事訴訟法 108 条および 184 条、後者については外国裁判所ノ嘱託ニ因ル共助法)。しかし、国際司法共助のためには国家間の合意が必要である。その合意は必要の生じたたびの合意によることでもできるが、二国間または多数国間の取極（協定、条約）によることもある。このような問題を国際的に解決するためには、多数国間条約によって各国の国内法上の手続の間をつなぐ方法を講ずることが適当であろう。地域的条約としては中南米諸国間の条約（1928 年の国際私法に関する条約)、米州諸国間の条約（1975 年の米州国間における司法共助条約、証拠収集条約）があるが、一般的条約としてはハーグ国際私法会議による 1954 年の民事訴訟手続に関する条約（Convention relative à la procedure civile, 1954)、1965 年の送達条約（Convention on the Service Abroad of Judicial and Extrajudicial Documents in Civil or Commercial Matters, 1965. 1969 年 2 月 10 日発効)、1970 年の民事又は商事に関する外国における証拠の収集に関する条約（Convention on the Taking of Evidence Abroad in Civil or Commercial Matters, 1970. 1972 年 10 月 7 日発効）がある。

　わが国については、いくつかの国との間で以前から司法共助の取極があるほか、二国間条約としては日米領事条約と日英領事条約がある。また、わが国は民事訴

訟手続に関する条約（民訴条約）と民事又は商事に関する裁判上及び裁判外の文書の送達に関する条約（送達条約）の締約国であるが、証拠収集条約には加わっていない。

(2) 送　達

　外国における送達は、各国の担当部局間での条約で定める嘱託手続によって行われる。民訴条約による送達では、受託国での送達方法は任意に受領する名宛人への交付、嘱託国での送達と類似の送達方法および受託国の国内法に反しない特別の方法である。送達条約による送達では（送達条約の締約国間では民訴条約に優先する）、送達方法は受託国における通常の送達方法と受託国の法律に反しない特別の方法（要請者が希望する場合）である。二国間条約では、領事官は派遣国の法令に従い、かつ、接受国の法令に反しない方法で送達できるとする（例えば、任意の交付）。その都度送達の嘱託をする場合は、通常は受託国の定める方法による。一定の場合には公示送達も可能である。これらの条約の締約国間では、そこで定めている送達方法以外の方法による送達は適法とはいい難い（最判平成10年4月28日民集52巻3号853頁）。また、わが国との間に取極のない国からの嘱託の手続を経ずに郵送その他の方法による送達、わが国との間に取極、条約があるにもかかわらず、そこに定められた方法によらない送達（例えば、米国の裁判所からの郵送および日本にいる者を通じての直接交付など）は、わが国では適法な送達とはなし難い。

(3) 証拠調べ

　証拠調べについては、民訴条約、二国間取極またはその都度嘱託する方法による。民訴条約の定める方法は受託国の司法当局に嘱託しての証拠調べ、受託国が拒否しない場合に自国の外交官・領事官による証拠調べとを認めている。二国間取極では、派遣国の領事官は自国民について派遣国の法令に従い、かつ、接受国の法令に反しない方法で証拠調べをなしうる（例えば、任意の宣誓供述書（affidavit）の作成）。そのたびごとの嘱託による場合は、それぞれの国内法の定めるところによる。

7 外国判決の承認および執行

(1) 概　説

　訴訟手続の重複を避けるために、外国での訴訟手続の効力を一定の場合に自国で承認することが多くの国で認められている。これは一度の裁判手続によって当事者および裁判所の時間と費用を省き、法律関係の安定をはかるためである（重複訴訟の回避と跛行的法律関係の防止）。一般に承認の対象とされているのは、外国裁判所の確定した裁判（訴訟事件の判決、判決だけでなく非訟事件・倒産処理事件の決定、命令などで、通常の不服申立による変更の可能性のないもの）である。わが国も、一定の要件のもとに、外国の確定判決を承認し、それにもとづく執行ができることとしている（民事訴訟法118条、民事執行法22条6号）。

　外国判決の承認の要件は各国で必ずしも同じではないが、これらの要件は各国で同じであることが望ましいので、そのための多数国間条約作成の試みがなされている。しかし、1971年民事及び商事に関する外国判決の承認及び執行に関する条約は発効したが、採用する国が少なく（この条約は直接管轄権でなく、間接管轄権を定め、しかも二国間合意に委ねている事項が多い）、世界的な統一には至らなかった。1995年からハーグ国際私法会議で作業のなされた「国際裁判管轄及び外国判決承認執行条約案」は条約としてまとまるに至らず、2005年6月に裁判所の選択の合意に関する条約が採択され、管轄権についての合意がある場合における外国判決の承認、執行に関する規定がおかれている（2015年10月1日発効）。他方、欧州諸国間では1968年のブリュッセル条約およびこれを拡大した1988年のルガノ条約が機能している。わが国は外国判決の承認、執行について二国間条約も多数国間条約も締結していない。

(2) わが国における外国判決承認の要件

　わが国では民事訴訟法118条の定める要件を具備する確定した外国裁判所の判決を承認する。これは所定の要件が具備しているならば、とくにそのための手続を経ることなく、内国でその効力を有することを意味する。承認とは外国判決の効力を内国で認めることであるが、内国で認めていない効力、内国の基本的法秩序に反する効力は承認されない。承認の対象となる外国判決はその手続、形

式等のいかんを問わず、私法上の法律関係に関する終局的裁判（判決のみならず、決定、命令を含む）をいう（最判平成10年4月28日民集52巻3号853頁）。外国判決によって執行する場合には、個別の判決ごとに承認の要件の有無を審査し、執行判決を必要とする（民事執行法24条）。外国判決の審査に当たっては、判決の結論、理由の当否を審査しないとするのが、わが国を含めてほとんどの国における原則である。

わが国での承認の要件は①判決国に裁判管轄権のあること（民事訴訟法118条1号）、②被告が訴訟の開始に必要な呼出しの送達を受けたこと（同条2号）、③外国判決の内容とその訴訟手続がわが国の公の秩序または善良の風俗に反していないこと（同条3号）および④相互の保証あること（同条4号）である。

間接管轄権は直接管轄権と同一の原則によるとするのが通説であるが、外国判決の承認の機会を広くするため、間接管轄権を広く認める見解もある。

外国の裁判所からの訴状、期日呼出状等の送達については、被告への送達は有効な送達となしうるか（東京地判昭和63年11月11日判時1315号96頁、東京地判平成2年3月26日金融商事857号39頁、東京地八王子支判平成9年12月8日判タ976号235頁はいずれも否定）、原告から依頼を受けた者による直接交付による送達を適法な送達とすることができるか（前掲最判平成10年4月28日は否定）、翻訳文の添付を必要とするかにある（これを必要とする見解と、事案に応じて被告の応訴の余裕等を勘案して判断するとの説とに分かれている。前掲東京地判昭和63年11月11日、東京地判平成2年3月26日、東京地八王子支判平成9年12月8日は日本に居る被告の保護と訴訟手続の画一性、安定性を理由に前者をとる）。

公の秩序または善良の風俗に反していないとの要件については、外国判決の内容（実体的公序）のみならず、その成立についてもわが国の公序（手続的公序）に反しないことを要する（最判昭和58年6月7日民集37巻5号611頁は当該外国判決が適正な手続でなされたことを要するとする）。損害賠償を命ずる外国判決については、懲罰的損害賠償（punitive damages）のごとく、実損害の賠償に加えて制裁的な賠償金を課し、加害者に対する制裁と一般予防を目的とする賠償金の支払を命ずる部分は、被害の回復を目的とするものとは本質的に異なるので、わが国の公序良俗に反するものとして効力を有しない（最判平成9年7月11日民集51巻6

号 2573 頁は米国の州法による三倍賠償判決の承認をしない)。

相互の保証については、当該外国においてわが国の判決が、わが国における外国判決承認の条件と重要な点で異ならない条件の下に効力を認められることで足りるとされている (前掲最判昭和 58 年 6 月 7 日)。

なお、若干の国については相互の保証がないとした裁判例がある (実質的に外国判決の再審査を行うベルギーの裁判所についての判決についての東京地判昭和 35 年 7 月 20 日下民集 11 巻 7 号 1522 頁、日本の裁判を承認しないことを明言している中華人民共和国についての大阪高判平成 15 年 4 月 9 日判時 1841 号 111 頁)。

8 保全手続

(1) 概　説

仮差押え、仮処分、差止命令等の暫定的な権利の保全、法律上の地位の保全のための措置もいずれかの国の裁判所の保全処分によらざるをえず、その要件、手続、処分の種類と内容は各国で同じではない。そこでの主な問題は保全処分の国際裁判管轄権と外国裁判所の保全処分の取扱いである。

保全手続一般についての条約その他の国際的統一のための措置は講ぜられていない。船舶の仮差押えについては 1952 年の航海船舶の仮差押えに関するある規則の統一のための国際条約 (1956 年 2 月 24 日発効) および 1999 年の船舶仮差押条約 (International Convention on Arrest of Ships, 1999. 2018 年 8 月末現在未発効) がある。これらの条約も民事・商事に関する裁判管轄権及び判決の執行に関する 1968 年のブリュッセル条約も、本案訴訟の管轄権のある地とは別に、船舶所在地、財産所在地に仮差押えの管轄権を認めている。

多くの国では、仲裁手続で仲裁人が保全措置を命ずることができず、仲裁人の保全措置に執行力はないので、仲裁による解決の場合にも裁判所の保全手続を用いることが認められている。

(2) わが国における保全手続

仮差押えの目的物の所在地、仮処分の対象となる係争物の所在地、仮の地位を定める仮処分についてはその実効性を求めうる地に管轄権を認めることには

異論はないが、本案事件の管轄裁判所に保全手続の管轄権を認めるべきかについては見解が分かれている。わが国の下級審裁判例では目的物の所在地であり、かつ、本案の管轄権をも有する場合が多かったが（例えば、横浜地判昭和41年9月29日下民集17巻9=10号874頁）、目的物所在地であることをもって管轄権を認めたものもある（旭川地決平成8年2月9日判時1610号106頁）。今次改正の民事保全法では、保全命令の申立ては、日本の裁判所に本案の訴えを提起することができるとき、または仮差押えの目的物もしくは係争物が日本国内にあるときに限り、することができるとされた（同法11条）。

保全命令の執行は、それを行う地の法令によるが、本案の管轄裁判所に保全命令の管轄権を認めると、目的物所在地における外国保全命令の承認、執行という問題が生ずる。保全命令の執行において、船舶、航空機、建設機械等の可動物件の現実の所在地のほかに、それらの登録、登記のある地も目的物の所在地とみる国もある（わが国では日本船舶の仮差押えについて仮差押えの登記による執行を認めている（民事保全法48条2項））。

補説

（国際裁判管轄権に関する条約）

国家及びその財産の裁判権からの免除に関する国際連合条約 国際連合では2004年12月に「国家及びその財産の裁判権からの免除に関する国際連合条約」（UN Convention on Jurisdictional Immunities of States and Their Property. 2005）を採択した（2005年1月に署名に開放）。この条約は制限免除主義を採用し、商業的取引、雇用契約などについて国家およびその財産についての裁判権免除を認めないとするものである。この条約の規定は、当該国について条約が発効する以前に開始された裁判手続における事項には適用されない（4条）。この条約では「国家」には政府機関、連邦国家において、主権的権能を行使する構成国または団体、国家代表を含むとしている。しかし、外交官・領事官、国家の長の裁判権免除には適用されない（3条）。この条約は締約国が30ヵ国となったときに効力を生ずる（日本は2010年5月に受諾して国内法を制定した。2018年3月末日現在未発効）。

国際裁判管轄権に関する一般的条約 ハーグ国際私法会議による1971年の民事及び商事に関する外国判決の承認及び執行に関する条約（Convention on the Recognition and Enforcement of Foreign Judgments in Civil and Commercial Matters 1971. 1979年8月20日発効）では、間接管轄権を規定している（10条）。欧州共同体における1968年の民事及び商事に関する裁判管轄権並びに判決の執行に関するブリュッセル条約（1988年にブリュッセ

ル゠ルガノ条約となる）があり（Convention on Jurisdiction and Enforcement of Judgments in Civil and Commercial Matters, Brussels 1968, Lugano 1988）は直接管轄権を明示し、外国判決の承認についてもこれによることとしている（条約の規定は 2002 年 3 月 1 日から欧州共同体規則となる）。2001 年に挫折したハーグ国際私法会議の民事及び商事に関する裁判管轄権及び外国判決に関する条約案（Draft Convention on Jurisdiction and Foreign Judgments in Civil and Commercial Matters, 2001）は、ブリュッセル条約と同様に、直接管轄権を明示している。間接管轄権については、外国判決の承認に際して必ず管轄権ありとすべきもの、過剰管轄として承認すべきでないもののほか、その中間段階で締約国において承認することのできるものの 3 種類に分けている。

　一般的な形で直接管轄権を定めた普遍的条約は未だ存在しないが、特定の事項に関する条約のなかで国際裁判管轄権について定めている例はある（例えば、国際航空運送に関するワルソー条約 28 条、モントリオール条約 33 条・46 条）。

　裁判所の選択の合意に関する条約　この条約（The Hague Convention on Choice of Court Agreements, 2005）は、1996 年 6 月 10 日から正式に開始した民事商事事件における裁判管轄権および判決の承認、執行に関する条約の 1999 年案が 2001 年の外交会議で採択に至らなかったため、2002 年に改めて作業部会を設けて、当事者の合意にもとづく国際裁判管轄権に限定し、2003 年に作成した条約案をもとにして、2005 年 6 月に採択された条約である（欧州共同体と米国は署名している。2015 年 10 月 1 日発効）。

　この条約は国際的訴訟事件における（1 条）、当事者の合意による裁判所の専属（排他的）管轄権を認め（5 条）、この合意のある場合には他の裁判所（合意された裁判所以外で訴えの係属した裁判所）は管轄権を有さず、手続を中止または却下すべきこと（6 条）、専属的管轄権を有する裁判所の判決は、一定の承認拒否事由がある場合を除いて（9 条）、他の締約国の裁判所において承認、執行されること（8 条）を定めている。もっとも、締約国は非専属的管轄権の合意にもとづく他の締約国の判決の承認、執行を宣言することができる（22 条）。

　国際的訴訟事件とは、当事者が同一締約国に居住し、当事者間の関係その他紛争の実体がその国のみに関係のある場合以外の案件に関する訴訟事件をいう（1 条 2）。この条約の適用除外となる専属管轄権の合意は家事事件、消費者契約、雇用契約に関する事件（1 条 1）、親族、相続に関する事件、倒産、旅客・貨物の運送、海事法上の責任、反トラスト・競争法に関する事件、人身損害、有体物についての不法行為、不動産物権、法人に関する事件、著作権以外の知的財産権の有効性とその侵害、公の登記の有効性に関する事件である（2 条 2）。しかし、それらが先決問題であるときはこの条約の適用除外とはされない（2 条 3）。仲裁およびそれに関連する手続には適用されない（2 条 4）。専属管轄権の合意とは、一定の紛争について、一定の締約国の裁判所を合意し、または締約国の 1 もしくは 2 以上の特定の裁判所の管轄を合意することをいい、それは書面または後日確めうる手段でしなければならない（3 条 a—c）。この合意はそれを含む契約から独立し、その契約の有効性にかかわらない（3 条 d）。この条約でいう判決には決定、命令その他の裁判所の判断を含む（4 条 1）。法人につ

いては、その登記の所在地、設立準拠法の属する地、管理統括地、主たる営業地のいずれ
かがあれば、その地に居住するものとみなされる（4条2）。保全処分についてはこの条約は
適用されない（7条）。

　合意された裁判所でなされた外国判決がその承認を拒否されるのは、合意された裁判所の
属する国の法律によってその合意が無効であること、当事者が行為能力を有しないこと、訴訟
開始の書類が相手方の防御可能なように送達されていなかったこと、その送達が承認国の基
本的原則に反すること、判決が詐欺によって取得されたこと、その判決が承認国の公序に明ら
かに反すること、承認国で同一当事者について既になされた判決に反すること、同一当事者に
ついて第三国でなされた判決が承認の要件を有し、先になされたその第三国の判決に反する
ことのいずれかの事由のある場合である（9条）。この条約の適用の対象外の事項が先決問題
として判断された場合には、それについての判断は承認されず、その先決問題に関する判断に
もとづいてなされた判決の承認を拒否することができる（10条1・2）。ただし、著作権を除く
知的財産権の有効性については、判決の承認を拒否し、または一定のときまで遅らせることが
できる（10条3）。また、締約国が特定の事項についてこの条約の適用除外の宣言（21条）
をしたときは、その事項に関する判断にもとづく判決の承認を拒否することができる（10条4）。
懲罰的損害賠償など実損害を越える損害賠償を命令する判決の承認も拒否できる（11条）。

　専属合意管轄権を有する国でなされた裁判上の和解がその国で執行できるときは、その国
の判決同様に承認国で執行することができる（12条）。外国判決の承認、執行について、当
事者は必要な書類を提出し（13条）、承認国における手続に従う（14条）。判決の一部が分
離可能なときは、その部分について承認、執行することができる（15条）。

　この条約は、合意された裁判所の属する国について、この条約が効力を生じた日以後になされ
た当事者による専属管轄権の合意に適用し、それ以前に開始された手続には適用しない（16条）。

　保険契約または再保険契約にもとづく手続については、これらの契約がこの条約の適用除外
の事項に関するものであるとの理由でこの条約の適用から除かれることはない（17条）。

　この条約の締約国は自国と当事者または紛争との間に関連がないことを理由にその管轄権を
否定することができ（19条。直接管轄権の否定）、また、当事者の全てが自国に居住し、当
該事業のすべての要素が自国にのみ関連があるときは、他の締約国の裁判所の判決の承認、
執行を拒むことができる（20条。間接管轄権の否定）。

　この条約の締約国は非専属管轄権の合意にもとづいてなされた判決の承認、執行を宣言す
ることができ（22条1）、当該他の締約国も同様の宣言をしている場合には、その国の裁判
所について合意にもとづく管轄権のあること、最初にその裁判所に事件が係属したこと、それ
以前になされた判決がなく、他の裁判所に事案が係属していないことを条件に、それを承認し、
執行することができる（22条2）。

　不統一法国については、この条約における法および手続は関係する地域のものをいう（25
条1）。不統一法国はその国内関係についてこの条約を適用する義務を負わない（25条2）。
不統一法国における地域の裁判所は、自国における他の地域で判決の承認、執行がなされた

との理由によっては、その承認、執行を義務づけられるものではない（25条3）。この条約は全ての国の署名に開放され（27条）、2国の批准、受諾、承認または加入によって効力を生ずる（31条）。

（米国における裁判管轄権）
　米国における裁判管轄権　　わが国の企業の活動と関係の多い米国における裁判管轄権について略述する。米国は立法権、行政権、司法権を有する州によって構成される連邦制国家であり、州の裁判所と連邦の裁判所とがあるため（連邦裁判所の権限は限定的である）、州裁判所と連邦裁判所のいずれが当該訴訟事件について権限を有するか（事項管轄権 subject matter jurisdiction）、州裁判所あるいは連邦裁判所は当事者に対してその権限を行使しうるか（対人管轄権 in personum jurisdiction）、州裁判所と連邦裁判所のいずれについても、いかなる地にある裁判所が権限を有するか（土地管轄権 choice of forum, venue）という問題が生ずる。なお、米国では州の間の裁判管轄権の問題と国際裁判管轄権の問題は同じ原則に従う。
　①裁判の対象となる事項については、一般的には州裁判所が管轄権を有する。連邦裁判所は憲法で定められた一定の事件（海事、破産、特許権・著作権・商標権に関するもの）について排他的な管轄権を有するが、連邦問題（federal question）と当事者の州籍相違（diversity of citizenship. 外国および外国人の場合も含む）の場合は、州裁判所と競合して管轄権を有する。これらについて州裁判所から事件の移送（removal）を受ける場合もある。このほか州裁判所、連邦裁判所のいずれについても、管轄権を有する本訴にともなう反訴、共同被告間訴訟、第三者引込訴訟についての附帯的管轄権（ancillary jurisdiction）、連邦裁判所における本訴の連邦問題と関連する訴えについての付随的管轄権（pendent jurisdiction）もある。渉外的事案では連邦問題かどうかが問題となることも多い。
　②対人管轄権はコモン・ローの伝統では、被告が任意に裁判所の管轄権に服しないときは、呼出状（summons）の送達によって生ずる。送達は被告に対して管轄地域内でなされることで足りる（被告の滞在時間が短くとも、通過中であっても差し支えない）。このほかに管轄権の原因となるのは被告がその州に州籍（citizenship）、住所（domicile）、住居（residence）を有すること、その州で設立された法人であること、その州で活動するための登録をし、もしくは資格を有すること、その州に存在（presence）するか、継続して営業している（continuous and systematic business activities, doing business）こと、管轄権についての明示または黙示の同意（consent）のあることである。さらに、連邦最高裁判所は、裁判所の管轄地域に存在しない被告を管轄権に服せしめるには、その地で訴訟を行うことが公正と実質的正義（fair play and substantial justice）という伝統的な観念に牴触しない程度の最少限度の接触（minimum contact）が被告にあれば法の適正な手続（due process）の要請にかなうとした（International Shoe Co. v. Washington, 326 U. S. 310（1945））。その後もいくつかの判例を重ねて、このような立場は現在に至っている。
　多くの州では州外会社を管轄権に服せしめるための州法を制定した（モデル法 Uniform

Interstate and International Procedure Act をとり入れた州も多い)。それは州内での取引行為、州内での不法行為の実行、州内にある不動産の所有・占有・使用、州内にある人、財産または危険についての保険契約から生ずる訴訟、そのほか各州で定める一定の場合について自州に管轄権ありとするものである(州によって異なるところもある)。さらに、代理人や販売店による営業、不法な結果の発生する場合にも拡大し、カリフォルニア州のように、州の憲法および合衆国憲法に反しないかぎり、すべての基礎にもとづいて管轄権を行使しうるとするものもある。これらの州法をロング・アーム法と総称している。

　連邦裁判所は原則として管轄権に関する一般原則に従うが、連邦民事手続規則によって、その裁判所の所在する州のロング・アーム法を借用することも可能とされている(連邦規則4条K(a)A)。

　このほかに、親子会社関係や代理関係を理由に、州外にある親会社を被告として管轄権に服せしめる場合もある。

　③土地管轄については、被告の住所地・所在地、被告の事務所・営業所所在地、不動産所在地等に管轄権を認めるとの共通の原則はあるが、それ以外については判例、法律によってさまざまである。裁判管轄権があっても、それを行使することが適当でない場合に不便宜法廷地としてその行使を差し控えること(却下または移送)がある。

ロング・アーム法　　米国の州において自州に住所・居所、事務所、営業所等を有しない者についても、自州内での取引行為、他州からの物品販売の勧誘、自州内に影響を及ぼす他州での活動など、その者の活動が自州と何らかのかかわりのある場合に、その者に対する自州の裁判管轄権(対人管轄権)を認める州法を一般にロング・アーム法(long arm statute)という。連邦最高裁の判例でも、公正と実質的正義に反しないということのできる最少限度の結びつきが被告と自州との間にあれば法の適正手続に反せず、対人管轄権を行使できるとしている。これは準対物管轄権(quasi in rem jurisdiction)でも認められている(Shaffer v. Heitner, 433 U. S. 186 (1977))。

フォーラム・ノン・コンヴェニエンス　　訴えについて裁判管轄権を有する裁判所が、事案の審理について、他の裁判所に委ねることが適当であると判断した場合に、自らのその裁量により、不便宜法廷地(forum non conveniens)として裁判権の行使を控えること、また、そのような法原則をいう。その判断の理由は他の裁判所のほうが当事者の便宜、実質的な正義の実現に役立つということにある。審理を控える形式としては訴えの却下、一定の条件のもとでの訴訟手続の中止である。これはロング・アーム法などによる州裁判所の管轄権の拡張を是正する働きもしている。スコットランド法に由来し、米国の判例で広く用いられ、近時英法にもとり入れられた。

(送達証拠調等)

民訴条約、送達条約と直接交付、郵送による送達　　わが国では、原告、代理人または使者による外国訴訟訴状の直接交付による送達については学説は一致して違法とし、判例も

訴訟関係書類の直接交付について、判決国とわが国との間に司法共助に関する条約が締結されていて、訴訟手続の開始に必要な文書の送達がその条約の定める方法によるべきものとされている場合には、条約に定められた方法を遵守しない送達は、民事訴訟法118条2号の要件を満たす送達に当たるものではないとする（最判平成10年4月28日民集52巻3号853頁）。郵送による送達については、わが国が民訴条約6条1項aおよび送達条約10条aの方法（郵送による送達）について、批准の際にその拒否の宣言をしていないために、これらの条約の締約国からの郵送による送達の適法性について明確でないところがある。このことと、郵送された訴状、期日呼出状に日本語の翻訳文の添付のないこととが重なって、下級審裁判例も学説も分かれている。下級審裁判例では郵送による送達で翻訳文の添付のないものを外国判決承認のための「送達」の要件を満さないとするものが多いが（東京地判昭和63年11月11日判時1315号96頁、東京地判平成2年3月26日金融商事857号39頁、東京地八王子支判平成9年12月8日判タ976号235頁）、学説では郵送に送達の効果を否定する説、翻訳文のないものは被告防御の機会がなく、要件をみたさないとする説、郵送による送達も一律に排除されず、翻訳文の添付については個別的に了知可能性を判断すべきであり、適時の防御可能の有無を総合的に判断すべしとの説がある。この問題は、そのような手続にもとづいてなされた外国判決がわが国における承認の要件を満たすかの問題であるが、個別の案件、具体的事情によることは基準が明確でなく、手続の画一性の要請からみて適当でないので、翻訳文の添付されていない郵送による送達にもとづく外国判決は承認の要件（民訴法118条2項）を欠くというべきである。

米国における送達　米国での送達は、英法を承継し、当該裁判所の管轄内に現実に存在する者に対して裁判所職員、執行吏、保安官等による交付送達であった（それによって対人管轄権が生ずる）。その後、送達は裁判所職員の主たる職責ではなくなり、原告の責任とされ、原告の訴訟代理人または依頼された私人、送達請負業者によるのが通常となった。送達方法も被告等に対する交付だけでなく、郵便による送達、嘱託状（letter rogatory）その他法令で定められた送達も用いられている。具体的には連邦規則および各州法の定めるところによる。たまたま米国内にある外国人および外国法人の役員に対しても通常の国内での送達方法を用いて、それによってその外国人または外国法人についての裁判管轄権が生ずる。送達を受ける権限のある者、代理人を指定してあれば、それへの送達は適法であり、また、本人もしくは法人と密接な関係のある者に送達することも適法とされる（例えば、子会社への送達によって親会社への送達となる）。外国にいる者に対する送達については、1993年の連邦民事訴訟規則では、送達条約等の国際的取極がある場合にはそれによることができ（4条(1)）、国際的取極のない場合または国際的取極がそこで定めたところ以外の方法による送達を認める場合には、外国法による方法、外国の当局の指定した方法、個人への直接の交付または配達証明付郵便によることができる（後2者は外国法で禁じられていないときに限る）とされている（同条(2)）。裁判所の指定した方法であって、国際的取極に反しない方法でもよい（同条(3)）。州の裁判所の場合はそれぞれの州法によって異なる。いくつかの州では、州法の定める方法、

直接交付、嘱託状による方法、配達証明による方法および裁判所の指定した方法のいずれかでよいとする（改正前の連邦規則とほぼ同じ。統一州際国際手続法 2 条もほぼ同様の規定である）。しかし、多くの州では、自州外での送達についても自州内での送達と同様の扱いをしている。ただし、送達条約の締約国にある者に対する送達については、同条約の定めるところによる。

証拠収集条約　ハーグ国際私法会議第 11 会期（1968 年）は「民事又は商事に関する外国における証拠の収集に関する条約」（Convention on the Taking of Evidence Abroad in Civil or Commercial Matters 証拠収集条約）を採択した（1972 年 10 月 7 日発効）。これは民事訴訟手続に関する条約に英米法系諸国が加わらないため、同条約の証拠調手続の部分を改め、これらの国（とくに米国）の参加を得るために作成された条約である。この条約は民事訴訟手続における証拠調べ（証拠収集）のための嘱託手続と証拠調べの実施方法について定めている。手続の実施については、二国間の合意に委ねているところも少なくない。なお、米国の訴訟手続のための公判前の証拠開示（discovery）については、締約国はこれに応じないことを宣言できるとしている。

証拠調べの方法は、嘱託国の司法当局から受託国の司法当局へそれぞれの国の中央当局を経由して嘱託する方法、あるいは直接嘱託する方法と、外交官・領事官による方法または司法当局から委託を受けた者（Commissioner（受託者）私人でもよい）による方法である。嘱託の手続、証拠調べの実施方法、外交官等による証拠調べについて、二国間での取極を妨げない。締約国はコモン・ローの国の公判前の証拠開示のための証拠調べの実施をしないこと、外交官等による証拠調べの規定の適用の排除をすることを宣言することができる（米国以外の締約国は、英国も含めて、公判前の証拠開示のための証拠調べはしない旨の宣言をしている）。わが国はこの条約の締約国ではない。

この条約の規定を保全処分のための手続に用いることはできない。また、公法関係の手続（租税事件など）で利用（流用）することができるか、嘱託国における刑事手続で処罰のおそれのある場合に実施を拒否できるかなどの問題がある。

米国法における証拠開示手続　米国の訴訟手続では、訴えを提起したのち、法廷での証拠調べ（trial）の前に、当事者は相手方の有する文書、有体物、一定の場所の状況、証人等の開示を求めることができる。また、裁判所は当事者以外の第三者に証拠開示を命ずることもできる。これを公判前の証拠開示手続（pretrial discovery）という（Federal Rules of Civil Procedure Secs, 26-37）。その目的は訴訟手続における不意打ちの防止と証拠調手続における当事者間の公平にあるとされている。その方法は証人については証言録取書（deposition）の作成、当事者については質問書（interrogatories）の送付、文書（書証）についてはその提出、物の提出、場所への立入り（検証）、身体または精神の検査および供述の要求（request for admission）である。開示手続で得られた証拠は証拠調べで用いることができる。証拠開示手続には裁判官は直接かかわらない。当事者は証拠開示について協議して範囲、方法等を定めることができる。証拠開示手続は自州内または自国内に限らず、外国でも行うことができ

る（わが国においても米国での訴訟のためにこの手続が行われることがある）。2006年12月から電子的に保存された情報の開示が加わり、法令、裁判所の命令、社内規程に反し、また、訴訟追行上の違法行為で開示義務に反したときに制裁が課されることになった。改正規則では、電子情報の保存義務、開示される情報の範囲と選別、開示の形式、費用、違反に対する義務について定めている。

　英国の訴訟手続では文書の開示と閲覧は可能であるが、質問書と証拠保全のための証言録取書には裁判所の許可が必要とされる。米国以外の国では、他国の訴訟手続を実施することは主権の侵害であるとして、この手続が自国の領域で行われることに反対する国が多い（英国は米国における反トラスト法違反による損害賠償請求事件において、米国の裁判所から英国の裁判所に公判前証拠調開示手続の嘱託がなされたことを契機として（Rio Tinto Zinc Corporation and Others v. Westinghouse Electric Corporation et e contra［1978］1 All ER434）、1980年にこれに対抗する立法を行った（Protection of Trading Interests Act, 1980））。ハーグ国際私法会議の証拠収集条約23条では、締約国は文書について証拠開示手続を行うことを拒否することができるとしている（日本は締約国ではない）。

　日米領事条約では、米国の領事官に、米国の法律に従い、かつ、日本の法令に反しない方法で、日本にあるすべての者に対して、米国の裁判所その他の司法当局のために、証人が自発的に提供する証言を録取することができるとしている（17条(1)(e)ii）。わが国ではこれ以外の証拠調手続は認めていない。なお、正当な司法共助の手続にもとづかないで行われた証拠開示手続による外国判決を承認すべきかという別の問題もある（民事訴訟法118条3号）。

（日本法上の問題点）

　外国法の調査　　わが国では外国法についても裁判官が職権で調査して適用するとするのが通説である。法規範の内容を認識することは裁判官の職権調査事項であり、法選択規則上では内国法と外国法とは平等であるから、必要な外国法の内容を認識することは裁判官の職責であるという。しかし、外国法に関する調査を内国裁判所のみに委ねることは、内国裁判所の処理能力という観点からは疑問がある。明治23年の民事訴訟法219条は「地方慣習法、商慣習法及ヒ規約又ハ外国ノ現行法ハ之ヲ証ス可シ裁判所ハ当事者カ其証明ヲ為スト否トニ拘ハラス職権ヲ以テ必要ナル取調ヲ為スコトヲ得」としていた。

　債権の仮差押え　　債権の仮差押えの目的は第三債務者の支払を禁ずることにあるから、実効性のある地は第三債務者の住所地・営業所所在地である。そのほかに本案訴訟の管轄裁判所にも保全手続の管轄権を認めてよいが、その場合には、第三債務者の住所地・営業所所在地において、外国裁判所の仮差押命令の送達と、その承認、執行の手続を必要とすることになる。執行の管轄権は第三債務者の住所地・営業所所在地の裁判所にある。

　国際的訴訟競合と外国判決の承認　　国を異にする地で、同一当事者間で同じ紛争について訴訟が提起されたとき（国際的二重訴訟）には、内国裁判所は外国に係属する訴訟にはその権限が及ばないので、国家間の合意、取極がないかぎり、それぞれの国で判決がなされる

ことになろう（一般的な形でいえば、内国判決と外国判決の競合、複数の外国判決の競合ということが生ずる）。

　内国判決と外国判決がある場合に、それをどのように処理するか（内国でその外国判決を承認するか）についてはいくつかの基準が考えられる。その基準とされるのは、判決の確定の先後、外国判決承認時における内国訴訟の係属の有無と内国判決の確定、訴の係属の先後であろう。次のような考え方がある。①は外国判決が先に確定していても、内国に訴訟が係属している場合または内国判決がある場合には外国判決は承認されないとするもの（内国訴訟優先説）、②外国判決が先に確定し、その承認が求められたときに内国確定判決がなければ（内国で訴が係属していても）、その外国判決は承認されるとするもの、③二つの確定判決がある場合には後に確定した判決が先に確定した判決に優先するとするが、内国判決が先に確定しているときにはその既判力によって後に確定した外国判決は承認されないとするもの（内国確定判決優先説）、④訴の係属の先後、内国判決、外国判決の区別にかかわらず、先に確定した判決が優先し、先に確定した外国判決は承認されるとするもの、⑤先に係属した訴を優先させ、外国判決については、訴の係属と判決の確定が先の場合にのみ外国判決が承認されるとするものである。①と③は内国判決優先であり（民訴法118条第3号の「公序」条項を用いることになろう）、②は内国判決が確定していないときに、⑤は内国判決の確定が後のときに、先に確定している外国判決の承認を拒む理由がないということであろう。④は内外判決の抵触だけでなく、外国判決間の抵触にも及ぶことになる。いずれの立場でも、いずれか一方の判決はそれがなされた国で効力を有するので、当事者間に跛行的法律関係は生ずる。外国判決の承認・執行の要件についての多数国間条約で、そのような事態を少なくすることが必要である。

第3節　仲　　裁

1　仲裁手続

(1) 概　説

　仲裁は、当事者が一定の紛争について私人たる第三者（仲裁人）の判断に委ね、その判断（仲裁判断）に従うことを合意し、それにもとづいて紛争を解決する手続をいう。仲裁は独立した第三者の判断に服することでは訴訟と同じであるが、手続を開始するためには当事者間の仲裁契約（一定の紛争を仲裁で解決する旨の合意）を必要とすること、仲裁人の判断に従うこと、手続についても当事者が合意し、仲裁人の裁量による余地のあること、紛争の解決は必ずしも国家法による必要はなく、事案に適した解決をすることができることなどにおいて訴訟と異なる。

　現在行われている仲裁は西ヨーロッパ中世のギルドの構成員間や地方の大市

(fair)や港湾都市で、集まってきた商人間の紛争解決方法から発達したものであって、多くの国ではこれを裁判外での紛争解決方法として承認し、仲裁判断に効力を与えている。当事者が仲裁による解決を合意した場合には、国家の裁判所は裁判権を行使しないとされている（妨訴抗弁）。仲裁が国家によって紛争解決方法として認められることは、仲裁判断の効力が国家法によって承認され、それを国家権力によって強制的に実現しうることを意味する。このため、仲裁に関する法的な問題は仲裁判断の承認と執行の問題に集約されることとなる。20世紀はじめから、まず、外国仲裁判断の承認および執行についての要件、手続について国際的に統一の試みがなされてきたのはこのためである。

　仲裁の訴訟と異なる大きな特色は、要約すれば、当事者間の仲裁契約によって手続が行われること、特定の分野についての専門家を仲裁人とすることによって適切な解決が期待できること、手続が非公開であること、国際裁判管轄権のような問題が生じないことにあるといえよう。国際商取引から生ずる紛争の解決に仲裁（国際商事仲裁）が用いられるのはこのためである。もっとも、国際商取引の紛争の解決については訴訟によることも多い。

　仲裁は、当事者が仲裁人を選任し、当事者の合意または仲裁人の定めるところに従って手続が行われる場合（個別仲裁）と、常設仲裁機関を利用し、そこで定める仲裁規則によって手続が行われる場合（機関仲裁）とがある。

(2) 渉外的紛争と仲裁

　住所、営業所等が異なる国にある私人、企業間の仲裁を一般に国際商事仲裁という。これは当事者、仲裁契約または判断の対象となる紛争（仲裁の対象となる法律関係）に渉外的要素があるということのためであるが、いかなる仲裁に渉外性があるとするかは国によって異なることもあり、また、このような区別をしていない国もある。国際商事仲裁で重要な問題とされるのは仲裁契約の準拠法、紛争の仲裁適格性（可能性）の判断基準、仲裁手続の準拠法、仲裁判断の基準、仲裁判断の承認・執行などである。

　仲裁が法的に効力を有するのは国家法による仲裁判断の承認によるのであり、多くの国では自国において行われる仲裁（国内仲裁であると国際仲裁であるとにかか

わらない）にその国の手続法（仲裁法）が適用されるとしている。したがって、仲裁地の決定は実際上も、法的な意味でも重要である。

仲裁判断の承認、執行に当たっては内国仲裁判断と外国仲裁判断とを区別している国が多い。その区別の基準は国によって異なるが、1958年の外国仲裁判断の承認及び執行に関する条約が仲裁地を基準とする立場をとったため、これによるとする国が多い（もっとも、仲裁地が国内にあっても、渉外的法律関係についての仲裁判断を内国仲裁判断としない国では（例えば、フランス）、そのような仲裁判断も外国仲裁判断とすることができる。同条約1条1）。

仲裁法の規定のなかで統一しておくことの必要な事項は、各国で同じであることが望ましい事項、すなわち外国仲裁判断の承認、執行に関する要件およびその前提となる仲裁契約の効力の承認である。仲裁に関する法の統一が始まったのはこの分野であり（1923年の仲裁に関する議定書（ジュネーヴ議定書 Protocol on Arbitration Clause, 1923)、1927年の外国仲裁判断の執行に関する条約（ジュネーヴ条約 Convention for the Execution of Foreign Awards, 1927))、現在多くの国が採用しているのが1958年の外国仲裁判断の承認及び執行に関する条約（ニューヨーク条約 Convention on the Recognition and Enforcement of Foreign Arbitral Awards, 1958）である。地域的条約としては旧ソ連及び東欧諸国における条約（1972年モスクワ条約）、米州諸国内における条約（1975年パナマ条約）がある。国際商事仲裁を主な対象として、仲裁契約、仲裁人の選定、仲裁手続、仲裁判断などの仲裁手続の全体についての統一法を作る試みもなされており、国際連合欧州経済委員会による1961年条約（European Convention on International Commercial Arbitration, 1961)、欧州評議会で作成した1966年条約（European Convention Providing a Uniform Law on Arbitration, 1966)、1985年に国際連合国際商取引法委員会で作成した国際商事仲裁に関するモデル法（UNCITRAL Model Law on International Commercial Arbitration, 1985）がある。このモデル法はその後の各国の仲裁法の制定、改正において取り入れられている。国際商取引法委員会は、数年にわたる作業ののち、2006年に仲裁契約の書面要件の緩和（口頭の仲裁契約、電磁的方法による記録）と仲裁人による暫定・保全措置に関する規定を設けた。

1965年の「国家と他の国家の国民との間の投資紛争の解決に関する条約」

(Convention on the Settlement of Investment Disputes between States and Nationals of Other States, 1965. 1966年10月14日発効) では、国際復興開発銀行 (IBRD) に付置された投資紛争解決国際センター (International Center for Settlement of Investment Disputes, ICSID. 1966年設立) で、国家と他の国家の国民の間の投資紛争について仲裁をなしうること、そこでの仲裁判断が条約の加盟国において効力を有することとされている。これは国家と外国私企業間の投資に関する紛争（資源開発契約、投資家の財産の収用など）に関する仲裁であって、通常の商取引から生ずる紛争の解決のための仲裁ではない。二国間の投資協定では投資紛争をこの仲裁に委ねることを定めているものも少なくない。

2　国際仲裁における法律問題

(1) 仲裁契約

仲裁契約は一定の紛争を仲裁で解決するとの合意である（平成15年の仲裁法では「仲裁合意」という）。その内容は私法上の権利義務を定めるものではなく、紛争解決を訴訟によらず、仲裁によるとすること（妨訴抗弁）にある。仲裁契約はその対象となる紛争の生ずる実体関係の契約（主たる契約）のなかでなされること（契約書における仲裁条項）が少なくないが、主たる契約から独立した別個の合意と解されている（仲裁契約の独立性。separability）。仲裁契約の存在の立証を容易にするために、その方式として書面によることを要求する国が多い。仲裁契約の中で仲裁地を定め、または仲裁機関を指定することが多い。仲裁機関についての合意はその仲裁機関の手続規則によるとの合意を含むと解されている。これらは仲裁契約とともになされているが、仲裁手続についての合意である。

仲裁契約の準拠法については、一般に当事者の指定したところによるとの説が多い（わが国では最判平成9年9月4日民集51巻8号3657頁。この判決は準拠法の指定がなければ、仲裁地の指定の有無、主たる契約の内容および諸般の事情によるとする）。しかし、実際に当事者が仲裁契約の準拠法を指定する例はほとんどなく、仲裁契約の成否、有効性が争われた場合にいかなる法によるかは、仲裁手続で争われた場合には仲裁地の、訴訟手続で争われた場合には法廷地の牴触規則によることとなろう。そして、いずれにおいても、仲裁契約が紛争解決方法とされるかは

仲裁地における法秩序の問題であるから、当事者による指定ではなく、仲裁地法によると解すべきであろう。ニューヨーク条約 2 条は仲裁契約の効力の承認を定めているが、その準拠法については明文の定めはない。

(2) 紛争の仲裁適格性

仲裁の対象とされる紛争を仲裁手続によって解決することが法律上なしうるかという問題が、紛争の仲裁適格性（可能性）の問題である。紛争の性質によっては、訴訟その他の一定の手続によるべきこととされ、仲裁による解決に適さないとしているものもある（例えば、特許権の有効性およびその範囲、私的独占・不公正な取引方法等についての判断）。この問題は仲裁申立て、訴訟における仲裁契約の存在の主張、仲裁判断の取消し、外国仲裁判断の承認、執行などの各段階で生ずるが、わが国を含めて、多くの国で未だ定説はない（ニューヨーク条約は、外国仲裁判断の承認、執行の段階では法廷地（承認・執行地）法によらしめている。同条約 5 条 2 項(a)）。

(3) 仲裁手続

仲裁付託の申立てから、仲裁人の選任、弁論と証拠調べを経て、仲裁判断その他の措置によって事案の処理が終了するまでが仲裁手続である。当事者自治を尊重して、仲裁手続の準拠法は当事者の指定した法によるとする見解と、紛争解決手続である面を重視して、仲裁地法によるとする見解とがある。多くの国では、仲裁地が内国にある仲裁手続には、仲裁事件の渉外性の有無にかかわらず、内国法（仲裁地法）を適用している。ニューヨーク条約では、仲裁手続は当事者の合意により、その合意がないときは仲裁地法によるとしている（5 条 1 項(d)）。仲裁手続に関する規定は当事者の合意によって定めることができ（既存の仲裁規則を用いることが多い）、仲裁機関の場合には、その機関の仲裁規則が用いられている。

仲裁人は保全措置を命ずる権限を有しないことが多い。それがあるとされても、多くの国ではその命令には執行力を与えていないので、保全措置を必要とする場合には国家の裁判所の保全処分によらざるをえない。

(4) 仲裁判断の規準

　仲裁の対象となる紛争についての判断の規準については、近時多くの国では法による仲裁を原則とする傾向にある。すなわち、法規（rules of law, régles de droit）によるとし、当事者が仲裁人にとくに授権したときに限って、善と衡平による仲裁あるいは友誼的（和解的）仲裁を可能とするものが多い。法規範には国家法のみならず、統一規則、標準契約条件、商慣習、実務の慣行も含まれる。

　仲裁において紛争の対象となる実体法律関係が渉外的要素を含む場合に、法規範をどのように適用するか、牴触法を介するかあるいは商人法（lex mercatoria）を直接適用するか、牴触法を介するとすればいかなる国の牴触法か、仲裁人が適切と考える法選択の規則によるのかというような問題がある。国際商業会議所規則17条では、準拠法の合意がなければ、仲裁人が適当と認める法規（rules of law）を直接適用しうるとしている。当事者は準拠法を指定し、統一規則、標準契約条件を援用し、契約内容を具体的かつ詳しく定めることによってこの点の不明確を避けることができる。

　なお、国際商取引法委員会の仲裁規則および仲裁モデル法で、仲裁判断の規準は、当事者の指定した法があればそれによるとしているが、これは契約上の法律関係に限ると解すべきである。物権その他私的自治によることのできない法律関係の準拠法を当事者の指定に委ねることは適当でない。

(5) 外国仲裁判断の承認および執行

　仲裁判断の承認、執行については、従来から多くの国では内国仲裁判断と外国仲裁判断とを区別して扱っている。区別の基準として、仲裁契約の準拠法、仲裁手続の準拠法、仲裁地があるが、現在では多くの国ではニューヨーク条約を採用しているため、仲裁地が自国以外にある仲裁判断を外国仲裁判断としている。これには、仲裁手続は国家法の承認があることによって法的な意味を有するのであり、仲裁地法の規律をうけるという考え方によるものと思われる。

　外国仲裁判断の承認、執行については、多くの国がニューヨーク条約を採用しているので、これによって多くの国の間で事実上の統一がなされているが、各国では同条約のほかに国内法と二国間条約の規定があり、具体的な仲裁判断が

いずれによって規律されるかは、それぞれの仲裁判断ごとに、当事者の国籍、住所、仲裁地等の要素によって判断しなければならない。また、特定の国家間の二国間条約とニューヨーク条約の関係は条約の先後、二国間条約締結の趣旨と目的によって異なるであろう。わが国が締結している二国間条約には、(i) 両国民を当事者とする仲裁判断で、仲裁地で執行力を有するものについては、公序良俗に反しないかぎり締約国で執行できるとするもの（日米友好通商条約）、(ii) 両国民を当事者とする仲裁判断は一定の事由ある場合にのみ承認、執行を拒否しうるとするもの（日ソ通商条約）、(iii) 両国に共通の多数国間条約があればそれによるとするもの（日英通商条約）および (iv) 両国民を当事者とする仲裁判断について、その執行が求められる国の法律の定める条件によるとするもの（日中貿易協定）の4種類がある。(i) と (ii) の場合は、結局、二国間条約と多数国間条約の先後関係にかかわらず、二国間条約の趣旨と目的によると考えられる。すなわち先行する二国間条約が多数国間条約の発効後も維持されているという場合には、二国間条約を優先させることも、いずれを適用してもよいとすることもある。また、二国間条約が多数国間条約の発効後に締結された場合でも、二国間条約が優先せず、いずれの条約によることもできるとすることもある。(iii) は両国に共通の多数国間条約によるというのであるから、二国間条約では特別の取極をしていないことと同じことになる。(iv) はそれぞれの締約国における外国仲裁判断の承認、執行に適用される規定によるというのであるから、両国間に共通の多数国間条約があればそれにより、それがないときは、それぞれの国の国内法の規定が適用されることになる。

(6) 仲裁判断の取消し

仲裁判断取消しの手続は、その仲裁判断が効力を付与された地（仲裁地）の管轄権に属する。したがって、内国で承認または執行した外国仲裁判断が外国で取り消されたときは、仲裁手続の当事者は内国においてこれを是正するための措置をとることとなろうが、わが国では外国仲裁判断それ自体の取消しはなしえない。

3 外国仲裁判断の承認および執行に関する条約

　1958年の外国仲裁判断の承認及び執行に関する条約（ニューヨーク条約）は、締約国の領域以外でなされた仲裁判断および国内でなされた仲裁判断であっても国内仲裁判断とされないものに適用される（1条1）。ただし、適用の対象を他の締約国でなされた仲裁判断または商事に関する仲裁判断に限ることができる（1条3）。

　外国仲裁判断の承認、執行の手続は各締約国の法による（3条）。

　外国仲裁判断の承認、執行を拒否できる要件のうち、仲裁契約が有効でないこと、不利益な判断を受けた者の防禦権の機会がないこと、仲裁判断が仲裁付託の範囲になくまたはそれを超えていること、仲裁人、仲裁手続が当事者の合意に従っていないことおよび仲裁判断の未確定または取消しは、そのいずれかを当事者が立証しなければならず（5条1(a)―(e)）、仲裁の対象が仲裁適格性を有しないことおよび仲裁判断の承認、執行が公序に反することは、裁判所が職権で判断しなければならない（同条2(a)(b)）。

　この条約の規定は、締約国間では1927年のジュネーヴ条約に優先するが（7条2）、締約国が締結する他の多数国間条約または二国間条約には影響を及ぼさない（7条1）。

補説

　　わが国の仲裁法　平成15年7月に仲裁法が成立し（それにともない公示催告及び仲裁手続に関する法律における第8編仲裁手続の部分の規定が削除された）、平成16年3月1日から施行された。この法律は国際商取引法委員会のモデル法を大幅にとり入れたものである。この法律は仲裁地が日本国内にある仲裁手続および仲裁手続に関して裁判所が行う手続に適用されることとされ（1条）、仲裁手続の当事者の住所地、営業所所在地等がいかなる国にあるかにかかわらず、また、仲裁手続の対象となる紛争の性質を問わず、仲裁地が日本にあることを基準としている。仲裁地の定義についてはとくに定めはなく、仲裁地は当事者が合意により定めたところにより、その合意がないときは仲裁廷（選任された仲裁人）が仲裁地を定めるとしている（28条）。

　　仲裁地が日本にあるときは、仲裁合意、仲裁人、仲裁廷の権限、仲裁手続の開始および審理、仲裁判断および仲裁手続の終了、仲裁判断の取消し、仲裁人の報酬、仲裁費用の分担についてこの法律の規定が適用される（3条1項）。渉外的性質を有する仲裁手続について

の特段の規定はなく、仲裁合意（契約）の準拠法、仲裁可能性の準拠法、仲裁手続の準拠法については従前と同様に解釈に委ねている。仲裁合意の方式は書面によることとされているが（13条2項）、それは日本法が仲裁手続の準拠法とされる場合か、またはこの規定が渉外的な場合にも直接適用されるかは明らかではない。

　仲裁判断の基準については、法による仲裁を原則とし、当事者双方の明示された求めがあるときに善と衡平により判断しうることとしている（36条1項・3項）。そして基準となる法については、当事者の指定した準拠法のあるときはそれにより（同条1項）、当事者による準拠法の指定のないときは、仲裁廷が事案に最も密接な関係のある国の法令で事案に直接適用されるべきものを適用しなければならないとする（同条2項）。仲裁判断の基準に関する規定はモデル法にならっているが、かなり問題があろう（例えば、法の牴触の問題の処理についての原則が必ずしも明らかでないこと、当事者による準拠法の指定は契約の準拠法に限るべきことなどである）。また、仲裁地を仲裁手続の重要な部分が行われる地のような実質的な要素で判断するか、あるいは当事者の指定があれば仲裁手続の実行とかかわりがなくてもよいかとの問題もある。

　外国仲裁判断の承認、執行についてはニューヨーク条約と同趣旨の規定をおき、仲裁地が日本にあると外国にあるとにかかわらず、この規定が適用されることとしている（3条3項・45条）。この結果、内国仲裁判断と外国仲裁判断の区別は実質的にはないに等しいこととなった。仲裁判断の承認、執行については、日本が締約国となっている多数国間条約および二国間条約の規定がこの法律の規定に優先することとなろう。多数国間条約と二国間条約の関係については、前述のとおり、二国間条約の解釈によることとなる。

　国際商事仲裁と仲裁機関　　国際商事仲裁を扱う仲裁機関として著名なものは国際商業会議所（ICC）、ロンドン国際仲裁裁判所（LCIA）、アメリカ仲裁協会（AAA）がある。各国の商業会議所等にも仲裁機関がある。わが国には日本海運集会所（JSE）と日本商事仲裁協会（JCAA）で渉外的仲裁事件を扱っている。

　仲裁契約の方式　　これまで仲裁契約は書面によるべしとするのが多くの国の法であり、多くの仲裁機関の仲裁規則であった。これは裁判によらないことを明確にし、仲裁契約の存否についての争いを避けるためであったが、近時、書面性の要件を緩和しようとする動きがある。口頭の仲裁の合意を認めて、仲裁を利用しやすくするためであろうが、仲裁契約の存否をめぐっての争いは生ずるであろう。国際商取引法委員会ではそのモデル法で、原則として仲裁契約は書面によるとしたうえで、仲裁契約は口頭によるものでも、それがいかなる形にせよ記録に残るものであれば書面性の要件を満すとし、後に復元可能な電子的方法によるものも書面によるとの要件を満すとする規定を加えた。なお、訴訟において一方当事者が仲裁契約の存在を主張し、相手方がこれを争わないときは書面によるとの要件を満すとすることは従来どおりである（モデル法7条）。これにともない、ニューヨーク条約2条2項および同条約7条1項についてもこの趣旨に従って広く解釈すべきことを勧告するとしている。

　仲裁条項の引用（reference）と仲裁契約の成立　　仲裁契約の成立が問題となる場合の

一つとして、仲裁条項を含む他の文書を引用（refer）した場合がある。その例として、運送人と航海傭船者間の傭船契約中の仲裁条項を引用した船荷証券がある（これは船舶所有者の運送人としての責任が傭船者の発行する船荷証券中の条項によって拡大することを船舶所有者がおそれ、それを防ぐために船荷証券で、傭船契約中の仲裁条項を引用したといわれている）。英国の判例では、契約締結時に特定の傭船契約中の仲裁条項が摂取（incorporate）されていることを示す文言があり、その条項を示す適切な措置がとられており、それが船荷証券における他の条項と矛盾しないことを要するとしている。米国の判例では、船荷証券中に全ての条件は傭船契約のとおりとの文言がある場合には、傭船契約中の仲裁条項も船荷証券に摂取されているとしている。わが国の裁判例には、傭船契約中の条項、条件および免責約款は全て本証券に合体されるものとするとの条項があれば、船荷証券から生ずる紛争も傭船契約で定める仲裁手続によって解決さるべきであるとしたものがある（運送人の妨訴抗弁を認容。大阪地判昭和 34 年 5 月 11 日下民集 10 巻 5 号 970 頁）。

仲裁条項と主たる契約の成立　契約が成立するためには申込みと承諾の内容が一致していなければならないが、あとから仲裁条項が加えられることもあり、各当事者の書式中の仲裁条項が異なることもある。そうすると主たる契約の成立も仲裁契約の成立も争われることがありうる。

仲裁契約の準拠法　仲裁契約の準拠法については、当事者による指定を認めるのが判例、多数説であるが（最判平成 9 年 9 月 4 日民集 51 巻 8 号 3657 頁。法例 7 条によるか否かについては明らかではない）、仲裁は仲裁地の法秩序のもとで承認された紛争解決手続であるとの理由で、仲裁地法によるとする説も有力である（ちなみに、仲裁契約の準拠法について明示の指定のなされた例は見当たらない。前掲最判は黙示の準拠法の合意があるとして仲裁地法を準拠法とした。黙示の合意に名を借りた客観的連結か）。仲裁契約の成立の準拠法は当事者の意思によらず、仲裁地法によるとすべきであろう。仲裁契約の方式の準拠法は仲裁契約の成立の準拠法または仲裁地法によるべきであろう。しかし、仲裁契約の存否の判断を容易にするために、仲裁地の仲裁法によって、仲裁契約は書面によるべしとし、方式の準拠法のいかんにかかわらず、これを渉外実質法として直接適用するという考え方もあろう。仲裁契約の目的は当事者間の争いを仲裁手続で解決し、仲裁地における紛争解決としてみとめられるかどうかということであるから、仲裁契約の効力は仲裁地法によると解するのが適当であろう。ただし、仲裁契約の成立と有効性を前提としたうえでの妨訴抗弁の成否は、訴訟に関する問題であるから、法廷地の手続法による。

仲裁契約の対象となる紛争の範囲および仲裁契約の当事者以外で仲裁手続の当事者となりうる者の範囲は仲裁契約の準拠法、すなわち仲裁地法による。

仲裁適格性の判断　紛争の仲裁適格性（arbitrability）については、紛争の対象となる権利義務または法律関係の性質にかかわるため、各国で同じではない。紛争の実体に関する準拠法によらしめる考え方もありうる。これを手続法的観点から、理由のいかんにかかわらず（仲裁の許容性・可能性・適格性をとくに区別しないで）、仲裁をなしえない法律関係とし

て捉えるならば、仲裁判断の取消事由としての仲裁適格性は仲裁地法によるべきであり、したがって訴訟における妨訴抗弁、仲裁手続における仲裁人の判断、仲裁判断の取消しの各段階を通じて、仲裁適格性については仲裁地法によるとすべきであろう。外国仲裁判断の承認の場合は、仲裁地法のほか法廷地の公序に反するかについては、法廷地法によることとなろう（ニューヨーク条約5条2(a)は、承認、執行の段階では法廷地法によらしめている）。

仲裁手続の準拠法　仲裁手続の準拠法についても、仲裁が当事者による自治的紛争解決方法であることを理由に、当事者による準拠法の選択を認める立場が多い。しかし、仲裁地法と異なる法を準拠法とすることが適当かは疑わしい。これについても、仲裁契約の準拠法の場合と同様に、仲裁地法によるべきであろう（大判大正7年4月15日民録24輯865頁は仲裁地法によるとの立場である）。

仲裁手続と保全措置　仲裁人が保全措置（中間的措置）をなしうるかは、当事者の合意があればそれにより、それがなければ仲裁手続の準拠法（仲裁地法）による。その執行は公権力によることとなるので、執行力の有無はその段階で審査されることになろう。仲裁契約が存在し、または仲裁手続が係属していても、多くの国では裁判所による保全処分が可能とされている。近時仲裁人に暫定措置を命ずる権限を与えるべしとの主張もあり、国際商取引法委員会ではモデル法のなかで、仲裁人が暫定措置を命ずるための要件、手続、命令の変更・中止・終了、費用、暫定措置の承認、執行およびその要件を定めた（仲裁モデル法17条から17条の10まで。屋上屋を架すの感がないわけでもない）。しかし、これによって裁判所への保全手続の申立てができなくなるわけではない（同17条の11）。

仲裁規則　仲裁は当事者の合意に基づく紛争解決方法であるから、一般に仲裁の申立て、仲裁人の選定、忌避、仲裁の手続などについては、当事者が任意に定めることができるとされている。しかし、当事者が仲裁のたびにこれらについて合意することは少なく、既存の規則（仲裁規則）を用いることが多い。当事者が一定の仲裁規則によることを明示的または黙示的に定めたときは、その仲裁規則は仲裁に関する当事者の合意としての効力を有することになる。仲裁規則は常設仲裁機関の規則のほか、国際的な団体などでつくられたものが多い。常設仲裁機関の仲裁規則はそこで行われる仲裁手続に用いるためであり、それ以外の団体による仲裁規則は、仲裁機関による仲裁であると否とにかかわらず、広く仲裁手続において利用されることを目的として作成されている。特定の仲裁機関に仲裁を申し立てたときは、原則として、その機関の仲裁規則による旨の合意があるものとみなされる。

　当事者は特定の仲裁事件において、特定の規則の全部または一部の適用を排除し、あるいはそれとは異なる規定に合意することができる。当事者が仲裁規則を定めたときには、仲裁手続は仲裁規則によって直接規律されるのであって、仲裁法の規定は当事者が裁判所の協力を求めたときに、はじめて補充的に適用される。仲裁法と仲裁規則とは同一の事項についてそれぞれ規定を設け、両者が重複することの多いのは、このような理由による。このことから明らかなように、仲裁法と仲裁規則の関係は法律とその細則という関係ではない。しかし、仲裁規則はなんらの制限もなく適用されるわけではなく、強行的に適用されるべき仲裁法の強行規定に

反する仲裁規則の規定は効力を有しない。仲裁法では、仲裁手続に関する規定のほかに、仲裁契約の有効性、仲裁適格性、仲裁と訴訟の関係、裁判所の協力、仲裁判断の取消し、仲裁判断の効力などについても規定している。これらは当事者の合意によって定めることのできない事項であるから、仲裁規則によることはできないのであって、仲裁法によらなければならない。

現在、広く用いられている仲裁規則としては国際商業会議所（ICC）などの常設仲裁機関の仲裁規則、国際連合欧州経済委員会（ECE）、国際連合国際商取引法委員会（UNCITRAL）などの国際的団体の作成した仲裁規則がある（これらの規則は適宜改訂される）。

国連国際商取引法委員会2010年仲裁規則（UNCITRAL Arbitration Rules (as revised in 2010)） 1976年の仲裁規則について、迅速な仲裁手続にするための条文の見直しを行うとともに、多数当事者仲裁、仲裁手続への参加、仲裁人の指定した鑑定人に対する異議の規定を加えた。仲裁人の変更、仲裁費用節減要求、仲裁費用見直しのための手続の規定ならびに暫定（中間）措置についての詳しい規則がある。この規則は2010年8月15日から効力を生ずるとされている。

第4節 調停・和解

1 調 停

第三者が当事者の間を仲介して、当事者間の紛争の解決について一定の合意を成立させる手続が調停手続（conciliation, mediation）である。仲介する第三者は私人または公私の団体である。調停の紛争解決制度上の位置づけ、調停の利用、私人による調停の承認などは国によって相当に異なる。また、調停が成立した場合に、それがいかなる効力（執行力など）を有するかなどについても各国の法の定めるところによる。

一般に、当事者は調停の申立てがなされてもこれに応ずる義務はなく、これに応じた場合でも調停案を受諾しなければならないものではない。調停が成立するとその国では一定の法的効力を生ずるであろうが、それ以外の国では当然に効力を有することにはならない。

国際商取引では調停を紛争解決方法として用いることは従来からあまり行われていなかった。しかし、国際商取引法委員会は1980年に調停規則（UNCITRAL Conciliation Rules, 1980）を採用した。これは個別の調停、機関調停のいかんにかかわらず、調停手続を行う際に用いることのできる規則である。国際商業会議所

をはじめとする常設仲裁機関も調停の手続を用意しており、当事者が調停を希望する場合にはその調停規則により、仲裁人とは別の調停人を選任して調停手続が行われる（仲裁人の予断の排除）。

国際商取引法委員会は2002年に国際商事調停モデル法（UNCITRAL Model Law on International Commercial Conciliation）を採択した。これは各国で国際商事調停を裁判外紛争解決手続として導入する場合のモデル法である。

2　和　解

当事者間の話合いによって、互いに譲歩し、紛争解決のために一定の合意をすることが和解である。話し合いに応ずるか否か、解決案に合意するか否かは当事者に委ねられている。

和解は新たな合意（和解契約）である。和解の成立、その有効性、効力は、和解契約の準拠法によって判断される。和解に単なる合意以上の一定の法的効力を与えるには、一定の方式または手続を必要とし（例えば、わが国では、起訴前の和解及び訴訟上の和解における和解調書、調停手続での調停調書、公正証書の作成などの方法がある）、これらは国によって異なるであろう。国際商取引では当事者の話合いによる解決は少なくないが、単なる合意のままにとどめないことが必要とされる場合には、それぞれの国で必要とされる手段を講じておくことになる。しかし、ある国でなされた和解が他の国で当然に同様の効力を認められるとは限らない。それは各国の法制による（例えば、わが国のように外国でなされた裁判上の和解の内国での執行力を認めていない国も少なくない。2005年の合意管轄に関するハーグ条約12条は裁判上の和解の他の締約国での執行力を認める）。

第5節　倒産処理手続

1　概　説

（1）倒産処理手続における渉外的問題

二以上の国で活動する企業が倒産した場合に、いずれの国で倒産処理手続を行うか（倒産手続の国際管轄権）、外国人・外国企業をどのように扱うか（外国人

の倒産能力）、倒産処理手続はいかなる国の法によるべきか（倒産手続法）、内国倒産処理手続の外国にある財産に対する効力（倒産手続の効力の地域的範囲、外国における執行等の可否）、外国倒産処理手続の内国における効果（外国管財人の地位の承認、内国における債務者財産の保全のための措置）の問題が生ずる。その際に重要なことは、債務者の住所地・営業所所在地と財産の所在地がいかなる国にあるかということである。これらは、いずれも手続法（倒産手続法）上の問題であるが、各国で同じではない。

個別の債権者と債務者の債権債務関係は、その法律関係（例えば、売買契約）の準拠法によるが（その準拠法の決定は倒産手続の行われる国の牴触法の定めるところによる）、倒産処理手続でその債権債務がどのように扱われるか（債権の範囲と優先順位、未履行債務の処理、別除権、取戻権、相殺権、否認権などの取扱い）は各国の倒産処理手続法上の規定（倒産実体法）による。

(2) 倒産処理手続における属地主義と普及主義

倒産処理手続に関する基本的な立場として、倒産属地主義と倒産普及主義がある。倒産属地主義は、内国における倒産処理手続は債務者の国内にある財産のみを対象とし、手続の効力は国内に限定され、債務者の外国にある財産に及ばず、内国にある財産には外国の倒産処理手続の効力を認めないとするものである。倒産普及主義は、内国の倒産処理手続の効力は債務者の外国にある財産にも及ぶとするとともに、外国の手続の効力も一定の場合に内国で承認するという立場である（自国の手続の効果は外国にある財産にも及ぼすが、外国の手続の効果は認めないという普及主義（略奪的普及主義）もある）。

倒産属地主義は外国にある財産を手続の対象としないため、債務者の財産全体を処理することができず、債権者間の公平をはかることができないという欠点はあるが、一国内における手続は容易になるという利点がある。倒産普及主義は外国にある財産をも手続の対象とすることによって、属地主義の欠点を是正することにはなるが、財産所在地である外国の法制によって実際の処理が左右されることになり、また、内国で外国の倒産処理手続の効力を認めることにより、手続が複雑になるという嫌いがある。

(3) 倒産処理手続の競合の調整

　属地主義と普及主義のいずれであっても、債務者の財産が二以上の国にある場合には、2以上の倒産処理手続（倒産処理手続の競合。並行倒産）が生ずる可能性がある。これを防ぐためには、まず、各国において倒産処理手続についての国際管轄権に関する規定を共通にする必要がある（それには条約による統一が必要であろう）。しかし、国際管轄権を統一し、あるいはそれに関する規則が共通の場合であっても、1人の債務者について単一の倒産手続となるような管轄権の定めをしないかぎり、倒産手続の競合は生じうる。したがって、次に、国を異にする倒産処理手続間の調整が必要となろう。さらに、倒産普及主義を採ると、内国倒産処理手続の対外的効力、外国倒産処理手続の内国における効力の承認についても共通の規則を設けることが必要となる。

　欧州の諸国間では二国間条約を締結していることが少なくない。また、倒産処理に関する国際的な協力のために、多数国間条約の作成の試みもなされてきた。中南米諸国間では1889年および1940年の各モンテビデオ条約、1928年のハバナ条約（ブスタマンテ法典）に国際破産に関する規定がある。ハーグ国際私法会議では1925年に国際破産条約案を作成したが、同会議ではそれ以上の展開はない。1933年に北欧の5ヵ国内での破産法についての条約が採択されたが発効するには至らなかった。第二次大戦後欧州共同体で新たな条約の作成作業が行われ、三次にわたる草案が作成されたのち、1995年に倒産処理手続に関する欧州共同体条約（European Union Convention on Insolvency Proceedings）が採択された（2002年5月末に共同体規則として発効）。それに先立って、欧州評議会では1990年に破産の国際的な面に関する条約（European Convention on Certain International Aspects of Bankruptcy 1990）を作成した。国際連合国際商取引法委員会では、欧州共同体条約と同様に、倒産処理手続の競合を前提として、手続間の調整を目的とする国際倒産モデル法（Model Law on Cross-Border Insolvency）を1997年に作成した。欧州共同体では、2000年に理事会規則として、1995年条約とほぼ同じ内容の倒産処理規則を作成した（同年5月から効力を生じた）。

　わが国は倒産手続については二国間条約も多数国間条約も締結していない。しかし、平成12年にそれまで採っていた極端な属地主義を改めて普及主義に転

じ、国際商取引法委員会のモデル法を参考にして、国際管轄権と内国倒産手続の対外的効力について破産法等の規定を改正するとともに、外国で開始された倒産処理手続の承認と倒産処理手続の競合の調整のために、外国倒産処理手続の承認および援助に関する法律（外国倒産処理手続援助法）を制定した。モデル法、欧州共同体規則、日本法で、それぞれに外国倒産処理手続の承認の仕方、内国手続と外国手続の関係、並行倒産の処理などにおいて異なるところはある。

2 わが国における国際倒産処理手続

(1) 概　説

わが国における国際倒産処理手続は破産法、民事再生法および会社更生法で定めている（平成 17 年制定の会社法の特別清算手続にはとくにそのための規定はない。もっとも、全く渉外的な問題が生じないわけではない）。

大正 11 年の破産法および和議法では、起草者の言によれば当時日本が地理的に「極東の孤島」であったため、極端な属地主義をとり、昭和 27 年の会社更生法（現行の会社更生法は平成 15 年法律第 154 号）もそれにならった。平成 11 年に制定された民事再生法では、日本の再生手続は外国にある財産に及ぶとしたが、外国の倒産処理手続の効力は日本にある財産には及ばないとした。平成 12 年に外国倒産処理手続の効力を承認するために外国倒産処理手続援助法を制定するとともに、破産法、民事再生法および会社更生法の一部を改正して、倒産普及主義をとるに至った。これによって、内国手続の効果は債務者の外国にある財産に及ぶことになるとともに、一定の外国手続を内国で承認し、それを援助する場合の手続も整えた。平成 16 年には新たな破産法（平成 16 年法律第 75 号）が制定され、それにともない、外国倒産処理手続援助法も改正された。

(2) 国際管轄権

債務者が個人の場合には日本に営業所、住所、居所または財産を有するときに限り、債務者が法人その他の社団、財団である場合には日本に営業所、事務所または財産を有するときに限り、わが国が管轄権を有する（破産法 4 条、民事再生法 4 条、会社更生法 4 条。以下、便宜上新たな破産法のみを引用する）。これは直

接管轄権の規定であって、外国倒産処理手続の管轄権については、外国倒産処理手続援助法による（同法では財産権にもとづく管轄権は除かれている）。

(3) 外国人の取扱い

倒産能力についての相互主義の規定を廃止し、内外人は平等に扱われる（破産法3条）。

(4) 内国倒産処理手続の対外的効力

属地主義の規定を改め、わが国の倒産処理手続の効力は日本にある財産に限られないとした（旧破産法3条1項の削除）。したがって、外国にある財産も内国倒産処理手続の対象となるので、管財人等の財産管理権がそれに及ぶとともに（ただし、それについて財産所在地の外国がどのような扱いをするかは別の問題である）、それに対する個別の執行は許されない。また、債権者が外国にある財産から弁済を受けたときは、その債権者は他の債権者が自己の受けた弁済と同一の割合の弁済を受けるまでは、内国で配当を受けることができない（破産法201条4項）。内国管財人は内国手続に参加した債権者を代理して外国手続に参加することができる（同法247条。届出の取下げ、和解等には個別の授権を要する）。

(5) 外国倒産処理手続の内国における効力

外国倒産処理手続援助法では、外国倒産処理手続（外国手続）の効力をそのまま内国で認めるのではなく、一定の外国手続のみを承認することとし、承認された外国手続については、内国の裁判所であらためて外国手続の援助のために必要な処分をする仕組みにしている（外国手続の効力そのものを内国で認めることではない）。承認は個別の外国手続ごとに要件の具備について審査を行い、援助のための処分もその必要に応じて裁判所の裁量で行う。もっとも、承認されない外国手続も内国で全くその効力が認められないわけではなく、内国管財人と外国管財人との協力（破産法245条）に加えて、外国管財人が内国での倒産処理手続を申し立てること、内国手続上の重要な書類を受け取ること、内国手続に出席して意見を述べることも認められている（同法246条）。外国管財人は外国手続に参加し

ている者を代理して内国手続に参加することもできる（同法247条）。外国手続が開始されたときは、内国でも手続開始の原因ありと推定される（同法225条）。

わが国で承認される外国手続（財産所在地のみにもとづくものを除く）は、それが一定の拒否事由（外国手続の効力がその国の法律によって内国に及ばないとされている場合、内国での援助の必要のない場合、不当な目的で申し立てられた場合など）がない限り、承認される（外国倒産処理手続援助法17条・21条2号―6号）。しかし、内国手続と競合する場合には、倒産処理手続の併存を避けるために、外国手続は、それが主手続（債務者の住所または主たる営業所のある国の手続）であって、内国での援助の処分が債権者一般の利益に適合し、内国の債権者の利益が不当に侵害されない場合に承認されるものとしている。外国手続を承認する決定があったときは、内国手続は中止される（同法57条―61条）。

援助の処分は、国内にある債務者の財産について既に存在する訴訟、執行、保全手続の中止・取消命令（同法25条）、債務者の業務・財産に関し、処分の禁止を命ずる処分および弁済禁止の処分（同法26条）、担保権実行の中止命令（同法27条）、強制執行等の禁止命令（同法28条）、債務者の財産の管理命令（同法32条）である。これらは外国手続の承認前の保全措置としてもなしうる。援助の必要がなくなった場合には、外国手続の承認は取り消される。

2以上の外国手続がある場合には、外国主手続が外国従手続に優先し、外国従手続間では債権者一般の利益になる外国手続を承認する（同法62条）。

補説

非訟事件と国際裁判管轄権　新たな非訟事件手続法（平成23年法律第51号）では民事非訟事件（裁判上の代位に関する事件と保存、供託等に関する事件）、公示催告事件および過料事件について裁判所の管轄の規定を設けているほか（92条・93条・100条・119条）、管轄が住所地により定まる場合の管轄裁判所について定めている（5条）。それによると、個人（自然人）については、日本国内にその住所がないときまたは住所が知れないときはその居所地を管轄する裁判所の、日本国内に居所がないときまたは居所が知れないときはその最後の住所を管轄する裁判の管轄としている（5条1項）。法人その他の社団、財団については、日本国内に住所がないとき、または住所が知れないときは代表者その他の主たる業務担当者の住所地を管轄する裁判所の管轄とする（同条2項）。外国の社団、財団については、日本

における主たる事務所または営業所の所在地を管轄する裁判所の管轄に属し、日本国内に事務所または営業所がないときは日本における代表者その他の主たる業務担当者の住所地を管轄する裁判所の管轄に属するとする（同条3項）。これらの規定はそれぞれ民事訴訟法4条4項、5項と同様の規定であり、これらは国内管轄に関するものである。

　国際裁判管轄権に関する規定は見当らない。そうすると、非訟事件の国際裁判管轄権については、平成23年改正の民事訴訟法の規定によるか、これまでの判例に従って、本法5条および各則の規定によるかは解釈が分れるであろう。また、外国非訟事件の裁判の承認についてもとくに規定はない。これについては従来どおり民事訴訟法118条の準用となるであろう。

事項索引

A

acceptance ··· 212
actual total loss ······································· 180
advice and credit ····································· 193
advice and pay ·· 193
advising bank ·· 206
aequo et bono ·· 61
agency agreement ··································· 228
Agreement on Trade-Related Aspects of Intellectual Property Rights ··············· 236, 294, 301
Air Consignment Note ···························· 161
air waybill ······························· 157, 161, 215
ALI ··· 312
ALI/UNIDROIT Principles of Transnational Civil Procedure ···························· 312
All Risks ··· 175
amendment ··· 207
amiable compositeur ································· 61
applicant ·· 205
arbitrability ·· 363
Arms Trade Treaty ···································· 16
arrived ship ·· 120
articles of association ····························· 251
articles of incorporation ························· 251
assured ··· 174
aviation cargo insurance ························· 173

B

bareboat charter ····································· 140
barter trade ·· 184
bearer ··· 131
beneficiary ··· 205
berth ·· 120
berth term ·· 143
bid ··· 262
bid bond ·· 263
bill of exchange ····································· 195
bill of lading ································· 131, 215
BIMCO ·· 112
B/L ··· 131, 145
BOLERO ··· 149
bond ·· 222, 261
book account ··· 185
Bretton Woods Agreement ···················· 279
by-laws ·· 251

C

Carriage and Insurance Paid to ·············· 101
Carriage Paid To ···································· 101
Case Law on UNCITRAL Text ··············· 75
CCI ·· 6
certificate of insurance ··························· 177
certificate of origin ································ 219
CFR ··· 103
CFS ··· 124
Chambre de Commerce International ······ 6
charter by demise ·································· 140
charterparty ··· 116
charterparty bill of lading ····················· 215
check ··· 195

cheque ……………………………………195
CIF ………………………………………103
CIF 契約に関する規則 ……………………70
CIM ………………………………………114
CIP ………………………………………101
CIV ………………………………………114
clausula rebus sic stantibus ………………110
clean B/L …………………………………148
clearing……………………………………185
close-out netting…………………………185
CLOUT ……………………………………75
CMEA ……………………………………70
CMI …………………………………………6
CMI Uniform Rules for Sea Waybill ……137
CMR………………………………………115
COCOM …………………………237, 287
Combiconbill ……………………………168
comfort letter ……………………………272
Comité Maritime International ……………6
commercial invoice………………………214
composition amiable ………………………61
concealed damage…………………………169
concession …………………………………33
Concession Agreement …………………256
conciliation ………………………………365
condition precedent………………………268
confirmed credit …………………………208
confirming bank ……………………206, 212
conformity of goods ………………………80
connaissement ……………………………131
consignment sale …………………………73
consortium …………………………249, 260
constructive total loss ……………………180
container freight station …………………124
container yard ……………………………124
contract of affreightment ………………115
contract of carriage of goods ……………116
Convention Concerning International Carriage by Rail ………………………………………114

Convention for the Execution of Foreign Awards ………………………………………356
Convention for the Settlement of Certain Conflicts of Laws in Connection with Bills of Exchange and Promissory Notes …………196
Convention for the Settlement of Certain Conflicts of Laws in Connection with Cheques ………………………………………196
Convention for the Unification of Certain Rules Relating to International Carriage by Air ……………………………………114, 155
Convention international pour l'unification de certain règles en matièr de connaissement et Protocol de signature ……………………112
Convention on Agency in the International Sale of Goods ……………………………229
Convention on Jurisdiction and Enforcement of Judgments in Civil and Commercial Matters ………………………………………347
Convention on Limitation of Liability for Maritime Claims ………………………113
Convention on the Contract for the International Carriage of Goods by Road ……………115
Convention on the Law Applicable to Agency ………………………………………228
Convention on the Law Applicable to Certain Rights in Respect of Securities Held with an Intermediary ……………………………277
Convention on the Law Applicable to Contracts for the International Sale of Goods …………68
Convention on the Law Applicable to Products Liability……………………………………95
Convention on the Recognition and Enforcement of Foreign Arbitral Awards ………………356
Convention on the Recognition and Enforcement of Foreign Judgments in Civil and Commercial Matters………………………………………346
Convention on the Service Abroad of Judicial and Extrajudicial Documents in Civil or

Commercial Matters ·············· 341
Convention on the Settlement of Investment Disputes between States and Nationals of Other States ·············· 253, 357
Convention on the Taking of Evidence Abroad in Civil or Commercial Matters ·············· 341
Convention Providing a Uniform Law for Bills of Exchange and Promissory Notes ·············· 196
Convention Providing a Uniform Law for Cheques ·············· 196
Convention Relating to a Uniform Law on the Formation of Contracts for the International Sale of Goods ·············· 68
Convention Relating to a Uniform Law on the International Sale of Goods ·············· 68
Convention relative à la procedure civile ······· 341
Convention sur la compétence du for contractuel en cas de vente à caractère international d'objets mobiliers corporels ·············· 67
Convention sur la loi applicable au transfert de la propriété en cas de vente à caractère international d'objets mobiliers corporels ····· 67
Convention sur la loi applicable aux ventes à caractère international d'objets mobiliers corporels ·············· 67
correspondent agreement（arrangement）······· 191
Cost and Freight ·············· 103
Cost, Insurance and Freight ·············· 103
COTIF ·············· 114
counter-trade ·············· 185
courier ·············· 216
covenant ·············· 270
CPT ·············· 101
credit risk ·············· 220
cross licence clause ·············· 241
culpa in contrahendo doctrine ·············· 57
custom ·············· 4
customs invoice ·············· 219
CVR ·············· 115
CY ·············· 124

D

damages for detention ·············· 121
DAP ·············· 101
DAT ·············· 101
D/A 条件 ·············· 192, 201
D/A 手形 ·············· 192, 201
D/D ·············· 106, 191
DDP ·············· 101
dead freight ·············· 121
deferred payment credit ·············· 208
Delivered At Place ·············· 101
Delivered At Terminal ·············· 101
Delivered Duty Paid ·············· 101
delivery order ·············· 124, 126, 138, 145
Demand Draft ·············· 106, 191
Demand Guarantee ·············· 217, 265
demurrage ·············· 121
dépeçage ·············· 32
deposition ·············· 352
despatch money ·············· 121
distributor ·············· 227
distributorship agreement ·············· 228
D/O ·············· 124, 126, 138, 145
Document against Acceptance ·············· 192, 201
Document against Payment ·············· 192, 201
Documentary Bill ·············· 201
Documentary Bill of Exchange ·············· 106
documentary credit ·············· 192
documentary credits ·············· 203
Documentary Letter of Credit ·············· 106
Doha Round ·············· 290, 304
D/P 条件 ·············· 192, 201
D/P 手形 ·············· 192, 201

E

Economic Partnership Agreement ·············· 306
ECU ·············· 273

EEC Convention on the Law Applicable to Contractual Obligations......45, 68
EFTA......293
emergency risk......220
engineer......260
entire agreement clause......77, 110
EPA......306
Euro Currency......273
European Convention on Certain International Aspects of Bankruptcy......368
European Convention on International Commercial Arbitration......356
European Convention Providing a Uniform Law on Arbitration......365
European Currency Unit......273
European Union Convention on Insolvency Proceedings......368
EU 規則ローマI......47
EU 規則ローマII......64
exclusive distributorship......230
exclusive licence......239
exorbitant jurisdiction......321
extraterritorial application......8, 17
extraneous risks......175
EXW......100
Ex Works......100

F

factoring......272
FAS......102
FCA......100
FCL......123
FI......105, 143
FIATA......168
FIDIC......266
financial lease......272
FIO......105, 124, 143
FIO and trimmed......124
FO......105

FOB......102
Force Majeure......108
foreign state corporation......30
forum non conveniens......350
FOSFA......63, 70
foul B/L......148
FPA......175
Free Alongside Ship......102
Free Carrier......100
Free from Particular Average......175
Free In......105, 143
Free In and Out......105, 143
Free On Board......102
Free Out......105
Free Trade Agreement......306
freight......103
full container load......123

G

GAFTA......70
GATS......294
GATT......279, 289
　1947 年 GATT......289
　1990 年 GATT......290
Gencon......112, 117
General Agreement on Tariffs and Trade 279, 289, 304
General Agreement on Trade in Services......294
general average......180
General Conditions for Supply and Erection of Plant and Machinery for Import and Export 70
General Conditions for the Supply (and Erection) of Plant and Machinery for Export......70
General Conditions of Delivery of Goods......70
General Conditions of Sale for the Import and Export of Durable Consumer Goods and of Other Engineering Stock Articles......70
general contractor......261

general terms and conditions ⋯⋯⋯⋯⋯⋯4
Gold Clause ⋯⋯⋯⋯⋯⋯⋯⋯⋯⋯⋯⋯184
Grandfather Clause ⋯⋯⋯⋯⋯⋯⋯⋯294
grant back clause ⋯⋯⋯⋯⋯⋯⋯⋯⋯242

H

Hamburg Rules ⋯⋯⋯⋯⋯⋯⋯116, 117
hardship ⋯⋯⋯⋯⋯⋯⋯⋯⋯⋯⋯⋯⋯109
Havana Charter ⋯⋯⋯⋯⋯⋯⋯⋯⋯⋯289
Himalaya Clause ⋯⋯⋯⋯⋯⋯⋯⋯⋯144

I

IATA ⋯⋯⋯⋯⋯⋯⋯⋯⋯⋯⋯114, 162
IBRD 協定 ⋯⋯⋯⋯⋯⋯⋯⋯⋯⋯⋯279
ICC ⋯⋯⋯⋯⋯⋯⋯⋯⋯⋯⋯⋯⋯⋯⋯6
ICC Guide of Commercial Agency ⋯⋯⋯⋯228
ICC Guide to Drafting International Distributorship Agreement ⋯⋯⋯⋯228
ICC Model Commercial Agency Contract ⋯⋯228
ICC Uniform Rules for a Combined Transport Document ⋯⋯⋯⋯⋯⋯⋯⋯⋯168
ICC Uniform Rules for Bank-to-Bank Reimbursement Rules ⋯⋯⋯⋯⋯⋯214
ICC Uniform Rules for Contractual Guarantees ⋯⋯⋯⋯⋯⋯⋯⋯⋯⋯⋯⋯⋯217
ICSID ⋯⋯⋯⋯⋯⋯⋯⋯⋯⋯⋯⋯⋯357
ILA ⋯⋯⋯⋯⋯⋯⋯⋯⋯⋯⋯⋯⋯⋯⋯6
IMF 協定 ⋯⋯⋯⋯⋯⋯⋯⋯⋯⋯279, 280
IMO ⋯⋯⋯⋯⋯⋯⋯⋯⋯⋯⋯⋯⋯⋯6
incorporation of foreign law ⋯⋯⋯⋯⋯32
independent guarantee ⋯⋯⋯⋯⋯⋯⋯265
Inspection Certificate ⋯⋯⋯⋯⋯⋯⋯219
Institut International pour l'Unification du Droit Privé ⋯⋯⋯⋯⋯⋯⋯⋯⋯⋯⋯⋯6
insured value ⋯⋯⋯⋯⋯⋯⋯⋯⋯⋯173
Insurance Document ⋯⋯⋯⋯⋯⋯⋯216
Insurance Policy ⋯⋯⋯⋯⋯⋯⋯⋯⋯219
insurer ⋯⋯⋯⋯⋯⋯⋯⋯⋯⋯⋯⋯⋯174
intermediary trade ⋯⋯⋯⋯⋯⋯⋯⋯72

international business transactions ⋯⋯⋯⋯3
International Center for Settlement of Investment Disputes ⋯⋯⋯⋯⋯⋯⋯⋯255, 357
International Chamber of Commerce ⋯⋯⋯⋯6
International Code of Conduct on Transfer of Technology ⋯⋯⋯⋯⋯⋯⋯⋯⋯237
international commerce ⋯⋯⋯⋯⋯⋯⋯3
International Convention Concerning the Carriage of Goods by Rail ⋯⋯⋯⋯⋯⋯114
International Convention on Arrest of Ships ⋯⋯⋯⋯⋯⋯⋯⋯⋯⋯⋯⋯⋯345
International Institute for the Unification of Private Law ⋯⋯⋯⋯⋯⋯⋯⋯⋯6
International Law Association ⋯⋯⋯⋯6
International Maritime Organization ⋯⋯6
International Rules for CIF Contracts ⋯⋯70
International Rules for the Interpretation of Trade Terms ⋯⋯⋯⋯⋯⋯⋯⋯⋯71, 97
International Standard Banking Procedure for the Examination of Documents under Documentary Credits ⋯⋯⋯⋯⋯203
Interrogatories ⋯⋯⋯⋯⋯⋯⋯⋯⋯352
International Jurisdiction ⋯⋯⋯⋯⋯320
international trade ⋯⋯⋯⋯⋯⋯⋯⋯3
international trade law ⋯⋯⋯⋯⋯⋯⋯7
irrevocable credit ⋯⋯⋯⋯⋯⋯⋯⋯207
issuing bank ⋯⋯⋯⋯⋯⋯⋯⋯⋯⋯205
Istituto Internazionale per l'Unificazione del Diritto Privato ⋯⋯⋯⋯⋯⋯⋯⋯6

J

JCAA ⋯⋯⋯⋯⋯⋯⋯⋯⋯⋯⋯⋯⋯362
JIFFA ⋯⋯⋯⋯⋯⋯⋯⋯⋯⋯⋯⋯⋯168
JIFFA Multimodal Transport B/L ⋯⋯⋯168
joint venture ⋯⋯⋯⋯⋯⋯⋯248, 249, 260
joint venture agreement ⋯⋯⋯⋯⋯⋯248
JSE ⋯⋯⋯⋯⋯⋯⋯⋯⋯⋯⋯⋯⋯362
JSE Combined Transport B/L ⋯⋯⋯⋯168

K

Konnossement ··· 131
Kommanditgesellschaft ······························ 26
know-how ·· 243

L

LAFTA ·· 293
laytime ·· 120, 142
L/C ··· 205
letter of comfort ······································ 272
letter of credit ··· 205
letter of guarantee ···························· 145, 265
Letter of Indemnity ·································· 148
letter of intent ······················ 249, 255, 263
lex mercatoria ·························· 7, 9, 61, 63, 359
L/G ··· 145
L/I ·· 148
LIBOR ·· 269
licensing agreement ································· 238
limited partnership ··························· 26, 249
liner ··· 116
liner term ··· 143
liquidated damages ·································· 265
live animal ·· 127
Lloyd's SG Policy ····································· 178
London Interbank Offered Rate ··············· 269
long arm statute ······································ 350

M

Mail Transfer ································ 106, 191
marine insurance ····································· 173
Marine Insurance Act ······························ 179
maritime lien ·· 121
Marrakesh Agreement Establishing the World Trade Organization ··························· 289
materiellrechtliche Verweisung ··················· 32
mediation ··· 365
memorandum of association ····················· 251
MIGA ·· 253

model law ·· 4
Model Law on Cross-Border Insolvency ······· 368
Model Law on Procurement of Goods ········ 305
Montreal Convention ······························ 155
Montreal Protocols ·································· 114
moratorium ·· 183
most favoured nation treatment ················ 295
M/T ··· 106, 191
multimodal transport bill of lading ············ 167
multimodal transport document ··············· 216

N

NAFTA ··· 293
national treatment ··································· 295
nationalization ·· 257
Nebenstatut ·· 188
negative pledge clause ······························ 270
Negotiable FIATA Combined Transport Bill of Lading ·· 168
negotiating bank ····································· 206
negotiation ··· 212
negotiation credit ···································· 208
netting ··· 185
nominated bank ····························· 206, 212
non-assignment clause ····························· 109
non-tariff barriers ··································· 290
non-waiver clause ··································· 109
NOR ·· 120
notice of readiness to load ························ 120
notify party ······················· 137, 150, 162
NYPE ··· 118

O

obligation netting ··································· 185
offshore account ····································· 273
on deck cargo ··· 127

P

package licensing ···································· 246

事項索引 379

packing list ································ 219
pacta sunt servanda ················ 33
parallel import ·························· 233
paramount clause ···················· 63
Paramount Clause ···················· 143
pari passu clause ······················ 270
Parole Evidence Rule ·············· 110
partial loss ································ 180
particular average ···················· 180
partnership ······························ 249
paying bank ······························ 206
payment netting ······················ 185
pay on application ·················· 193
performance bond ·················· 265
Peril of the sea(s), Peril(s) of the Seas ······ 176
permanent establishment ······ 258
PI（Protection and Indemnity）保険 ····· 173
P&I Club ·································· 129
plant ·· 260
post receipt ······························ 216
preferential tariff ······················ 304
pretrial discovery ···················· 352
Principles of European Contract Law ······· 10
Principles of Transnational Civil Procedure ····· 312
project finance ························ 271
promissory note ······················ 195
Protection of Trading Interests Act ········ 353
Protocol of the United Nations Monetary and Financial Conference ·············· 279
Protocol on Arbitration Clause ········ 356
Protocol to Amend the Convention for the Unification of Certain Rules Relating to International Carriage by Air Signed at Warsaw on 12 October 1929 ········ 114
Protocol to Amend the International Convention for the Unification of Certain Rules of Law Relating to Bills of Lading signed at Brussels on 25 August 1924 ············· 112
Protocol to Amend the Warsaw Convention as Amended at The Hague on 28 September 1955 ············· 114
punitive damages ···················· 344

R

red clause credit ······················ 208
refund bond ···························· 266
reimbursing bank ···················· 206
request for admission ·············· 352
Revised American Foreign Trade Definitions ····· 71
revocable credit ······················ 207
revolving credit ························ 208
Rome Convention ·················· 47
Rome I ···································· 47
Rome II ···································· 64
Rotterdam Rules ······················ 113, 150
royalty ······································ 241

S

sanitary certificate ···················· 219
Schedule of Concession ········ 290
SDR ·· 288
sea waybill ································ 215
seaworthiness ·························· 143
separability ······························ 357
set-off ······································ 185
settlement ································ 185
Shipowners' Mutual Insurance Association ········· 129, 148
shipping documents ················ 201, 218
sight bill ···································· 192
sight payment credit ················ 208
Smithsonian Agreements ········ 288
Smithsonian Monetary System ········ 288
Special Drawing Right ············ 288
specification, specifications ···· 264
specific performance ·············· 82
stabilization clause ·················· 33
stand-by letter of credit ·········· 207

stoppage in transitu	94, 108
straight credit	208
surrendered B/L	145
SWIFT	191

T

tax avoidance	259
tax haven	259
TEDI	149
Telegraphic Transfer	191
The Hague Convention on Choice of Court Agreements	347
The Hague Princeples on the Choice of Law in International Contract	50
The Hague Protocol	114
The Hague Rules	112
The Hague-Visby Rules	112
thin capitalization	259
Through B/L	147
through carriage	143
time charter	140
time charterparty	116
To Order	131
total loss	180
total loss only	175
TPP	306
T/R	150
trade insurance	220
tramper	116
tramp ship	116
transferable credit	208
transfer of technology agreement	235
transfer pricing	259
transferring bank	206
Trans-Pacific Partnership Agreement	306
transport document	215
transport insurance	173
TRIMs	291, 298
TRIPs	236, 291, 294, 301

trust receipt	150
T/T	191

U

UCP	202
UCP500	203
UCP600	203, 213
ultra vires rule	25
UNCITRAL	6
UNCITRAL Arbitration Rules (as revised in 2010)	365
UNCITRAL Conciliation Rules	365
UNCITRAL Legal Guide to Countertrade Transactions	185
UNCITRAL Liquidated Damages and Penalty Clause-Uniform Rules on Contract Clauses for an Agreed Sum upon Failure of Performance	267
UNCITRAL Model Law on Electronic Commerce	53
UNCITRAL Model Law on Electronic Signature	53
UNCITRAL Model Law on International Commercial Arbitration	356
UNCITRAL Model Law on International Commercial Conciliation	366
UNCITRAL Model Law on International Credit Transfers	192
UNCITRAL Model Law on Procurement of Goods, Construction and Services	263
unconfirmed credit	208
UNCTAD/ICC Rules for Multinational Transport Documents	168
undertaking	210
underwriter	174
UNESCO	244
UNIDO	273
UNIDROIT	6
UNIDROIT Convention on International

Factoring······277
UNIDROIT Convention on Substantive Rules for Intermediated Securities······278
UNIDROIT Principles of International Commercial Contracts······10
Uniform Customs and Practice for Documentary Credits······202
uniform law······4
uniform rules······4
Uniform Rules for Collections······200
Uniform Rules for Contract Bonds······217
Uniform Rules for Contractual Guarantees······217
United Nations Commission on International Trade Law······6
United Nations Convention on Assignment of Receivables in International Trade······272, 276
United Nations Convention on Contracts for the International Carriage of Goods Wholly or Partly by Sea······113
United Nations Convention on Contracts for the International Sale of Goods······68, 69
United Nations Convention on Independent Guarantees and Stand-by Letters of Credit······218
United Nations Convention on International Bills of Exchange and International Promissory Notes······197
United Nations Convention on International Multimodal Transport of Goods······168
United Nations Convention on Jurisdientional Immunities of States and their Property······315
United Nations Convention on the Carriage of Goods by Sea······113
United Nations Convention on the Limitation Period in the International Sale of Goods······69
United Nations Convention on the Use of Electronic Communications in International Contracts······53
Universal Copyright Convention······244

Unknown Clause······148
usage······4
usance······201
usance bill······192

V

volume contract······140, 154
voluntary export restraint······305
voyage charter······140
voyage charterparty······116

W

warehouse to warehouse clause······168
WA······175
Warsaw Convention······114
Warsaw-Oxford Rules······70
Wassenaar Arrangement······237, 287
WIPO······244
WIPO 著作権条約······244
With Average······175
without recourse L/C······208
with recourse L/C······208
World Trade Organization······290
WTO······290
WTO ドーハラウンド······304

Y

YA 規則······180
York Antwerp Rules······180

ア行

新たな協会貨物約款······174, 180
安定化条項······33
域外適用······8
意思表示の準拠法······54
委託加工貿易······72
委託販売貿易······73
一覧払信用状······208
一覧払手形······192

一般契約条件	4, 13
一般的管轄権	325
依頼人	205
インコタームズ	6, 71, 97, 107
ウィーン条約	7
ウィーン統一売買法条約	68, 69
ウィーン統一売買法条約と国際私法	89
海固有の危険	176
売主の運送品差止権	94
売主の義務	79
売主の差止権	108
売主の目的物取戻権	94
運送中の物	93
運送人の先取特権	147
運送人の責任の消滅	129
運送人の損害賠償責任	127
運送人の注意義務	124, 125
運送人の免責	126
運送人渡	100
運送品の引渡し	138
運送保険	173
運賃込	103
運賃保険料込	103
英国海上保険法	179
英国保険法の改正	179
英法準拠約款	179
オフ・ショア市場	273
オフ・ショア取引	273

カ行

外交的保護	254
外国為替	190
外国為替及び外国貿易管理法	14, 253
外国為替及び外国貿易法	14
外国為替管理	279
外国為替管理法	281
外国為替令	14
外国金銭債権	183
外国金銭債務	183
外国人	21, 23
外国人法	22
外国仲裁判断の執行に関する条約	356
外国仲裁判断の承認および執行	359
外国仲裁判断の承認及び執行に関する条約	356, 361
外国倒産処理手続の内国における効力	370
外国等に対する我が国の民事裁判権に関する法律	25
外国判決の承認	353
外国判決の承認および執行	343
外国法人	21, 23
外国法人の認許	28
外国法の調査	41, 353
海事債権についての責任の制限に関する条約	112
海事先取特権	121
外資に関する法律	14, 253
外資法	14, 253
解釈(推定)全損	180
会社互認条款	28
海上運送	112
海上運送契約	112
海上運送状	136, 215
海上運送状統一規則	137
海上運送状に関するCMI規則	117
海上運送を含む国際物品運送契約に関する国際連合条約	150
海上運賃	103
外人法	22
改正アメリカ貿易定義	71
外為法	14, 253
回転信用状	208
買取銀行	206
買取信用状	208
買主の義務	83
開発輸入	256
カウンター・トレード	185
価額条件	106

事項索引　383

確認銀行	206, 212
確認信用状	208
火災	126
貸出前提条件	268
瑕疵担保責任	80
過剰管轄	321, 328
仮想通貨	187
可動物件の国際的担保権に関する条約	275
カバー・ノート	177, 216
箇品運送	122
箇品運送契約	116
貨物受取証	161
貨物海上保険	173
貨物海上保険契約	178
貨物処分権	144, 157
空渡し	144
仮渡し	144
為替	190
為替手形	195
為替手形及ビ約束手形ニ関シ統一法ヲ制定スル条約	196
為替手形及ビ約束手形ニ関シ法律ノ或牴触ヲ解決スル為ノ条約	196
為替取引契約	191
勘定通貨	182
関税及び貿易に関する一般協定	279, 289, 304
関税込持込渡	101
関税自主権	15
関税譲許表	290
関税定率法	15
関税同盟	293
関税法	15
間接管轄	320, 325
完全合意条項	77, 110
環太平洋経済連携協定	306
甲板積	216
甲板積貨物	127
甲板積選択条項	127
期間傭船	116
期限付手形	192
危険の移転	85
危険負担とその移転	94
危険負担の移転	108
擬似外国会社	29
技術移転契約	235
技術導入契約	286
犠牲損害	180
客観的連結	37
協会貨物約款	174, 179
強行法規の特別連結	46
協定価額	173
共同運送	143
共同海損	180
共同海損の精算	180
共同海損費用	180
共同事業契約	248
緊急関税	15
銀行間補償に関する統一規則	214
金銭貸付契約	268
金銭債務	182
金約款	184
グァダラハラ条約	114
グァテマラ議定書	114, 155
クーリエ業者および郵便小包の受領書	216
グラント・バック条項	242
クリーン信用状	206
クロス・ライセンス条項	241
経済相互援助会議	70
経済連携協定	306
契約準拠法の決定	31
契約上の債務の準拠法に関する条約	45, 68
契約上の債務の準拠法に関する2008年6月17日の欧州議会及び欧州理事会規則	47
契約締結上の過失	57, 264
契約適合性	80
契約の準拠法選択に関するハーグ原則	50
契約の準拠法の決定における当事者自治の制限	

……………………………………46	連合条約…………………………………197
契約の成立と有効性…………………………51	国際経済法……………………………………5
契約の方式…………………………………39	国債契約に置ける電子式通信の利用に関する条
契約保証証券統一規則……………………217	約…………………………………………53
決済………………………………………185	国際航空運送……………………………164
決済条件…………………………………106	国際航空運送に関する統一法条約の適用…165
原産地証明書……………………………219	国際航空運送についてのある規則の統一に関す
現実の全損………………………………180	る条約……………………………113, 155
航海上の過失……………………………126	国際債権譲渡条約………………………276
航海傭船……………………………119, 140	国際裁判管轄権…………………………320
航海傭船契約……………………………116	国際裁判管轄権に関する一般的条約………346
工業所有権の保護に関するパリ条約……244	国際私法………………………………………5
航空運送……………………………113, 154	国際司法共助……………………………341
航空運送状………………………157, 161, 215	国際商業会議所………………………………6
航空運送状の性質………………………162	国際商事仲裁……………………………355
航空貨物運送約款………………………156	国際商取引契約に関するユニドロワ原則…10, 18
航空貨物保険……………………………173	国際商取引法委員会による損害賠償の予定及
交互計算…………………………………185	び違約金に関する条項…………………267
口座管理機関の保有する証券についての権利の	国際商取引法
準拠法に関する条約……………………277	——— 意義…………………………3, 4, 7
工事請負契約の約款……………………266	——— 特色…………………………3, 4
恒久的施設………………………………258	——— 範囲………………………………7
工場渡……………………………………100	国際送金に関するモデル法……………194
合同行為の準拠法…………………………55	国際通貨基金協定…………………279, 280
口頭証拠禁止の原則……………………110	国際的技術移転に関する行動指針……237
合弁企業……………………………248, 256	国際的資金移動に関するモデル法……192
合弁事業…………………………………256	国際的訴訟競合…………………340, 353
公法による規律……………………………8	国際的租税回避…………………………259
公法の域外適用……………………………17	国際鉄道運送に関する条約……………114
公法の牴触…………………………………17	国際動産売買契約の準拠法に関する条約…68
小切手……………………………………195	国際倒産モデル法………………………368
小切手ニ関シ統一法ヲ制定スル条約……196	国際道路運送に関する契約に関する条約
小切手ニ関シ法律ノ或牴触ヲ解決スル為ノ条約	…………………………………………114
…………………………………………196	国際売買……………………………………65
国際運送…………………………………111	国際ファイナンス・リースに関するユニドロワ条
国際海事機構…………………………………6	約……………………………………272, 275
国際海上物品運送………………………115	国際ファクタリングに関するユニドロワ条約…277
国際課税…………………………………258	国際複合運送証券に関する統一規則……168
国際為替手形及び国際約束手形に関する国際	国際複合運送条約………………………167

国際復興開発銀行協定	279
国際物品売買契約に関する国際連合条約	69
国際物品売買契約に関する条約	68
国際物品売買契約における代理に関する条約	229
国際法	5
国際法協会	6
国際民事訴訟法	312
国際民事手続に関する諸原則	312
国際民事手続法	311
国際連合国際海上物品運送条約	113
国際連合国際商取引法委員会	6
国際連合国際物品売買契約条約	7
国有化	257
国際複合運送条約	170
ココム	237, 287
後日払信用状	208
国家及びその財産の裁判権からの免除に関する国際連合条約	346
国家と他の国家の国民との間の投資紛争の解決に関する条約	253
国家の裁判権免除に関する国際連合条約	24
コルレス契約	191, 193
コンセッション協定	33
コンセッション契約	256
コンソーシアム	256, 260
コンテナ貨物	127
コンテナ船	123, 127
コンテナ・フレイト・ステイション	124
コンテナ・ヤード	124
コンピューター・プログラム	235

サ行

サービス貿易に関する一般協定	294, 300
最恵国待遇	295
債権質	274
債権譲渡	273
債券の発行	274
裁判権免除	24
裁判所の選択の合意に関する条約	343, 347
最密接関係地法	38
債務不履行責任	80
指図式船荷証券	131
差引計算	185
産業財産権	243
産業財産権侵害	245
産業財産権独立の原則	239, 245
持参人式	131
事情変更の原則	110
至上約款	63, 143
下請運送	143
実施許諾契約	238
実質法的指定	32
実施料	241
指定銀行	206
支払期限	201
支払銀行	206
支払条件	106
支払通貨	183
支払猶予宣言	183
シベリア・パイプライン	17
私法統一国際協会	6
資本取引	285
仕向地持込渡	101
住所地（本拠地）法主義	25
修正ネットワーク・システム	169
自由貿易地域協定	293
受益者	205
ジュネーヴ議定書	356
ジュネーヴ条約	356
準拠法	9, 30
準拠法選択の合意	51
ジョイント・ヴェンチュア	256, 260
商慣習	4, 14, 18, 19
商慣習法	14, 19
商業送状	214
証拠開示手続	352
証拠収集条約	352

証拠調べ	342
仕様書	264
譲渡可能信用状	208
譲渡銀行	206
譲渡不能信用状	208
商人法	7, 9, 61, 63, 359
書式の争い	91
書類付信用状	203, 206
信用危険	220
信用状	202, 205
信用状条件の変更	207
信用状統一規則	202
信用状取引の当事者間の法律関係	210
信用状取引の独立抽象性	206, 210
数量条件	105
数量制限	296
スタンド・バイ信用状	207
ストレート信用状	208
スミソニアン協定	288
スミソニアン体制	288
請求払保証状	217
制限免除主義	24, 313
製造物・生産物責任	95
製造物責任の準拠法に関する条約	95
生動物	127
政府調達に関する協定	305
世界銀行協定	279
世界知的財産権機構	244
世界貿易機関	290
世界貿易機関を設立するマラケシュ協定	289
世界法型の統一	11
責任制限	128
絶対免除主義	313
設立準拠法主義	25
全危険担保	175
船主責任保険	178
船主相互保険組合	129, 178
船籍	139
船側渡	102
全損	180
全損のみの担保	175
選択債権	190
選択支払地約款	183
選択貨幣約款	183
善と衡平	61
船舶仮差押条約	345
船舶の取扱いに関する過失	126
全部又は一部が海上運送による国際物品運送契約に関する国際連合条約	113
増額評価	184
送金為替	190
倉庫間約款	174
相殺	185
相殺関税	15
相次運送	143
送達	342
送達条約	341
訴訟能力	338
租税回避	259
祖父条項	294
損害賠償額の定型化	128

タ行

ターミナル持込渡	101
対外間接投資	252
対外直接投資	252, 253
大規模工業施設建設契約に関するリーガル・ガイド	266
大規模工事契約	259
耐久消費財及び工事用機具の輸出のための標準契約書式	70
滞船料	121
対内直接投資	253, 286
対内直接投資等に関する政令	14
滞泊損害金	121
代用給付権	188
代用権	188
代理	42

代理店	232
代理店契約	228
代理に関する国際私法条約	58
代理の準拠法に関する条約	228
多数国間投資保証機関を設立する条約	253
タックス・ヘイヴン	259
堪航能力	124, 143
単独海損	180
単独行為	54
ダンピング	298
担保危険	174
治外法権	15
知的所有権の貿易関連の側面に関する協定	236, 294, 301
着船	120
仲介貿易	72
仲裁	354
仲裁規則	364
仲裁契約	357, 363
仲裁条項の引用	362
仲裁契約の独立性	357
仲裁契約の方式	362
仲裁適格性	358, 363
仲裁手続	358, 364
仲裁に関する議定書	356
仲裁に関する条約	356
仲裁判断の取消し	360
直接管轄	320, 324
著作物	234
調停	365
通貨	182
通商法	307
通知銀行	206
通知払	193
積揚費用船主無関係	143
積卸費用船主無負担	124
定期船	116
定期傭船	116, 140
碇泊期間	120, 142
手形の買取り	212
手形の引受け	212
鉄道による物品運送に関する国際条約	114
鉄道物品運送に関する国際的協定	114
電子商取引に関するモデル法	53
電子署名モデル法	53
電子的船荷証券に関するCMI規則	117
電信送金	191
填補範囲	174
同一運送	143
統一規則	4, 12, 70
統一私法	11
統一法	11
統一法と国際私法	12, 58, 62
倒産処理手続	366
倒産処理手続に関する欧州共同体条約	368
動産の物件変動	93
当事者自治	71
当事者適格	339
当事者能力	338
投資紛争解決条約	253
投資紛争解決国際センター	255
投資保護協定	254
道路運送	114
通し運送	143
通し運送状	143
通し船荷証券	147
ドーハ開発ラウンド	290
特殊決済方法	186, 284
独占禁止法の域外適用	225
独占的（排他的）実施権	239
特徴的給付	38
特別引出権	288
独立保証状及びスタンド・バイ信用状に関する国際連合条約	218
特恵関税	304
トラスト・レシート	150
取消可能信用状	207
取消不能信用状	207

事項索引　387

取立為替	191
取立統一規則	200, 202
トレード・シークレット	235, 243

ナ行

内国倒産処理手続の対外的効力	370
内国法人と外国法人の区別の基準	27
内国民待遇	295
荷役条件	143
荷為替信用状	106, 192
荷為替信用状に関する統一規則及び慣例	6, 202
荷為替信用状にもとづく書類点検に関する銀行実務の国際標準	203
荷為替手形	106, 201
二重課税	258
日米修好通商条約（安政5年条約）	15
日米通商航海条約（明治44年条約）	15
荷主の運送品処分権	147
荷主の通知義務	147
日本船舶	139
入金払	193
入札保証状	263
ニューヨーク条約	356, 361
荷渡指図書	124, 126, 138, 145
任意債権	190
ネッティング	185
オブリゲイション・──	185
クローズアウト・──	185
ペイメント・──	185
ネットワーク・システム	169
ノウ・ハウ	235, 243

ハ行

バース	120
バース・ターム	143
バース・タームズ	105
バーター貿易	184
ハードシップ条項	109
排他的	230
売買準拠法条約	73
ハヴァナ憲章	289
破産の国際的な面に関する条約	368
はしけ約款	174
裸傭船	140
発行銀行	205
早出料	121
万国海法会	6
万国著作権条約	244
半導体回路配置	235
販売権	230
販売店	232
販売店契約	227
ハンブルク・ルールズ	116
万民法型の統一	11
非関税障壁	290
引渡条件	105
非常危険	220
非訟事件の国際裁判管轄権	371
被保険者	174
被保険利益	173
ヒマラヤ条項	144
標準外決済	284
標準外決済方法	186
標準契約条件	4, 13
標準契約書式	13, 112
標準決済方法	186, 284
品質条件	104
ファイナンス・リース	272
ファクタリング	272
フォーラム・ノン・コンヴェニエンス	350
付加危険	175
不可抗力条項	108
武器貿易条約	16
複合運送	166
複合運送証券	168
複合運送証券に関する規則	171
複合運送証券に関する統一規則	170

複合運送書類 …………………………… 216
複合運送書類に関する規則 …………… 168
複合運送船荷証券 ……………………… 168
複合船荷証券 …………………………… 167
不公正な取引方法 ……………………… 233
不知文言 ………………………………… 148
不知約款 …………………………… 148, 216
普通裁判籍 ……………………………… 325
物品、建設および役務についての政府調達に関するモデル法 ………………………… 263
物品の国際的売買における代理に関する条約 ……………………………………… 233
物品の国際的売買における債権の期間制限に関する条約 …………………………… 69, 74
物品の引渡に関する一般条件 ……………70
物品の貿易に関連する投資措置についての協定 ……………………………………… 298
不積運賃 ………………………………… 121
不定期船 ………………………………… 116
不当廉売関税 ……………………………… 15
船積可能の通知 ………………………… 120
船積条件 ………………………………… 105
船積書類 ………………………………… 218
船積み、積付け、荷ならし船主無負担 … 124
船積費用船主無関係 …………………… 143
船荷証券 …………………………… 131, 215
船荷証券に関するある規則の統一のための国際条約 …………………………………… 112
船荷証券の記載事項 …………………… 133
船荷証券の効力 ………………………… 136
　　――電子的記録 ……………………… 149
　　――物権的効力 …………………… 149
　　――文言証券性 …………………… 147
不平等条約 ………………………………… 15
部分運送 ………………………………… 143
フラストレーション …………………… 109
フランチャイズ契約 …………………… 232
プラント ………………………………… 260
プラント及び機械類の輸出並びに輸入のための標準契約書式 ………………………… 70
プラント及び機械類の輸出のための標準契約書式 …………………………………… 70
プラント輸出 …………………………… 260
ブリュッセル＝ルガノ条約 …………… 346
フレイト・フォワーダー ……………… 148
ブレトン・ウッヅ協定 ………………… 279
プロジェクト・ファイナンス ………… 271
文学的及び美術的著作物の保護に関するベルヌ条約 …………………………………… 244
分割指定 ………………… 32, 36, 55, 179
分損 ……………………………………… 180
分損担保 ………………………………… 175
分損不担保 ……………………………… 175
ヘイグ＝ウィスビー・ルールズ …… 112, 116
ヘイグ＝ウィスビー・ルールズと国際海上物品運送法の関係 ……………………… 118
ヘイグ議定書 …………………… 114, 155
ヘイグ・ルールズ ………………… 6, 116
並行輸入 …………………………… 233, 247
ペーパー・カンパニー ………………… 22
便宜置籍会社 …………………………… 22
便宜置籍船 ……………………………… 139
弁済の通貨 ……………………………… 183
片面的強行規定 …………………… 12, 123
貿易 ……………………………………… 72
貿易管理 …………………………… 279, 289
貿易条件 ………………………………… 107
貿易条件の解釈に関する国際規則 … 6, 71, 97
貿易保険 ………………………………… 220
包括許諾契約 …………………………… 246
法人格なき外国社団・財団 …………… 26
法人格の濫用・形骸化と法人格の否認 … 26
法人の代表権 …………………………… 26
妨訴抗弁 ………………………………… 355
法の適用に関する通則法、法適用通則法 ……………………………………… 34, 54
報復関税 ………………………………… 15
法例 ……………………………………… 34

保管されている証券についての実質規則に関する条約 278
保険価額 173
保険期間 108
保険事故 173
保険者 174
保険証券 177, 216
保険条件 105
保険承認状 216
保険代位 176
保険の目的 173
補償銀行 206
保証状 222, 261
補償状 148
保証に関する統一規則 217
保証渡し 144
補助金 299
補助準拠法 188
本船渡 102

マ行

満期 201
見返り貿易 185
民事及び商事に関する外国判決の承認及び執行に関する条約 346
民事及び商事に関する裁判管轄権並びに判決の執行に関するブリュッセル条約 346
民事裁判権免除 313
民事訴訟手続に関する条約 341
民事又は商事に関する外国における証拠の収集に関する条約 341
無確認信用状 208
黙示の指定 55
モデル法 4
元地回収済船荷証券 145
モンテビデオ条約 7
モントリオール議定書 114, 165
モントリオール条約 6, 114

ヤ行

約束手形 195
友誼的仲裁 61
友誼的仲裁人 61
有体動産の国際的性質を有する売買における合意管轄に関する条約 67
有体動産の国際的性質を有する売買における所有権移転の準拠法に関する条約 67
有体動産の国際的性質を有する売買の準拠法に関する条約」 67
有体動産の国際的売買契約の成立に関する条約 68
有体動産の国際的売買に関する条約 68
郵便送金 191
ユーロ市場 273
輸出自主規制 305
輸出手形の買戻し 219
輸出前貸信用状 208
輸送費込 101
輸送費保険料込 101
ユニフォーム・システム 169
輸入担保荷物保管証 150
輸入貿易管理令 14
ユネスコ 244
要求払 193
傭船 140
傭船契約 116
傭船契約船荷証券 215
ヨーク＝アントワープ規則 6, 180
ヨーロッパ契約法原則 10, 18
予定保険 177
　個別予定保険 177
　包括予定保険 177

ラ行

ライナー・タームズ 105, 143
リマ条約 7
流通・取引慣行に関する独占禁止法上の指針 230

領事裁判権……………………………15
レイタイム……………………………120
レクス・メルカトリア…………………63
レター・オブ・インテント……249, 255
ロイヅSG証券……………………174, 178
労働契約の準拠法……………………57
ローマⅠ規則…………………………47
ローマⅡ規則…………………………64
ローマ条約……………………………45
ロッテルダム・ルールズ……………117
ロング・アーム法……………………350

ワ行

和解……………………………………366
ワッセナール協定……………15, 237, 287
ワルソー条約……………………6, 114

裁判例等索引

注1 裁判例は裁判所名にかかわらず、年月日の順に掲げた。
2 掲載判例集の略称は通常の法律文献での略称による。

大審院、最高裁

大判 大正 7 年 4 月 15 日 民録 24 輯 865 頁 ……………………………………… 364
大判 大正 9 年 10 月 6 日 法律評論 9 巻諸法 481 頁 …………………………… 16, 95
大判 大正 15 年 9 月 16 日 民集 5 巻 688 頁 ………………………………………… 145
大判 昭和 3 年 6 月 28 日 民集 7 巻 519 頁 ………………………………………… 141
大決 昭和 3 年 12 月 28 日 民集 7 巻 1128 頁 …………………………………… 24, 314
大判 昭和 5 年 6 月 14 日 新聞 3139 号 4 頁 ……………………………………… 145
大判 昭和 9 年 12 月 27 日 民集 13 巻 2386 頁 …………………………………… 189
最判 昭和 34 年 12 月 22 日 家月 12 巻 2 号 105 頁 ……………………………… 339
最判 昭和 38 年 11 月 5 日 民集 17 巻 11 号 1510 頁 …………………………… 144
最判 昭和 40 年 12 月 23 日 民集 19 巻 9 号 2306 頁 ………………………… 17, 289
最判 昭和 44 年 10 月 17 日 判時 575 号 71 頁 …………………………………… 144
最判 昭和 48 年 3 月 29 日 判時 705 号 113 頁 …………………………………… 146
最判 昭和 49 年 3 月 15 日 民集 28 巻 2 号 222 頁 ……………………………… 143
最判 昭和 50 年 7 月 15 日 民集 29 巻 6 号 1029 頁 ………………………… 188, 288
最判 昭和 50 年 7 月 15 日 民集 29 巻 6 号 1061 頁 ……………………………… 25
最判 昭和 50 年 11 月 28 日 民集 29 巻 10 号 1554 頁 ……………………… 323, 334
最判 昭和 50 年 11 月 28 日 民集 29 巻 10 号 1592 頁 …………………………… 227
最判 昭和 50 年 11 月 28 日 民集 29 巻 10 号 1593 頁 …………………………… 333
最判 昭和 53 年 4 月 20 日 民集 32 巻 3 号 616 頁 …………………………… 56, 274
最判 昭和 54 年 3 月 16 日 民集 33 巻 2 号 270 頁 ……………………………… 187
最判 昭和 56 年 10 月 16 日 民集 35 巻 7 号 1224 頁 ………………………… 322, 326
最判 昭和 57 年 9 月 7 日 民集 36 巻 8 号 1527 頁 ……………………………… 146
最判 昭和 58 年 6 月 7 日 民集 37 巻 5 号 611 頁 …………………………… 344, 345
最判 平成 2 年 2 月 6 日 訟務月報 36 巻 12 号 2242 頁 ………………………… 304
最判 平成 2 年 3 月 20 日 金融法務 1259 号 36 頁 ……………………………… 218
最判 平成 2 年 7 月 5 日 裁判集民 160 号 187 頁 ………………………………… 58
最判 平成 4 年 4 月 28 日 判時 1421 号 122 頁 …………………………………… 141
最判 平成 5 年 3 月 25 日 民集 47 巻 4 号 3079 頁 ……………………………… 188
最判 平成 8 年 6 月 24 日 民集 5 巻 7 号 1451 頁 ………………………………… 337

最判 平成 9 年 7 月 1 日民集 51 巻 6 号 2299 頁 …………………………………………247
最判 平成 9 年 7 月 11 日民集 51 巻 6 号 2573 頁 …………………………………42, 344
最判 平成 9 年 9 月 4 日民集 51 巻 8 号 3657 頁 …………………………………357, 363
最判 平成 9 年 11 月 11 日民集 51 巻 10 号 4055 頁 ………………………………322, 336
最判 平成 10 年 3 月 27 日民集 52 巻 2 号 527 頁 …………………………………………142
最判 平成 10 年 4 月 28 日は否定 …………………………………………………………344
最判 平成 10 年 4 月 28 日民集 52 巻 3 号 853 頁 ……………………………342, 344, 351
最判 平成 13 年 6 月 8 日民集 55 巻 4 号 727 頁 …………………………………323, 335
最判 平成 14 年 4 月 25 日民集 56 巻 4 号 808 頁 …………………………………………235
最判 平成 14 年 9 月 26 日民集 56 巻 7 号 1551 頁 …………………………………………245
最判 平成 14 年 10 月 29 日民集 56 巻 8 号 1964 頁 …………………………………………93
最判 平成 15 年 2 月 27 日民集 57 巻 2 号 125 頁 …………………………………234, 240
最判 平成 15 年 3 月 27 日金融法務 1677 号 54 頁 …………………………………209, 212
最判 平成 16 年 4 月 8 日民集 58 巻 4 号 835 頁 …………………………………………332
最判 平成 18 年 7 月 21 日民集 60 巻 6 号 2542 頁 …………………………………………314
最判 平成 18 年 7 月 21 日民集 60 巻 6 号 2543 頁 …………………………………………24
最判 平成 21 年 10 月 9 日判タ 1311 号 77 頁 ……………………………………………259
最判 平成 21 年 10 月 16 日民集 63 巻 8 号 1799 頁 …………………………………………314
最判 平成 23 年 2 月 18 日判時 2111 号 3 頁 ………………………………………………259
最判 平成 28 年 3 月 10 日民集 70 巻 3 号 846 頁 …………………………………………336
最決 平成 29 年 5 月 10 日民集 71 巻 5 号 789 頁 …………………………………………150

控訴院、高裁、地裁、簡裁

横浜地判 大正 7 年 10 月 29 日法律評論 8 巻諸法 4 頁 ……………………………95, 132
甲府地判 大正 8 年 3 月 2 日新聞 1557 号 20 頁 ……………………………………………188
東京控判 昭和 10 年 12 月 13 日法律評論 25 巻商法 250 頁 ………………………………132
東京地判 昭和 28 年 5 月 27 日下民集 4 巻 5 号 755 頁 ……………………………………257
東京高判 昭和 28 年 9 月 11 日高民集 6 巻 11 号 702 頁 …………………………………257
東京地判 昭和 31 年 2 月 25 日下民集 7 巻 2 号 429 頁 ……………………………………43
東京地判 昭和 31 年 11 月 29 日下民集 7 巻 11 号 3430 頁 …………………………………56
東京地判 昭和 32 年 7 月 31 日下民集 8 巻 7 号 1366 頁 ……………………………………15
東京地判 昭和 34 年 3 月 26 日下民集 10 巻 3 号 594 頁 ……………………………………15
大阪地判 昭和 34 年 5 月 11 日下民集 10 巻 5 号 970 頁 …………………………………363
神戸地判 昭和 34 年 9 月 2 日下民集 10 巻 9 号 1849 頁 ……………………………………43
東京地判 昭和 35 年 7 月 20 日下民集 11 巻 7 号 1522 頁 …………………………………345
東京地判 昭和 35 年 8 月 9 日下民集 11 巻 8 号 1647 頁 …………………………………338
東京地判 昭和 36 年 4 月 21 日下民集 12 巻 4 号 820 頁 …………………………………132
大阪地判 昭和 36 年 6 月 30 日下民集 12 巻 6 号 1552 頁 …………………………………16

大阪高判 昭和 37 年 4 月 6 日 下民集 13 巻 4 号 653 頁 ………………………………43
神戸地判 昭和 37 年 11 月 10 日 下民集 13 巻 11 号 2293 頁 ……………………105, 209
大阪地判 昭和 37 年 11 月 16 日 判時 339 号 36 頁 ……………………………………188
東京地判 昭和 39 年 10 月 15 日 下民集 15 巻 10 号 2447 頁 …………………………43
大阪高判 昭和 40 年 5 月 13 日 判時 416 号 78 頁 ………………………………………16
東京地判 昭和 40 年 8 月 28 日 下民集 16 巻 8 号 1342 頁 ……………………………16
大阪地判 昭和 41 年 9 月 24 日 下民集 17 巻 9=10 号 839 頁 …………………………56
横浜地判 昭和 41 年 9 月 29 日 下民集 17 巻 9=10 号 874 頁 ………………………346
東京地判 昭和 42 年 7 月 11 日 判タ 210 号 206 頁 ……………………………………273
大阪地判 昭和 44 年 6 月 9 日 無体集 1 巻 160 頁 ……………………………………247
東京高判 昭和 44 年 9 月 29 日 下民集 20 巻 9=10 号 716 頁 ………………………107
大阪地判 昭和 45 年 2 月 27 日 無体例集 2 巻 1 号 71 頁 ……………………………233
神戸地判 昭和 45 年 4 月 14 日 判タ 288 号 283 頁 ……………………………………176
東京地判 昭和 47 年 3 月 11 日 判時 679 号 26 頁 ……………………………………207
東京地判 昭和 47 年 4 月 7 日 金融法務 660 号 24 頁 …………………………………186
大阪地中間判 昭和 48 年 10 月 9 日 判時 728 号 76 頁 …………………………97, 340
東京地判 昭和 49 年 6 月 17 日 判時 748 号 77 頁 ……………………………………141
東京地中間判 昭和 49 年 7 月 24 日 下民集 25 巻 5—8 号 639 頁 ……………………97
東京高判 昭和 49 年 8 月 28 日 労民集 25 巻 4=5 号 354 頁 …………………………56
東京高判 昭和 50 年 10 月 8 日 判タ 336 号 231 頁 ……………………………………186
東京地判 昭和 51 年 1 月 29 日 下民集 27 巻 1〜4 号 23 頁 …………………………56
大阪地判 昭和 51 年 12 月 17 日 判時 859 号 91 頁 ……………………………………219
東京地判 昭和 52 年 4 月 18 日 判時 850 号 3 頁 ……………………………………218
東京地判 昭和 52 年 5 月 30 日 判時 880 号 79 頁 ………………………………………37
大阪地判 昭和 53 年 5 月 30 日 下民集 29 巻 5〜8 号 349 頁 ………………………187
東京地判 昭和 58 年 1 月 24 日 海事法研究会誌 63 号 18 頁 …………………………37
東京高判 昭和 58 年 4 月 18 日 判時 1097 号 61 頁 ……………………………………187
大阪地判 昭和 58 年 8 月 12 日 判タ 519 号 189 頁 ……………………………………141
東京地中間判 昭和 59 年 3 月 27 日 下民 35 巻 1—4 号 110 頁 ………………………97
京都地判 昭和 59 年 6 月 29 日 判タ 530 号 265 頁 ……………………………………304
東京地判 昭和 60 年 7 月 30 日 判時 1170 号 95 頁 ………………………………………58
大阪高判 昭和 60 年 7 月 31 日 判時 1177 号 64 頁 ……………………………………218
大阪高判 昭和 61 年 11 月 25 日 判タ 634 号 186 頁 …………………………………304
東京地判 昭和 62 年 5 月 29 日 金融法務 1186 号 84 頁 ………………………………204
東京地中間判 昭和 62 年 6 月 23 日 判時 1240 号 27 頁 ………………………………340
東京地判 昭和 63 年 11 月 11 日 判時 1315 号 96 頁 ……………………………344, 351
東京高判 平成元年 2 月 6 日 判時 1310 号 83 頁 ………………………………………188
東京地中間判 平成元年 5 月 30 日 判時 1348 号 91 頁 ………………………………340
大阪地判 平成 2 年 2 月 8 日 判時 1351 号 144 頁 ……………………………………219

東京地判 平成 2 年 3 月 26 日 金融商事 857 号 39 頁……………………344, 351
東京地判 平成 3 年 1 月 29 日 判時 1390 号 98 頁……………………………97
東京地判 平成 3 年 3 月 19 日 判時 1379 号 134 頁……………………………142
東京高判 平成 3 年 8 月 26 日 金融法務 1300 号 25 頁………………213, 219
東京地判 平成 3 年 8 月 27 日 判時 1425 号 100 頁……………………………340
東京地判 平成 4 年 1 月 28 日 判時 1437 号 122 頁………………………………25
東京地判 平成 4 年 4 月 22 日 金融法務 1349 号 54 頁…………………………219
東京地判 平成 6 年 7 月 1 日 判時 1501 号 78 頁………………………………234
東京地判 平成 6 年 7 月 22 日 判時 1501 号 70 頁………………………………247
東京高判 平成 7 年 3 月 23 日 判時 1524 号 3 頁………………………………247
旭川地決 平成 8 年 2 月 9 日 判時 1610 号 106 頁……………………………346
東京地判 平成 9 年 9 月 26 日 高民集 53 巻 2 号 150 頁………………………56
東京地八王子支判 平成 9 年 12 月 8 日 判タ 976 号 235 頁……………344, 351
東京地判 平成 10 年 3 月 30 日 判時 1658 号 117 頁……………………………27
東京地判 平成 10 年 5 月 13 日 判時 1676 号 129 頁……………………………16
東京地判 平成 10 年 7 月 13 日 判時 1665 号 89 頁……………………………148
東京高判 平成 12 年 2 月 9 日 判時 1749 号 157 頁……………………………16
東京高判 平成 12 年 9 月 14 日 高民集 53 巻 2 号 124 頁………………………188
大阪地判 平成 12 年 9 月 25 日 金融法務 1603 号 47 頁…………………………212
東京高判 平成 12 年 10 月 25 日 金融商事 1109 号 49 頁………………………148
東京地判 平成 12 年 11 月 30 日 判時 1740 号 54 頁……………………………314
東京地判 平成 13 年 5 月 28 日 金融商事 1130 号 47 頁…………………………37
大阪高判 平成 13 年 6 月 12 日 金融商事 1123 号 25 頁………………………212
東京地判 平成 13 年 6 月 20 日 判時 1797 号 36 頁………………………………27
東京地判 平成 13 年 9 月 28 日 判タ 1140 号 227 頁……………………………27
東京高判 平成 14 年 1 月 30 日 判時 1797 号 27 頁………………………………27
大阪高判 平成 15 年 4 月 9 日 判時 1841 号 111 頁……………………………345
東京地判 平成 15 年 9 月 26 日 金融法務 1706 号 40 頁………………………205
東京地判 平成 15 年 10 月 16 日 判タ 1148 号 283 頁…………………………129
東京高判 平成 16 年 3 月 30 日 金融法務 1714 号 110 頁………………………205
東京地判 平成 16 年 4 月 9 日 判時 1869 号 102 頁……………………………149
神戸地判 平成 16 年 8 月 13 日 金融法務 1798 号 52 頁………………212, 219
大阪高判 平成 18 年 2 月 1 日 金融法務 1798 号 45 頁…………………212, 219
東京地判 平成 20 年 10 月 27 日 判タ 1305 号 223 頁…………………………181
東京地判 平成 21 年 11 月 17 日 判タ 1321 号 267 頁…………………………323
東京地判 平成 25 年 2 月 22 日 ジュリスト 1466 号 298 頁……………………331
東京地判 平成 26 年 1 月 14 日 判時 2217 号 68 頁……………………………333
大阪高判 平成 26 年 2 月 20 日 判時 2225 号 77 頁……………………………333
東京高判 平成 26 年 6 月 12 日 民集 70 巻 3 号 213 頁…………………………336

大阪地決 平成 27 年 7 月 9 日 金融商事 1518 号 21 頁 ……………………………… 150
大阪高決 平成 28 年 3 月 30 日 金融商事 1518 号 16 頁 …………………………… 150

公正取引委員会審決

公取審決 昭和 45 年 1 月 12 日 審決集 16 巻 134 頁 …………………………………… 226
公取審決 昭和 49 年 8 月 18 日 審決集 19 巻 197 頁 …………………………………… 226
公取審決 平成 10 年 9 月 3 日 審決集 45 巻 148 頁 …………………………………… 227

【著者紹介】
高桑　昭（たかくわ　あきら）

1937年4月東京市渋谷区生れ。1960年3月東京大学法学部卒業。第14期司法修習生。1962年4月東京地方裁判所判事補、人事交流により法務省訟務局付検事、民事局付検事・同参事官（外務省条約局併任）、立教大学法学部教授、京都大学大学院法学研究科教授（定年退職）。その後、帝京大学教授、成蹊大学大学院法務研究科教授を経て現在、弁護士。法学博士（京都大学）。1967-8年フルブライト全額給付奨学生としてコロンビア大学ロー・スクール大学院に留学。そののち法務省民事局と外務省条約局で、国際私法の統一の国際的作業、私法の統一の国際的作業を担当。この間、法制審議会国際私法、民法、商法各部会幹事、国際連合国際商取引法委員会、ハーグ国際私法会議等における日本国政府代表代理・代表、司法試験（旧）（民法）、司法試験（新）（国際関係法私法系）の各委員を務める。

〔主要著書〕

『国際商事仲裁法の研究』（信山社、2000年）、『国際商取引法（第3版）』（有斐閣、2011年）、『国際取引における私法の統一と国際私法』（有斐閣、2005年）、『国際民事訴訟法・国際私法論集』（東信堂、2011年）（いずれも単著）、『注解仲裁法』（青林書院、1988年）、『注釈と論点仲裁法』（青林書院、2007年）（いずれも小島武司教授と共編著）、『国際取引法（第2版）』（青林書院、1993年）（江頭憲治郎教授と共編著）、『新・裁判実務体系　国際民事訴訟法（財産法関係）』（青林書院、2002年）（道垣内正人教授と共編著）がある。

主要論文として、"Application of the Convention for the Unification of Private Laws"（Droit des Sociétés, Mélanges en Honneur de Roland Ruedin. Collection Neuchâteloise, 2006 Helbing & Lichitenhahn, Basel）がある、

Law of Cross-border Business Transactions ［New Edition］

新版　国際商取引法　　　　　　　　　　　　　　　　　　　〔検印省略〕

2019年2月20日　初　版　第1刷発行　　　＊定価はカバーに表示してあります。

著者 © 高桑　昭　　発行者　下田勝司　　印刷・製本／中央精版印刷株式会社

東京都文京区向丘1-20-6　郵便振替00110-6-37828
〒113-0023　TEL 03-3818-5521（代）　FAX 03-3818-5514

発行所　株式会社 東信堂

Published by TOSHINDO PUBLISHING CO., LTD.
1-20-6, Mukougaoka, Bunkyo-ku, Tokyo, 113-0023 Japan
E-Mail：tk203444@fsinet.or.jp　http://www.toshindo-pub.com

ISBN978-4-7989-1532-6　C3032　©TAKAKUWA Akira

東信堂

国際法新講〔上〕〔下〕	田畑茂二郎	〔上〕二九〇〇円 〔下〕二七〇〇円
ベーシック条約集〔二〇一八年版〕	代表 薬師寺・坂元・浅田	二六〇〇円
ハンディ条約集〔第2版〕	代表 薬師寺・坂元・浅田	一五〇〇円
国際環境条約・資料集	編集 松井・富岡・田中・薬師寺・	八六〇〇円
国際人権条約・宣言集〔第3版〕	編集 坂元・小畑・徳川	三二〇〇円
国際機構条約・資料集〔第2版〕	編集 代表 香西茂、安藤仁介	三八〇〇円
判例国際法〔第2版〕	編集 代表 松井芳郎	三八〇〇円
国際法〔第3版〕	浅田正彦	五二〇〇円
日中戦後賠償と国際法	浅田正彦編著	二九〇〇円
国際環境法の基本原則	松井芳郎	三八〇〇円
講義 国際経済法	柳赫秀編著	四六〇〇円
国連の金融制裁——法と実務	吉村祥子編著	三二〇〇円
新版 国際商取引法	高桑昭	三六〇〇円
国際民事訴訟法・国際私法論集	高桑昭	六五〇〇円
21世紀の国際法と海洋法の課題	編集 薬師寺・桐山・坂元・西村	七八〇〇円
国際海洋法の現代的形成	田中則夫	六八〇〇円
国際海峡	坂元茂樹編著	四六〇〇円
条約法の理論と実際	坂元茂樹	四二〇〇円
北極海国際法秩序の展望：科学・環境・海洋	稲垣治、柴田明穂編著	五八〇〇円
北極海のガバナンス	奥脇直也、城山英明編著	三六〇〇円
国際立法——国際法の法源論	村瀬信也	六八〇〇円
小田滋・回想の海洋法	小田滋	四八〇〇円
小田滋・回想の法学研究	小田滋	七六〇〇円
21世紀の国際法秩序——ポスト・ウェストファリアの展望	R・フォーク、川崎孝子訳	六八〇〇円
国際法と共に歩んだ六〇年——学者として裁判官として市民のための	小田滋	三八〇〇円
国際法から世界を見る——はじめて学ぶ人のための国際法入門〔第3版〕	松井芳郎	二八〇〇円
国際規範としての人権法と人道法	大沼保昭	三六〇〇円
戦争と国際人道法——その歴史とあゆみ	篠原梓	三二〇〇円
人道研究ジャーナル5・6・7号	井上忠男、日本赤十字国際人道研究センター編	各二四〇〇円
核兵器のない世界へ——理想への現実的アプローチ	黒澤満編著	二三〇〇円
軍縮問題入門〔第4版〕	黒澤満	二五〇〇円

〒113-0023 東京都文京区向丘1-20-6
TEL 03-3818-5521 FAX 03-3818-5514 振替 00110-6-37828
Email tk203444@fsinet.or.jp URL:http://www.toshindo-pub.com/

※定価：表示価格（本体）＋税

東信堂

国際刑事裁判所〔第二版〕	村瀬信也	四二〇〇円
武力紛争の国際法	村瀬信也編	一四二六〇円
国連安保理の機能変化	洪恵子編	二八〇〇円
海洋境界確定の国際法	真山全編	二七〇〇円
自衛権の現代的展開	村瀬信也編	二八〇〇円
国連安全保障理事会——その限界と可能性	村瀬信也編	二八〇〇円
集団安全保障の本質	江藤淳一編	二八〇〇円
貨幣ゲームの政治経済学	村瀬信也編	三三〇〇円
相対覇権国家システム安定化論——東アジア統合の行方	松浦博司	四六〇〇円
国際政治経済システム学——共生への俯瞰	柘山堯司	二〇〇〇円
〔現代国際法叢書〕		
国際法における承認——その法的機能及び効果の再検討	柳田辰雄	一八〇〇円
国際社会と法	柳田辰雄編	二四〇〇円
集団安保と自衛権	柳田辰雄	四〇〇〇円
国際「合意」論序説——法的拘束力を有しない国際「合意」について	高野雄一	三三〇〇円
法と力 国際平和の模索	王志安	五二〇〇円
憲法と自衛隊——法の支配と平和的生存権	高野雄一	四三〇〇円
イギリス憲法Ⅰ 憲政	中村耕一郎	四八〇〇円
イギリス債権法	寺沢一	三〇〇〇円
根拠文から根抵当へ	幡新大実	五二〇〇円
シリーズ〈制度のメカニズム〉		
アメリカ連邦最高裁判所 衆議院——そのシステムとメカニズム	幡新大実	二八〇〇円
フランスの政治制度〔改訂版〕	幡新大実	三八〇〇円
イギリスの司法制度	幡新大実	四二〇〇円
判例 ウィーン売買条約	大越康夫	一八〇〇円
グローバル企業法	向大野新治	一八〇〇円
国際ジョイントベンチャー契約	大山礼子	二〇〇〇円
	幡新大実	二〇〇〇円
	井原宏河村寛治編著	四二〇〇円
	井原宏	三八〇〇円
	井原宏	五八〇〇円

〒113-0023 東京都文京区向丘1-20-6
TEL 03-3818-5521 FAX03-3818-5514 振替 00110-6-37828
Email tk203444@fsinet.or.jp URL:http://www.toshindo-pub.com/

※定価：表示価格（本体）＋税

東信堂

社会制御過程の社会学	舩橋晴俊	九六〇〇円
組織の存立構造論と両義性論——社会学理論の重層的探究	舩橋晴俊	一二五〇〇円
「むつ小川原開発・核燃料サイクル施設問題」研究資料集	茅野恒秀・舩橋晴俊編著	一八〇〇〇円
新版 新潟水俣病問題——加害と被害の社会学	舩橋晴俊・飯島伸子・堀田恭子編	三八〇〇円
新潟水俣病問題の受容と克服	堀田恭子	四八〇〇円
新潟水俣病をめぐる制度・表象・地域	関礼子	五六〇〇円
被災と避難の社会学	関礼子編著	二三〇〇円
多層性とダイナミズム——沖縄・石垣島の社会学	関礼子・高木恒一編著	二四〇〇円
放射能汚染はなぜくりかえされるのか——地域の経験をつなぐ	藤川賢・除本理史編著	二〇〇〇円
公害・環境問題の放置構造と解決過程	藤川賢・渡辺伸一・堀畑まみ編著	三八〇〇円
公害被害放置の社会学——イタイイタイ病・カドミウム問題の歴史と現在	渡辺伸一	三六〇〇円
食品公害と被害者救済——カネミ油症事件の被害と政策過程	飯島伸子・藤川賢著	三八〇〇円
原発災害と地元コミュニティ——福島県川内村奮闘記	鳥越皓之編著	三六〇〇円
故郷喪失と再生への時間——新潟県への原発避難と支援の社会学	松井克浩	三二〇〇円
現代日本の地域分化——センサス等の市町村別集計に見る地域変動のダイナミックス	蓮見音彦	三八〇〇円
現代日本の地域格差——二〇一〇年・全国の市町村の経済的・社会的ちらばり	蓮見音彦	二三〇〇円
資源問題の正義——コンゴの紛争資源問題と消費者の責任	華井和代	四六〇〇円
開発援助の介入論——インドの河川浄化政策に見る国境と文化を越える困難	西谷内博美	三九〇〇円
自立支援の実践知——阪神・淡路大震災と共同・市民社会	似田貝香門編	三八〇〇円
[改訂版] ボランティア活動の論理——ボランタリズムとサブシステンス	西山志保	三六〇〇円
自立と支援の社会学——阪神大震災とボランティア	佐藤恵	三二〇〇円

〒113-0023 東京都文京区向丘1-20-6
TEL 03-3818-5521 FAX 03-3818-5514 振替 00110-6-37828
Email:tk203444@fsinet.or.jp URL:http://www.toshindo-pub.com/

※定価：表示価格（本体）＋税

東信堂

責任という原理——科学技術文明のための倫理学の試み（新装版）	H・ヨナス／加藤尚武監訳	四八〇〇円
主観性の復権——心身問題から『責任という原理』へ	H・ヨナス／宇佐美公生・滝口清栄・日浦美紀・山本達ほか訳	二〇〇〇円
ハンス・ヨナス「回想記」	H・ヨナス／盛永審一郎・木下喬・馬渕浩二・山本達訳	四八〇〇円
生命の神聖性説批判	H・クーゼ／飯田・石川・小野谷・片桐・水野訳	四六〇〇円
生命科学とバイオセキュリティ——デュアルユース・ジレンマとその対応	四ノ宮成祥編著	二四〇〇円
医学の歴史	河原直人編著	四六〇〇円
安楽死法：ベネルクス3国の比較と資料	今井道夫監修	二七〇〇円
死の質——エンド・オブ・ライフケア世界ランキング	石渡隆司	一二〇〇円
バイオエシックスの展望	盛永審一郎監修	四一〇〇円
死生学入門——小さな死・性・ユマニチュード	加祐一・小野谷・飯田豆之訳	三二〇〇円
生命の問い——生命倫理学と死生学の間で	松坂昭井悦子編著	一二〇〇円
生命の淵——バイオシックスの歴史・哲学・課題	大林雅之	二〇〇〇円
今問い直す脳死と臓器移植（第2版）	大林雅之	二〇〇〇円
キリスト教から見た生命と死の医療倫理	澤田愛子	二三八一円
動物実験の生命倫理——個体倫理から分子倫理へ	浜口吉隆	四〇〇〇円
医療・看護倫理の要点	大上泰弘	二〇〇〇円
テクノシステム時代の人間の責任と良心	水野俊誠	三五〇〇円
原子力と倫理——原子力時代の自己理解	H・レンク／山本達・盛永審一郎訳	一八〇〇円
科学の公的責任——科学者と私たちに問われていること	Th・リット／小笠原道雄編	一八〇〇円
歴史と責任——科学者は歴史にどう責任をとるか	Th・リット／小笠原道雄・野平慎平編訳	一八〇〇円
〈ジョルダーノ・ブルーノ著作集〉より		
カンデライオ	加藤守通訳	三二〇〇円
原因・原理・一者について	加藤守通訳	三二〇〇円
傲れる野獣の追放	加藤守通訳	四八〇〇円
英雄的狂気	加藤守通訳	三六〇〇円
ロバのカバラ	加藤守通訳	三六〇〇円
——ジョルダーノ・ブルーノにおける文学と哲学	N・オルディネ／加藤守通監訳	

〒113-0023 東京都文京区向丘1-20-6
TEL 03-3818-5521　FAX 03-3818-5514　振替 00110-6-37828
Email tk203444@fsinet.or.jp　URL: http://www.toshindo-pub.com/

※定価：表示価格（本体）＋税

東信堂

書名	著者・編訳者	価格
オックスフォードキリスト教美術・建築事典	P&L・マレー著 中森義宗監訳	三〇〇〇〇円
イタリア・ルネサンス事典	J・R・ヘイル編 中森義宗監訳	七八〇〇円
美術史の辞典	中森義宗・P・デューロ他訳	三六〇〇円
涙と眼の文化史——中世ヨーロッパの標章と恋愛思想	徳井淑子訳	三六〇〇円
青を着る人びと	伊藤亜紀	三五〇〇円
社会表象としての服飾——近代フランスにおける異性装の研究	新實五穂	三六〇〇円
新版 ジャクソン・ポロック	河田悌一	一八〇〇円
西洋児童美術教育の思想——ドローイングは豊かな感性と創造性を育むか？	ますこひろしげ	五四〇〇円
書に想い 時代を讀む	江藤光紀	二八〇〇円
日本人画工 牧野義雄——平治ロンドン日記	荻野厚志編著	二八〇〇円
美を究め美に遊ぶ——芸術と社会のあわい	小穴晶子編	二六〇〇円
バロックの魅力	藤枝晃雄	二六〇〇円
ロジャー・フライの批評理論——知性と感受性の間で	要真理子 前田茂監訳	三六〇〇円
レオノール・フィニ——境界を侵犯する新しい種	尾形希和子 要真理子	四二〇〇円 二八〇〇円
〈世界美術双書〉		
バルビゾン派	井出洋一郎	二〇〇〇円
キリスト教シンボル図典	中森義宗	二三〇〇円
パルテノンとギリシア陶器	関隆志	二三〇〇円
中国の版画——唐代から清代まで	小林宏光	二三〇〇円
象徴主義——モダニズムへの警鐘	中村隆夫	二三〇〇円
中国の仏教美術——後漢代から元代まで	久野美樹	二三〇〇円
セザンヌとその時代	浅野春男	二三〇〇円
日本の南画	武田光一	二三〇〇円
画家とふるさと	小林忠	二三〇〇円
ドイツの国民記念碑——一八一三年	大原まゆみ	二三〇〇円
日本・アジア美術探索	永井信一	二三〇〇円
インド、チョーラ朝の美術	袋井由布子	二三〇〇円
古代ギリシアのブロンズ彫刻	羽田康一	二三〇〇円

〒113-0023 東京都文京区向丘1-20-6
TEL 03-3818-5521 FAX03-3818-5514 振替 00110-6-37828
Email tk203444@fsinet.or.jp URL・http://www.toshindo-pub.com/

※定価：表示価格（本体）＋税